Hans Bayerl, Franz Dürheim, Werner Freißler,
Winfried Haas, Günter Heß, Otto Mayr

Unterrichtssequenzen Geschichte/ Sozialkunde/Erdkunde

Geschichte und Gegenwart des menschlichen Lebensraums im integrativen Unterricht der Hauptschule

7. Jahrgangsstufe

Auer Verlag GmbH

Inhalt

Stoffverteilungsplan 3

Vorwort 6

  1. Europäisierung der Welt *(Otto Mayr)* 7

  2. Klima *(Günter Heß)* 31

  3. Alte Menschen *(Franz Dürheim)* 52

  4. Das konfessionelle Zeitalter *(Otto Mayr)* 69

  5. Absolutismus *(Winfried Haas)* 86

  6. Die Französische Revolution und ihre Folgen *(Werner Freißler)* 113

  7. Jugendliche und das Recht *(Hans Bayerl)* 139

  8. Deutschland im 19. Jahrhundert *(Winfried Haas)* 163

  9. Deutschland *(Günter Heß)* 191

10. Bedrohung des Menschen durch Naturkräfte *(Otto Mayr)* 203

Literaturhinweise/Medien/zusätzliche Materialien/Projektvorschläge 224

Lösungsblätter 251

Quellennachweis 267

Bildnachweis 267

Gedruckt auf umweltbewusst gefertigtem, chlorfrei gebleichtem
und alterungsbeständigem Papier.

1. Auflage. 1997
Nach der Neuregelung der deutschen Rechtschreibung
© by Auer Verlag GmbH, Donauwörth. 1997
Alle Rechte vorbehalten
Karten: Andreas Toscano del Banner, München
Zeichnungen: Gabriele Dal Lago, Otterfing
Gesamtherstellung: Ludwig Auer GmbH, Donauwörth
ISBN 3-403-02961-1

Stoffverteilungsplan

Geschichte	Sozialkunde	Erdkunde	Bayerischer Lehrplan
1. Europäisierung der Welt **1.1 Entdeckungen und Erfindungen** – Weltsicht des MA – Sonnensystem des Kopernikus – Welt um 1500 – Entdeckung Amerikas **1.2 Lateinamerika um 1500** – die Inkas – Vorstellungen der Europäer von den Einheimischen – Cortez erobert Mexiko – Entdeckung und Eroberung – Ende des Inkareiches – Schwarze Sklaven nach Amerika			7.1 Europäisierung der Welt
		1.3 Lateinamerika heute – Arbeiten mit Kartenmaterial – Lateinamerika/Daten – soziale Probleme – Venezuela **1.4 Projekt: Eine Reise nach Mexiko** – Erkundigungen einziehen – Reiseroute/Tourismus – Daten von Mexiko	
		2. Klima **2.1 Grundlagen klimatischer Vorgänge** – Atmosphäre – Wetter/Witterung/Wetterlagen – Wettervorhersage – Föhn – Wetterkarte – Klimadiagramm **2.2 Klima- und Vegetationszonen** – Klima/Europa – Klima/Welt – Klimazonen – Vegetationszonen **2.3 Klimaveränderungen** – Beeinflussung des Klimas/Ursachen **2.4 Klimaschutz als globale und lokale Aufgabe** – Befragung: Was tun wir für unser Klima? **2.5 Projektvorschlag: Wetterbeobachtung** – Beobachtung des Wetters, Auswertung der Daten – Typische Wettersituationen	7.2 Klima
	3. Alte Menschen **3.1 Alter und Alte in zeitl. und räuml. Ferne** – Alte Menschen in früheren Zeiten/in anderen Kulturen **3.2 Alte Menschen in unserer Gesellschaft** – Lebensformen und -situationen – Einstellungen zwischen Jung und Alt **3.3 Gesellschaftspolitische Herausforderungen** – sozialpolitische Maßnahmen – Alte Menschen in der Werbung **3.4 Projektvorschlag: Erinnerungen alter Menschen** – Bildseiten		7.3 Alte Menschen
4. Das konfessionelle Zeitalter **4.1 Martin Luther und der Beginn der Reformation** – Zeitalter der Reformation – Luther, seine Lehre, die Wirkung – Bauernkrieg **4.2 Auswirkungen der Reformation in Deutschland und Europa** – Erneuerung der katholischen Kirche – Ausbreitung der Reformation – Dreißigjähriger Krieg			7.4 Das konfessionelle Zeitalter

Geschichte	Sozialkunde	Erdkunde	Bayerischer Lehrplan
5. Absolutismus **5.1 Der absolutistische Staat** – Ludwig XIV., Leben am Hof – Selbstherrschaft des Monarchen – Die Stützen der Macht – Merkantilismus/zeitgenössische Berichte – Wie lebten Bürger und Bauern? – Bayern um 1700 – Kurfürst Max Emanuel – ständische Gliederung **5.2 Alltagsleben in Bayern im 17. und 18. Jahrhundert** – Lebensverhältnisse der Untertanen – Barocke Bauwerke – Manufakturen – Volksfrömmigkeit **6. Die Französische Revolution und ihre Folgen** **6.1 Ursachen, Ausbruch und Anfang der Revolution** – Frankreich vor dem Ausbruch der Französischen Revolution – drei Stände – Forderungen des 3. Standes – Ballhausschwur – Sturm auf die Bastille – Ideen der Aufklärung werden wirksam **6.2 Von den Menschenrechten zur Schreckensherrschaft** – Ende der Privilegien – Erklärung der Menschenrechte – Einführung der konstitutionellen Monarchie – Radikalisierung der Revolution **6.4 Das Zeitalter Napoleons** – Napoleons Aufstieg zum Kaiser – Napoleons Herrschaft über Europa **6.4 Die Entstehung des modernen Bayerns** – territoriale Entwicklung – Montgelas Revolution von oben – Bayerns Verfassung von 1818	**5.3 Historische Kulturgüter und ihr Schutz** – Denkmalschutz **6.5 Grund- und Menschenrechte heute** – die Würde des Menschen als Voraussetzung der Grundrechte – Benachteiligung von Frauen – Menschenrechtsverletzungen in aller Welt – Menschen auf der Flucht – Engagement für Menschenrechte – Menschenrechtsorganisationen Projektvorschlag: Kinderrechte – Kinder haben Rechte – Wie kann ich mich für Menschenrechte einsetzen? Projektvorschlag: Menschenrechte während des Nationalsozialismus in Deutschland – Menschenrechte werden außer Kraft gesetzt – Verfolgung Unschuldiger – Beispiel: Anne Frank – 27. Januar: Gedenktag für die Opfer des NS-Regimes – Menschenrechte – auch für Ausländer! **7. Jugendliche und das Recht** **7.1 Regelungen des sozialen Lebens** – Feste, Sitten und Bräuche – Festtagskalender **7.2 Recht und Rechtspflege** – Rechte und Pflichten von Schülern – Rechtsstellung von Kindern und Jugendlichen – Arbeiten mit Zeitungsartikel **7.3 Staat und Recht in Deutschland** – Was darf die Polizei? – Rechtsstaat und Polizei – Strafen früher und heute – Straf- und Zivilprozess **7.4 Projektvorschlag: Jugendliche und das Recht** – Schnippelrätsel		7.5 Absolutismus 7.6 Die Französische Revolution und ihre Folgen 7.7 Jugendliche und das Recht

Geschichte	Sozialkunde	Erdkunde	Bayerischer Lehrplan
8. Deutschland im 19. Jahrhundert			7.8 Deutschland im 19. Jahrhundert
8.1 Nation und Verfassung: Einigungs- und Freiheitsbestrebungen in Deutschland			
– die deutschen Einzelstaaten im Deutschen Bund – der Wunsch nach Einheit und Freiheit – Ereignisse und Folgen der Revolution von 1848/49 – Die Reichsgründung 1871 – Bayern im Kaiserreich			
8.2 Die technisch-industrielle Revolution und die Folgen			
– soziale und wirtschaftliche Verhältnisse in der vorindustriellen Zeit – Technisierung und Industrialisierung – Wandel der Arbeits- und Lebenswelt			
8.3 Die soziale Frage: Ihre Lösung als Aufgabe von Staat und Gesellschaft			
– Lösung der Sozialen Frage – Aktivitäten der Kirche – Arbeiter- und Gewerkschaftsbewegungen und staatliche Gesetzgebung			
		9. Deutschland	7.9 Deutschland
		9.1 Deutschland im Überblick	
		– Städte, Flüsse – Naturräume – Bundesländer – Hauptstadt Berlin	
		9.2 Industriestandort Deutschland	
		– Industriestandort Deutschland	
		9.3 Deutschland – ein Teil Europas	
		– europäische Nachbarn – der Tourismus verändert sich – Zusammenarbeit	
		10. Bedrohung der Menschen durch Naturkräfte	7.10 Bedrohung der Menschen durch Naturkräfte
		– Ursachen und Auswirkungen: Vulkane, Erdbeben, Wirbelstürme, Dürre, Lawinen – Naturkatastrophen 1996 – Katastrophenhilfe, Katastrophenschutz	

Vorwort

In ihrer individuellen Lebenswelt sind die Schüler täglich mit der zunehmenden Komplexität geschichtlicher, politischer, wirtschaftlicher und geographischer Strukturen konfrontiert. Sie sehen globale Probleme wie Armut, Umweltzerstörung, Missachtung der Menschenrechte und die Gefährdung des Friedens.

Die Verflochtenheit der globalen Schwierigkeiten erfordert globales Denken. Dies will das neue Fach mit dem Leitgedanken einer ganzheitlichen Betrachtungsweise erreichen. Die Schüler setzen sich mit gesellschaftlichen Wirklichkeiten in unterschiedlichen Zeiten und Räumen auseinander. Sie machen sich vertraut mit Grundfragen und Grundformen menschlicher Lebensgestaltung in ihrem geschichtlichen Wandel. Sie erhalten einen Einblick in die Wechselwirkungen zwischen Mensch und Raum. Darüber hinaus eignen sie sich Grundkenntnisse über politische Ordnungsformen, politische Prozesse und die internationale Politik an. Sie machen sich Gedanken über das Verhältnis von Individuum und Gesellschaft. Sie werden mit grundlegenden Überzeugungen vertraut, die unsere Kultur prägen.

Das Fach Geschichte/Sozialkunde/Erdkunde erfordert fachgemäße Arbeitsweisen, die gezielt eingeführt, intensiv geübt und ständig weiterentwickelt werden sollen. Dazu gehören das Arbeiten mit Texten, Medien und Objekten; das Sammeln und Auswerten von Informationen; das Erkunden von Institutionen; das Erproben verschiedener Verhaltensweisen in Simulationsspielen; das Dokumentieren von Ergebnissen; Fallanalysen und Diskussionen.

Inhaltlich wird die Aufbereitung der einzelnen Themen den beschriebenen Ansprüchen gerecht, die an einen modernen, methodisch interessanten Unterricht gestellt werden. Ausgearbeitete Projekte zu einzelnen Themen und weitere Projektvorschläge bieten dem Lehrer zusätzliche Möglichkeiten, die Vernetzung der Bereiche Geschichte, Sozialkunde und Erdkunde deutlich werden zu lassen und vertiefte Einsichten in die wechselseitigen Beziehungen von gesellschaftlich-sozialen, individuellen, wirtschaftlichen und räumlichen Bedingungen zu vermitteln.

Otto Mayr

1. Europäisierung der Welt

→ 7.1 Europäisierung der Welt (bayerischer Hauptschullehrplan)

Lerninhalte:

- Angaben machen können (Lage, Grunddaten) zu lateinamerikanischen Staaten
- Aufzeigen der Abhängigkeit Lateinamerikas von Europa
- Gründe für das Entstehen eines neuen Weltbildes nennen können
- Die „Entdeckung" Amerikas durch Christoph Kolumbus schildern können
- Das Zusammentreffen zweier Kulturen beschreiben können
- Verständnis für fremde Völker und Kulturen wecken
- Veranlassen, über Verantwortlichkeiten und Entwicklungshilfe nachzudenken

Arbeitsmittel:

Folienvorlage (Auf den Spuren der Eroberer), Informationsblätter, Arbeitsblätter

Folienvorlage:

AUF DEN SPUREN DER EROBERER

Erleben Sie großartige und faszinierende Tempel und Paläste einer längst vergangenen Zeit. Eine Reise auf den Spuren der spanischen Konquistadoren führt Sie zu den schönsten Stätten einer uralten Hochkultur.

1.Tag, Dienstag: Gäste, die heute aus Deutschland anreisen, und alle Teilnehmer, die sich bereits in Mexiko befinden, fliegen gemeinsam von Cancun nach Mexiko City. Der restliche Tag ist frei; Übernachtung in Mexiko City.

2.Tag, Mittwoch: Heute erhalten Sie während einer Stadtrundfahrt einen ersten Eindruck von dieser pulsierenden Millionenmetropole. Begeistern wird Sie der Besuch des Anthropologischen Museums.

3.Tag, Donnerstag: Abfahrt zur berühmten Basilika von Guadelupe; Besichtigung und Weiterfahrt zu den Pyramiden von Teotihuacan. Anschließend Fahrt nach Puebla, einer Stadt, die zur Kolonialzeit entstand und sich ihren ursprünglichen Charme bewahren konnte. Übernachtung in Puebla.

4.Tag, Freitag: Auf Ihrer Stadtrundfahrt durch Puebla sehen Sie einige der bedeutendsten Kunstwerke aus kolonialer Zeit. Fahrt über Antigua nach Veracruz. Ein Bummel über den Hauptplatz und durch die berühmten Arkaden beendet Ihr heutiges Tagesprogramm. Übernachtung in Veracruz.

8.Tag, Dienstag: Frühmorgens fahren Sie nach Uxmal und Kabah. Nach ausführlicher Besichtigung Rückfahrt nach Merida und Stadtrundfahrt.

9.Tag, Mittwoch: Besichtigung von Chichen Itza, der ehemaligen Hochburg der Mayas und Weiterfahrt nach Cancun, Playa del Carmen und Cozumel.

Hinweise:
Änderung der Route/Hotels vorbehalten.

Mindestteilnehmer: 20 Personen
Eingeschlossene Leistungen: Frühstück.

Unterkünfte:
Mexiko City: Sheraton Maria Isabel
Puebla: Hotel Fiesta Inn
Veracruz: Hotel Veracruz
Catemaco: Hotel La Finca
Villahermosa: Hotel Hyatt Regency
Merida: Hotel El Conquistador

Reisetermine dienstags ab Cancun
14.05., 28.05., 11.06., 25.06., 09.07., 23.07., 06.08., 20.08., 03.09., 17.09., 01.10., 15.10.96

**8 Nächte Rundreise/Frühstück
pro Person im Doppelzimmer
ab Cancun** ab DM **1638**

1. Europäisierung der Welt → Musik 7.1.1 (bayerischer Hauptschullehrplan)

Einstieg ins Thema: Folienvorlage (Auf den Spuren der Eroberer; S. 7)

1.1 Entdeckungen und Erfindungen

Die Weltsicht des Mittelalters (S. 9)
Das Sonnensystem des Kopernikus (S. 10)
Die Welt um 1500 (Arbeitsblatt S. 11; Lösungsblatt S. 251)
Die „Entdeckung" Amerikas durch Christoph Kolumbus (S. 12) → E 7.2.3
Kolumbus entdeckt Amerika (Arbeitsblatt S. 13; Lösungsblatt S. 251)

1.2 Lateinamerika um 1500 → WTG 7.6.1

Eine Hochkultur in Südamerika: die Inkas (S. 14)
Eine Hochkultur in Südamerika: die Inkas (Arbeitsblatt S. 15; Lösungsblatt S. 251)
Vorstellungen der Europäer von den „Fremden" (S. 16) → EvR 7.6.2
Cortez erobert Mexiko (S. 17)
Entdeckung und Eroberung (Arbeitsblatt S. 18; Lösungsblatt S. 251)
Das Ende des Inkareiches (S. 19)
Das Ende des Inkareiches (Arbeitsblatt S. 20; Lösungsblatt S. 252)
Schwarze Sklaven nach Amerika (S. 21)

1.3 Lateinamerika heute

Die reichsten und die ärmsten Länder der Welt/Nationalstaaten 1825 (S. 22)
Lateinamerika – Lage, Grunddaten und regionale Gliederung (S. 23)
Die Staaten Lateinamerikas (Arbeitsblatt S. 24; Lösungsblatt S. 252)
Lateinamerikas soziale Probleme (S. 25)
Venezuela – wirtschaftlich abhängig vom Weltmarkt (S. 26)

1.4 Projekt: Eine Reise nach Mexiko (S. 27)

Die Maya – Rätsel um ein altes Volk (S. 28)
Mexiko Stadt – Hauptstadt mit Problemen (S. 29)
Licht und Schatten des Ölbooms (S. 30)
Acapulco – die Tourismusindustrie gewinnt an Bedeutung (S. 30)

Die Weltsicht des Mittelalters

Im Mittelalter stellten sich die Menschen die Erde als große, unbewegliche Scheibe inmitten des Weltalls vor: Um die Scheibe wölbt sich das Himmelszelt und das große Weltmeer umspült das Festland. Sie sahen sich selbst und die Erde als Mittelpunkt der ganzen Schöpfung. Nach den damaligen Vorstellungen drehten sich die Sonne und alle Gestirne um die Erde. Man konnte die Sonne am Morgen im Osten aufgehen und am Abend im Westen untergehen sehen. So bestimmte die alltägliche Wahrnehmung das Weltbild der Menschen im Mittelalter.

Diese Art der Weltsicht hatte der griechische Astronom, Mathematiker und Geograph Claudius Ptolemäus (87–150 n. Chr.) schon in seinen „Karthographischen Unterweisungen" beschrieben. Als „Ptolemäisches Weltbild" wurden seine Vorstellungen noch im 15. Jahrhundert von den Wissenschaftlern gelehrt.

So wagten sich die Seefahrer nicht aus den vertrauten Gewässern. Zu groß erschien ihnen die Gefahr, am „Ende der Welt" mit ihren Schiffen vom Rand der Scheibe „hinunterzufallen".

Ein neues Weltbild entsteht

Allmählich jedoch begannen sich die mittelalterlichen Vorstellungen in Europa zu verändern. Das hatte mehrere Ursachen: Die Kaufleute im Fernhandel berichteten von ihren Erlebnissen in fernen, unbekannten Ländern. Marco Polo, ein Forschungsreisender (1254–1324), brachte immer neue Kunde von fremden und sagenhaften Völkern. Die Erde schien also doch größer zu sein als bisher angenommen.

Die Erde ist eine Kugel

Schon im Altertum hatten einige griechische Philosophen erkannt, dass die Erde eine Kugel sein muss. Als Beweis führten sie an, dass bei Mondfinsternis der Schatten der Erde eine Kreisform bildete. Dieses Wissen war jedoch im Mittelalter nicht überliefert und beachtet worden. Nun aber werteten die Gelehrten diese Beobachtungen aus, studierten verloren geglaubte Bücher der Griechen und Land- und Seekarten von Handelsreisenden.

Der Nürnberger Kaufmann Martin Behaim veranschaulichte die Auffassung, die sich nun immer mehr durchsetzte. Vom Rat der Stadt Nürnberg bekam er den Auftrag, einen Erdglobus anzufertigen. Auf einer Papierkugel fügte er einzelne Kartenteile zusammen, bis ein kleines Abbild der Erde entstanden war. „Erdapfel" nannte man den ersten Globus des Martin Behaim aus dem Jahr 1492. Er steht heute im Germanischen Nationalmuseum in Nürnberg.

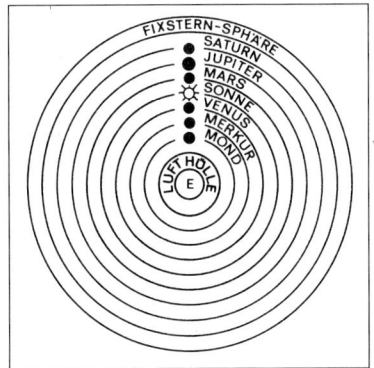
Das ptolemäische Planetensystem

Der erste Globus von Martin Behaim

Das Sonnensystem des Kopernikus

Der Domherr Nikolaus Kopernikus aus Frauenburg (Ostpreußen) überprüfte die verschiedenen Vorstellungen über den Planeten Erde. Als Sternenforscher kam er zu eigenen Beobachtungen, die er 1543 in einem Buch veröffentlichte.

Danach war die Erde eine Kugel und ein Himmelskörper unter vielen anderen. Er wies nach, dass die Erde sich jeden Tag einmal um ihre Achse dreht und jedes Jahr einmal um die Sonne. Die Sonne war für ihn der Mittelpunkt des Weltalls, der von allen Planeten umkreist wird. „In der Mitte von allen hat die Sonne ihren Platz" – mit dieser Behauptung stellte er alles auf den Kopf, was bisher in der Astronomie, aber auch in der Religion als gesichert galt: Nicht die Erde, sondern die Sonne ist der Mittelpunkt der Welt. Es dauerte sehr lange, bis die Menschen diese neue Erkenntnis des Kopernikus annehmen konnten. Als „Kopernikanisches Weltbild", das weder der menschlichen Erfahrung noch der Bibel entsprach, erregte es großes Aufsehen bzw. großen Widerstand.

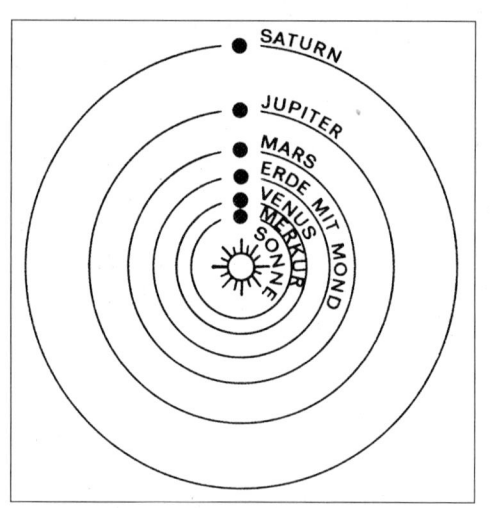

Das kopernikanische Planetensystem

Erfindungen in den Bereichen Navigation und Schiffstechnik

Eine der wichtigsten Erfindungen war der **Magnetkompass.** Seine immer zum Nordpol weisende Nadel erlaubte den Seefahrern selbst bei Sturm oder Dunkelheit, ihre Fahrtrichtung genau festzustellen und die Segel entsprechend zu setzen.

Eine andere wichtige Erfindung war der **Jakobsstab.** Mit ihm ermittelten die Seefahrer den Winkel zwischen Erdoberfläche und Sonne bzw. Sternen, indem sie mit dem einen Querstabende den Horizont, mit dem anderen die Gestirne anpeilten. War dieser Winkel bestimmt, konnten sie in Tabellen nachlesen, wie weit nördlich oder südlich des Äquators sich ihr Schiff gerade befand.

Gegen Ende des 15. Jahrhunderts entwickelten Spanier und Portugiesen einen neuen Schiffstyp, die **Karavelle.** Sie war länger und schlanker gebaut als z. B. die Hanse-Kogge, besaß außer dem Hauptmast mit dem großen Vierecksegel noch einen Vorder- und Hintermast mit Dreieckssegeln, die bei ungünstigen Winden die schwierigen Manöver des Kreuzens erleichterten.

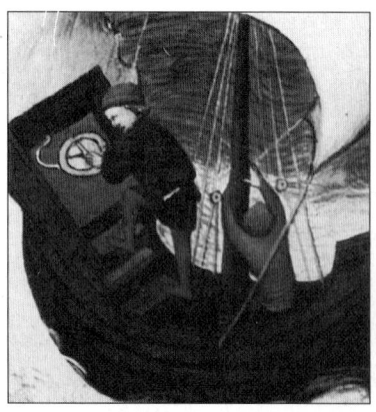
Magnetkompass

Jakobsstab

Karavelle des Kolumbus

Die Welt um 1500

Die Weltsicht des Mittelalters:

Die Erde ist eine _____ , die ringsum von Wasser umgeben ist. Über der Erde wölbt sich das _____ .

Die Erde ist der _____ des Weltalls. Die Sonne _____

_____

(Weltbild des _____).

Ein neues Weltbild entsteht:

Die Erde ist eine _____ .

Nicht die Erde, sondern die _____ ist der _____ der Welt.

(Weltbild des _____).

Der Nürnberger Kaufmann _____ _____ schuf den ersten _____ .

Neue Erfindungen ermöglichen Entdeckungsfahrten:

Neue _____ und ein neuer _____ ermöglichen gefahrvolle Reisen über unbekannte Weltmeere:

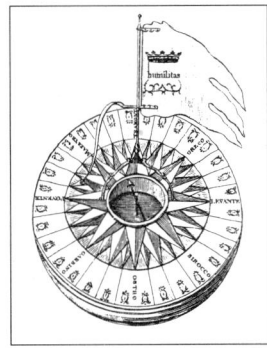 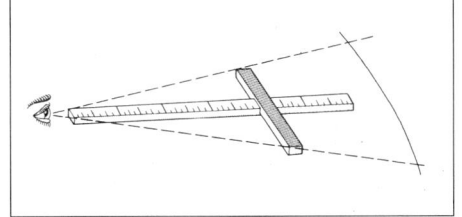 

Die „Entdeckung" Amerikas durch Christoph Kolumbus

Die Handelswege nach Asien sind blockiert

In der Zeit nach den Kreuzzügen konnte sich das türkische Reich rasch ausdehnen. Der bisher so schwunghafte Handel mit China, Indonesien, Indien wurde nachhaltig gestört. Die Türken sperrten die alten Handelswege über Land nach Asien (Seidenstraße und erhoben hohe Zölle, die Araber kontrollierten die Seewege und wollten am Handel ebenfalls mitverdienen. Daher wurden die Güter immer teurer.

Der Seeweg nach Indien

Die Europäer begannen, über andere Wege, die nach Asien führen, nachzudenken. Es müsste doch möglich sein, mit Schiffen die Westküste Afrikas entlang Richtung Süden zu fahren, die Südspitze des Kontinents zu umsegeln und weiter durch den Indischen Ozean nach Asien zu gelangen. Das versuchten vor allem die Portugiesen seit Beginn des 15. Jahrhunderts. Aber – sollte es vielleicht noch einen anderen Weg geben?

Wer war Christoph Kolumbus?

Christoph Kolumbus (1447–1506)

Kolumbus stammte aus Genua. Die Seefahrt beschäftigte ihn sein ganzes Leben. Als Kind begeisterten ihn die Erzählungen der Matrosen, er interessierte sich für Navigation und Astronomie, las wissenschaftliche Bücher und studierte Landkarten. Als junger Mann ging er nach Portugal, der damals führenden Seefahrernation. Seine Studien ließen ihn zu der Überzeugung gelangen, dass Toscanelli mit der Meinung, die Erde sei eine Kugel, Recht hatte. Kolumbus musste den Weg nach Westen wagen, um Indien zu erreichen. Von dieser Idee besessen versuchte er seinen Plan zu verwirklichen. In Portugal hatte Kolumbus keinen Erfolg, der König wies ihn ab. Deshalb wandte er sich nun dem spanischen Königshaus zu. Nach langen Verhandlungen erhielt Kolumbus drei kleine Schiffe für eine Forschungsfahrt nach Indien. Am 3. August 1492 segelte Kolumbus mit drei Schiffen und 90 Mann Besatzung in Spanien los. Auf den Kanarischen Inseln versorgten sich seine Männer ein letztes Mal mit frischem Wasser und Lebensmitteln. Nun begann für ihn und die Mannschaft eine Fahrt ins Ungewisse:

> *10. Oktober 1492:*
> In Tag- und Nachtfahrt legten wir 236 Seemeilen zurück, allein ich verrechnete nur 176 Seemeilen. Zu diesem Zeitpunkt beklagten sich meine Leute über die lange Reisedauer, die ihnen unerträglich schien. Ich wusste sie jedoch aufzumuntern, so gut ich eben konnte und stellte ihnen den Verdienst, den sie sich auf diese Weise verschaffen konnten, in nahe Aussicht.
> *11./12. Oktober 1492:*
> Wir erblickten einige Sturmvögel und ein grünes Schilfrohr, das an der Bordwand des Schiffes vorbeistrich …
> Auch die Mannschaft der Nina sichtete Anzeichen nahen Landes und den Ast eines Dornbusches, der rote Früchte trug. Diese Vorboten versetzten alle in gehobene, freudvolle Stimmung.
> Um 2 Uhr morgens kam Land in Sicht. Wir holten alle Segel ein und warteten bis zum Anbruch des Tages …

Christoph Kolumbus entdeckt Amerika

Toscanelli und Kolumbus schätzten den Seeweg von Spanien über den Ozean nach Japan und China viel kürzer ein, als er in Wirklichkeit war. Hätte Kolumbus die wirkliche Entfernung richtig eingeschätzt, wäre er vielleicht nie aufgebrochen. So tat er es doch und erreichte am 12. Oktober 1492 eine kleine Insel – Guanahani –, der Kolumbus den Namen San Salvador („Heiliger Erlöser") gab. In dem festen Glauben, Indien erreicht zu haben, nannte er die Inselgruppe „Westindische Inseln" und die Eingeborenen „Indianer". Kolumbus unternahm später noch drei weitere Fahrten, bei denen er bis an die Küste Südamerikas vorstieß. Bald schon bezeichnete man die neuentdeckten Gebiete als die „Neue Welt". Nach dem Italiener Amerigo Vespucci, der das neuentdeckte Land mehrfach bereist und beschreibt, erhält der neue Erdteil den Namen Amerika.

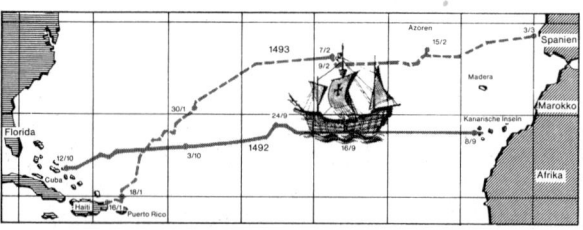

Reiseroute der 1. Fahrt des Christoph Kolumbus

| Name: | Klasse: 7 | Datum: | Geschichte / Sozialkunde / Erdkunde | Nr.: |

Kolumbus entdeckt Amerika

Die Türken sperrten den _____ nach Asien, die _____

den Seeweg.

Händler, Fürsten, Seefahrer begannen nachzudenken, ob _____

_____

Christoph Kolumbus

Christoph Kolumbus stammte aus _____. Seine Studien ließen ihn zu

der Überzeugung gelangen, dass Toscanelli Recht hatte. Auch für Kolumbus stand fest:

_____

Deshalb wollte er den Weg nach Westen wagen, um _____ zu erreichen.

Zunächst versuchte er in _____ finanzielle Unterstützung für sein

Vorhaben zu bekommen, wurde jedoch abgewiesen. In _____ hatte

er mehr Glück. Nach langen Verhandlungen bekam Kolumbus drei Schiffe, mit denen er

lossegeln konnte, das Admiralsschiff _____ und die beiden

Karavellen _____ und _____.

Am _____ segelte Kolumbus mit _____ Mann Besatzung los.

Trage die Reiseroute der 1. Fahrt des Christoph Kolumbus ein!

Am _____ erreichte Kolumbus eine kleine Insel, der er den

Namen _____ gab. In dem festen Glauben, Indien erreicht zu

haben, nannte er die Inselgruppe „_____".

Eine Hochkultur in Südamerika: die Inkas

Auf seiner Beutefahrt nach Gold entdeckte der spanische Eroberer Francisco Pizarro (1478–1541) in den Anden das Reich der Inkas. Über mehr als 4000 km erstreckte sich das Herrschaftsgebiet der Inkas entlang der Westküste Südamerikas. Es reichte von Kolumbien im Norden bis weit in das heutige Chile hinein – hinweg über das Andengebirge mit Bergen, die über 6000 m hoch sind, über Wüsten und Urwälder. Die Inkas hatten in vielen Eroberungszügen eine große Zahl von Volksstämmen unterworfen und in ihrem Großreich vereint. Das Reich der Inkas war das größte und mächtigste der Neuen Welt. Es stand am Anfang des 16. Jahrhunderts auf dem Höhepunkt seiner Machtentfaltung.

Aufbau und Regierung des Reiches

An der Spitze des Inkareiches stand der König. Das Volk verehrte ihn als „Sohn der Sonne" wie einen Gott. Von der Hauptstadt Cusco aus regierte er das Riesenreich. Ein hervorragend ausgebautes Straßennetz hielt die vier Provinzen des Inkareiches zusammen. Auf gradlinig verlaufenden Straßen konnten Nachrichtenläufer, Truppen oder Warentransporte schnell vorankommen. Bei dem Bau der Straßen mussten unvorstellbare Geländeschwierigkeiten gemeistert werden. Steigungen wurden durch Treppenanlagen überwunden. Dies war nötig, da Rad, Pferd und Wagen unbekannt waren.

Die Inkas lebten in Dorfgemeinschaften. Sie arbeiteten gemeinsam auf den Feldern, die oft als Bergterrassen mit kunstvollen Bewässerungsanlagen bis in die Hochtäler hinaufreichten. Die Ernte brachten sie in die Vorratsspeicher der Städte. So waren die Inkas auch in Notzeiten vor dem Verhungern geschützt.

Ein Drittel des Landes bewirtschafteten die Bauernfamilien für sich, die meisten Erträge waren für den König und die Priesterschaft bestimmt.

Das Leben der Inkas war bis in alle Einzelheiten geregelt. Ein Heer von Beamten kontrollierte die Arbeiten im Reich.

Bewundernswerte Kulturleistungen

Die spanischen Eroberer standen staunend vor dieser großartigen Kultur. Sie sahen, wie durch künstliche Bewässerung die Ernährung des Bergvolkes gesichert wurde. Monumentale Bauten waren, ebenso wie Städte und Burgen, aus gewaltigen Steinquadern errichtet, die fugenlos ohne Mörtel aufeinander getürmt waren. In den Tempeln fanden sie Kultgeräte aus Gold und Silber, die von der großen Kunstfertigkeit und der reichen Phantasie dieses Volkes Zeugnis ablegten.

Zur Zeit der spanischen Eroberung standen noch zwei weitere Hochkulturen in Blüte: die Kultur der Maya auf der Halbinsel Yucatán und die Kultur der Azteken, die in Teilen des heutigen Mexikos und Guatemalas lebten.

Name:	Klasse: 7	Datum:	**Geschichte** Sozialkunde Erdkunde	Nr.:
________		________		________

Eine Hochkultur in Südamerika: die Inkas

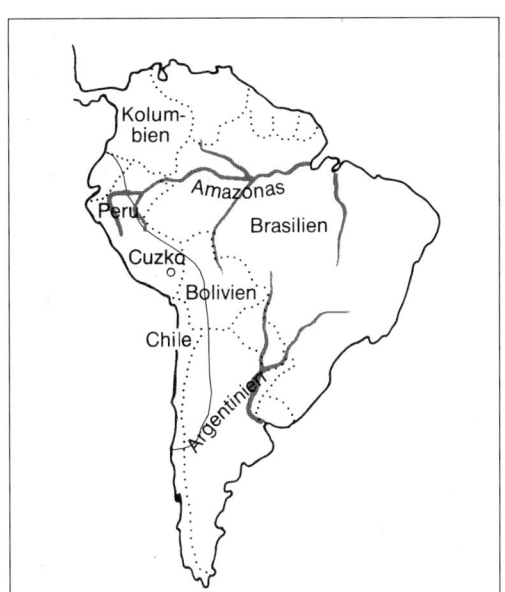

Zeichne das Inkareich in die Karte!

Das Reich der Inkas erstreckte sich über mehr als ________________ km entlang der Westküste Südamerikas. An der Spitze des Inkareiches stand der König. Ein hervorragend ausgebautes ________________________ hielt das Riesenreich zusammen.

Das Leben der Inkas war bis in alle Einzelheiten geregelt. Die Arbeiten im Reich wurden von ________________ kontrolliert. Die Inkas lebten in ________________________.

Der Grundbesitz wurde zu drei gleichen Teilen für ____

____ genutzt.

Das Reich der Inkas war das bedeutendste in Südamerika im 15. Jahrhundert. Es konnte bewundernswerte kulturelle Leistungen aufweisen:

____

____

____

Zwei weitere Hochkulturen standen zur Zeit der spanischen Eroberung in ihrer Blüte: Im Bereich der Halbinsel Yucatán hatte sich die Kultur der ________________ herausgebildet, auf dem restlichen Gebiet des heutigen Mexiko und Guatemala hatten die ________________ eine hohe Kultur hervorgebracht.

Vorstellungen der Europäer von den „Fremden"

Viele Europäer betrachteten die Eingeborenen als Wilde. Ihre eigene Lebensart hielten sie dagegen für weit überlegen. Darum sollten die „Indianer" so schnell wie möglich an europäische Lebens- und Arbeitsformen gewöhnt werden.

Sind Indianer Menschen? Aus dem Gutachten eines Mitglieds der spanischen königlichen Kommission von 1512:
Aristoteles sagt: „Eine Tyrannenherrschaft sei dann gerechtfertigt, wenn sie sich auf solche erstreckt, die von Natur aus Sklaven sind. Das sind solche, denen Urteil und Einsicht fehlen, wie es bei diesen Indianern der Fall ist, die nach allgemeiner Ansicht sprechenden Tieren gleichen … Da die Indianer ein träges Volk ohne Veranlagung zum Guten sind, kann man sie rechtmäßigerweise in Dienstbarkeiten versetzen, weil die völlige Freiheit ihnen schadet, vor allem aber, weil das beste Mittel, wodurch sie den Glauben empfangen, der Umgang mit Christen ist…"

Den Entdeckern folgen die Eroberer

Europäische Fürsten beauftragten die Entdecker, das Land für sie in Besitz zu nehmen. So entstanden in Südamerika nach und nach spanische und portugiesische Kolonien. Jeder der beiden Staaten wollte sich durch einen großen Kolonialbesitz eine politische Vormachtstellung sichern.
Aus den Ländern Lateinamerikas kamen nicht nur unglaubliche Berichte über den Reichtum an Gold und Silber. Man erzählte auch, dass die Eingeborenen ihren Göttern Menschenopfer darbringen würden und einen für christliche Vorstellungen grausamen Götzendienst betrieben. Verschiedene Ansichten standen sich gegenüber: die einen waren der Meinung, man solle diese „Wilden" sofort ausrotten, die anderen meinten, man solle versuchen, sie zu bekehren. Diese Ansicht setzte sich schließlich durch und bei fast jedem Auftrag zu Entdeckungsfahrten befahlen die spanischen und portugiesischen Könige die Eingeborenen zu Christen zu machen. Dazu hatte auch der Papst nachdrücklich aufgefordert.
Den Eroberern ging es aber nicht in erster Linie um den Glauben der Eingeborenen, sondern um deren Land, um Gold und Silber und schnellen Reichtum.
Für viele Spanier aus niederem Adel, die bisher dem Heer des Königs angehörten, war der Dienst in Übersee ein Sprungbrett zur Macht. Kolumbus wurde Vizekönig, Cortez Statthalter, ihre Gefolgsmänner erlangten als Stadtkommandanten, als Verwalter königlicher Güter und als Bürgermeister neugegründeter Städte Einfluss und Ansehen. Mancher kleine Landedelmann erreichte eine Stellung, von der er in seiner spanischen Heimat nur träumen konnte.

Cortez erobert Mexiko

Der Spanier Fernando Cortez war an der mexikanischen Küste gelandet. Von hier aus eroberte er das Reich der Azteken. Die erstaunlich hohe Kultur des Landes beeindruckte ihn nicht. Rücksichtslos unterwarf er die Eingeborenen, um seinem König Gold schicken zu können. Blut und Verderben begleiteten den Weg der Eroberer (Konquistadoren). Cortez wurde später Statthalter von „Neuspanien". Im Auftrag der spanischen Krone ließ er das Land wieder aufbauen (mit den Eingeborenen als Arbeitssklaven) und seine Bodenschätze nutzbar machen.

Es war ein ungleicher Kampf, den die 400 spanischen Eroberer gegen Zehntausende aztekischer Kämpfer durchzustehen hatten. Aber die Überlegenheit ihrer Waffen und die Rücksichtslosigkeit ihres Vorgehens brachten ihnen letztlich den Sieg. Eine aztekische Quelle berichtet uns davon:

„Nachdem sie am Schatzhaus angekommen waren, wurde alles Glänzende hervorgeholt. Das Gold schmolzen die Spanier in Barren, die grünen Steine nahmen sie an sich. Und sie stöberten alles im Palast und in den Lagerhäusern durch. Während man im Reigen tanzte, kamen die Spanier heraus, zum Krieg gerüstet. Darauf umringten sie die Tanzenden. Viele durchbohrten sie mit der Eisenlanze oder erschlugen sie mit dem Eisenschwert. Wer zur Tür hinausgehen wollte, den trafen sie dort. Einige versteckten sich zwischen den Toten. Das Blut der Häuptlinge floss wie Wasser."

Noch heute sind die Spätfolgen der Kolonialherrschaft erkennbar

Das Verhalten der Portugiesen und Spanier in den Ländern der Neuen Welt hat dort krasse soziale Gegensätze geschaffen. Die Weißen waren die Herren, die Eingeborenen rechtlos. So gut wie alle Ländereien gehörten den Europäern. Auf ihren „Haziendas" (Großgüter) ließen sie alles herstellen, was zum angenehmen Leben der Herren wichtig war.

Obwohl die ehemals europäischen Kolonien inzwischen unabhängige Länder geworden sind, kann man die Folgen der Zeit der Unterdrückung noch heute erkennen. Der Grundbesitz und die politische Macht befinden sich fast ausschließlich in der Hand der Weißen. Die Indianer, Schwarzen und Mischlinge sind meist Kleinbauern, Handwerker oder Arbeiter. Sie haben kaum Chancen, in den Kreis der Beamten, Akademiker oder Politiker aufzusteigen. Diese Klassenunterschiede gehen auf die Zeit der Eroberung Lateinamerikas durch die Europäer zurück.

Name:	Klasse: 7	Datum:	**Geschichte** Sozialkunde Erdkunde	Nr.:

Entdeckung und Eroberung

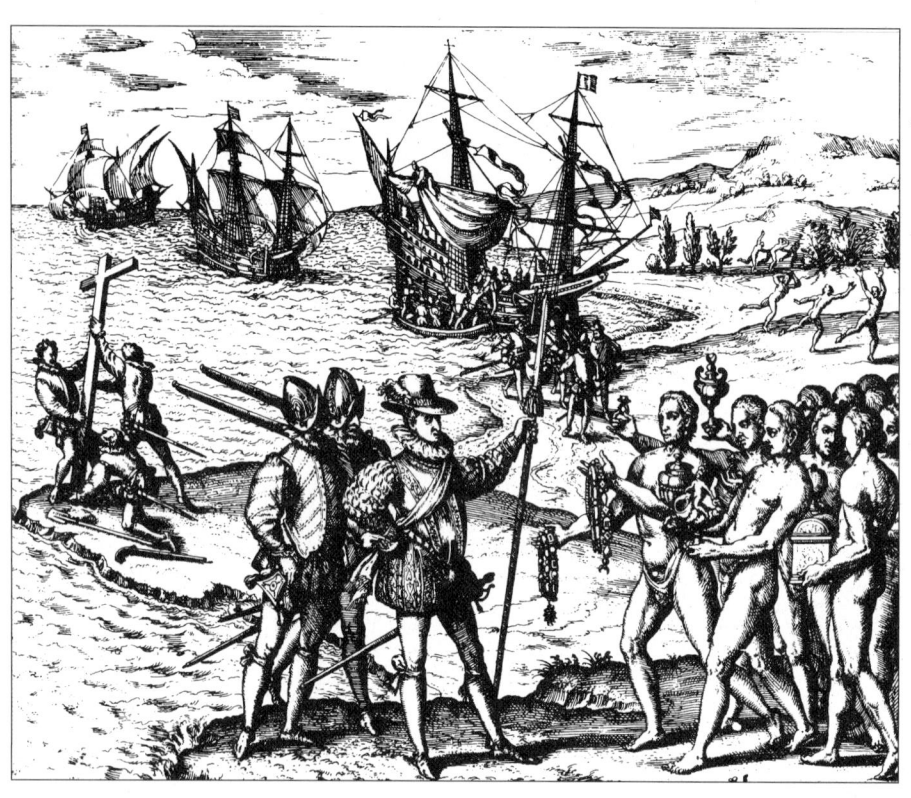

Viele Europäer betrachteten die Eingeborenen als „________________“. Während die einen meinten, man solle die Indianer ____________________, waren die anderen der Meinung, man solle sie ____.

Den **Eroberern** ging es aber nicht in erster Linie um den Glauben der Eingeborenen, sondern

– ____

– ____

Den **Kolonialstaaten** ging es hauptsächlich darum,

– ____

– ____

Das Ende des Inkareiches

Der Gold- und Silberreichtum trieb Scharen von beutegierigen Abenteurern übers Meer, in der Hoffnung, in Amerika schnell reich zu werden. Rücksichtslos wurden die eingeborenen Völker ausgeraubt und ihre Kulturen zerstört. Nachdem bereits 1519 Fernando Cortez das Aztekenreich erobert hatte, schickte sich nun Francisco Pizarro an, das Inkareich zu erobern. Er war skrupellos und in seiner Habgier nach Gold von unerbittlicher Zähigkeit.

Ein Geschichtsschreiber berichtet über den Aufbruch Pizarros in das Reich des Inka:

> „Von San Miguel rückt Pizarro am 24. September 1532 weiter in Richtung nach dem Lager des Atahualpa. Seine Schar bestand aus 110 Mann zu Fuß, 67 Reitern und einigen wenigen Büchsenschützen. Weil aber unter dieser Anzahl sich noch einige Missvergnügte und Feiglinge befanden, so schickte er noch fünf Fußgänger und vier Reiter nach San Miguel zurück und besaß, als er sich anschickte, ein Reich von 4000 Meilen Länge zu erobern, im ganzen 168 Mann."

Auf ihrem Zug kam ihnen vor allem der Umstand zugute, dass die Pferde und Feuerwaffen unter den Eingeborenen Furcht und Schrecken verbreiteten. Hinzu kam der Glaube der Inkas an die Weissagung von der Rückkehr der Götter. Pizarro konnte den König der Inkas, Atahualpa, gefangen nehmen. Für die Freigabe des Gottkönigs füllten seine Untertanen einen ganzen Saal mit Gold und goldenen Gefäßen. Pizarro nahm den Schatz als Lösegeld entgegen und ließ Atahualpa trotzdem erdrosseln. Damit war das Großreich seines Führers beraubt und wurde eine leichte Beute für die Eroberer.

Ausbeutung, Krankheit und Tod

Nach der Zerstörung der Reiche der Inkas und Azteken gingen die Spanier an die rücksichtslose Ausbeutung des Landes. Die Konquistadoren suchten nach Gold- und Silberminen und errichteten Bergwerke, in denen die Indianer arbeiten mussten. Gleichzeitig errichteten die Eroberer riesengroße Plantagen, auf denen Zuckerrohr, Kaffee, Tabak, Bananen und Baumwolle angebaut wurden. Auch hier mussten die Indianer zu Tausenden arbeiten. Ihre Arbeitskraft auszunutzen galt als selbstverständlich. Unzählige starben an den unmenschlichen Arbeitsbedingungen. Die Indianer hatten über die Zwangsarbeit hinaus auch unter Krankheiten zu leiden, die aus Europa eingeschleppt worden waren: Pocken, Typhus, Masern, Grippe oder einfache Erkältungen. Die einheimische Bevölkerung, oft unterernährt und überarbeitet, besaß keine Abwehrkräfte, und so starben Hunderttausende an diesen Krankheiten. Ganze Landstriche wurden auf diese Weise entvölkert.

1519:	11 000 000 Menschen
1540:	6 400 000 Menschen
1565:	4 400 000 Menschen
1597:	250 000 Menschen

Die Bevölkerung Mittelamerikas

Las Casas kämpft für die Indianer

Gegen die Unterdrückung und Ausbeutung der Indianer protestierten vor allem die Missionare. Der Dominikanermönch Las Casas reiste mehrfach an den Hof des spanischen Königs, um dort die Grausamkeiten der Spanier anzuprangern. Aus einem seiner Berichte:

> „Die Spanier schleppten die verheirateten Männer 60 bis 400 km weit zum Goldgraben fort, und die Frauen blieben in den Häusern und auf den Farmen zurück, um dort Feldarbeit zu verrichten. Sie mussten die Erde mit im Feuer gehärteten Stöcken aufbrechen. So kam es, dass die Geburten fast aufhörten. Die neugeborenen Kinder konnten sich nicht entwickeln, weil die Mütter, vor Anstrengung und Hunger erschöpft, keine Nahrung für sie hatten. Aus diesem Grund starben auf der Insel Kuba, als ich da war, in drei Monaten 7000 Kinder. So starben die Männer in den Goldminen, die Frauen vor Erschöpfung."

Er hatte in seinen Bemühungen für die Indianer zunächst auch Erfolg: 1542 erließ König Karl V. von Spanien die „Neuen Gesetze". Sie verfügten unter anderem: Indianer sollten nicht mehr zu Sklaven gemacht werden dürfen. Kein Vizekönig, Statthalter, Richter, Entdecker noch irgendeine andere Person dürfen in Zukunft Indianer einzelnen Personen zuteilen. Aber viele Europäer verfuhren nach einer damals weit verbreiteten Redensart: „Gott ist im Himmel, der König ist weit, hier befehle ich". So konnte die spanische Regierung nicht verhindern, dass die meisten Indianer während der Kolonialherrschaft starben.

Das Ende des Inkareiches

Gezüchtigte Indianer. Der Zeichner de Bry illustrierte die Schriften des Bischofs Las Casas.

Nachdem bereits 1519 Fernando Cortez das Aztekenreich erobert hatte, schickte sich nun _____ an, das Inkareich zu erobern. Mit 110 Fußsoldaten und 67 Reitern startete er im Jahr _____ seinen Eroberungsfeldzug. Ihnen kam zugute, dass die _____ und _____ _____ unter den Eingeborenen Furcht und Schrecken verbreiteten. Mit der Gefangennahme und der anschließenden Ermordung des Inkakönigs _____ wurde das Ende der Inkaherrschaft eingeleitet. Nach der Zerstörung des Inkareiches gingen die Spanier an die rücksichtslose _____ des Landes. Dies führte letztlich zu einem großen _____ _____.

Ursachen dafür waren: _____
_____
_____

Gegen die unmenschliche Behandlung der Indianer durch die spanischen Eroberer protestierte der Dominikanerpater _____. Viermal reiste der Indianermissionar an den Königshof nach Madrid, um sich für seine Schützlinge einzusetzen. Auf sein Drängen hin erließ der König Gesetze zum _____ _____, die sich gegen diese üblen Formen europäischer Kolonisation richteten: _____
_____.

Schwarze Sklaven nach Amerika

Durch unmenschliche Arbeitsbedingungen und Krankheiten starben seit der spanischen Eroberung Millionen Indianer. Schon wenige Jahrzehnte der Kolonialherrschaft hatten ausgereicht, um die einheimische Bevölkerung fast ganz auszurotten. Bald mussten die europäischen Eroberer feststellen, dass sie wegen dieses gigantischen Bevölkerungsrückgangs zu wenig Arbeitskräfte hatten, um ihre Goldminen zu betreiben und die Plantagen zu bewirtschaften.

In dieser Situation griffen die Europäer auf eine Idee zurück, die in den Mittelmeerländern bereits praktiziert wurde: der Sklavenhandel. Sklaven als Arbeitskräfte sollten nun in großer Zahl auf den Plantagen und in den Bergwerken in Amerika arbeiten. Man schätzt, dass zu diesem Zweck fünfzehn Millionen Schwarze von Afrika nach Amerika gebracht worden sind.

Der Dreieckshandel

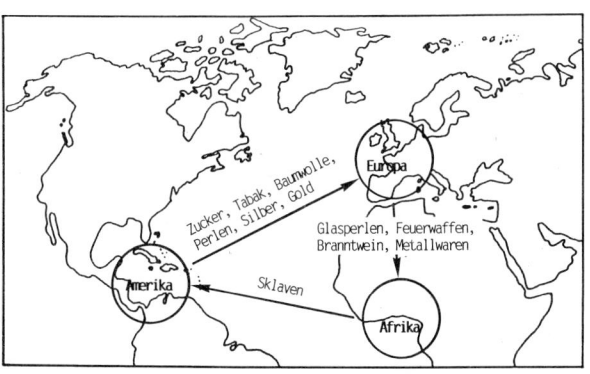

Ein Geschäft begann, das über mehr als drei Jahrhunderte Europa, Afrika und Amerika verband: der Dreieckshandel. Zu Beginn der Dreiecksfahrt verließen die Handelsschiffe die europäischen Häfen, beladen mit Glasperlen, Feuerwaffen, Branntwein und Metallwaren. Ziel war die Küste Westafrikas. Hier tauschten die Händler ihre Billigwaren gegen Sklaven ein. Diese Sklaven wurden nach Amerika transportiert und hier weiterverkauft. Nun wurden die Schiffe mit Rohstoffen aus Südamerika beladen: Zucker, Tabak, Baumwolle, tropische Früchte, Kakao, Kaffee, Perlen, Silber, Gold. Diese Güter gelangten nun nach Europa und wurden wiederum mit Gewinn weiterveräußert. Etwa eineinhalb Jahre nach ihrer Abfahrt aus Europa erreichten die Schiffe wieder ihre Heimathäfen. Die nächste Dreiecksfahrt konnte beginnen.

Das Schicksal der Sklaven

In Afrika wurde die einheimische Bevölkerung zu Zehntausenden gefangen genommen und zur Küste gebracht. Viele kamen bereits auf dem Weg dorthin ums Leben. Die Gefangenen wurden mit einem glühenden Eisen gebrandmarkt und auf die Sklavenschiffe verladen. Um hohe Gewinne zu erzielen, transportierten die Händler so viele Sklaven wie möglich. Unter Deck herrschte qualvolle Enge. Dreck und Gestank ließen die Überfahrt zur Hölle werden, und viele Sklaven setzten ihrem Leben ein Ende. Viele starben an Krankheiten, so dass von einer Ladung nur ca. ein Drittel der Sklaven in Amerika ankamen.

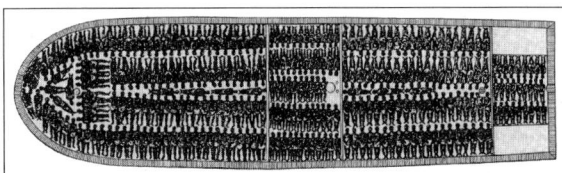

So wurden die Schwarzen auf einem Sklavenschiff unter Deck zusammengepfercht.

Europäisierung Mittel- und Südamerikas

Die spanischen Siedler gründeten in den Kolonien zahlreiche Städte. Auch zerstörte indianische Städte wurden wieder aufgebaut. Geistliche Orden widmeten sich der Bekehrung der Indios zum christlichen Glauben. Da Ehen mit Farbigen erlaubt waren, nahmen viele Spanier Indianerinnen oder Schwarze zur Frau. Aus der Verbindung von Weißen und Indianern wurden Mestizen, aus der Verbindung von Weißen und Schwarzen Mulatten. Die Europäisierung der Erde wird im 17. und 18. Jahrhundert vorangetrieben. Frankreich, England und die Niederlande ergreifen Besitz von großen Gebieten in Amerika, Afrika und Indien und gründen wie die Spanier und Portugiesen große Kolonialreiche.

Neue Staaten

Nach der Befreiung von der spanischen und portugiesischen Kolonialherrschaft Ende des 19. Jahrhunderts entstanden in Mittel- und Südamerika zahlreiche neue Staaten. Die großen Gegensätze zwischen Arm und Reich aus der Kolonialzeit blieben. Die reichen Kaufleute und Plantagenbesitzer bestimmten die Politik des Landes. Die Masse der Bevölkerung bestand aus Indios, Mestizen, Mulatten und Schwarzen, die als Kleinbauern oder Landarbeiter nur geringes Einkommen hatten. Viele zogen in die Großstädte, um Arbeit zu finden. Aber nur wenige fanden einen dauernden Arbeitsplatz. In den Elendsvierteln fristeten sie ein trauriges Dasein. Heute versuchen westeuropäische Staaten im Rahmen ihrer Entwicklungshilfe, Fehler der Vergangenheit aufzuarbeiten.

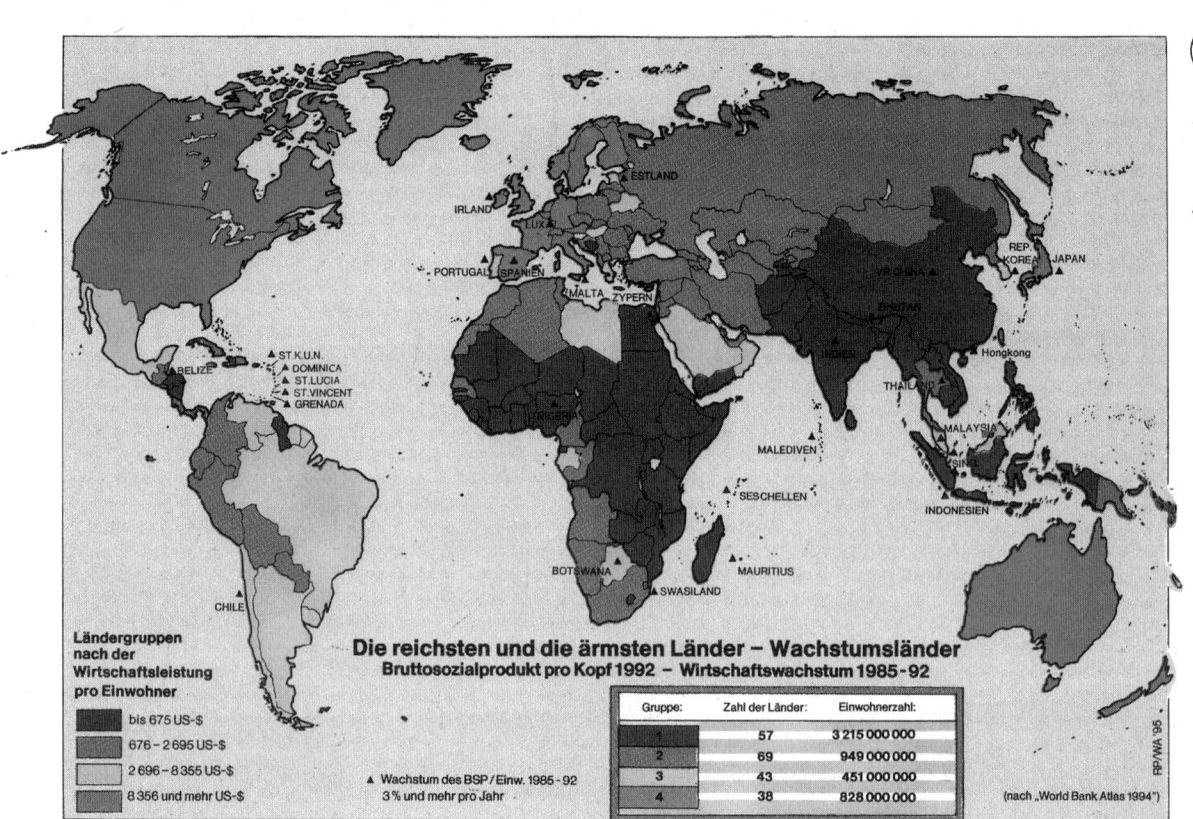

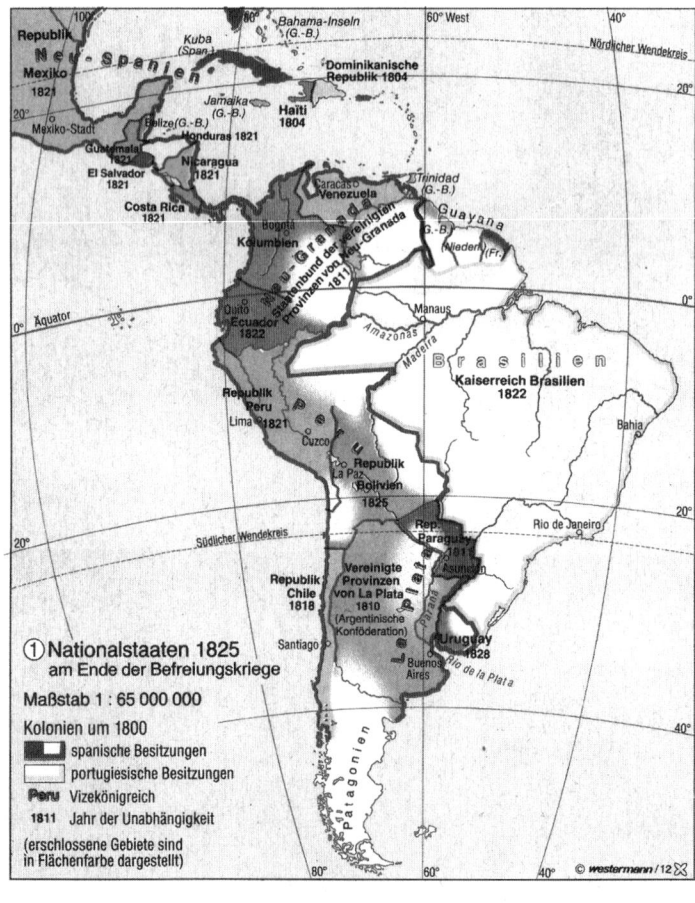

Lateinamerika –
Lage, Grunddaten und regionale Gliederung

Es gibt verschiedene Versuche der Einteilung Lateinamerikas, die auf bestimmten Merkmalen beruhen wie z. B. Klimazonen oder Völkergruppen (Indianer, Schwarze, Weiße). Im Folgenden wird von einer Mischform ausgegangen, die unter Heranziehung mehrerer Merkmale zu einer Untergliederung Lateinamerikas in fünf Teilregionen gelangt:
- den Cono Sor (wörtlich: südlicher Kegel; dazu gehören Argentinien, Uruguay, Chile, Paraguay),
- Brasilien,
- die Andenländer (Bolivien, Peru, Ecuador, Kolumbien, Venezuela),
- Zentralamerika (Panama, Costa Rica, Nicaragua, El Salvador, Honduras, Guatemala, Mexiko),
- die Karibik (einschließlich Guyana, Surinam und Franz.-Guyana).

1. Suche im Atlas diese Länder heraus und beschreibe ihre Lage!
2. Zeichne diese lateinamerikanischen Länder auf einen Block und stelle die Einteilung in diese fünf Regionen in unterschiedlichen Farben dar!
3. Erarbeite die Grunddaten dieser Länder aus verschiedenen Quellen (Atlas, Lexikas, Jahrbücher, Zeitschriften)!

   Folgende Grunddaten könnten herausgearbeitet werden: Einwohnerzahl, Fläche, größte Städte, Religionen, Anteil der Analphabeten, Regierungsform, Landessprache, Hauptstadt, Einwohner pro km^2, Bevölkerungswachstum, Währung, Wirtschaftsleistung, Arbeitslosigkeit, Inflationsrate, Exportprodukte.

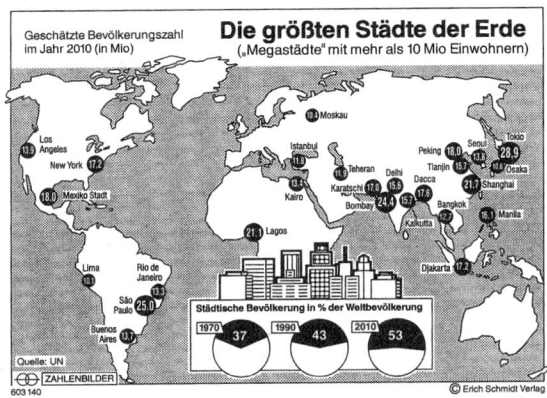

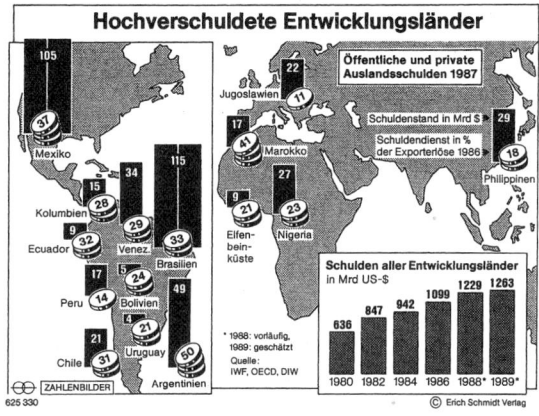

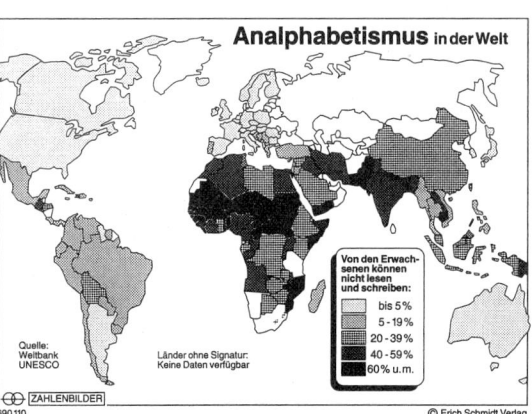

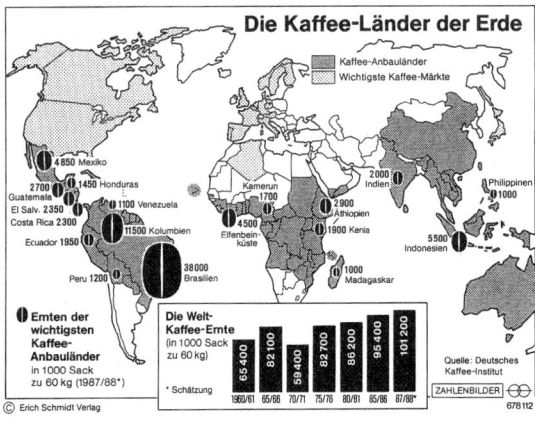

Name:	Klasse: 7	Datum:	Geschichte Sozialkunde **Erdkunde**	Nr.:

Die Staaten Lateinamerikas

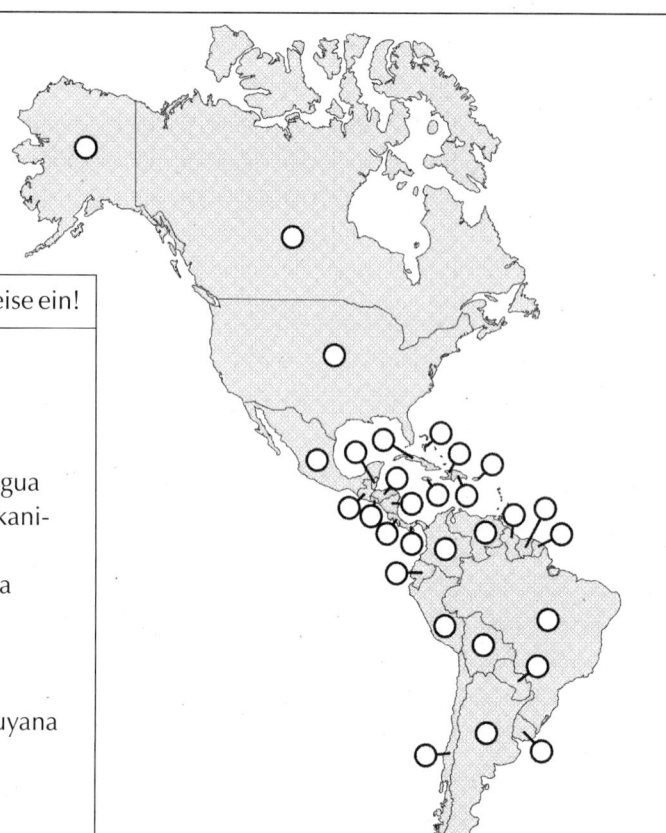

Trage die Ziffern in die entsprechenden Kreise ein!

Nord- und Mittelamerika:

1 – Alaska (USA) 2 – USA 3 – Kanada
4 – Mexiko 5 – Guatemala 6 – Kuba
7 – El Salvador 8 – Honduras 9 – Nicaragua
10 – Haiti 11 – Costa Rica 12 – Dominikanische Republik 13 – Puerto Rico/USA
14 – Jamaica 15 – Bahamas 16 – Panama
17 – Belize

Südamerika:

18 – Kolumbien 19 – Venezuela 20 – Guyana
21 – Surinam 22 – Französisch Guyana
23 – Brasilien 24 – Ecuador 25 – Peru
26 – Bolivien 27 – Paraguay 28 – Chile
29 – Argentinien 30 – Uruguay

Ergänze die Tabelle!

Staat	Einwohner in Mill.	Größe in Mill. km^2	Hauptstadt	Sprache
		1,96	Mexiko-Stadt	Spanisch
	34		Bogotá	
	21		Caracas	
	157			Portugiesisch
			Quito	Spanisch
		1,28	Lima	
			Sucre	Spanisch
	4	0,46	Asunción	
			Santiago de Chile	Spanisch
		2,77	Buenos Aires	Spanisch
	3		Montevideo	
zum Vergleich Deutschland	81	0,35	Berlin	Deutsch

Lateinamerikas soziale Probleme

Armut und die für uns unvorstellbaren Mängel im Bereich der grundsätzlichen Lebensbedürfnisse kennzeichnen die Situation in Lateinamerika. Einige Beispiele:
- mehr als 70 Millionen Erwachsene können nicht lesen und schreiben
- etwa 18 Millionen Kinder im schulpflichtigen Alter können keine Schule besuchen
- mindestens 95 Millionen Lateinamerikaner haben keinen Zugang zu sauberem Trinkwasser
- über 100 Millionen Menschen haben innerhalb angemessener Wegzeiten keinen Zugang zu Gesundheitsdiensten
- mindestens 6 Millionen Kleinkinder im Alter bis zu fünf Jahren sind unterernährt.

Die Ärmsten der Armen – das sind die Kinder: Allein in Brasilien leben schätzungsweise 35 Millionen Kinder am Rand der Gesellschaft. Sie kennen keine festen Mahlzeiten, kein richtiges Zuhause und gehen nicht zur Schule. Sieben Millionen Kinder und Jugendliche sind heimatlos. Sie streunen durch die Städte auf der Suche nach Nahrung und Schutz. Ihr einziger Halt ist die Clique. Sie müssen für sich selber sorgen: sie arbeiten als Parkwächter, Lumpensammler, Schuhputzer und Limonadenverkäufer. Sollte auf diese Weise kein Überleben möglich sein, weichen sie häufig auf illegale Möglichkeiten aus: Straßenraub, Glücksspiel, Drogenhandel, Gewaltkriminalität.

Streunende Kinder in São Paulo/Brasilien *Perry Kretz/© Stern*

Die Folgen dieser Verelendung für die Gesellschaft: Lateinamerika bleibt ein Kontinent mit einem hohen Gewaltniveau. Entfielen beispielsweise in den USA im Jahr 1992 auf 100 000 Einwohner neun Morde, so waren es im lateinamerikanischen Durchschnitt 17 und in Kolumbien sogar 86 Morde. Dort ist der gewaltsame Tod seit Mitte der achtziger Jahre die Haupttodesursache bei erwachsenen Männern.

Die Drogenkriminalität stellt eines der größten Probleme vieler lateinamerikanischer Staaten dar. In Kolumbien fielen seit Mitte der achtziger Jahre Minister, Richter, Journalisten und Hunderte von Polizisten der Drogenmafia zum Opfer. Nach Schätzungen des Bundesnachrichtendienstes stellte Südamerika im Jahr 1993 rund 1400 t Kokain her, mit dem ca. 800 000 Rauschgiftsüchtige in Westeuropa versorgt wurden.

Venezuela – wirtschaftlich abhängig vom Weltmarkt

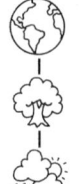

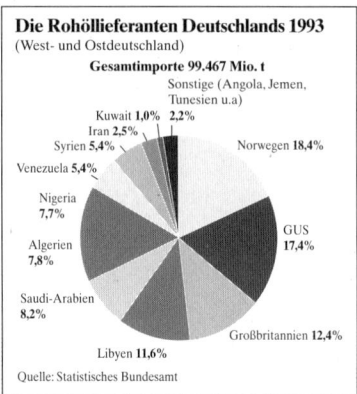

Maracaibo – die Millionenstadt im Norden Venezuelas – ist gleichzeitig ein Symbol für Reichtum und für die Abhängigkeit Venezuelas von den Industriestaaten Europas und den Vereinigten Staaten von Amerika.

Anfang des 20. Jahrhunderts hatten nordamerikanische Ingenieure eine zuvor für unmöglich gehaltene Technik entwickelt, die Bohrungen im Brackwasser des Maracaibo-Sees zuließ. Bald darauf gingen 73 ausländische Firmen daran, das riesige Ölfeld anzuzapfen. Der Großteil der Fachleute kam aus den Vereinigten Staaten und neben schwerem Gerät und ihrem Fachwissen brachten die Amerikaner ihren Way of Life mit nach Venezuela. Obwohl Venezolaner in der Anfangszeit nur als Hilfsarbeiter beschäftigt wurden, prägten die nun fließenden Petrodollars das Gesicht des Landes.

Schon **Ende der zwanziger Jahre** war Venezuela der wichtigste Erdölexporteur der Welt. Der durch den Ölboom über das Land gekommene Geldsegen ließ die Städte Caracas und Maracaibo zu modernen Millionenstädten anwachsen, deren Geschäftszentren sich kaum von denen in Nordamerika unterscheiden. Bauern und Grundbesitzer, die ihre im Hinterland gelegenen Kaffee- oder Kakaoplantagen verließen, zogen in die Stadt. Am Rand der Stadt entstanden Slums, wo sich die vielen Bauern niederließen.

Die **Landflucht** hatte gravierende Folgen, die bis heute nachwirken: Der venezolanischen Landwirtschaft fehlten schon bald die Arbeitskräfte, viele gute Böden lagen brach. Aufgrund mangelnden Know-hows bestand aber keine Aussicht, eine eigene Fertigungsindustrie aufzubauen. Venezuela besaß zwar einen wertvollen Rohstoff, geriet aber zunehmend in Abhängigkeit von den Industriestaaten und war schon bald gezwungen, alles zu importieren: Grundnahrungsmittel, Schrauben, Autos und Ersatzteile – und fast alle Fachkräfte.

Das Land verdiente zu Beginn nicht besonders gut am Öl. **Bis 1935** blieben nur etwa sieben Prozent der gesamten Erdöleinnahmen im Land. Erst die erhöhte Nachfrage während des Zweiten Weltkrieges konnte Venezuela nutzen, um sich eine Gewinnbeteiligung von 30 Prozent an den Rohstoffausfuhren zu sichern.

Als die erdölexportierenden Länder des Nahen Ostens in den Jahren **1973/74** die Öllieferungen in die westeuropäischen Industriestaaten drosselten, verzeichnete Venezuela einen zweiten Boom, weil viele westeuropäischen Staaten nun auf Öllieferungen aus Venezuela angewiesen waren. Neue Einnahmerekorde für Venezuela waren die Folge. Das Land erhielt zu jener Zeit bereits einen Anteil von 70 Prozent der Einnahmen aus dem Ölgeschäft, als die Erdölpreise zwischen Oktober 1973 und Januar 1974 von drei Dollar auf zwölf Dollar pro Barrel kletterten. Das arabische Ölembargo verschaffte Venezuela einen außerplanmäßigen Gewinn von 50 Milliarden Dollar. Die Regierung setzte das Geld für die Verwirklichung gigantischer Großprojekte ein, die trotz der hohen Erdöleinnahmen zu einem großen Teil über damals günstige ausländische Kredite finanziert wurden. Damit sollte die Grundlage für eine langfristige wirtschaftliche Entwicklung gelegt und die Abhängigkeit vom Erdöl verringert werden. Im Ergebnis führte diese Politik dazu, dass Venezuela heute nach Brasilien, Mexiko und Argentinien das am vierthöchsten verschuldete Land Lateinamerikas ist. Mit dem Verfall der Ölpreise auf dem Weltmarkt geriet die Landeswährung zunehmend unter Druck und eine Abwertung war die Folge. Die Schulden konnten nicht mehr zurückgezahlt werden.

Heute befindet sich Venezuela in einer schwierigen Lage. Die überaus hohe Verschuldung behindert den dringend notwendigen Kapitalzufluss aus den Industriestaaten. Außerdem vermindern die relativ niedrigen Erlöse für das Erdöl die notwendigen Deviseneinnahmen. Das niedrige Rohstoffpreisniveau begünstigt seit Jahren die Industrieländer, deren Produkte stärker im Preis stiegen als die Rohstoffe. Venezuela befindet sich mit Sicherheit in einer industriellen Aufbauphase, ist aber stark von Preis- und Nachfrageschwankungen auf dem Weltmarkt abhängig.

Nach wie vor ist Venezuela – um Einnahmen in großem Umfang zu erzielen – auf den Export ihres bedeutendsten Rohstoffs in die westlichen Industriestaaten angewiesen.

1. Auf welche Weise entstand der amerikanische Einfluss auf Venezuela?
2. Wie kam es zu einer ersten Abhängigkeit von den Industriestaaten?
3. Warum befindet sich Venezuela in einer schwierigen wirtschaftlichen Lage?

Projekt: Eine Reise nach Mexiko

I. Projektplanung:

Gruppe 1: Reiseplanung
Gruppe 2: Mexiko – Grunddaten
Gruppe 3: Mexiko – unsere empfohlene Reiseroute
Gruppe 4: Die Maya – Rätsel um ein altes Volk
Gruppe 5: Mexiko-Stadt – Hauptstadt mit Problemen
Gruppe 6: Licht und Schatten des Ölbooms
Gruppe 7: Acapulco – die Tourismusindustrie gewinnt an Bedeutung

II. Projekterarbeitung:

Gruppe 1: Die SchülerInnen besorgen sich im Reisebüro Reiseunterlagen zum Thema Mexiko und klären vorab folgende Punkte:
Einreisebestimmungen – Währung/Zahlungsmittel – Klima – Abflughäfen – Zielflughäfen – Flugdauer – Zeitunterschied – Rundreisen – Preise.
Arbeitsmaterial: Prospekte verschiedener Reiseunternehmen

Gruppe 2: Die SchülerInnen stellen Grunddaten zum Land Mexiko aus verschiedenen Nachschlagewerken zusammen:
Fläche – Einwohnerzahl – Hauptstadt – Sprache – Religion – Währung – Analphabetenquote – Arbeitslosenquote – Staats- und Regierungsform. Die Gruppe zeichnet den Staat Mexiko auf einen Plakatkarton und trägt die wichtigsten geographischen Bezeichnungen ein. Folgende Begriffe sollten enthalten sein:
Golf von Mexiko – Yucatán – Mérida – Veracruz – Mexiko-Stadt – Monterrey – Guadalajara – Acapulco – Popocatépetl – westliche und östliche Sierra Madre – Campeche – Bank von Campeche – Rio Grande
Arbeitsmaterial: Harenberg Lexikon der Gegenwart – Fischer Weltalmanach – Atlas – Plakatkarton

Gruppe 3: Die SchülerInnen zeichnen zunächst wie die SchülerInnen der Gruppe 2 die Umrisse des Staates Mexiko auf einen Plakatkarton. Anschließend erfragen sie bei den Gruppen 4 bis 7 die bedeutenden und sehenswerten Orte Mexikos und zeichnen die Orte in die Karte ein: Yucatán – Chichen Itzá – Mexiko-Stadt – Tampico – Campeche – Acapulco – Sierra Madre – westliche Sierra Madre.
Anschließend legen sie den Reiseweg fest, beginnend beim Zielflughafen. Sie achten auf mögliche Bahnverbindungen, die Längen der einzelnen Strecken und mögliche Aufenthalte oder Besichtigungen. Aufgrund dieser Vorgehensweise machen sie auch Angaben zur möglichen Reisedauer.
Abflug am gewählten Flughafen
Arbeitsmaterial: Atlas – Plakatkarton

Gruppe 4: Die SchülerInnen arbeiten die Informationsblätter gemeinsam durch, zeichnen oder basteln eine Pyramide und teilen die Informationen so auf die einzelnen Mitglieder auf, dass jeder einzelne einen Teilbereich zum Thema erläutern kann. Natürlich kann weiteres Material durch die Schüler eingebracht werden.
Arbeitsmaterial: Informationsblätter, DIN-A-3-Bogen zum Zeichnen der Pyramide, eventuell Holz für ein Modell einer Pyramide (Werkunterricht)

Gruppe 5: Die SchülerInnen arbeiten die Informationsblätter gemeinsam durch. Jeder Schüler soll über die Probleme von Mexiko-Stadt Bescheid wissen.
„Wenn ich Bürgermeister von Mexiko-Stadt wäre …" – im Hinblick auf dieses Motto greift die Gruppe eines der Probleme heraus und entwickelt Lösungsvorschläge.
Arbeitsmaterial: Informationsblätter – weiteres Material von den Schülern

Gruppe 6: Die SchülerInnen arbeiten das Informationsblatt gemeinsam durch. Sie versuchen die Frage zu beantworten, warum die Erdölindustrie zwar der bedeutendste Wirtschaftszweig Mexikos ist, dem Land aber nur wenig Reichtum eingebracht hat. Die SchülerInnen stellen ihre Ergebnisse graphisch an der Tafel oder am Overheadprojektor dar.
Arbeitsmaterial: Informationsblatt – Folien – Tafel – …

Gruppe 7: Die SchülerInnen arbeiten das Informationsblatt gemeinsam durch. Sie erstellen ein Werbeplakat für ein Reisebüro, das Urlauber an die Pazifikküste anlocken soll.
Arbeitsmaterial: Werbeplakat nach Ideen der Schüler

Alle SchülerInnen der Klasse regeln die organisatorischen Voraussetzungen:
Einladungen an die Eltern, mexikanische Musik, eventuell Dias zu den einzelnen Themen besorgen, mexikanische Spezialitäten aus der Schulküche (Hauswirtschafts-Lehrerin, Schüler und Eltern arbeiten gemeinsam), …

III. Projektdurchführung in Form eines Elternabends:

– Ablauf des Elternabends:
→ Mexikanische Musik zur Untermalung
→ Begrüßung der Eltern und Vorstellung des Projekts
→ Darstellung der Ergebnisse der einzelnen Projektgruppen, Vortrag und Information durch die Schüler
→ Reiseberichte von Mexikokennern
→ Den Eltern werden mexikanische Spezialitäten aus der Schulküche serviert
→ Video über Mexiko aus dem Reisebüro
– Bericht über den Elternabend an die Heimatzeitung
– Ausstellung der Ergebnisse in der Aula der Schule

Die Maya – Rätsel um ein altes Volk

Von den **Hochkulturen**, die zur Zeit der spanischen Eroberung (ab dem 16. Jahrhundert), der **Conquista**, in Blüte standen, sind drei besonders erwähnenswert: die der **Azteken** und der **Maya** in Zentralamerika (dem heutigen Gebiet von Mexiko und Guatemala) und die der **Inka** im Andenraum (dem heutigen Gebiet von Peru, Ecuador und Bolivien). Alle drei Kulturen hatten sich in Großräumen herausgebildet, die schon auf eine lange, teils Jahrtausende alte Kulturgeschichte zurückblicken konnten. Dies galt vor allem für die Maya, die bereits im ersten Jahrtausend nach Christus eine hochstehende Zivilisation hervorgebracht hatten. Dagegen hatten sich die Reiche der Azteken und Inka erst unmittelbar vor dem Eintreffen der Spanier (1492: Entdeckung Amerikas durch Christoph Kolumbus) zu voller Machtentfaltung entwickelt und ihre größte räumliche Ausdehnung erlangt.

Die **Nachkommen der Maya** gehören heute zu den Ärmsten der Bevölkerung: Über sechs Millionen Menschen, die sich in zahlreiche Stämme gliedern und über 30 verschiedene Sprachen benutzen, leben verstreut über weite Regionen Zentralamerikas. Ihr Siedlungsgebiet erstreckt sich über eine Fläche von knapp 500 000 Quadratkilometern. Nicht nur in Mexikos Süden, in der trockenen Buschlandschaft von Yucatán und den Regenwäldern von Chiapas, sondern auch in den Sümpfen und tropischen Wäldern des heutigen Belize, Guatemala, Honduras und El Salvador errichteten sie einst ihre großartigen Pyramiden und Tempelstädte.

Schlangenkopf am Fuß der Kukulkan-Pyramide von Chichén Itzá

Die Maya gelten als die geistige Elite der alten Völker. **Ihre großen Zentren** waren unabhängige Stadtstaaten und wurden von Fürsten und Priestern beherrscht; ein einheitliches Maya-Reich gab es nicht. Zentrum der Städte war ein Zeremonialplatz, den Tempelpyramiden unterschiedlicher Höhe begrenzten. Die Pyramide in Palenque ist 21 m hoch und die höchste Pyramide der Yucatán-Halbinsel in Cobá bietet mit ihren 42 Metern einen weiten Blick über den Dschungel. Dank ihrer Hieroglyphenschrift ist heute einiges über das hoch organisierte Alltagsleben der Maya bekannt. Das einfache Volk, die Bauern, Handwerker und Händler, lebten danach in Hütten im weiten Umkreis der Pyramiden und Tempel. Das Volk ernährte die Priester und Fürsten und deren Familien ebenso wie die zahlreichen Arbeiter, die Jahr für Jahr zu Ehren der Götter gewaltige Bauwerke errichteten. Um die Anbaumethoden auf der dünnen Karstdecke Yucatáns wirtschaftlicher zu gestalten und Nahrung für viele Menschen zu produzieren, erfanden die Bauern neue Techniken zur Gewinnung von Ackerland. Zahlreiche Götter regelten das Leben der Maya. Neben dem Gott der Schöpfung, der Sonne, des Mondes, des Regens, des Windes und des Mais, deren Bedeutung für das Leben leicht ersichtlich ist, bestimmten viele andere die religiöse Welt.

Ihre **Bauwerke** sind ein Beweis dafür, dass die Maya außergewöhnlich große mathematische und astronomische Kenntnisse und Fähigkeiten besaßen. Über 1500 Jahre alt sind die Pyramiden von Chichén Itzá, der größten und bedeutendsten Anlage auf Yucatán. Die Unesco nahm sie wegen ihrer historischen und archäologischen Bedeutung in die Liste des Weltkulturerbes auf. Fast ein Jahrtausend war diese Siedlung das kulturelle und wirtschaftliche Zentrum der Maya.

Die streng nach astronomischen und astrologischen Vorschriften errichtete Kukulkan-Pyramide offenbart wie kein anderes Gebäude den hohen Stand der **Maya-Wissenschaft**, vor allem auf dem Gebiet der Mathematik und Astronomie. Die Pyramide besteht aus neun Plattformen. Jeweils in der Mitte der vier Pyramidenseiten führen Treppen nach oben: Zusammen mit der Eingangsstufe zum Tempel weist ihre Gesamtzahl auf die 365 Tage des Jahres hin. Im Herzen der Pyramide liegt ein weiterer Tempel verborgen.

Das „Land der Maya" wird Yucatán genannt, denn auf der zwischen dem Golf von Mexiko und der Karibik gelegenen Halbinsel errichteten die Maya vor mehr als einem Jahrtausend ihre wichtigsten Städte, Paläste, Pyramiden und Tempel.

Mexiko-Stadt – Hauptstadt mit Problemen

Wenn abends die Sonne hinter den Bergen versinkt, erwachen die Plätze der Hauptstadt zum Leben. Dort trifft sich, wer die überschäumende Musik der mexikanischen Kapellen schätzt: Für 100 Pesos spielen die Musiker drei Liebeslieder, begleitet von Geigen, Trompeten und Gitarren. Drei, vier Kapellen überbieten sich gegenseitig an Lautstärke, ein unbeschreibliches Gemenge von schmetternden Trompeten, klagenden Geigen und wehmütigem Gesang. Je später der Abend, desto mehr Menschen kommen. Niemand empfindet das Durcheinander als störend, alle genießen die Atmosphäre.

Kunststücke für ein paar Pesos: Kinder ...

... sorgen für ihren Unterhalt

Die Plätze der Hauptstadt sind ein Ort der Lebenslust und für wenige Stunden lassen sie die Probleme zurücktreten, unter denen Mexiko-Stadt leidet. Schon lange droht der größten Stadt der Welt, in den sechziger Jahren noch ein staatlich anerkannter Luftkurort, der **Umwelt-Kollaps.** Tagsüber ist die Sonne häufig nur durch eine dichte Glocke aus Schwefel und Kohlenmonoxid zu erahnen, und selbst in der nächtlichen Ruhe fällt das Atmen schwer. Stinkender Smog durch Auto- und Industrieabgase hängt an 300 Tagen im Jahr über der Stadt.

Mexikos Hauptstadt gilt als die **größte Metropole der Welt.** Niemand weiß jedoch genau, wie viele Menschen in ihr leben. 20, 22 oder 24 Millionen mögen es sein, und täglich kommen weitere Menschen hinzu. Das Bevölkerungswachstum und die anhaltende Landflucht erschweren den Überlebenskampf und schon die Kinder müssen viel Phantasie aufbringen, um sich und ihre Familien zu ernähren. Wie der Kleine an der vierspurigen Kreuzung. Kaum halten die Autos, springt er auf die Straße und zeigt, was er mit fünf Bällen zustande bringt. Sein Freund, höchstens vierzehn Jahre alt, unterhält die Fahrer in der Zwischenzeit mit akrobatischen Kunststücken. Hin und wieder lohnt sich ihr stundenlanges Verharren an der stinkenden Kreuzung, wenn ihre Kunststücke mit ein paar Centavos belohnt werden.

Überall in der Stadt trifft man diese Kinder, die helfen müssen, das Familieneinkommen zu sichern – sei es als Schuhputzer, Zeitungsjungen oder Parkplatzwächter. Statt für Spiel und Spaß verwenden sie ihren Einfallsreichtum auf der steten Suche nach neuen Einkommensquellen.

Bereits heute lebt ein Viertel der mexikanischen Bevölkerung in der Hauptstadt und ständig kommen neue Zuwanderer aus ländlichen Regionen – ca. 100 000 Menschen im Jahr. Ihre Hoffnung auf ein besseres Leben erfüllt sich indes nur selten, denn Arbeit gibt es nur für wenige. Dennoch harren die Menschen in der Metropole aus, versuchen, sich so gut wie möglich über Wasser zu halten. „Kleingewerbetreibende" nennt man beschönigend diejenigen, die morgens auf den weiten Plätzen ihre Dienste anbieten – als Maurer, Tischler oder Mechaniker.

Auch Juan versteht sein Handwerk: Vier Arbeitsgänge braucht er, bis die Schuhe seiner Kunden wieder richtig blitzen. Während der gesamten Prozedur unterhält der junge Mann seine Kundschaft, die Bankangestellten, Verkäufer und Taxifahrer.

Vor mehr als 30 Jahren kam Juan mit seinen Eltern aus einem kleinen Dorf im Hochland nach Mexiko-Stadt. Seither hat er sein halbes Leben am Paseo de la Reforma verbracht, der bis zu zehn Spuren breiten Autobahn der Stadt. Hupend bahnen sich ungeduldige Autofahrer den Weg durch die endlos erscheinende Blechschlange und mit abenteuerlicher Geschwindigkeit wird jedes Stückchen freie Fahrt genutzt.

An den Paseo de la Reforma grenzt die Zona Rosa, Laufsteg für die Besserverdienenden und neuerdings auch beliebt bei Touristen, die in den Nebenstraßen flanieren, einkaufen und in teuren Straßenrestaurants speisen. Größer könnten die Gegensätze nicht sein als in diesem feinen Stadtviertel, wo die wohlhabende Oberschicht auf Straßenhändler und bettelnde Indianer trifft.

Rund zwei Millionen dieser Ureinwohner leben heute in Mexiko-Stadt. Die Indianer leben zwar innerhalb der Stadtgrenzen, aber außerhalb der städtischen Gemeinschaft. Die Frauen und Kinder verkaufen handgefertigte Puppen am Paseo de la Reforma, in der Zona Rosa und überall dort, wo Touristen auftauchen; viele betteln und schlafen in Hauseingängen. Ihre soziale Situation ist verzweifelt, besonders für diejenigen, die auf den Müllhalden der Stadt in Hütten und von der Verwertung der Abfälle leben. Viele Kinder überleben die mangelnde Hygiene nicht.

Licht und Schatten des Ölbooms

Die Erdölförderung ist Mexikos bedeutendster Wirtschaftszweig

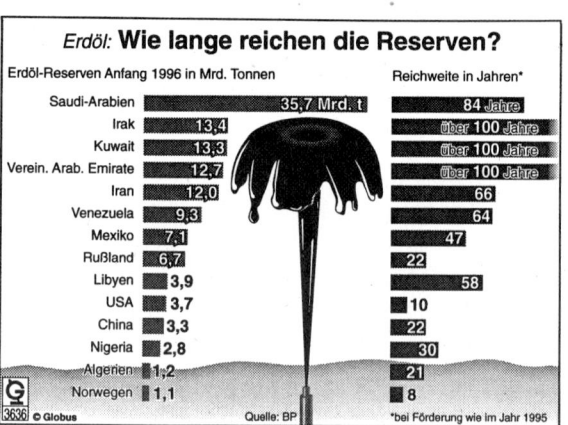

Die Erdölquellen werden noch eine Weile sprudeln. Die gefundenen und wirtschaftlich gewinnbaren Reserven reichen aus, die gegenwärtige Höhe des Ölverbrauchs 43 Jahre lang zu decken. Der Anteil des Öls vom Persischen Golf wird nach einer Studie bis zum Jahr 2010 wieder den Stand vom Anfang der 70er Jahre zu Beginn der Ölkrise erreichen.

Zufällig entdeckte Anfang dieses Jahrhunderts ein US-Amerikaner bei Tampico das erste Erdöl, schon 1921 betrug die mexikanische Förderung mit jährlich rund 530 000 Barrel ein Viertel der Weltproduktion. Mexiko war weltweit der größte Exporteur des „schwarzen Goldes", doch für die Mexikaner war das zunächst kein Grund zur Freude: Die Regierung hatte 1884 auf alle Eigentumsansprüche an den Bodenschätzen verzichtet, um ausländische Bergbaugesellschaften ins Land zu holen.

Ein jahrzehntelanger Streit zwischen Ölgesellschaften und der mexikanischen Regierung erreichte 1938 seinen Gipfel, als eine Schlichtungskommission, die zwischen streikenden Arbeitern und den vor allem aus den USA stammenden Konzernen vermitteln sollte, die Tatsachen auf den Tisch legte: Mexikanische Arbeiter erhielten die weltweit niedrigsten Löhne im Ölgeschäft, obwohl der Gewinn der Firmen wesentlich größer war als zugegeben. Rasch entwickelte sich der Streit zu einer Angelegenheit des nationalen Stolzes. Als die achtzehn ausländischen Ölgesellschaften nicht einlenkten, entzog Präsident Cárdenas ihnen die Lizenz und verstaatlichte das Öl: Als erstes Land der „Dritten Welt" verfügte Mexiko selbst über seine Rohstoffe.

Die Erdölindustrie hat sich bis heute zum bedeutendsten Wirtschaftszweig des Landes entwickelt, aber Mexiko wenig Reichtum gebracht. Zwar wurden besonders in der wirtschaftlichen Boomphase der sechziger und siebziger Jahre Dutzende neuer Ölquellen gefunden, zwar bescherte der steigende Ölpreis dem Exportland Mexiko ungeheure Gewinne, doch musste das Land Milliardenkredite im Ausland aufnehmen, um die Förderanlagen zu errichten und die veralteten Raffinerien zu modernisieren. Als der Ölpreis zu Beginn der achtziger Jahre um mehr als ein Drittel sank, stand die Wirtschaft vor dem Ruin. Noch heute ist an eine Rückzahlung der Auslandsschulden nicht zu denken, selbst für die Zinsen fehlt das Geld. Katastrophale Umweltschäden bremsten ebenfalls die Begeisterung – besonders, als 1979 vor Campeche eine Bohrinsel explodierte und neun Monate lang täglich rund 30 000 Barrel Öl in den Golf von Mexiko flossen.

Acapulco – die Tourismusindustrie gewinnt an Bedeutung

Acapulco. Schon der Name dieses Badeortes an Mexikos Westküste ließ in den fünfziger und sechziger Jahren die Gesichter strahlen. Damals, als die Fernreisen noch selten waren, war Acapulco ein Reiseziel für wenige Reiche.

Die Stadt ist nicht ohne Grund ein begehrtes Ziel. Acapulco liegt vor einer großartigen Kulisse: eine weite Bucht mit einem natürlichen Hafen, von dem aus die Spanier den Pazifik erkundeten und die Philippinen eroberten. Dahinter erheben sich die grünen Berge der Sierra Madre vor dem blauen Himmel, weiße Strände und eine üppige Vegetation säumen die Küste.

Entlang der Bucht läuft heute Acapulcos Urlaubsmaschinerie, 24 Stunden am Tag, sieben Tage die Woche: Hotels mit insgesamt 18 000 Zimmern; Appartement-Anlagen, Restaurants, Diskotheken, Banken und Boutiquen flankieren auf über zwölf Kilometern die feinsandigen Strände.

An der mexikanischen Westküste gibt es keine dschungelüberwucherten Maya-Stätten und Pyramiden, dafür aber kilometerlange Sandstrände und Badeorte. Die Investoren betrachten diese touristischen Möglichkeiten mit Zuversicht und planen neue Ferienzentren. Mittlerweile stürzen sich die Felsenspringer von Acapulco wagemutig ins Meer – zur Freude der Touristen.

2. Klima

> **→ 7.2 Klima (bayerischer Hauptschullehrplan)**

Lerninhalte:

- Kennenlernen der Atmosphäre als Lebensraum des Menschen
- Erkennen, dass Wetter und Klima vom Menschen beeinflusst wird
- Erhalten eines Überblicks über das Wettergeschehen
- Kennenlernen von Klimaveränderungen in der Vergangenheit und Gegenwart
- Kennenlernen von Klimazonen
- Entwickeln einer Bereitschaft zum Schutz der Atmosphäre

Arbeitsmittel:

Informationsblätter, Arbeitsblätter

Informationen zum Thema:

Die folgenden Arbeitsblätter zum Thema „Klima" geben zunächst einen Überblick über das Thema „Wetter". Dabei wird neben dem kognitiven Erfassen der wichtigsten Grundtatsachen des Wettergeschehens immer auch Wert auf die instrumentalen Fähigkeiten im Umgang mit Wetterkarte und Klimadiagramm gelegt.

Von Mitteleuropa geht der Blick hin zu den Klima- und Vegetationszonen der Erde. Dabei wird besonders Wert auf die räumlichen und genetischen Zusammenhänge zwischen Klima- und Vegetationszonen gelegt. Für das Nord-Süd-Profil der Klimazonen sind die Klimazonen Europas und Afrikas ausgewählt worden.

Beim Thema „Klimaveränderungen" wird sowohl auf den geologischen wie auch auf den aktuellen Aspekt Bezug genommen. Die vorgeschlagene abschließende Befragung ist bewusst einfach gehalten. Natürlich bietet eine solche Befragung noch viel mehr Möglichkeiten. Der Fragebogen wurde aber bewusst nur auf einer Seite und nur mit geschlossenen Multiple-Choice-Antworten gestaltet. Bei zu langen Fragebögen besteht die Gefahr, dass die befragten Passanten unwillig reagieren, was wiederum zu viel Frust bei den Befragern führt. Multiple-Choice-Antworten sind leicht auszuwerten und machen keine Interpretation notwendig.

Dennoch bietet ein solcher Fragebogen die Möglichkeit fächerübergreifend mit dem Computer zu arbeiten, vielleicht Grafiken zu produzieren und eine kleine Ausstellung mit diesem Material zu gestalten.

Das abschließende Forschungsprojekt geht von eigenen, einfachen Wetterbeobachtungen im Rahmen einiger Wochen aus. Wie bei der Befragung sind keine repräsentativen und wissenschaftlich exakten Ergebnisse zu erwarten. Daher wurde die Datenerhebung den Schulverhältnissen angepasst. Dennoch liegen Daten vor, die zunächst untereinander, dann aber auch mit aktuellen Wetterkarten (Zeitung, Fernsehen) und vielleicht sogar Satellitenbildern verglichen werden können. Schließlich werden noch drei typische Wettersituationen beschrieben, die sowohl im Rahmen des Unterrichts wie auch im Projekt behandelt werden können.

2. Klima

2.1 Grundlagen klimatischer Vorgänge → Ph/Ch/B 7.1.1; 7.2.1

Wie ist die Atmosphäre aufgebaut? (S. 33)
Wetter – Witterung – Wetterlagen (S. 34)
Wie wird das Wetter? (S. 35)
Föhn (S. 36)
Wir lesen eine Wetterkarte (Arbeitsblatt S. 37; Lösungsblatt S. 252)
Klima – was ist das? (S. 38)
Wir lesen ein Klimadiagramm (Arbeitsblatt S. 39)

2.2 Klima- und Vegetationszonen

Das Klima in Europa (S. 40)
Wie ist das Klima anderswo? (S. 41)
Die Klimazonen der Erde (Arbeitsblatt S. 42; Lösungsblatt S. 252)
Was wächst bei welchem Klima? (1; S. 43)
Was wächst bei welchem Klima? (2; S. 44)
Menschen leben in verschiedenen Vegetationszonen (S. 45)
Die Vegetationszonen der Erde (Arbeitsblatt S. 46; Lösungsblatt S. 253)

2.3 Klimaveränderung

Wie hat sich unser Klima geändert? (S. 47)
Auch wir beeinflussen das Klima (S. 48)

2.4 Klimaschutz als globale und lokale Aufgabe

Unsere Konsumbedürfnisse – brauchen wir alles? (S. 49)
Befragung: Was tun wir für unser Klima? (S. 50)
Befragung: Was tun wir für unser Klima? – Auswertungshinweise (S. 51)

2.5 Projektvorschlag: Wetterbeobachtung (S. 225)

Beobachtungsaufträge (S. 226)
Beobachtungsblatt (S. 227)
Auswertung der Daten (S. 228)
Vergleich mit einer Wetterkarte (S. 229)
Vergleich mit einem Satellitenbild (S. 230)
Typische Wettersituation – Tiefdruckgebiet im Winter (S. 231)
Typische Wettersituation – Hochdruckgebiet im Sommer (S. 232)
Typische Wettersituation – Hochdruckgebiet im Winter (S. 233)

Wie ist die Atmosphäre aufgebaut?

Die Abbildung rechts zeigt dir den Aufbau der **Atmosphäre.** Wir können unsere Lufthülle als ein Paket von Luftschichten verstehen, das nach oben hin immer dünner wird.

Für den Menschen wichtig ist die **Troposphäre,** die bis 12 000 Meter Höhe reicht. In ihr spielt sich das Wettergeschehen ab. Wichtig ist auch die **Stratosphäre.** In ihr ist die Ozonschicht enthalten, die den Menschen vor der Ultraviolettstrahlung der Sonne schützt. Ohne diesen Schutz droht den Menschen Hautkrebs.

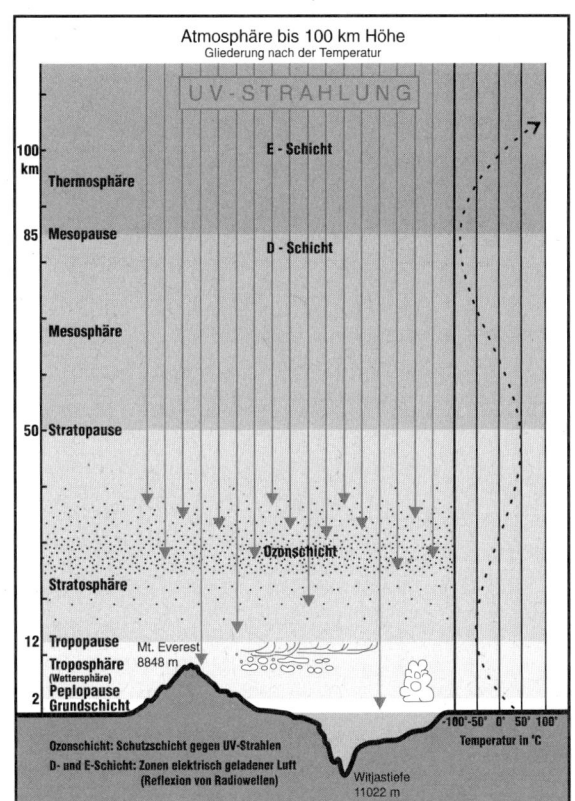

Aber die Sonne schickt uns auch Strahlen, die wir zum Leben brauchen. Das kurzwellige Licht der Sonne wird an der Erdoberfläche in langwellige Wärmestrahlung verwandelt. Die Wärme während des Tages erhalten wir also von der Sonne. Ohne Sonne gäbe es kein Leben auf der Erde. Da aber die Sonne die Erde nicht überall mit der gleichen Stärke bescheint, entstehen unterschiedliche Temperaturen auf der Erdoberfläche. Der Wind versucht diese Wärmeunterschiede auszugleichen. So entsteht schließlich das Wettergeschehen.

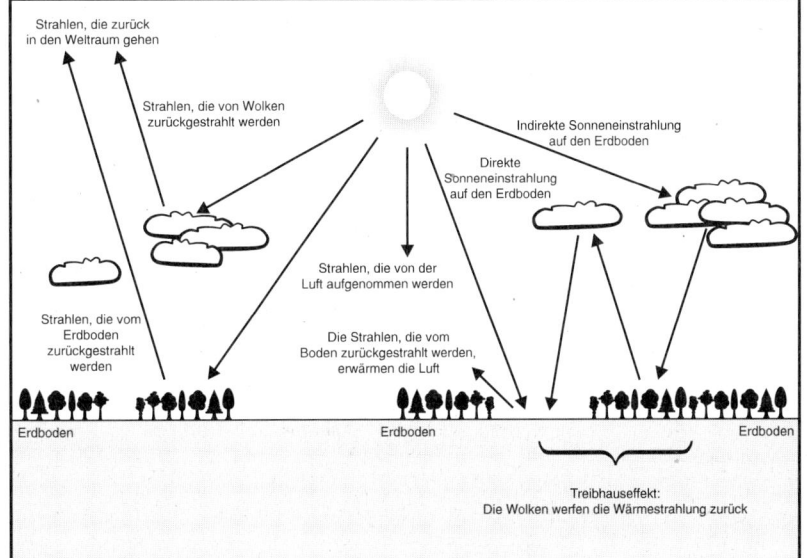

Die Abbildung zeigt dir die Strahlung, die von der Sonne kommt und auf den Erdboden trifft. Dort wird sie in langwellige Strahlen umgewandelt. Das Bild zeigt auch, wie der Mensch das Wettergeschehen beeinflussen kann. Bei jeder Art von Verbrennung (also auch beim Autofahren) entsteht Kohlendioxid. Dieses Gas reflektiert die Wärmestrahlung, so dass sich die Erde immer mehr erwärmt. Eine höhere Verdunstung und mehr Wolken verstärken diesen „Treibhauseffekt".

Wetter – Witterung – Wetterlagen

Zunächst einige Definitionen:

> Unter **Wetter** verstehen wir den kurzzeitigen Zustand der Atmosphäre. Wir schauen aus dem Fenster und stellen das heutige Wetter fest: Sonnenschein oder Regen, Kälte oder Wärme. Dies alles bezieht sich auf einen Tag.
> Unter **Witterung** verstehen wir den Zustand der Atmosphäre über einen kürzeren Zeitraum hinweg, also beispielsweise über eine Woche. Meist wird unser Wetter von bestimmten **Wetterlagen** beeinflusst. Wir werden drei davon kennen lernen: Hochdruckwetterlage, Tiefdruckwetterlage, Föhn. Solche Wetterlagen sind für typische Witterungen verantwortlich.

In der Atmosphäre herrscht immer ein bestimmter Luftdruck. Wir können den Luftdruck mit einem Barometer messen. Der mittlere Luftdruck liegt etwa bei 1000 Hektopascal (hp). Drücke von 1000 bis etwa 1030 hp bezeichnen wir als Hochdruck, Drücke von etwa 980 bis 1000 hp als Tiefdruck. Ein höherer bzw. tieferer Druck kommt selten vor.
Luftdruckunterschiede entstehen vor allem durch die unterschiedliche Erwärmung der Erdoberfläche. Wird eine Stelle der Erde besonders stark erwärmt, steigt Luft auf, es entsteht ein tiefer Druck. Kühlt sich Luft dagegen ab, sinkt die Luft in sich zusammen; es entsteht ein hoher Druck.
Die Luft versucht immer einen Ausgleich zwischen Hoch- und Tiefdruck herzustellen. Sie fließt vom Hoch zum Tief. Eine solche Luftströmung heißt Wind.
Unsere Atmosphäre ist immer in Bewegung. Du hast sicher schon einen Bach gesehen, der immer wieder kleine Wellen und Wirbel bildet. So ähnlich schaut unsere Atmosphäre aus. Auch in ihr bilden sich immer wieder Wirbel. Die Tiefdruckgebiete, in denen Luft zusammenströmt, sind solche Wirbel. Die Luft strömt in ihnen zusammen, als wenn du einen Stöpsel aus der Badewanne ziehst und das Wasser im Abfluss zusammenströmt.
Die Bezeichnungen, die wir kennen gelernt haben, kennst du auch von der Wetterkarte im Fernsehen: **Hoch- und Tiefdruckgebiet.**

Sehen wir uns ein Tiefdruckgebiet auf einer Wetterkarte noch einmal etwas genauer an: Wenn ein Tiefdruckgebiet Luft ansaugt, dann muss die Luft aus verschiedenen Richtungen in das Tiefdruckgebiet strömen. Kommt die Luft nun von Süden, so ist sie warm. Kommt sie dagegen von Norden, ist sie kalt.
Daher spricht man bei einem Tiefdruckgebiet immer von einer Kaltfront und einer Warmfront, je nachdem, ob warme oder kalte Luft ankommt.

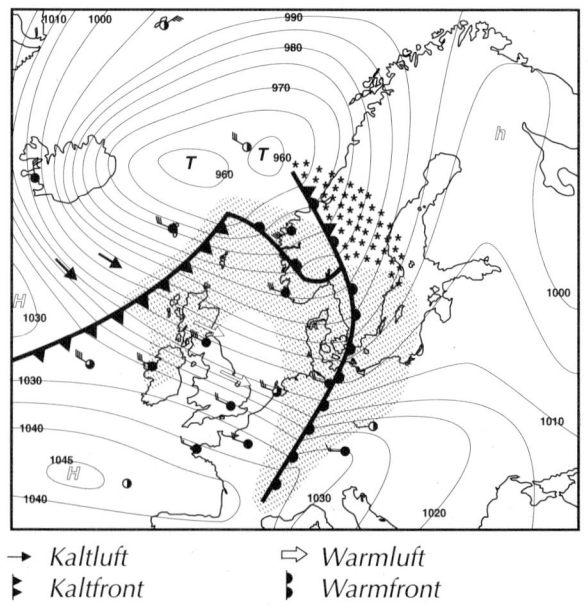

→ *Kaltluft*   ⇨ *Warmluft*
▲ *Kaltfront*   ◗ *Warmfront*

Wie wird das Wetter?

Wettervorhersage ist eine schwierige Sache. Die Meteorologen, die die Wettervorhersage machen, haben ein langes Studium hinter sich. Sie arbeiten heute bei der Wettervorhersage mit leistungsfähigen Computern.

Aber man kann trotzdem mit einfachen Mitteln erkennen, wie das Wetter in den nächsten Stunden werden wird, wenn man sich ein bisschen mit dem Wettergeschehen auskennt. Dazu muss man wissen, dass es grundsätzlich zwei wichtige Wetterlagen gibt:
– Durchzug eines Tiefdruckgebiets
– Stabile Hochdruckwetterlage.

Betrachten wir zunächst den Durchzug eines Tiefdruckgebiets:

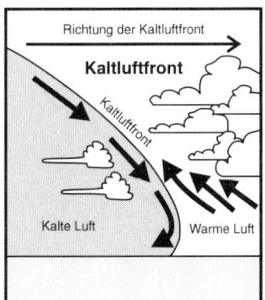 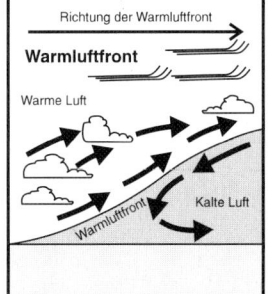

Zunächst trifft bei uns immer eine **Warmfront** ein. Sie bringt aus dem Mittelmeerraum wärmere Luft. Das bedeutet recht warmes Wetter im Sommer und Tauwetter im Winter.

Wenn bei uns eine Warmfront eintrifft, so zeigt sie sich zunächst mit ganz feinen Federwolken am Himmel. Diese sogenannten Cirren bedeuten für den nächsten Tag in der Regel schlechtes Wetter. Denn auf diese Federwolken folgen immer dichter werdende Schichtwolken. Schließlich ist der Himmel bedeckt und es fängt zu regnen an. Der warme Regen hält oft tagelang an; es ist der sogenannte Landregen. Das Barometer ist in dieser Zeit meist unter 1000 hp gefallen. Nach dem Landregen wird es meist kurze Zeit schön. Dann kommt aber die **Kaltfront.** Die kalte Luft dieser Front schiebt die Warmluft vor sich her. Dabei wird die warme Luft zum Teil sogar zum Aufsteigen gezwungen. Es bilden sich Haufenwolken, die oft eine sehr große Höhe erreichen. In diesen Höhen gefrieren die Tröpfchen in den Wolken. Diese Haufenwolken entladen sich in heftigen Gewittern. Große Regenmassen fallen in kürzester Zeit herab. Oft hagelt es sogar.

Große Schäfchenwolken bringen oft Schauer und Gewitter

Gewitterwolken

Föhn

Föhn! Das ist für viele Menschen in Süddeutschland ein Alarmsignal. Es bedeutet für sie Müdigkeit und Kopfschmerzen. Hotelbesitzer fürchten ihn im Frühjahr als den Schneefresser, der die Schipisten unbrauchbar macht. In der Schweiz gibt es sogar eine eigene Föhnwache. Sie sorgt dafür, dass in der Schweiz an Föhntagen niemand raucht oder offenes Feuer macht.

Was also ist der Föhn? Das Schema zeigt dir die Entstehung des Föhns:

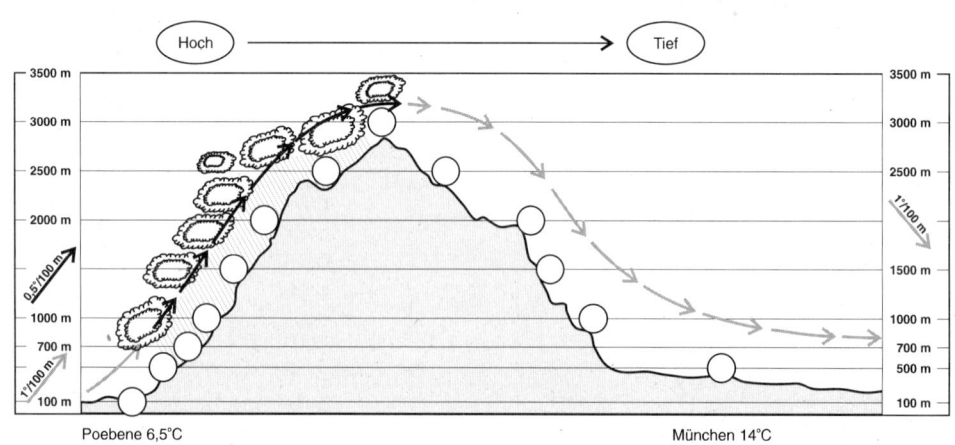

Voraussetzung für die Entstehung des Föhnwinds ist ein Tiefdruckgebiet über Mitteleuropa und ein Hochdruckgebiet über dem Mittelmeerraum. Aus dem Süden (in unserem Schema links) wird Luft über ein Gebirge, die Alpen, nach Norden (in unserem Schema rechts) gesaugt. Diese Luft hat über dem Mittelmeer viel Feuchtigkeit aufgenommen.

An der Alpensüdseite geschieht folgendes:
Die Luft muss aufsteigen → sie kühlt sich ab → der Wasserdampf in den Wolken kondensiert → **es regnet.**
Dabei kühlt sich die Luft um 0,6°C auf 100 Meter Höhenunterschied ab.

Wenn die Luft über die Gipfel der Alpen gekommen ist, passiert folgendes:
Die Luft fällt → sie erwärmt sich → die Feuchtigkeit der Luft nimmt ab → **es kommt ein trockener und feuchter Fallwind an.**
Dabei erwärmt sich die Luft um 1,0°C auf 100 Meter Höhenunterschied.

> Der Wind kommt an der Nordseite der Alpen wärmer und trockener an, als er an der Südseite der Alpen aufgestiegen ist. Dieser warme und trockene Fallwind ist der **Föhn.**

| Name: | Klasse: 7 | Datum: | Geschichte Sozialkunde **Erdkunde** | Nr.: |

Wir lesen eine Wetterkarte

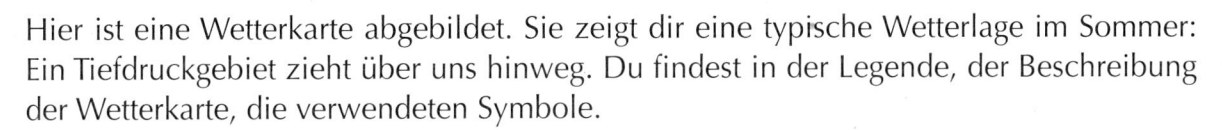

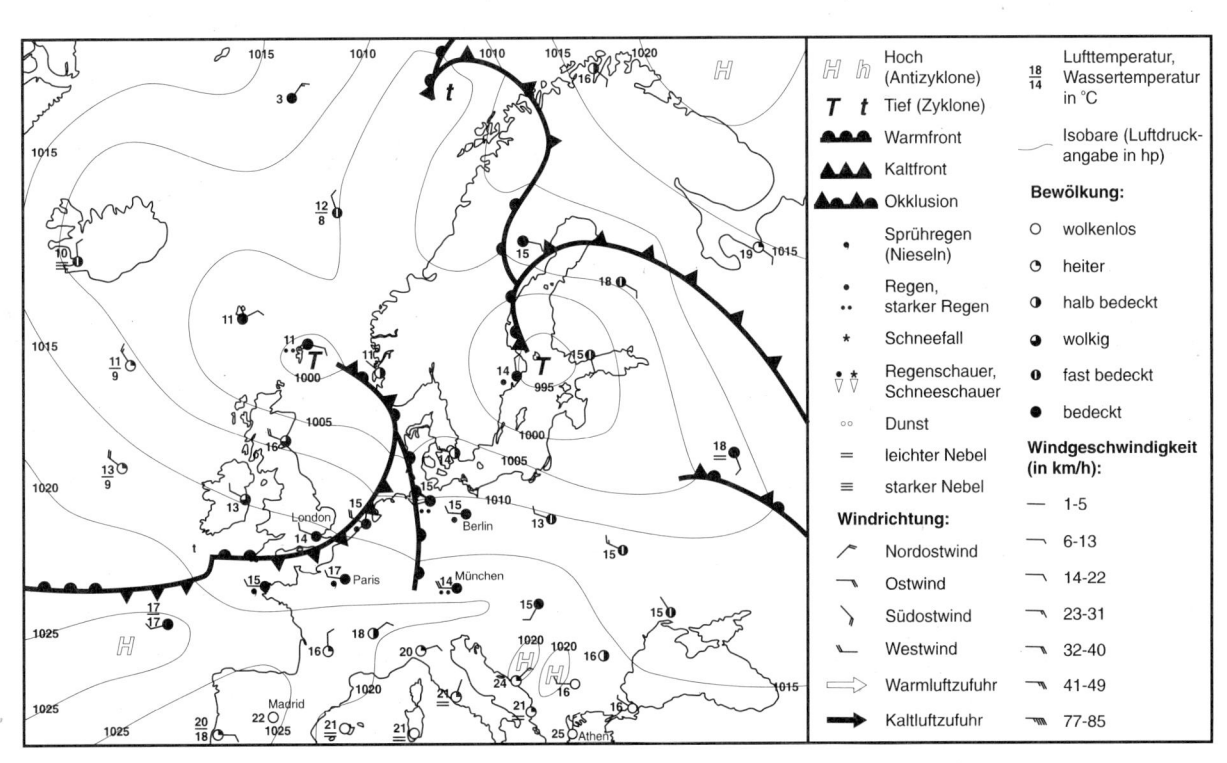

Hier ist eine Wetterkarte abgebildet. Sie zeigt dir eine typische Wetterlage im Sommer: Ein Tiefdruckgebiet zieht über uns hinweg. Du findest in der Legende, der Beschreibung der Wetterkarte, die verwendeten Symbole.

Legende:

- *H h* Hoch (Antizyklone)
- *T t* Tief (Zyklone)
- Warmfront
- Kaltfront
- Okklusion
- Sprühregen (Nieseln)
- Regen, starker Regen
- Schneefall
- Regenschauer, Schneeschauer
- Dunst
- leichter Nebel
- starker Nebel

Windrichtung:
- Nordostwind
- Ostwind
- Südostwind
- Westwind
- Warmluftzufuhr
- Kaltluftzufuhr

Lufttemperatur, Wassertemperatur in °C

Isobare (Luftdruckangabe in hp)

Bewölkung:
- ○ wolkenlos
- ◔ heiter
- ◑ halb bedeckt
- ◕ wolkig
- ◉ fast bedeckt
- ● bedeckt

Windgeschwindigkeit (in km/h):
- 1-5
- 6-13
- 14-22
- 23-31
- 32-40
- 41-49
- 77-85

Versuche nun folgende Frage zu beantworten: Wie ist das Wetter in …? Suche auch selbst einen Ort und trage dazu die Daten ein!

Ort	Luftdruck hp	Temperatur °C	Bewölkung	Niederschlag	Windrichtung	Windstärke km/h
Berlin						
London						
München						
Paris						
Madrid						
Athen						

Klima – was ist das?

Wetter ist eine kurzfristige Angelegenheit. Heute ist das Wetter schön, morgen regnet es vielleicht. Beobachtet man aber das Wettergeschehen über lange Jahre hinweg, so stellt man fest, dass es nach bestimmten Regeln abläuft. Wir kennen in Europa zum Beispiel Jahreszeiten. Wir wissen, dass es im Winter häufig schneit. Unsere Fahrzeuge brauchen eine Winterausrüstung. Wir wissen auch, dass ab März Tauwetter einsetzt, das Frühjahr kommt und die Pflanzen beginnen wieder zu wachsen. Wir genießen den Sommer und freuen uns auf die Ernte im Herbst. Dieser jahreszeitliche Wechsel kommt jedes Jahr. Ein regelmäßiges Auf und Ab der Temperatur und des Niederschlages nennt man **Klima.**

Will man Aussagen über das Klima eines Ortes machen, muss man über lange Zeit täglich den Niederschlag und die Temperatur messen. Bei uns in Mitteleuropa geschieht das seit über vierzig Jahren regelmäßig Tag für Tag.

Nun muss man rechnen:

- aus den Temperaturmittelwerten eines *Tages* werden die Temperaturmittelwerte eines *Monats*
- aus den Temperaturmittelwerten eines *Monats* werden die Temperaturmittelwerte dieses *Monats* über alle Jahre hinweg berechnet (also z. B. 40-mal die Temperatur des Monats Mai: 40 ist der Durchschnittswert für den Monat Mai)
- aus den Niederschlagswerten eines *Tages* wird die Niederschlagssumme eines *Monats* berechnet
- aus den Niederschlagssummen eines *Monats* werden wiederum die Niederschlagssummen-Mittelwerte dieses *Monats* über alle Jahre hinweg berechnet.

Aus diesen Werten lässt sich folgende Tabelle zusammenstellen:

Monat	J	F	M	A	M	J	J	A	S	O	N	D	Jahr
°C	9	10	11	15	19	23	27	26	23	19	14	11	17
mm	55	46	33	23	20	14	8	14	18	36	79	64	406

Die Tabelle lässt sich in ein Diagramm umwandeln. Trage die Werte ein (x-Achse → Monate, y-Achse → °C)!

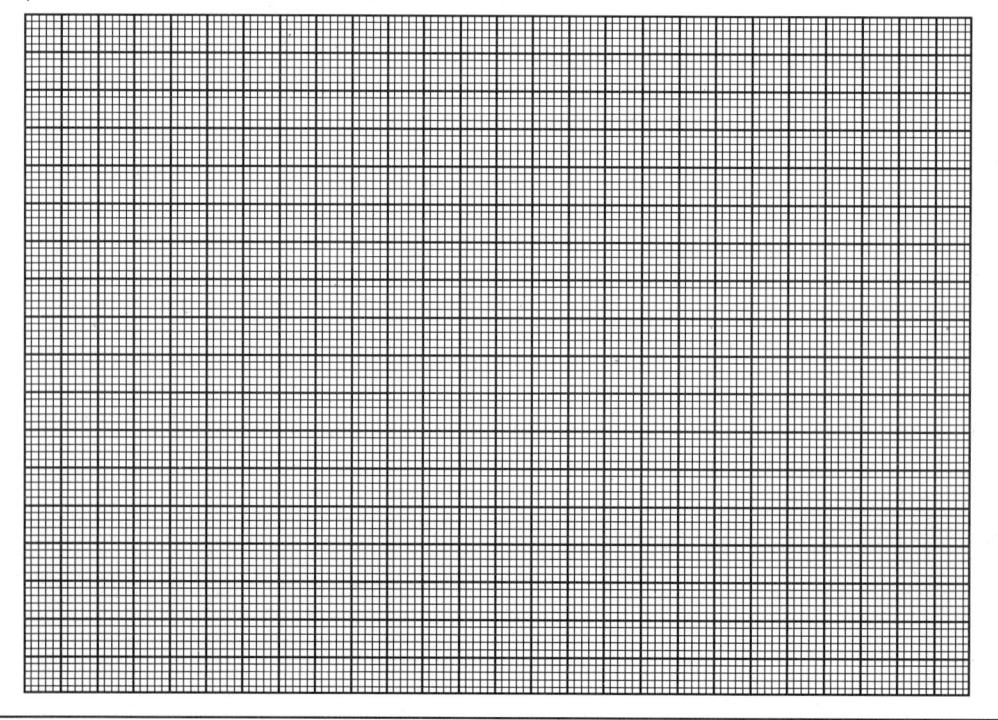

| Name: | Klasse: 7 | Datum: | Geschichte Sozialkunde **Erdkunde** | Nr.: |

Wir lesen ein Klimadiagramm

Wir haben in einer Tabelle folgende Werte von Rom:

Monat	J	F	M	A	M	J	J	A	S	O	N	D	Jahr
°C	7	8	12	14	18	23	26	26	22	18	13	9	16
mm	74	87	79	62	57	38	6	23	66	123	121	92	828

Wie erstellt man aus diesen Werten ein Klimadiagramm?
Gehe in folgenden Schritten vor:

1. Zeichne an den Unterrand des Millimeterpapiers eine waagrechte Linie von 12 cm! Beschrifte sie in cm-Abständen mit den Abkürzungen der Monate J(anuar), F(ebruar) …!
2. Zeichne am linken Rand eine Linie 8 cm hoch! Trage dort in cm-Abständen die Temperaturwerte 10, 20, 30° C ein!
3. Zeichne am rechten Rand eine Linie 8 cm hoch! Trage dort in cm-Abständen die Niederschlagswerte 20, 40, 60, 80, 100, 120 mm ein!
4. Schreibe links über die Achse den Ort und die Meereshöhe (Rom, 46 m)!
5. Schreibe rechts über die Achse den Mittelwert der Temperatur und die Jahressumme des Niederschlags (16°, 828 mm)!
6. Zeichne mit **roter** Farbe die **Temperaturkurve** ein! Im Januar muss der Wert 7 mm über der unteren Linie sein!
7. Zeichne mit **blauer** Farbe die **Niederschlagskurve** ein! Im Januar muss der Wert 3,7 cm über der unteren Linie sein!
8. Male die Bereiche, in denen die Temperaturkurve über der Niederschlagskurve liegt, zwischen beiden Kurven **rosa** aus!
9. Male die Bereiche, in denen die Niederschlagskurve über der Temperaturkurve liegt, zwischen beiden Kurven **hellblau** aus!

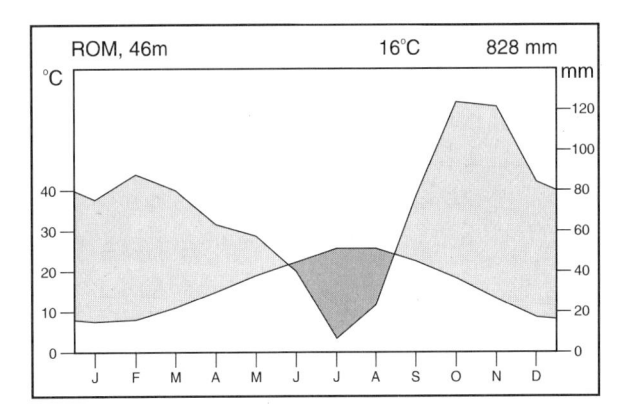

Das Klimadiagramm zeigt dir nicht nur den Temperaturverlauf und die Niederschlagswerte eines Jahres.
Wir sehen, dass der Niederschlag in den Sommermonaten Juni bis August sehr stark abnimmt. Am höchsten dagegen ist er im Oktober bis Dezember. Die Temperatur ist in den Wintermonaten kühl, in den Sommermonaten wird es mit 26° sehr heiß.
Dort, wo die Temperaturkurve über der Niederschlagskurve liegt, sprechen wir von trockenen Monaten, die übrigen Monate sind feuchte Monate.

Das Klima in Europa

Dass das Klima überall in Europa verschieden ist, wissen wir alle. Deshalb fahren wir im Sommer nach Spanien, Italien, Griechenland oder in die Türkei, weil wir dort heißes Wetter **ohne** Regen vorfinden. Während es bei uns im November oft grau und trüb ist, scheint auf Teneriffa noch die Sonne bei über 20°. Gleichzeitig sehen wir Fernsehbilder aus Moskau, in denen dichtes Schneetreiben zu sehen ist.

Wie kann man diese Unterschiede beschreiben?

Das Klima in Europa verändert sich von West nach Ost und von Nord nach Süd. Nach Osten hin wird das Klima kontinentaler. Man spricht von einem ozeanischen Klima, wenn der Einfluss des Meeres sehr stark ist. Die Winter sind dann mild, die Sommer eher kühl. Die Niederschläge sind hoch. London mit seinem Nebel und seinem Regen ist ein typisches Beispiel für ein ozeanisches Klima. In der Mitte eines Kontinents ist der Einfluss des Meeres gering. Dort herrscht ein kontinentales Klima, das heißt, dass die Niederschläge gering, der Sommer heiß und der Winter sehr kalt ist. Moskau hat ein kontinentales Klima.

Noch wichtiger ist für Europa der Temperaturunterschied von Nord und Süd. Er bestimmt entscheidend unser Klima und die Einteilung Europas in Klimazonen. Wir unterscheiden:

Klimazone	Winter	Sommer
polare Zone	kalt und trocken	kalt und trocken
subpolare Zone	kalt und trocken	gemäßigt und feucht
gemäßigte Zone	gemäßigt und feucht	gemäßigt und feucht
subtropische Zone	gemäßigt und feucht	heiß und trocken

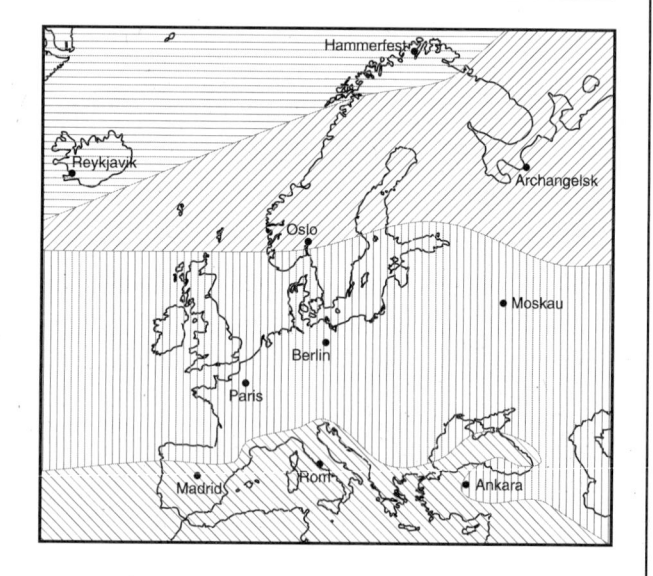

Die polare Zone ist in Europa nur auf Island und im äußersten Norden Norwegens und Finnlands anzutreffen. Es gibt kaum Pflanzen dort.

Die subpolare Zone umfasst den größten Teil Skandinaviens und den Norden Russlands. Hier wachsen im Norden nur Moose, Flechten und niedrige Sträucher, weiter südlich vor allem Nadelhölzer.

Mitteleuropa, Frankreich, die Britischen Inseln und Russland gehören zur gemäßigten Zone. Hier wächst von Natur aus im Westen Laubwald. Je kontinentaler das Klima wird, desto mehr geht der Laubwald in eine Steppe über. Am Mittelmeer herrscht subtropisches Klima.

Wie ist das Klima anderswo?

Wir haben schon das Klima in Europa kennen gelernt. Von Norden nach Süden gibt es in Europa die folgenden Klimazonen:
- polare Zone
- subpolare Zone
- gemäßigte Zone
- subtropische Zone.

Wenn wir weiter nach Süden gehen, kommen wir nach Afrika. Der Norden ist noch im Bereich des subtropischen Klimas. Doch bald beginnt die Wüste. Man spricht dort von einem subtropischen Wüstenklima (siehe Diagramm 1). In der Wüste fallen nur wenige Niederschläge. Wenn es aber einmal regnet, so fallen die Niederschläge bei heftigen Gewittern. Die Trockentäler füllen sich so rasch mit Wassermassen, dass man in der Wüste tatsächlich ertrinken kann.

Am Südrand der Wüste beginnt das Tropenklima. Es gibt dort kaum Temperaturunterschiede während des Jahres. Dafür gibt es eine sehr ausgeprägte Regenzeit (siehe Diagramm 2). Die Regenzeit folgt dem Sonnenhöchststand. Auf der Nordhalbkugel ist die Regenzeit im Juli/August (siehe Diagramm 2). Auf der Südhalbkugel dagegen in den Monaten Januar/Februar.

Zum Äquator hin nimmt die Häufigkeit und die Stärke der Regenzeit zu. Am Äquator regnet es fast jeden Tag. Zwischen den einzelnen Monaten gibt es keine Temperaturunterschiede mehr (siehe Diagramm 3). Ein solches Klima nennt man ein Tageszeitenklima, da die Unterschiede zwischen Tag und Nacht größer sind als die zwischen den Monaten. Die Niederschläge fallen in der Regel recht heftig. Meist gibt es am Nachmittag – wenn sich die Luft während des Tages aufgeheizt hat – ein heftiges Tropengewitter. Sieh dir die Niederschlagssumme an und vergleiche: In Unter- und Mittelfranken liegen die Niederschlagssummen zwischen 500 und 700 mm!

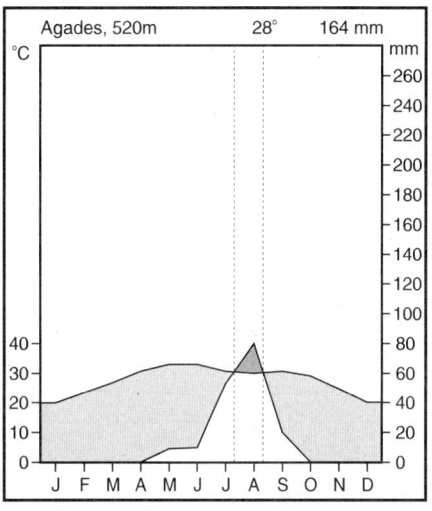

1. Subtropisches Wüstenklima (Agades, 520m, 28°, 164 mm)

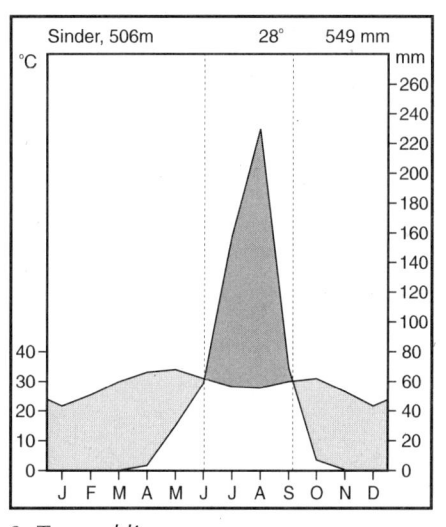

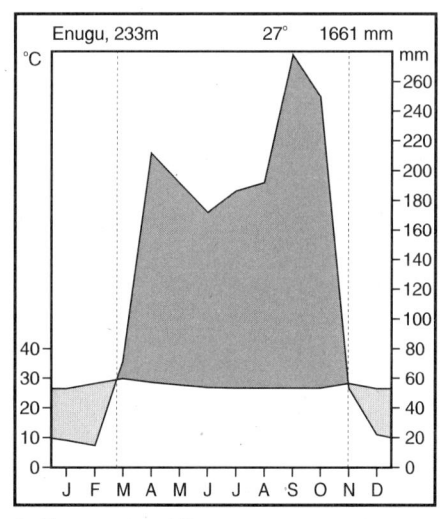

2. Tropenklima (Sinder, 506m, 28°, 549 mm)

3. Tageszeitenklima (Enugu, 233m, 27°, 1661 mm)

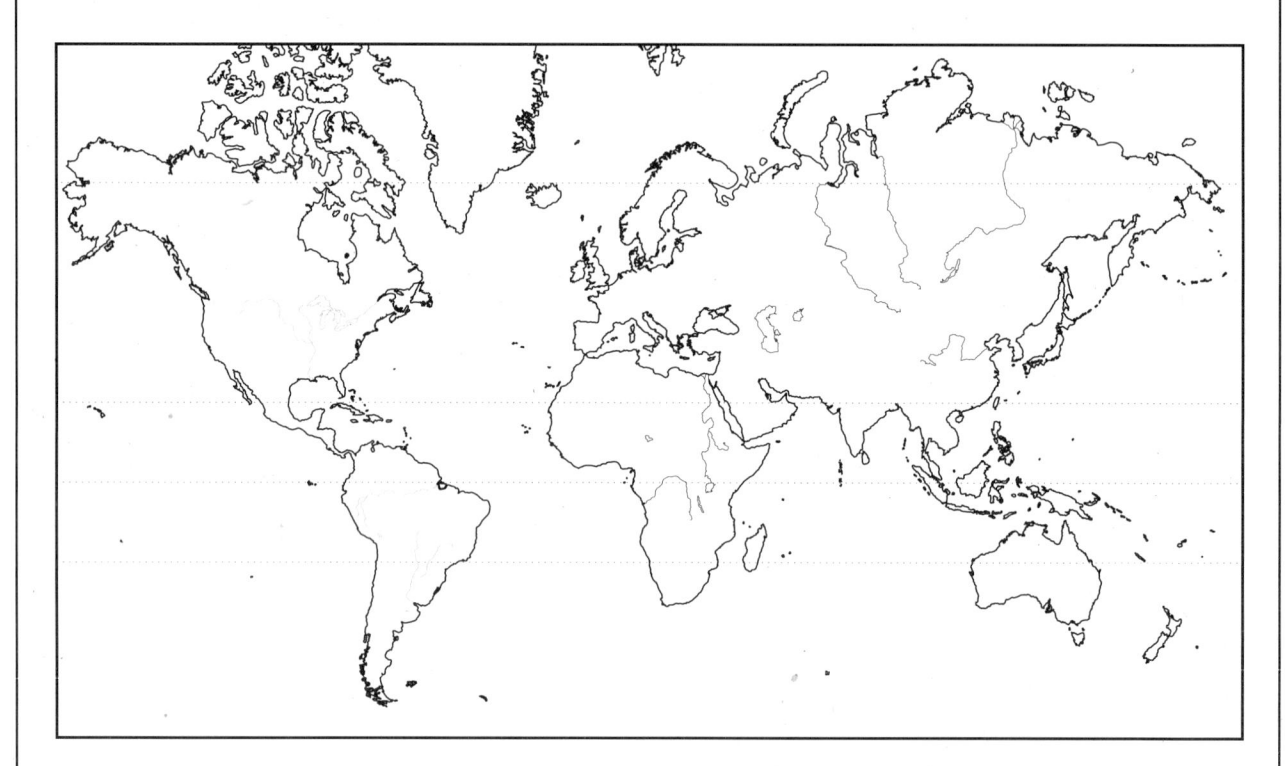

Name:	Klasse: 7	Datum:	Geschichte Sozialkunde **Erdkunde**	Nr.:

Die Klimazonen der Erde

Skizziere in der Karte mit Farbe die Klimazonen der Erde! Nimm einen Atlas als Vorlage! Male dann die Zonen mit folgenden Farben aus: rot → Tropen, gelb → Subtropen/Mittelmeerklima, dunkelgrün → subpolare Zone, orange → Wüsten, hellgrün → gemäßigte Zone, blau → polare Zone!

Die Klimazonen der Erde

Was wächst bei welchem Klima (1)

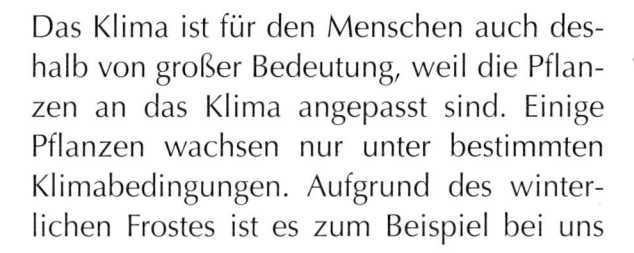

Das Klima ist für den Menschen auch deshalb von großer Bedeutung, weil die Pflanzen an das Klima angepasst sind. Einige Pflanzen wachsen nur unter bestimmten Klimabedingungen. Aufgrund des winterlichen Frostes ist es zum Beispiel bei uns nicht möglich, Palmen oder Orchideen während des Winters im Freien zu lassen. Sie müssen ins geheizte Zimmer oder ins Gewächshaus. Jeder Klimazone entspricht also eine Vegetationszone.

Klimazone	Vegetationszone
In der **polaren Zone** ist es ständig kalt und relativ trocken. Das Land ist häufig mit ewigem Eis bedeckt.	**Kältewüste** ohne Pflanzen.
Die **subpolare Zone** zeichnet sich durch lange Winter und relativ kurze Sommer aus. Nur wenige Monate steigt die Temperatur über 0° C an.	Im Norden gibt es die **Tundra.** Sie besteht überwiegend aus Moosen, Flechten, Sträuchern und niedrigen Birken. In der Tundra leben die Rentiere, die die Flechten und Moose selbst im Winter mit ihren Hufen freikratzen können. Im Süden der Zone gibt es die **Taiga** mit vorwiegend Nadelbäumen, Moosen, Heidekraut, Heidel- und Preiselbeeren.
In der **gemäßigten Zone** gibt es die für uns typischen Jahreszeiten. Das ganze Jahr ist gemäßigt warm mit häufigen Niederschlägen. Im Winter haben wenige Monate eine Temperatur unter 0°. Die Sommertemperaturen gehen selten über 20° hinaus.	Die gemäßigte Zone ist die **Zone der Laubwälder.** Je kontinentaler das Klima wird, desto mehr geht der Laubwald in eine Steppe über.
Das **subtropische Klima** im Mittelmeerraum zeichnet sich durch eine Trockenzeit im Sommer aus, die mehrere Monate lang andauert. Dagegen sind der Herbst und der Winter in der Regel sehr reich an Regen.	An die Trockenzeit im Sommer müssen die Pflanzen in ganz spezieller Weise angepasst sein. Sie dürfen in dieser Zeit nicht verdursten. Dies erreichen die Bäume dadurch, dass ihre Rinde und vor allem ihre Blätter kein Wasser verdunsten lassen. Deshalb sind die Blätter hart und oft auch filzig behaart. Man nennt deshalb diese Vegetationszone **die Zone der Hartlaubgehölze.** Die Korkeiche und Zitronen- oder Orangenbaum sind Beispiele für diese Anpassung.

Was wächst bei welchem Klima (2)

Klimazone	Vegetationszone
Das **subtropische Wüstenklima** ist gekennzeichnet durch wenige Niederschläge. *Ein verendeter Ochse liegt auf dem ausgedörrten Boden der Sahelzone.*	Die **Wüste** ist weitgehend ohne Pflanzen. Nur wenige, ganz besonders angepasste Pflanzen oder Tiere leben dort. Hauptsächlich gibt es Leben in den Oasen. In Afrika wird dort vor allem die Dattelpalme angebaut, deren verschiedene Arten als Nahrung für Mensch und Tier dienen.
Das **subtropische Steppenklima** hat nur noch geringe Temperaturunterschiede während des Jahres. Dafür gibt es eine sehr ausgeprägte Regenzeit, auf der Nordhalbkugel im Juli/August, auf der Südhalbkugel dagegen in den Monaten Januar/Februar. Nach Süden hin nimmt die Häufigkeit und die Stärke der Niederschläge zu.	Die **Steppen** sind Zonen, in denen vorwiegend Gräser und niedrige Büsche wachsen. Die Menschen leben dort überwiegend von der Viehzucht, die sie wegen der geringen Weiden jedoch meist als Nomaden (Wanderhirten) betreiben müssen. Der Ackerbau ist meist an die Möglichkeit der Bewässerung gebunden. Mit der Zunahme der Niederschläge nach Süden geht die Steppe allmählich in eine **Savanne** über. Die Sträucher werden immer höher; schließlich kommen Bäume hinzu, die auch eine kurze Trockenheit überstehen können, z. B. der Affenbrotbaum oder die Schirmakazie. Hier ist der Lebensraum der großen Säugetiere: Elefanten, Zebras, Giraffen, Gnus und Löwen.
Am Äquator regnet es fast jeden Tag. Zwischen den einzelnen Monaten gibt es keine Temperaturunterschiede mehr. Es herrscht ein **Tageszeitenklima.** Die Niederschläge fallen in der Regel recht heftig. Meist gibt es am Nachmittag ein heftiges Tropengewitter. Die Niederschlagssumme während eines Jahres liegt bei über 2000 mm. Sie kann in einigen tropischen Gebieten sogar über 10 000 mm betragen. In Deutschland ist die Summe nur in den Gebirgen bei rund 1000 mm, sonst ist sie geringer.	Die immerfeuchten Tropen sind die **Zone des tropischen Regenwaldes.** Hier leben unzählige Tiere und Pflanzen auf engstem Raum. Der Regenwald ist stockwerkartig aufgebaut. Alle Pflanzen streben zum Licht. Oft sitzen auf den Bäumen wiederum Pflanzen auf, die zum Leben keine Erde brauchen. Sie leben entweder als Schmarotzer (sie ernähren sich vom Saft der Bäume) oder von den herabfallenden Blättern. Zu diesen Pflanzen gehören übrigens viele Bromelien und Orchideen, die wir als Zimmerpflanzen halten. Alle Tier- und Pflanzenarten, die im Regenwald leben, sind an ihre Umwelt sehr stark angepasst. Innerhalb weniger Quadratkilometer unterscheiden sich die Tierarten schon geringfügig. Der tropische Regenwald ist also ein sehr wertvoller Lebensraum, den es besonders zu schützen gilt.

Menschen leben in verschiedenen Vegetationszonen

Der Umgang des Menschen mit den Leben in den verschiedenen Klima- und Vegetationszonen der Erde ist nicht einfach. Entweder passt sich der Mensch den Gegebenheiten der Natur an, oder er zerstört die Natur auf brutale Weise.

Die Menschen im Norden Europas gehören teilweise zum Volk der Samen oder Lappen. Sie leben überwiegend von der Rentierhaltung. Früher waren die Lappen Nomaden, die in besonderen Zelten, den sogenannten Koten, lebten. Heute haben sie meist ein festes Zuhause. Sie haben sich heute in Genossenschaften organisiert, mit deren Hilfe sie das Fleisch und die Felle verkaufen. Moderne Raupenfahrzeuge unterstützen sie bei der Arbeit. Da die Rentierzucht maßvoll betrieben wird, leben die Lappen an die Natur angepasst.

Anders sieht es beispielsweise mit der Ziegenhaltung in verschiedenen Mittelmeergebieten aus. Die Ziegen, die in den kargen Bergländern leben, verbeißen die frischen Triebe der Hartlaubgehölze. Die Büsche bleiben daher recht klein. In besonderes trockenen Gebieten, zum Beispiel auf dem Balkan, wächst keine Vegetation mehr nach. Der wenige Boden wird abgespült. Zurück bleibt der nackte Karst.

Schwierig ist die Situation auch im Sahel. So nennt man den Raum südlich der Sahara. Die Menschen leben dort überwiegend von der Rinderzucht. Das Rind gibt den Menschen alles, was sie zum Leben brauchen: Milch, Fleisch, Leder. Aber das Rind ist dort auch ein Zeichen für Reichtum. Also versuchen die Menschen so viele Rinder wie möglich zu halten. Auf diese Weise sorgen die Menschen für Notfälle und für das Alter vor. Wenn also mehrere Jahre hintereinander Regen fällt oder irgendwo ein Brunnen gegraben wird, vergrößert sich sofort die Zahl der Rinder in den Herden. Wenn nun aber der Regen ausbleibt – was nach einigen Jahren immer wieder vorkommt – kommt es zu einem Massensterben der Rinder. Da die Menschen aber von den Tieren leben, bricht als Folge davon eine Hungersnot aus. Für den Menschen ist es also schwierig diese Situation einzuschätzen.

In den Regenwäldern leben die Menschen angepasst an die Natur. Sei betreiben einen Wanderfeldbau. Sie roden ein kleines Stück Regenwald, indem sie es abbrennen. Die fruchtbare Asche gibt Dünger für einige Jahre. Gibt der Boden keine ausreichende Nahrung mehr her, ziehen sie weiter. Dem Regenwald droht aber Gefahr von anderer Seite. Europäische Firmen suchen nach edlen Hölzern oder Bodenschätzen im Regenwald. Dabei wird der Regenwald oft rücksichtslos gerodet. Liegt der Boden aber erst einmal frei, so wird er bei den heftigen tropischen Regengüssen sehr rasch abgespült. Zurück bleibt eine öde, unfruchtbare Wüste.

Eine Alternative zu dem Raubbau stellt heute eine an die Natur angepasste Forstwirtschaft in den Tropen dar. Dabei wird auf breite Forstwege verzichtet. Es werden immer nur einzelne Bäume geschlagen. Man achtet darauf, dass junge Sämlinge nachwachsen können.

Auf der ganzen Welt zeigt sich, dass der Mensch nur dort keinen unermesslichen Schaden anrichtet, wo er sich nach den Gegebenheiten der Natur richtet. Nur so kann wertvolles Ackerland erhalten werden. Dies ist in Zukunft besonders wichtig, da immer mehr Menschen ernährt werden müssen.

Name:	Klasse: 7	Datum:	Geschichte Sozialkunde **Erdkunde**	Nr.:

Die Vegetationszonen der Erde

Trage in folgende Karte mit Farbe die Vegetationszonen der Erde ein!
Male die Zonen mit folgenden Farben aus: dunkelgrün → tropischer Regenwald, hellbraun → Steppen, orange → Hartlaubgehölze, blaugrün → Nadelwaldzone (Taiga), violett → Kältewüste, gelb → Savanne, dunkelbraun → Wüsten, rot → Laubwaldzone, grau → Tundra, hellgrün → subtropischer Feuchtwald, Gebirge → weiß lassen!

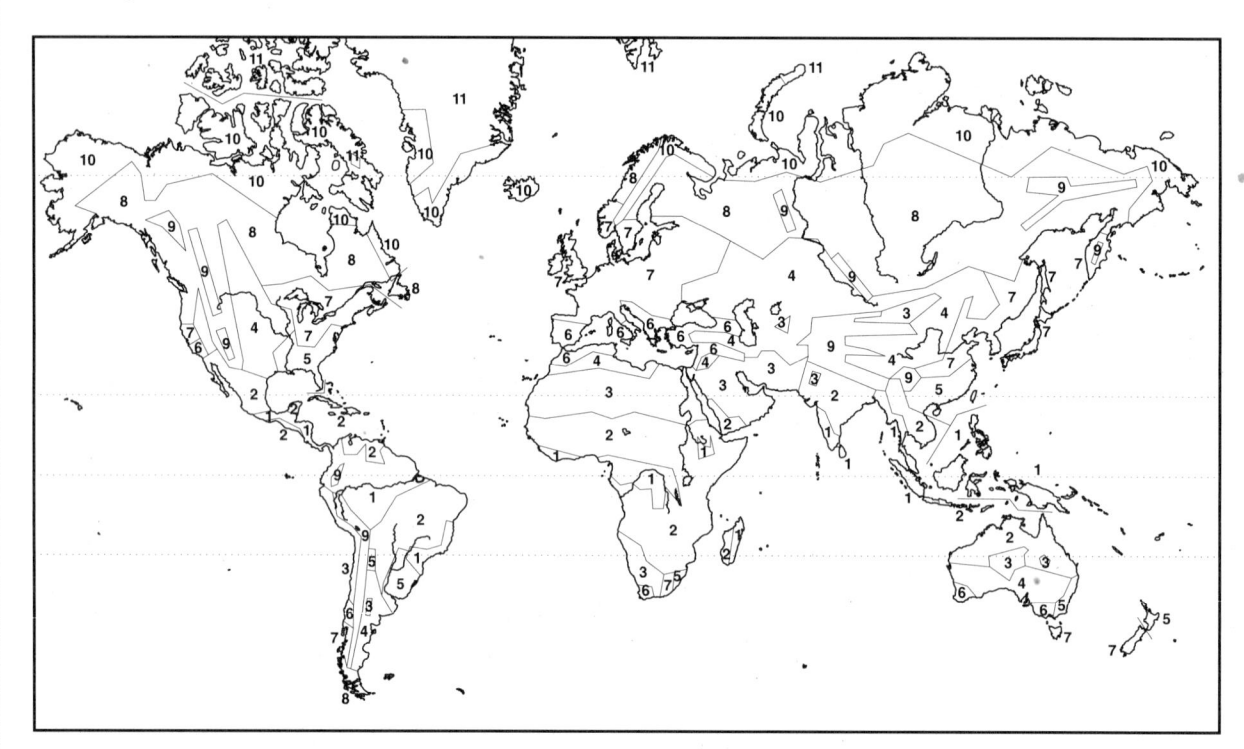

Die Vegetationszonen der Erde

1 = _____
2 = _____
3 = _____
4 = _____
5 = _____
6 = _____
7 = _____
8 = _____
9 = _____
10 = _____
11 = _____

Wie hat sich unser Klima verändert?

Klima ist für die Menschen normalerweise etwas, was sich nicht verändert. Erst in den letzten Jahren ist in den Medien davon die Rede, dass sich das Klima ändert. Was heute durch den Menschen bewirkt wird, geschah in den Jahrmillionen der Erdgeschichte durch die Natur. Wenn wir nämlich die Spuren der Erdgeschichte in Mitteleuropa genauer betrachten, können wir aus der Art, wie diese Spuren aussehen, auf das Klima der Zeit schließen.

Im **Erdaltertum** gab es eine Periode, die wir heute das Karbon nennen. In dieser Zeit wurde die Steinkohle abgelagert, die heute bei uns abgebaut wird. Damit aber Kohle entstehen kann, müssen riesige Wälder vorhanden sein. Man nimmt an, dass das Klima zu dieser Zeit sehr warm und feucht, also tropisch war.

Im **Erdmittelalter** gab es bei uns flache Meere, in denen Sauriere lebten. Wenn man sich die Felsen der Fränkischen Alb genauer ansieht, so stellt man fest, dass sie aus dem Kalk von Korallenriffen aufgebaut sind. Solche Riffe gibt es aber nur in tropischen Meeren. Wir kennen sie heute aus dem Roten Meer, von der Nordküste Australiens und von der Karibik. Auch zu dieser Zeit muss unser Raum tropisch gewesen sein.

Dies gilt zunächst auch für die **Erdneuzeit.** Im Tertiär haben wir auf der ganzen Erde bis in unsere geographische Breite noch Spuren eines tropischen Klimas. Bei uns in Mitteleuropa ist eine Spur die Braunkohle, die in tropischen Sümpfen gebildet worden ist. Ferner trifft man bei uns auf die Porzellanerde (Kaolin), die ebenfalls nur unter tropischen Bedingungen entstehen kann. Auch die Tone im Westerwald, aus denen heute Keramik gebrannt wird, stammen aus dieser Zeit. Auch sie können nur unter tropischen Bedingungen entstehen.

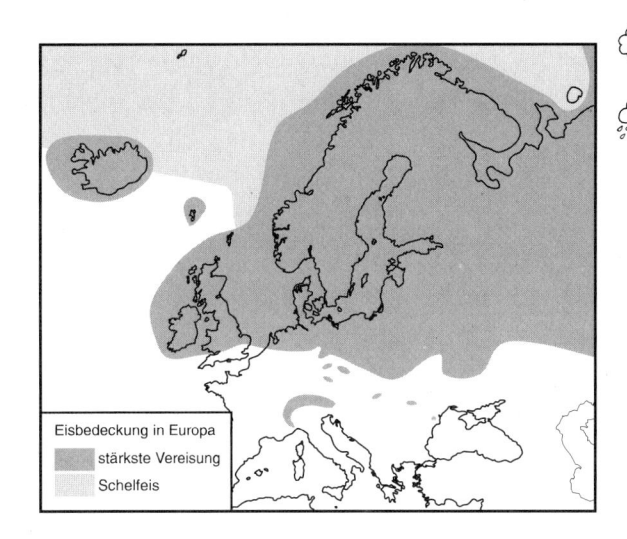

Dann allerdings, vor etwa **zehn Millionen Jahren,** beginnt sich das Klima zu verändern. Das Klima wird zunächst trockener. Es wird wüstenhaft. Anschließend wird es kühler, aber auch etwas feuchter. Wir haben so etwas wie ein Mittelmeerklima. Vor etwa **zwei Millionen Jahren** beginnt dann eine Serie von **sechs Kaltzeiten,** die vor etwa 1200 Jahren endet.

Unterbrochen werden diese Kaltzeiten immer wieder von wärmeren Perioden mit Temperaturen wie heute.

Warum diese Schwankungen? Wir wissen heute recht genau, dass das Klima auf unserer Erde von vielen Dingen beeinflusst wird. Dazu gehören die Neigung der Erdachse, der genaue Abstand der Erde von der Sonne und sogar die Zahl und Häufigkeit der Sonnenflecken. Alle diese Faktoren ergeben zusammen eine Kurve mit einem Auf und Ab im Rhythmus von rund 100 000 Jahren.

Für uns heißt das, dass wir in einer Zwischeneiszeit leben. Wahrscheinlich würde sich auch von Natur aus unser Klima etwas erwärmen. Aber seit der Mensch gelernt hat, mit dem Feuer umzugehen, beeinflusst er das Klima.

Auch wir beeinflussen das Klima

Wenn vom Treibhauseffekt die Rede ist, dann meinen wir damit, dass Gase in der Erdatmosphäre wie das Glas eines Treibhauses die Wärmestrahlung hindern, in den Weltraum zu entweichen. Es wird also auf der Erde immer wärmer. Das hört sich zunächst sehr gut an, hat aber möglicherweise schlimme Folgen.

Wie kommen aber diese Gase in die Atmosphäre? Betrachten wir uns die einzelnen **Gase:**

– **Kohlendioxid (CO_2)** gibt es in der Natur. Bei jeder Verbrennung entsteht es. Aber durch den Energieverbrauch im Haushalt und in der Industrie hat sich der Anteil in der Atmosphäre stark erhöht. Um 1800 lag die Konzentration von CO_2 bei 280 ppm (Teile Schadstoffe pro Million Luftteile), um 1990 schon bei 348 ppm. Es entsteht bei der Verbrennung von Braunkohle, Steinkohle und Erdölprodukten, also z. B. bei der Verbrennung von Öl und Benzin.

– **Lachgas (N_2O)** entsteht ebenfalls in der Natur, z. B. bei der Aufbereitung des Bodens durch Bakterien. Wo aber mit Mineraldünger der Ertrag in der Landwirtschaft gesteigert werden soll, steigt auch die Bildung von Lachgas an.

– Recht problematisch ist für uns das **Ozon (O_3).** Ozon ist eine sehr giftige, aggressive Abart des Sauerstoffs. Es entsteht bei der Verbrennung von Benzin beim Autofahren. Vor allem an wolkenlosen Hochsommertagen wird durch die intensive Sonneneinstrahlung aus den Abgasen der Autos Ozon gebildet.

Andererseits brauchen wir in höheren Schichten der Atmosphäre das Ozon. Dort verhindert es, dass zu viel ultraviolette Strahlung zur Erde gelangt und dort beim Menschen Hautverbrennungen und Hautkrebs hervorruft. Deshalb warnen Wissenschaftler immer wieder vor der Ausbreitung des Ozonlochs.

– Das Ozonloch entsteht durch **Fluor-Chlor-Kohlenwasserstoffen (FCKW)** in der Atmosphäre. Diese Gase werden durch die Industrie hergestellt und dienen als Kühlmittel in Kühlschränken und als Treibmittel in Spraydosen.

Was sind die Folgen des Treibhauseffekts?

1. Durch den Ozonausstoß sind wir unmittelbar gefährdet. Das Ozon kann beim Menschen zu Erkrankungen der Atemwege führen.
2. Durch den Treibhauseffekt erwärmt sich die Erdatmosphäre. Dies bedeutet langfristig ein Schmelzen des Eises an den Polen der Erde. Dadurch steigt aber der Wasserspiegel der Erde. Wir müssen also damit rechnen, dass das Land an den Küsten langsam aber sicher untergeht.
3. Durch den Treibhauseffekt verändert sich möglicherweise auch die Lage des Golfstroms. Dieser warme Meeresstrom bringt uns ein mildes Klima. Würde er seine Lage verändern, könnte es sein, dass es trotz einer allgemeinen Erwärmung bei uns kälter wird.
4. Man kann vermuten, dass sich das Wettergeschehen allgemein ändert. Möglicherweise nimmt die Zahl der Unwetter auf der ganzen Erde zu. Eine Zunahme der Hurricans auf dem Atlantik würde zum Beispiel auch eine Zunahme der Tiefdruckgebiete bei uns bedeuten.

Unsere Konsumbedürfnisse – brauchen wir alles?

Die Gefahren durch den Treibhauseffekt sind groß. **Was aber können wir tun?**
Man muss alles tun, um das Auftreten der schädlichen Gase, die für den Treibhauseffekt verantwortlich sind, zu verringern. Das heißt also:
– weniger CO_2
– weniger Lachgas
– weniger Ozon
– weniger FCKW.

Klimakonferenz 2050. Eine Karikatur zum mageren Ergebnis des Weltklimagipfels in Berlin im Jahre 1995

Wie erreichen wir das?

– CO_2 entsteht bei jeder Art von Verbrennung. Also muss man für eine geringere Verbrennung sorgen. Wir können schon etwas erreichen, wenn wir nicht unnötig Energie beim Heizen verschwenden. Das heißt: Wenn wir einen Raum verlassen, drehen wir die Heizung aus. Das gilt auch für das Klassenzimmer.
– Wir löschen auch das Licht, wenn wir ein Zimmer verlassen. Auch Strom wird zum Teil aus Erdöl oder Steinkohle gewonnen. Wenn wir also Energie sparen, vermeiden wir auch den Ausstoß von CO_2. Dies gilt auch für den Stand-by-Betrieb von Elektrogeräten. Viele Fernsehgeräte und HiFi-Anlagen vertragen es, wenn man sie ganz ausschaltet.
– Wir vermeiden unnötiges Autofahren und wechseln auf öffentliche Verkehrsmittel. Damit vermeiden wir CO_2 und Ozon. Wir setzen uns auch dafür ein, dass öffentliche Verkehrsmittel ausgebaut werden.
– Wir verwenden umweltfreundliche Energie und setzen uns für deren Nutzung ein. Sonnen-, Wind- und Wasserenergie gelten als sehr umweltfreundlich. Durch eine Solaranlage am eigenen Haus kann man den Verbrauch von Erdgas oder Heizöl stark verringern. Dadurch wird der CO_2-Ausstoß verringert.
– Problematisch ist das Thema Kernkraft. Einerseits werden bei der Stromerzeugung mit Hilfe der Atomenergie keine schädlichen Abgase frei, andererseits fallen radioaktive Abfälle an, deren Endlagerung bis heute nicht endgültig gelöst ist.
– Wir vermeiden, dass FCKW in die Atmosphäre gelangt. Dies erreichen wir dadurch, dass wir nur Sprays verwenden, die kein FCKW enthalten (Das steht außen drauf!). Alte Kühlschränke entsorgen wir fachgerecht beim Elektrohändler, der dafür sorgt, dass das FCKW wieder industriell weiterverarbeitet wird.

Alle diese Maßnahmen helfen ein wenig die Umweltverschmutzung durch die Treibhausgase zu vermindern. Aber wir müssen uns auch informieren, was in anderen Ländern der Erde geschieht. Bei der Rodung von Regenwäldern wird z. B. ebenfalls eine große Menge von Kohlendioxid freigesetzt. Informiert euch über die weltweite Umweltverschmutzung!

| Name: | Klasse: 7 | Datum: | Geschichte Sozialkunde **Erdkunde** | Nr.: |

Befragung: Was tun wir für unser Klima?

Wir, die Klasse _____ der _____-Schule, führen eine Umfrage durch, wie das Umweltverhalten unserer Mitbürger ist. Wir bitten Sie um einige Minuten für unsere Umfrage.

Fragen zum Energieverbrauch (E):

1. Ich drehe die Heizung im Winter zurück, wenn ich die Wohnung verlasse.
   ○ immer   ○ meistens   ○ manchmal   ○ selten   ○ nie

2. Ich lösche das Licht, wenn ich ein Zimmer verlasse.
   ○ immer   ○ meistens   ○ manchmal   ○ selten   ○ nie

3. Für weite Reisen benutze ich meistens
   ○ Auto   ○ Bahn   ○ Flugzeug   ○ andere

4. Für kleinere Einkäufe benutze ich meistens
   ○ Auto   ○ öffentliche Verkehrsmittel   ○ andere

Fragen zum Umweltbewusstsein (U):

1. Ich trenne den Müll
   ○ immer   ○ meistens   ○ manchmal   ○ selten   ○ nie

2. Ich achte auf biologisch angebaute Nahrungsmittel
   ○ immer   ○ meistens   ○ manchmal   ○ selten   ○ nie

3. Auch bei der Kleidung achte ich auf umweltfreundliche Herstellung
   ○ immer   ○ meistens   ○ manchmal   ○ selten   ○ nie

Allgemeine Fragen (A):

Ich bin _____ Jahre alt
○ bis 18   ○ 19–35   ○ 35–50   ○ 51–65   ○ über 65
○ Frau   ○ Mann

Vielen Dank für ihre Mühe!

Name:	Klasse: 7	Datum:	Geschichte Sozialkunde **Erdkunde**	Nr.:

Befragung: Was tun wir für unser Klima?
Auswertungshinweise

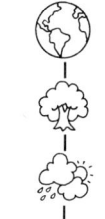

1. Strichliste
   Tragt in die Liste so viele Striche ein, wie ihr Antworten bekommen habt!

Frage	Antwort 1	Antwort 2	Antwort 3	Antwort 4	Antwort 5
E1					
E2					
E3					
E4					
E5					
U1					
U2					
U3					
A1					
A2					

2. Zeichnet Häufigkeits-(Balkendiagramme) der einzelnen Fragen. Rechnet die Prozentwerte aus und zeichnet Kreisdiagramme. Fragt euren Informatiklehrer, ob das mit euren Computern geht!
3. Überlegt euch weiterführende Fragen:
   – Besteht ein Zusammenhang zwischen dem Energieverbrauch und dem allgemeinen Umweltverhalten? Vergebt dazu bei den Fragen E1 bis E3 vier Punkte für immer, drei Punkte für meistens usw.! Bewertet die öffentlichen Verkehrsmittel in den Fragen E4 und E5 mit je zwei Punkten! Bewertet die Fragen U1 bis U3 wie E1 bis E3! Haben die Menschen, die viele Punkte beim Energieverbrauch haben, auch viele beim Umweltbewusstsein?
   – Gibt es Zusammenhänge zwischen Alter und dem Energieverbrauch bzw. dem Umweltbewusstsein? Ist eine Altersgruppe besonders umweltbewusst und/oder energiesparend?
   – Verhalten sich Frauen/Mädchen anders als Männer/Jungen im Hinblick auf ihre Umwelt?

Diese weiterführenden Fragen sind mit der Hand etwas umständlich auszuwerten. Aber vielleicht habt ihr an den Computern eurer Schule ein Programm zur Tabellenkalkulation oder zur Statistik. Euer Informatiklehrer hilft euch bestimmt bei der Arbeit.

3. Alte Menschen

> → 7.3 Alte Menschen
> (bayerischer Hauptschullehrplan)

Lerninhalte:

- Wissen, wie in früheren Zeiten und anderen Kulturkreisen mit alten Menschen umgegangen wurde
- Erfahren, wie alte Menschen mit ihrer Situation zurecht kommen
- Einholen von Informationen über geschichtliche und politische Ereignisse, an die sich ältere Menschen erinnern
- Abbauen von Vorurteilen gegenüber alten Menschen
- Aufbau von Verständnis, Hilfsbereitschaft und Toleranz gegenüber alten Menschen

Arbeitsmittel:

Folien (alte Frau, Seniorenwünsche), Informationsblätter, Arbeitsblätter

Folienvorlagen:

Hundertjährige Frau

Seniorenwünsche (Stand 1990)

Senioren-Wünsche

Von je 100 Befragten im Alter von 55 bis 70 Jahren halten für sehr wichtig:

Fit bleiben	87
Gesichertes Auskommen	79
Vertraute Menschen	75
Partnerschaft	73
Sicherung f. d. Pflegefall	73
Finanz. Spielraum	66
Selbständigkeit	65
Familie, Verwandte	63
Positive Lebenseinstell.	58
Sinnvolle Aufgabe	54

3. Alte Menschen

3.1 Alter und Alte in zeitlicher und räumlicher Ferne

Alte Menschen in früheren Zeiten (1; S. 54)
Alte Menschen in früheren Zeiten (2; S. 55)
Alte Menschen in früheren Zeiten (Arbeitsblatt; S. 56)
Alte Menschen in anderen Kulturkreisen (1; S. 57)
Alte Menschen in anderen Kulturkreisen (2; S. 58)

3.2 Alte Menschen in unserer Gesellschaft

Lebensformen und -situationen alter Menschen bei uns (1; S. 59)
Lebensformen und -situationen alter Menschen bei uns (2; S. 60)
Lebensformen und -situationen alter Menschen bei uns (3; S. 61)
Einstellungen zwischen Jung und Alt (1; S. 62)
Einstellungen zwischen Jung und Alt (2; S. 63)

3.3 Gesellschaftspolitische Herausforderungen

Sozialpolitische Maßnahmen (1; S. 64)
Sozialpolitische Maßnahmen (2; S. 65)
Sozialpolitische Maßnahmen (Arbeitsblatt S. 66; Lösungsblatt S. 253)
Alte Menschen in den Medien und in der Werbung (S. 67)

3.4 Projektvorschlag: Erinnerungen alter Menschen (S. 234)

Erinnerungen alter Menschen (Bildseiten; S. 235–239)

Alte Menschen in früheren Zeiten (1)

Je nach Kulturkreis wurden – wie auch heute – in früheren Zeiten alte Menschen sehr unterschiedlich behandelt. So räumte man z. B. im alten China den Alten eine einzigartig bevorzugte Stellung ein. In keinem Land war es ein so zentrales Anliegen, überlieferte Strukturen zu bewahren, wie hier. So ist es auch nicht verwunderlich, dass an der Spitze der Verwaltung automatisch die Älteren standen. Nach einer Aussage des Religionsgründers Konfuzius sollte den alten Menschen ein ruhiges und bequemes Leben gesichert werden. In der Familie sollten die Männer über die Frauen herrschen, die Alten über die Jungen. Auch außerhalb der Familie galt die Achtung den Alten und damit auch dem Alter an sich. Leute gaben sich aus diesem Grund auch für älter aus, als sie waren, um im Ansehen zu steigen und an Ehrerbietung zu gewinnen. Ein wichtiges Datum stellte der fünfzigste Geburtstag dar, allerdings traten Männer mit 70 Jahren von ihren öffentlichen Aufgaben zurück, um sich auf den Tod vorzubereiten. Ihre Autorität behielten sie dagegen weiterhin, überließen jedoch ihrem Sohn die Leitung des Hauses. Die Ahnen wurden in der Familie verehrt und ihr Andenken nach ihrem Tod in kultischen Diensten hochgehalten. Diese Autorität, die die Alten genossen, wurde von Konfuzius durch den Erwerb ihrer Weisheit gleich gesetzt:

> „Mit 15 Jahren bemühte ich mich um das Studium der Weisheit; mit 30 gewann ich Sicherheit darin; mit 40 hatte ich keine Zweifel mehr; mit 60 konnte mich nichts auf der Welt erschüttern; mit 70 vermochte ich den Wünschen meines Herzens zu folgen, ohne gegen das Sittengesetz zu verstoßen."

Bis heute ist das in den Ländern, in denen der Konfuzianismus das Leben beeinflusst, so geblieben.

Auch das jüdische Volk zollte dem Alter hohe Achtung. So liest man in den Sprüchen Salomos:

> „Graue Haare sind eine Krone der Ehren, die auf dem Wege der Gerechtigkeit gefunden werden." Und im Buch Leviticus steht: „Du sollst dich vor grauen Haaren erheben und die Person des Greises ehren."

Im alten Palästina wurde die Familie vom ältesten Mann geleitet, solange er noch die körperliche und geistige Kraft besaß. So bildeten die Ältesten des Volkes auch das höchste Gericht, das die Gesetze erließ und sich in die Beziehungen mit der römischen Besatzung einschaltete. Dieser Rat kontrollierte das öffentliche Leben, u. a. auch alles, was die Religion betraf. Welche Rolle das Alter im Alten Testament spielte, zeigt sich in den maßlosen Übertreibungen, mit denen man das Alter der Patriarchen angab. Zu verstehen ist dies nur so, dass man hohes Alter gleichsetzte mit Weisheit und Würde, aber auch als ein Zeichen göttlicher Belohnung und Güte verstand.

Hier einige „Altersangaben" der Patriarchen des Alten Testaments:

1. Methusalem (Ur-Ur-Ur-Ur-Urenkel des Adam, Großvater des Noah) → 969 Jahre
2. Jared (Großvater des Methusalem) → 962 Jahre
3. Noah (Enkel des Methusalem) → 950 Jahre
4. Adam (der erste Mensch) → 930 Jahre
5. Seth (Sohn des Adam) → 912 Jahre
6. Kenan (Enkel des Seth) → 910 Jahre
7. Enos (Vater des Kenan) → 905 Jahre
8. Mahalaleel (Vater des Jared, des zweitältesten Menschen) → 895 Jahre
9. Lamech (Sohn des Methusalem) → 777 Jahre
10. Sem (Sohn des Noah) → 600 Jahre
11. Heber (Enkel des Noah) → 464 Jahre
12. Arpachsad (Sohn des Noah) → 438 Jahre

Offensichtlich sind sich aber die Bibelschreiber bewusst geworden, dass sie mit den Altersangaben allzu sehr übertrieben hatten, denn einige Kapitel später war das Lebensalter der beschriebenen Personen geringer: Abraham wurde 175 Jahre alt, seine Frau Sarah 127.

Offensichtlich war das Alter in der Bibel aber nur bei den Männern von Bedeutung. Mit Ausnahme der Frau Abrahams gibt es keine Altersangaben bei Frauen im Alten Testament.

Alte Menschen in früheren Zeiten (2)

Wir wissen recht wenig darüber, wie alte Menschen zum Beispiel **im frühen Mittelalter** behandelt wurden, da sich die Literatur dieser Zeit kaum für das Alter interessierte. Alte Menschen waren schon deswegen vom tätigen Leben ausgeschlossen, weil die Lebensbedingungen für sie zu hart waren. Die Ritter waren knochige, kräftige junge Leute, die den Krieg, die Jagd und die Turniere liebten. Die Kaufleute waren Männer mit „staubigen Füßen", die mit dem Degen am Sattel umherzogen und ständigen Gefahren ausgesetzt waren. Der physische Verfall zwang also den alten Menschen, sich zurückzuziehen. Auf dem Land lehnten sich die Jungen gegen den Vater auf, wenn dieser an seiner Autorität festhalten wollte. Es kam zu Streitigkeiten; oft verließ der Sohn dann das Elternhaus. In den meisten Ländern Europas wurde der Vater von seinem Sohn von der Spitze des Hausstandes verdrängt. Sobald er ein bestimmtes Alter erreicht hatte und zu schwach war, um das Land zu bewirtschaften, trat er es an seinen ältesten Sohn ab. Nachdem dieser das Erbe erhalten hatte, heiratete er. Die junge Frau trat an die Stelle der Schwiegermutter, und das alte Paar siedelte über in das Zimmer, das ihm traditionell vorbehalten war. Der abgesetzte Vater wurde von den Erben oft sehr schlecht behandelt.

Wie wenig man vom Alter hielt, zeigt sich zum Beispiel auch in einem **Märchen der Brüder Grimm** „Die Lebenszeit":

> Gott möchte dem Esel, dem Hund und dem Affen dreißig Jahre geben, aber sie möchten nicht so lange leben. Der Esel, weil er nicht so lange als Lohn für sein Lastentragen Fußtritte bekommen will, der Hund, weil er nicht ohne Zähne knurrend in der Ecke liegen will und der Affe, weil er nicht so lange Grimassen schneiden möchte. Nur dem Menschen sind dreißig Jahre zu wenig, und so bekommt er die Jahre, die die Tiere nicht in Anspruch nehmen wollen, dazu: „Also lebt der Mensch siebenzig Jahr. Die ersten dreißig sind seine menschlichen Jahre, die gehen schnell dahin; da ist er gesund, heiter, arbeitet mit Lust und freut sich seines Daseins. Hierauf folgen die achtzehn Jahre des Esels, da wird ihm eine Last nach der anderen aufgelegt: er muss das Korn tragen, das andere nährt, und Schläge und Tritte sind der Lohn seiner treuen Dienste. Dann kommen die zwölf Jahre des Hundes, da liegt er in den Ecken, knurrt und hat keine Zähne mehr zum Beißen. Und wenn diese Zeit vorüber ist, so machen die zehn Jahre des Affen den Beschluss. Da ist der Mensch schwachköpfig und närrisch, treibt alberne Dinge und wird ein Spott der Kinder."

Aufgrund der geringen Lebenserwartung von durchschnittlich fünfunddreißig Jahren hatten die Menschen des **15. und 16. Jahrhunderts** eine andere Einstellung zum Alter als wir, die wir mit einem Lebensalter von beinahe achtzig Jahren rechnen können. Die Menschen lebten für die Gegenwart, denn der Tod war tägliche Realität. Pest, Seuchen, Kriege, Unglücksfälle und viele damals unheilbare Krankheiten, die zum Teil auch durch mangelnde Hygiene verursacht waren, beendeten das Leben der Menschen früher als in der Antike und heute. Menschen, die mehr als fünfzig Jahre alt wurden, bildeten die Ausnahme; lediglich die Adeligen und die reichen Leute hatten eine höhere Lebenserwartung.

In dieser Zeit lösten sich die bisherigen Ordnungen auf. Wissenschaft und Technik erfuhren revolutionäre Veränderungen. Den Menschen galt das Alter nichts mehr. Man wollte jung sein und das Leben in vollen Zügen genießen und wünschte sich deshalb die ewige Jugend aus einem sogenannten Jungbrunnen schöpfen zu können.

Vor allem **in Frankreich war auch das 17. Jahrhundert** für die alten Menschen sehr hart. Die absolutistischen Herrscher, die die Gesellschaft lenkten, räumten Alten und Kindern, die nicht ihrer Klasse angehörten, keinen Platz ein. Die durchschnittliche Lebenserwartung lag bei zwanzig bis fünfundzwanzig Jahren. Die Hälfte der Kinder starb im ersten Lebensjahr, die Erwachsenen zwischen dem dreißigsten und vierzigsten. Man nutzte sich durch die schwere Arbeit, Unterernährung und mangelnde Gesundheitspflege rasch ab. Bäuerinnen waren mit dreißig alte Frauen, runzelig und gebeugt. Selbst Könige, Adelige und Bürger starben zwischen achtundvierzig und sechsundfünfzig Jahren. Die Lage der Kinder war, ebenso wie die der Alten, sehr schlecht.

Ein sogenannter Jungbrunnen

| Name: | Klasse: 7 | Datum: | Geschichte **Sozialkunde** Erdkunde | Nr.: |

Alte Menschen in früheren Zeiten

Wie alte Menschen behandelt werden, hängt nicht nur von der jeweiligen Zeit, sondern auch vom Kulturkreis und der wirtschaftlichen Lage des Landes ab. Dies zeigt ein Vergleich der Behandlung alter Menschen im China des Konfuzianismus, im Judentum des Alten Testamentes, im Mittelalter einerseits und zu Beginn der Neuzeit in Europa andererseits.

Die Bedeutung des Alters in China: \
\
\
\

Gründe dafür waren: \
\
\
\

Aufgaben der alten Männer beim jüdischen Volk: \
\
\

Worin zeigt sich das Ansehen des Alters im Alten Testament? \
\
\

Die alten Menschen im Mittelalter: \
\
\
\

Erkläre die Bedeutung des Märchens „Die Lebenszeit":
70 Jahre Lebenszeit
dreißig Jahre des Menschen: \
\

achtzehn Jahre des Esels: \
\

zwölf Jahre des Hundes: \
\

zehn Jahre des Affen: \

Was weißt du über das Alter vom 15. bis 17. Jahrhundert (Lebenserwartung, Gründe dafür): \
\
\

Alte Menschen in anderen Kulturkreisen (1)

Alte Menschen werden in den verschiedenen Kulturkreisen sehr unterschiedlich behandelt: Sie werden verehrt und verwöhnt, man sichert ihnen ein bequemes Ende zu, lässt sie sterben oder tötet sie sogar.

Bei den Hyperboreern, einem Volk aus der griechischen Mythologie, stürzten sich die lebensmüden Alten nach einem üppigen Festmahl fröhlich, mit Kränzen geschmückt, von einem Felsen ins Meer. Von den **Massagetae,** nomadisierenden nordöstlichen Nachbarn des persischen Reiches, heißt es, die Angehörigen hätten die Greise getötet und mit Schafffleisch vermischt verspeist. Hierbei wird die Auffassung, für die Nachkommen weiterhin nützlich zu sein, deutlich. Auch in den Erzählungen der **Eskimos** taucht der Gedanke auf, den Nachkommen auch im Alter noch nützlich zu sein. Hier wird davon berichtet, dass Alte freiwillig in den Tod gingen, wenn sie sich als Belastung für die Gemeinschaft empfanden. Sie legten eines Abends eine Art öffentlicher Beichte ab, bestiegen dann zwei oder drei Tage später ein Kajak und verließen das Land, um nicht mehr zurückzukehren. Eine andere Geschichte erzählt von einem Eskimo, der der Gemeinschaft nicht zur Last fallen wollte und daher seine Familie verließ. Er setzte sich nieder um zu verhungern und von einem Bären gefressen zu werden. Dann würde der Bär von seiner Familie erschossen und verzehrt. Auf diesem Umweg würde er die Familie wieder mit Nahrung versorgen.

Der griechische Geschichtsschreiber Herodot berichtet Ähnliches von den **Issedonern** in Zentralasien. Sie warteten zwar ab, bis ihre Greise eines natürlichen Todes starben, verzehrten ihre Ahnen aber dann mit Tierfleisch vermischt.

Die **Kaspier** ließen Greise, die das siebzigste Lebensjahr überschritten hatten, einfach verhungern. Die **Baktrier,** ein iranisches Volk, das umherzog, warfen Personen, die durch Krankheit und Alter hilflos und schwach geworden waren, einfach den Hunden vor, die „Totengräber" genannt und zu diesem Zweck gehalten wurden. Die „Sitte" war in Armenien bis zur Einführung des Christentums verbreitet.

Ein langes Leben wird bei fast allen **Naturvölkern** als erstrebenswert und segensvoll angesehen. Da der Tod fast nur als Folge von unglücklichen Einwirkungen erlebt wird, ist langes Leben erstrebenswert. Man ist der Meinung, dass derjenige am ältesten wird, der über starke Zauberkräfte verfügt. Wegen dieser Kräfte wird er geachtet und sogar gefürchtet. So suchte man auch mancherlei Mittel für eine möglichst lange Lebensdauer. Die schlauen alten zentralaustralischen Stämme stellten für die Jugend bestimmte Speiseverbote auf, deren Nichteinhaltung Nachteile mit sich brächte. Ihre Drohungen beim Verzehr von Kängeruhschwanz, wilder Truthahn und seine Eier, Adler, Falke: frühes Altern oder Abmagern.

Immer waren es die Alten, die am ehesten mit den mächtigen übernatürlichen Kräften umzugehen wussten. Sie hatten deshalb auch häufig wichtige Funktionen inne: Bei der Kriegsführung, beim Hausbau und Bootbau, bei Anbau und Ernte. Ihre Aufgabe war es auch, Geister zu vertreiben und Leiden zu heilen, die Zukunft vorauszusagen und das Wetter zu beschwören. Sie übernahmen Ämter bei allen wichtigen Ereignissen des Stammes wie bei Hochzeiten und Bestattungen. Sie bewahrten die stammesgeschichtlichen Überlieferungen. Da nur die Alten das konnten, wurde ihnen große Verehrung und Ehrerbietung entgegengebracht.

Ihnen war klar, dass Menschen nicht nur körperliche Tüchtigkeit, sondern auch Erfahrungen für die Gemeinschaft wichtig waren. So umhegen die Eskimos sogar den „verdienten alten Fänger", der durch seine Jagdhinweise noch immer Bedeutendes zur Ernährung des Stammes beiträgt. Das gute Zusammenleben mit den Alten gilt aber nur so lange, wie nicht Naturgewalten den Eskimo in große Hungersnot stürzen. Dann trennt sich die Gruppe von den älteren und alten Menschen, die ihnen bei der täglichen Nahrungsbeschaffung nicht mehr nützlich sein können. Zahlreiche Legenden berichten davon. Sie berichten aber auch von der wunderbaren Rettung eines Greises – und eine schreckliche Strafe erwarte jene, die sich seiner entledigen wollten. In anderen Erzählungen werden die Alten als mächtige Zauberer, Erfinder und Heiler beschrieben. Auch die Götter der Naturvölker werden häufig als große Alte voller Kraft und Weisheit dargestellt.

Alte Menschen in anderen Kulturkreisen (2)

Die Inka

In der Zivilisation der Inkas herrschte Vollbeschäftigung. Jeder musste sich vom fünften Lebensjahr ab nützlich machen. Die Einteilung der Männer und Frauen erfolgte je nach ihrer Nützlichkeit in Klassen. Die geachtetste Gruppe waren die Krieger zwischen fünfundzwanzig und fünfzig Jahren. Das Alter entband nicht von der Verpflichtung zu arbeiten. Die Männer waren zwar nach fünfzig vom Militärdienst und jeder schweren Arbeit befreit, mussten sich aber im Haus ihres Oberhauptes und auf den Feldern betätigen. In der Familie behielten sie ihre Autorität. Frauen über fünfzig machten Kleider für die Gemeinschaft oder traten in den Dienst reicher Frauen, traten als Helferinnen und Köchinnen auf. Im Alter von über achtzig Jahren waren die Alten taub und konnten zum Teil zwar kaum noch schwere Tätigkeiten verrichten, trotzdem wurden sie noch eingesetzt. Sie fertigten Stricke und Teppiche an, hüteten das Haus, versorgten Kaninchen und Enten, sammelten Laub und Stroh. Die Frauen webten und spannen, halfen bei der Kindererziehung und blieben bei den reichen Frauen im Dienst, wo sie die Arbeit der jungen Dienerinnen überwachten. Hatten sie eigenen Grundbesitz, so fehlte es ihnen an nichts, andernfalls erhielten sie Almosen. Den Männern gab man Essen und Kleidung, hütete ihre Ziegen und pflegte sie, wenn sie krank wurden. Im Allgemeinen fürchtete man die alten Männer, verehrte sie und gehorchte ihnen. Sie hatten oft beratende Funktion, konnten belehren und gute Beispiele geben sowie beim Gottesdienst assistieren. Auch hatten sie das Recht, die Jungen und Mädchen zu peitschen, wenn sie ungehorsam waren.

Die Bewohner von Bali

Obwohl die Bewohner von Bali weder lesen noch schreiben können, besitzen sie schon eine jahrhundertealte Kultur, die dank der Abgeschiedenheit der Insel auch erhalten geblieben ist. Sie leben von der Landwirtschaft, treiben mit ihren Produkten auf den heimischen Märkten Handel, haben ein hoch entwickeltes Handwerk und gut gebaute und gepflegte Dörfer. Ihre Führenden werden gewählt und vertreten auf der Erde die Autorität der Götter. Die größte Strafe ist es, ein Mitglied aus der Gemeinschaft zu verbannen. Alle fügen sich bereitwillig in die Rolle, die man ihnen zuweist: Kind, Jugendlicher, Frau, Erwachsener, Greis. Die Kinder werden von ihren Eltern und Großeltern verwöhnt und geliebt. Die Alten ehrt man, obgleich sie nicht über magische Fähigkeiten verfügen. In den Räten steigt der Rang des Einzelnen mit den Jahren. Jeden Monat versammeln sich die Alten des Dorfes und teilen ein Festmahl mit ihren Göttern. Die Alten werden im ganzen Land geachtet; vor allem deshalb, weil sie dem Altersverfall entgehen, weil sie im Wohlstand leben. Sie erhalten sich lange eine gute Gesundheit, sind weder gekrümmt noch ungeschickt, sondern bewahren die Beherrschung ihres Körpers, die in der Jugend erworbene Ungezwungenheit. Frauen von sechzig Jahren und sogar darüber haben noch eine schöne Haltung und die Kraft, um auf ihren Köpfen schwere Wasserkrüge und Obstkörbe von vierzig bis fünfzig Pfund zu tragen. Sie hören nicht auf zu arbeiten, es sei denn sie bekommen ein schweres Gebrechen: sie meinen der Müßiggang wäre schädlich für ihre Gesundheit und sie liefen Gefahr, von übernatürlichen Kräften angegriffen zu werden. Die Aktivität der Frauen wächst sogar mit den Jahren: man hat 60-jährige und Ältere gesehen, die den ganzen Haushalt leisteten und die meisten Aufgaben selbst erledigten. Die alten Männer arbeiten wenig, sie diskutieren und kauen Betel (Samenkerne der Betelnuss werden in Südasien als Genussmittel verwendet). Aber sie haben zahlreiche Verpflichtungen: sie leiten die Dorfversammlung, sind Ärzte, Geschichtenerzähler und bringen den Jungen Dichtung und Kunst bei. Häufig führen sie auch die Enten auf die Felder. Sie spielen eine wichtige Rolle bei den religiösen Zeremonien. Es gibt sehr viele alte Männer und Frauen, die noch ausgezeichnete Tänzer sind. Der Rat der Alten ist bei den Jungen sehr geschätzt. Wenn sie sehr alt und arbeitsunfähig werden, werden sie Großvater und Großmutter genannt. Man glaubt, die Zahnlosen stehen den kleinen Kindern nahe, sie würden nach ihrem Tod in Gestalt eines Neugeborenen wieder auf die Welt kommen. Sind sie sehr alt geworden, verlieren sie ihren Einfluss, werden aber weiterhin ausreichend ernährt und gut behandelt. Selbst wenn er schwach und bewegungsunfähig ist, kann ein Greis Priester eines Tempels sein, nur hat er dann einen jüngeren Gehilfen.

Lebensformen und -situationen alter Menschen bei uns (1)

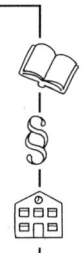

1. Der Altersaufbau der Bevölkerung in Deutschland

Seit dem vorigen Jahrhundert ist die Lebenserwartung ständig gestiegen. Heute kann eine Frau an ihrem sechzigsten Geburtstag noch mit weiteren zweiundzwanzig Lebensjahren, ein Mann mit annähernd achtzehn Lebensjahren rechnen. Dies führt zusammen mit einer sinkenden Geburtenrate zu einem wachsenden Anteil der über 60-jährigen an der Gesamtbevölkerung. Dieser Anteil soll von derzeit einem Fünftel (etwa fünfzehn Millionen) auf ein Drittel im Jahr 2030 anwachsen. In allen Industriestaaten ergibt sich aufgrund der steigenden Lebenserwartung und anhaltend niederer Geburtenraten eine Verschiebung der Altersstruktur der Bevölkerung zugunsten der über 60-jährigen.

Immer mehr Menschen werden immer älter und nie zuvor hat es einen so hohen Anteil älterer Menschen in der Gesellschaft gegeben. Im Jahr 2010 stehen 18,9 Prozent 20-jährige und Jüngere 25,8 Prozent der über 60-jährigen gegenüber. 1950 waren es vierzehn Prozent. Im Jahre 2030 soll ein Drittel der Deutschen über 60 sein, in jenem Jahr, auf das alle Schätzungen und Hochrechnungen die Zuspitzung des Alterungsprozesses datieren. Denn dann kommen die sogenannten Babyboomer der 1960er „in die Jahre".

Die Zahl der Hochbetagten, das heißt der dann über 80 Jahre alten Personen (zum allergrößten Teil Frauen) soll von derzeit 3,2 auf 4,3 Millionen im Jahr 2030 steigen. Von jeweils 100 000 Menschen waren 1993 immerhin 417 älter als 89 Jahre. Nach einer Modellrechnung des Statistischen Bundesamtes werden im Jahr 2010 etwa 458 000 deutsche Männer und Frauen 90 Jahre und älter sein.

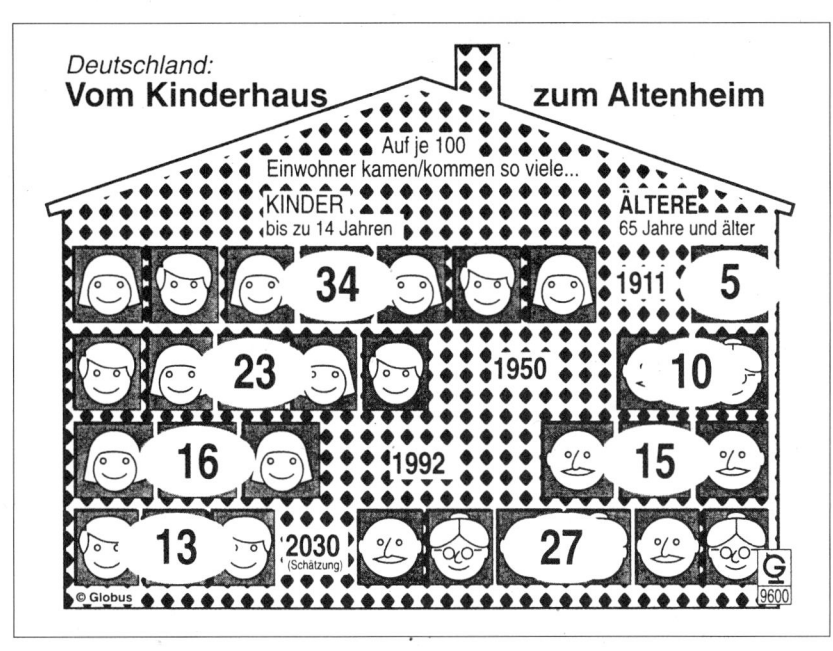

Die Zukunft gehört den Alten (Stand 1994)

2. Steigendes Lebensalter – verlängerte „Altersphase"

Biologische und medizinische Faktoren beeinflussen Gesundheitszustand und Leistungsfähigkeit alter Menschen. Aber auch gesellschaftliche Entwicklungen haben zu einer Ausweitung der „Altersphase" geführt:

- Weil die Kinderzahl gesunken ist, der Nachwuchs frühzeitig aus dem Haus geht, die Familienphase im Vergleich zur gesamten Lebenszeit des Menschen kürzer geworden ist, werden sich Eltern zwischen 45 und 50 zumindest vorübergehend ihres Alt- bzw. Älterwerdens bewusst.
- Wenn 45-jährige, die sich keineswegs alt fühlen, erkennen müssen, dass sie als zu „alt" für einen Stellenwechsel eingestuft werden, wenn 55-jährige Arbeitslose keine Chance mehr auf dem Arbeitsmarkt haben, dann werden sie sich – deshalb – alt fühlen; sie werden gesellschaftlich alt gemacht, obwohl sie biologisch in der Regel weit gesünder sind, als dies früher bei gleichem Lebensalter der Fall war.
- Eine bereits bei den 55- bis 59-jährigen deutlich sinkende Erwerbsquote, das durchschnittliche Rentenzugangsalter von 58 Jahren tut ihr übriges dazu, dass die Altersphase ausgeweitet wurde.

Daher wird das Alter inzwischen auch differenziert: die jungen und die alten Alten, die neuen Alten und die Senioren. Von Greisen dagegen wird kaum gesprochen, aber ebenso wenig von den Weisen. Angedeutet ist damit, dass es im Vergleich zu früher eine Reihe von Einstellungs- und Verhaltensänderungen bei den älteren Menschen selbst sowie seitens der Gesellschaft gegenüber den Rentnerinnen und Pensionären gegeben hat.

Lebensformen und -situationen alter Menschen bei uns (2)

3. Die gesellschaftliche Sicht des Alters

Neben der erfreulichen Tatsache, dass die Lebenserwartung gestiegen ist, hat eine hohe Lebenserwartung aber auch seine Schattenseite: Die Anzahl der Krankheiten und Gebrechen nimmt mit der Anzahl der Lebensjahre zu, die Wahrscheinlichkeit der Pflegebedürftigkeit wächst. Heute sind schätzungsweise 1,65 Millionen Menschen aller Altersstufen pflegebedürftig; von den über 65-jährigen waren es (1993) etwa zehn Prozent, von den über 80-jährigen bereits ein Drittel, während bei den jüngeren Altersstufen der Anteil unter einem Prozent lag.

Pflegebedürftigkeit bedeutet für die Betroffenen, angewiesen zu sein auf die Hilfe und Fürsorge der Angehörigen oder des berufsmäßigen Pflegepersonals und damit abhängig zu sein von der Bereitschaft der Gesellschaft, die entsprechenden Kosten zu aktzeptieren und zu übernehmen. Wie in Zukunft die Gesundheit und Lebenssituation der alten und hochbetagten Menschen sein wird, hängt von verschiedenen Faktoren ab:
– von ihren Lebens- und Arbeitsbedingungen über die Jahre hinweg und von der Entwicklung der Umweltsituation
– von Bildung, Einkommen und Gesundheitsbewusstsein der einzelnen Menschen (ein wesentlicher Faktor für die Lebenserwartung)
– von der Einstellung der Gesellschaft zum Alter und zur Versorgung alter, kranker und hilfsbedürftiger Menschen.

Obwohl die Forschung gezeigt hat, dass Hochbetagte zu erstaunlichen Fähigkeiten in der Lage sind, stehen im Mittelpunkt des öffentlichen Interesses vor allem Pflegebedürftigkeit und Heimunterbringung sowie die „Rentnerschwemme" und die „Vergreisung der Gesellschaft", wie diese Entwicklung oft mit negativ besetzten Begriffen genannt wird. Dies ist die Sichtweise der Jüngeren. Dafür zahlen die alten Menschen mit geminderter Lebensqualität und Selbständigkeit. Daneben wird dadurch auch die Gesellschaft mit unnötig hohen Kosten für pflegebedürftige Menschen belastet. Nach Schätzungen könnten durch rechtzeitige und angemessene Vorsorge- und Rehabilitationsmaßnahmen rund 40 Prozent der Pflegefälle verhindert werden.

4. Die materielle Lage

Heute geht es zumindest statistisch gesehen den in den Ruhestand getretenen älteren Menschen vor allem in Westdeutschland so gut wie es nie zuvor Rentnern gegangen ist. Der sprichwörtliche deutsche Fleiß der Aufbaugeneration, die Sparsamkeit sowie die an die Lohnentwicklung angepasste Rentenhöhe ermöglichten diese verbesserte Situation. Während früher die Kinder ihre alten Eltern finanziell unterstützen mussten, ist es häufig heute gerade umgekehrt: Die Großeltern unterstützen junge Familien und können sich dies auch finanziell leisten.

Die Ersparnisse von Rentnern und Pensionären sind doppelt so hoch wie die von Berufstätigen, fast jeder zweite Neurentner verfügt über Wohneigentum. Rund ein Fünftel des gesamten Vermögens befindet sich in den Händen der über 64-jährigen mit steigender Tendenz.

Durchschnittlich verfügten 1992 Rentner-Ehepaare über 3210 DM, pro Person 1605 DM. Unter den Alleinstehenden waren allerdings die Männer mit monatlich 2280 DM deutlich besser bestellt als die Frauen mit 1640 DM (Witwen 1610 DM). Diese statistischen Durchschnittswerte sagen aber wenig aus über die finanzielle Situation einzelner Rentnerinnen und Rentner. Am wenigsten vom Altersreichtum profitieren die Frauen – und dies betrifft in Deutschland jede zweite Frau über Sechzig. Aufgrund fehlender Versicherungsjahre („Familienjahre", Pflege von Angehörigen) und geringerer Löhne haben sie weniger und geringere Beiträge zur Rentenversicherung bezahlt. So ist es verständlich, dass der Anteil vor allem älterer Frauen bei den Sozialhilfeempfängern wesentlich höher ist als der älterer Männer. Dieses Problem wird durch die wachsende Zahl alleinerziehender Mütter, vermehrter Teilzeitarbeit und die steigenden Scheidungsraten noch verstärkt.

Für etwa 80% der Erwerbstätigen ist die Rentenversicherung die wesentliche, gerade für die Bezieher kleinerer Einkommen die einzige Geldquelle im Alter. So bezogen 1994 in Westdeutschland 11,1 Millionen Versicherte und 4,3 Millionen Witwen und Witwer eine Rente aus der gesetzlichen Rentenversicherung. Während das durchschnittliche Rentenniveau Ende 1994 mit 1931 DM angegeben wurde, bekamen Männer als Neurentner zu diesem Zeitpunkt 1813 DM, Frauen dagegen nur 793 DM überwiesen. Das Durchschnittseinkommen von Pensionärshaushalten liegt dagegen um 38 Prozent über dem von Rentnerhaushalten. Neben der Altersrente beziehen vor allem die Bessergestellten auch noch Zusatzeinkommen wie Betriebsrenten, Zinseinnahmen und Mieterträge.

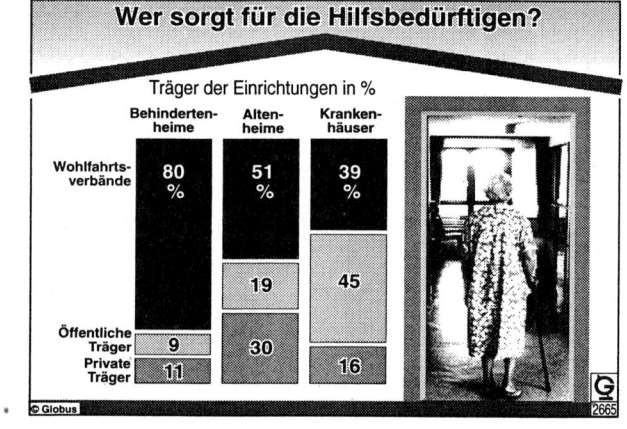

Die eigene Wohnung wird mit steigendem Alter zu einem immer zentraleren Lebensmittelpunkt. So stehen durchschnittlich jedem Rentner 47 m² Wohnraum zur Verfügung (Vergleich Bevölkerungsdurchschnitt: 37 m²). Die Wohnraumqualität dagegen ist unterdurchschnittlich: 22 Prozent der Haushalte Älterer verfügen nicht über die Standartausstattung mit Bad, Toilette und Zentralheizung.

Wer sorgt für die Hilfsbedürftigen?

Träger der Einrichtungen in %

	Behindertenheime	Altenheime	Krankenhäuser
Wohlfahrtsverbände	80 %	51 %	39 %
		19	45
Öffentliche Träger	9	30	16
Private Träger	11		

© Globus 2665

Lebensformen und -situationen alter Menschen bei uns (3)

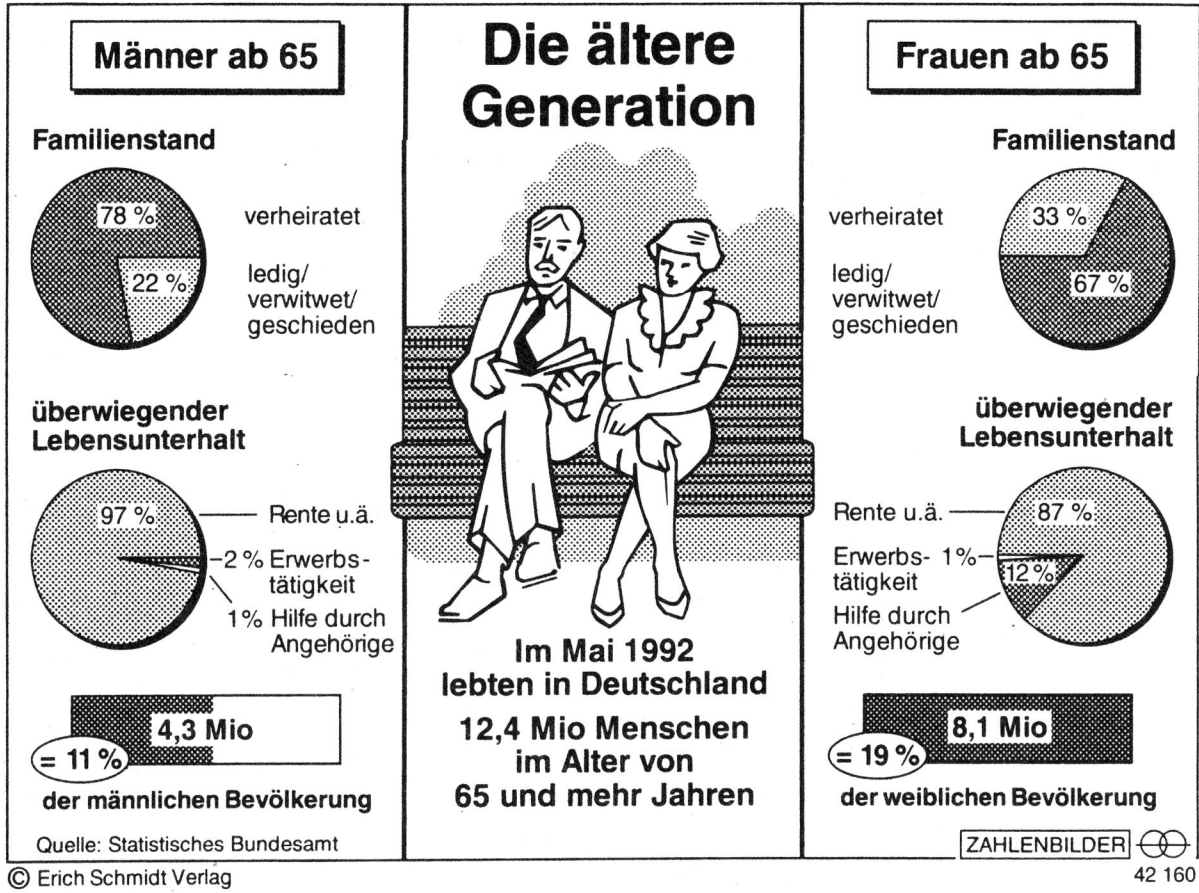

Die ältere Generation

Männer ab 65

Familienstand
- 78 % verheiratet
- 22 % ledig/verwitwet/geschieden

überwiegender Lebensunterhalt
- 97 % Rente u.ä.
- 2 % Erwerbstätigkeit
- 1 % Hilfe durch Angehörige

4,3 Mio = 11 % der männlichen Bevölkerung

Quelle: Statistisches Bundesamt

Im Mai 1992 lebten in Deutschland 12,4 Mio Menschen im Alter von 65 und mehr Jahren

Frauen ab 65

Familienstand
- 33 % verheiratet
- 67 % ledig/verwitwet/geschieden

überwiegender Lebensunterhalt
- 87 % Rente u.ä.
- 1 % Erwerbstätigkeit
- 12 % Hilfe durch Angehörige

8,1 Mio = 19 % der weiblichen Bevölkerung

ZAHLENBILDER
© Erich Schmidt Verlag
42 160

5. Kommunikationsmöglichkeiten

Rund 56% der älteren Bundesbürger leben allein, vor allem Frauen. Etwa 20% leben bei den Kindern, weitere 20% mit dem Ehepartner. Das Austreten aus dem Beruf geht häufig mit einer Abnahme der mitmenschlichen Kontakte sowie dem Aufgeben von Nebenämtern (in Verbänden oder Vereinen) einher. Alte Menschen ohne Kinder haben nicht selten nur den Nachbarn als Kontaktperson.

Viele ältere Menschen fühlen sich vereinsamt, wobei dieses Gefühl nicht unbedingt etwas mit dem tatsächlichen Fehlen von Kontakten zu tun haben muss. So gibt es alte Leute, die selten Besuch haben oder selten selbst jemanden besuchen, sich aber trotzdem nicht einsam fühlen. Andere fühlen sich trotz vieler sozialer Kontakte verlassen und allein. Als gesicherte Ergebnisse können hier gelten: Ältere Frauen fühlen sich einsamer als ältere Männer, Personen über 75 Jahre leiden eher unter Einsamkeit als diejenigen zwischen 65 und 75, Witwen fühlen sich eher einsam als verheiratete Frauen.

Einstellungen zwischen Jung und Alt (1)

„Der Großvater und der Enkel" Märchen der Brüder Grimm

Es war einmal ein steinalter Mann, dem waren die Augen trüb geworden, die Ohren taub, und die Knie zitterten ihm. Wenn er nun bei Tische saß und den Löffel kaum halten konnte, schüttete er die Suppe auf das Tischtuch, und es floss ihm auch wieder etwas aus dem Mund. Sein Sohn und dessen Frau ekelten sich davor, und deswegen musste sich der alte Großvater endlich hinter den Ofen in die Ecke setzen, und sie gaben ihm sein Essen in ein irdenes Schüsselchen und noch dazu nicht einmal satt; da sah er betrübt nach dem Tisch und die Augen wurden ihm nass. Einmal konnten seine zittrigen Hände das Schüsselchen nicht festhalten, es fiel zur Erde und zerbrach. Die junge Frau schalt, er sagte aber nichts und seufzte nur. Da kaufte sie ihm ein hölzernes Schüsselchen für ein paar Heller, daraus musste er nun essen.

Wie sie so da sitzen, so trägt der kleine Enkel von vier Jahren auf der Erde kleine Brettlein zusammen. „Was machst du da?", fragte der Vater. „Ich mache ein Tröglein", antwortete das Kind, „daraus sollen Vater und Mutter essen, wenn ich groß bin."

Da sahen sich Mann und Frau eine Weile an, fingen endlich an zu weinen, holten alsofort den alten Großvater an den Tisch und ließen ihn von nun an immer mitessen, sagten auch nichts, wenn er ein wenig verschüttete.

Die innere Ausgeglichenheit alter Menschen hängt in erster Linie von ihrem Verhältnis zu ihren Kindern ab, das oft eher problematisch ist. So ist das Verhältnis von Vater und Sohn entweder recht herzlich, zwiegespalten oder sogar feindselig. Vor allem den eigenen Söhnen gegenüber kommt oft die fordernde oder misstrauische Haltung des alten Mannes zum Ausdruck; er wird sich darüber klar, dass sie die Autorität, die er noch wahrt, oder die Last, die er ihnen bedeutet, nur ungeduldig ertragen. Die Tochter dagegen liebt und bewundert in vielen Fällen ihren Vater. Wenn die Tochter sich verheiratet, wird der Vater eifersüchtig, fühlt sich verlassen und gibt ihr seinen Groll zu verstehen. Die Tochter selbst nimmt dann oft die überlegene Haltung des Erwachsenen ein: sie gibt sich überlegen und ist ungeduldig.

Bei der Liebe der Mutter zu ihrem Sohn verhält es sich ähnlich: bleibt er Junggeselle, ist er für sie im Alter ein großes Glück. Heiratet er, fühlt sie sich verlassen, wird bitter und ist eifersüchtig auf die Schwiegertochter.

Die Beziehungen der Eltern zu den Ehepartnern ihrer Kinder sind Veränderungen unterworfen. So herrscht häufig eine Rivalität zwischen Schwiegermutter und Schwiegertochter. Doch kann eine junge Frau, die mütterliche Liebe entbehrt hat, ihre Tochtergefühle auf die Mutter ihres Mannes übertragen und die alte Frau kann bei ihr Zuneigung finden, die sie bei ihren eigenen Kindern nicht zu wecken vermochte.

Einstellungen zwischen Jung und Alt (2)

Die wärmsten Gefühle entwickeln alte Menschen zu ihren Enkelkindern. Anfangs ist das aber nicht immer einfach, fühlen sie sich doch durch ihre neue Rolle als Großeltern älter als sie tatsächlich sind oder sein wollen. Die Haltung der Großmutter ist anfangs durchaus verschieden. Steht sie ihrer Tochter feindselig gegenüber, so ist sie es wohl auch gegenüber deren Kindern. Wenn sie ihre Tochter aber liebt, liebt sie auch ihre Enkelkinder, ärgert sich aber darüber, dass sie bei ihnen nur eine zweitrangige Rolle spielt.

In den meisten Fällen haben Großeltern, wenn die Enkel ungefähr zehn Jahre alt sind, ihr Alter auf sich genommen und finden sich gut in ihrer großelterlichen Stellung ein. Sie können ihre Enkelkinder gänzlich unbeschwert und unbefangen lieben, da sie ihnen gegenüber weder Rechte noch Verantwortung haben. Sie brauchen sie nicht erziehen, müssen nicht „Nein" sagen. Außerdem bringt ihnen das Kind oft sehr viel Zärtlichkeit entgegen; es findet bei ihnen oft Zuflucht vor der Strenge der Eltern. Die Großeltern finden in der Zuneigung, die ihre Eltern ihnen entgegenbringen, einen Ausgleich für ihre Enttäuschung über die mittlere Generation; sie fühlen sich durch den Umgang mit der Jugend verjüngt. Neben der familiären Bindung ist auch die Freundschaft der Jungen etwas Wertvolles für alte Menschen.

Die Beziehungen zu Kindern und Enkelkindern nehmen im Allgemeinen einen größeren Platz im Leben der Frauen ein als in dem der Männer.

Die Einstellung zwischen Jung und Alt, wird zum Teil dann deutlich, ob die alten Leute zu Hause untergebracht und versorgt werden oder ob man sie ins Alten- oder Pflegeheim „abschiebt". Immer wieder kann man Pressemeldungen wie diese lesen „Nach vier Wochen Klinikaufenthalt war die Wohnung bei Rückkehr der 70-jährigen aufgelöst" – „Der alte Mann kam ins Zweibettzimmer des Pflegeheimes: Eigene Möbel durfte er nicht mitbringen" – „Im Heim wurden alte Menschen bisweilen an den Stuhl gebunden, manche sogar geschlagen" – „Die in die psychiatrische Aufnahmestation eingelieferte 70-jährige, die als altersschwachsinnig eingestuft wurde, erwies sich nach wenigen Tagen als Opfer falsch verschriebener Psychopharmaka".

Die andere Seite ist die Vereinsamung in der eigenen Wohnung, ist die Tatsache, dass mancher alte Mensch tagelang tot in der eigenen Wohnung liegt, bevor Verwesungsgeruch die Nachbarn alarmiert, dass Kinder sich durch Entmündigung der Eltern das Erbe zu sichern versuchen. Die Kinder sind oft überfordert von der Rund-um-die-Uhr-Fürsorge für den alten Menschen, bei dessen Verfall sie über Jahre hinweg zusehen müssen.

Die überwiegende Mehrzahl der alten und hochbetagten Menschen in Deutschland lebt zu Hause, das heißt in der eigenen Wohnung oder in der Familie der Kinder. Dies gilt auch für die Pflegefälle, von denen 1,123 Millionen in Privathaushalten vor allem von Töchtern und Ehefrauen versorgt werden, wie es auch von der Mehrzahl der älteren Menschen gewünscht wird. In Zukunft wird sich die private Versorgung allerdings verringern, da durch die beruflich geforderte Mobilität die Generationen einer Familie in verschiedenen Teilen des Landes wohnen und die Menschen dazu auch noch weniger Kinder haben. Es werden auch immer weniger Frauen, die heute noch 80% der häuslichen Pflege leisten, bereit sein, auf Kosten ihrer eigenen Gesundheit, Berufstätigkeit und finanziellen Alterssicherung nach den Erziehungsjahren auch noch die Eltern oder Schwiegereltern zu pflegen. Abgesehen von der finanziellen Belastung führt diese physische Überforderung oft zu Spannungen innerhalb der Familie, im Extremfall zur Vernachlässigung oder gar Misshandlung alter wehrloser Menschen.

Oft verhält sich der alte Mensch gegenüber der ihn pflegenden Person aggressiv. Dieses Verhalten kann zu dauerndem Streit und Missstimmung über die gesamte Dauer der Pflege führen.

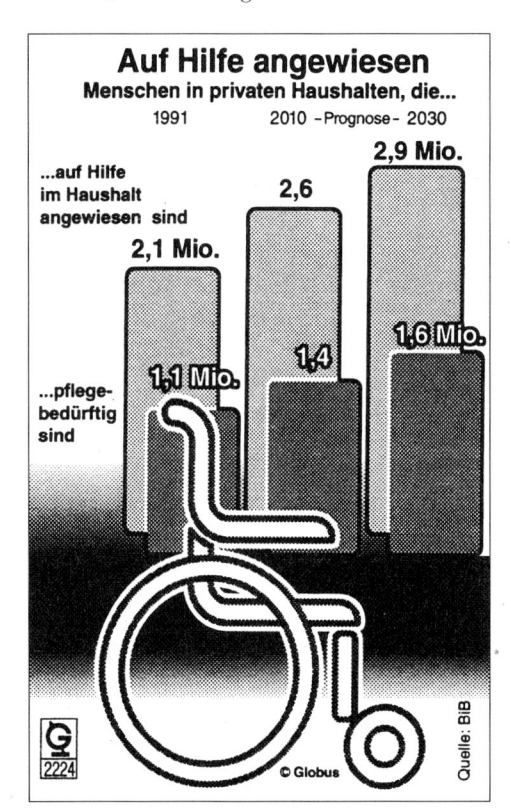

Auf Hilfe angewiesen
Menschen in privaten Haushalten, die...
1991   2010 -Prognose- 2030

...auf Hilfe im Haushalt angewiesen sind: 2,1 Mio. / 2,6 / 2,9 Mio.

...pflegebedürftig sind: 1,1 Mio. / 1,4 / 1,6 Mio.

Quelle: BiB

Sozialpolitische Maßnahmen (1)

Der Vertrag zwischen den Generationen – das System der Altersrente

Das Rentensystem in der Bundesrepublik Deutschland basiert darauf, dass der arbeitende Teil der Bevölkerung für die Älteren, die aus dem Erwerbsleben ausgeschieden sind, sorgt. Das heißt: Die Beiträge, die der Berufstätige monatlich an die Rentenversicherung abführt, kommen den heutigen Rentnern zugute. Die eigene Rente, die man später einmal bekommen wird, erarbeiten die, die jetzt noch die Schulbank drücken bzw. spätere Generationen. Wichtig ist, dass die Rentner auch an den allgemeinen Lohn- und Gehaltssteigerungen beteiligt werden. Gegen finanzielle Sorgen bei Krankheit sind Rentner gleichfalls geschützt. Wer eine Rente aus der gesetzlichen Rentenversicherung bezieht, ist in der Regel auch krankenversichert, wenn er während seines Berufslebens hinreichend lang in der gesetzlichen Krankenversicherung versichert war.

Höhe der Rente

Die Rente hat die Funktion des Lohnersatzes; sie ist lohnbezogen. Sie ist nicht nur ein Zuschuss zum Lebensunterhalt, sondern soll ausreichende Lebensgrundlage sein.
Die Rentenberechnung ist sehr schwierig und kompliziert. Das beruht darauf, dass jede Rente so individuell wie möglich berechnet werden soll, um jedem Einzelschicksal gerecht zu werden. Jede auf den Einzelfall zugeschnittene Regelung bringt aber notwendig eine Komplizierung mit sich. Bei der Rentenberechnung kommt es entscheidend auf vier Faktoren an:
– die persönliche Bemessungsgrundlage (Wert, der die Einkünfte des Versicherten während des Arbeitslebens widerspiegelt)
– die allgemeine Bemessungsgrundlage (wird jährlich gesetzlich neu festgelegt)
– die Versicherungsjahre (setzen sich zusammen aus Beitrags-, Ersatz- und Kindererziehungszeiten sowie Zeiten der Ausbildung und Arbeitslosigkeit)
– Steigerungssatz (Prozentsatz, mit dem die Versicherungsjahre zur Berechnung der Jahresrente zu vervielfältigen sind; bei Altersruhegeld: 1,5%)

Höhe der Witwenrente

Die Witwen- und Witwerrente leitet sich von der Versichertenrente ab. Sie beträgt 60% der Versichertenrente wegen Erwerbsunfähigkeit. Hat die Witwe ein eigenes Einkommen, so wird dies nach einem bestimmten Schlüssel auf die Höhe der Witwenrente angerechnet, das heißt, die Rente wird entsprechend gekürzt.

Rentenanpassung

Die Höhe der Renten ist nicht für alle Zeiten endgültig festgelegt. Der Bundestag beschließt, in welcher Höhe die Renten angepasst werden. Die Renten sind anzupassen, wenn sich die allgemeine Bemessungsgrundlage ändert. Die Renten nehmen damit an der wirtschaftlichen Entwicklung teil und sollen so den Lebensstandard des Rentners sichern.

Werte die grafische Darstellung aus! Welche Gefahren bestehen für die Höhe der Renten und ihre Bezahlbarkeit, wenn sich die Bevölkerung der Bundesrepublik so weiterentwickelt (Zunahme der alten Menschen, Rückgang der Geburtenraten)?

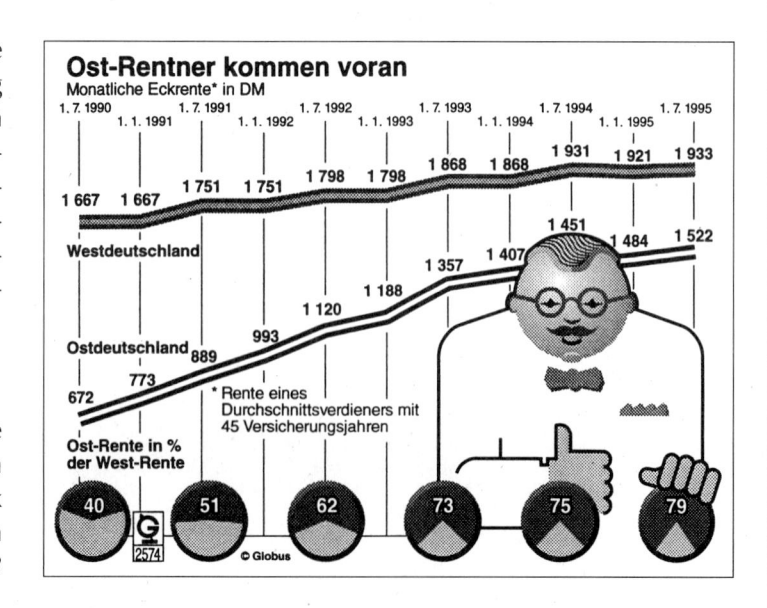

Sozialpolitische Maßnahmen (2)

Die Pflegeversicherung

Am 1. Januar 1995 trat die Pflegeversicherung in Kraft. Sie soll dazu beitragen, die aus der Pflegebedürftigkeit entstehenden finanziellen Belastungen zu mildern. Für die Pflegeversicherung gilt der Leitsatz: „Pflegeversicherung folgt Krankenversicherung". Dies bedeutet, dass die Personen, die in der gesetzlichen Krankenversicherung versichert sind, auch in der gesetzlichen Pflegeversicherung versicherungspflichtig sind. Privat krankenversicherte Personen müssen eine private Pflegeversicherung abschließen.

Leistungen für Pflegebedürftige

Leistungen erhalten nur auf Dauer Pflegebedürftige. Dies sind Personen, bei denen ständige Hilfe bei der Körperpflege, der Nahrungsaufnahme, beim Aufstehen und Zu-Bett-Gehen, An- und Auskleiden, Gehen und Stehen und der hauswirtschaftlichen Versorgung erforderlich ist. Für die Höhe der Leistungen ist die Zugehörigkeit zu einer bestimmten Pflegestufe entscheidend: Pflegestufe I → erheblich Pflegebedürftige, Pflegestufe II → Schwerpflegebedürftige, Pflegestufe III → Schwerstpflegebedürftige. Die Zugehörigkeit zu einer dieser Pflegestufen wird durch ein ärztliches Gutachten festgelegt. Die Pflege in der häuslichen Umgebung hat Vorrang vor stationären Maßnahmen: denn die alten Menschen wollen auch bei Pflegebedürftigkeit den gewohnten Lebensraum nicht verlassen.

Rund 1,6 Millionen Mitbürgerinnen und Mitbürger erhalten Leistungen der neuen Pflegeversicherung.

Pflegeversicherung hilft

Für viele Pflegebedürftige und ihre Angehörigen wird mit den Leistungen der Pflegeversicherung die Abhängigkeit von der Sozialhilfe beendet sein. Denn seit dem 1. Juli 1996 erhalten auch die rund 400.000 pflegebedürftigen Mitbürgerinnen und Mitbürger in Pflegeheimen monatliche finanzielle Leistungen. Die Pflegekassen zahlen für die Grundpflege, die soziale Betreuung und die medizinische Behandlungspflege je nach Pflegestufe pauschal:

- ▶ Pflegestufe I   2.000 DM
- ▶ Pflegestufe II   2.500 DM
- ▶ Pflegestufe III   2.800 DM
  in Härtefällen 3.300 DM monatlich,

höchstens jedoch 75 Prozent der vom Pflegebedürftigen zu zahlenden Heimkosten. Im Durchschnitt dürfen diese Zahlungen der Pflegekasse je Pflegebedürftigem 2.500 DM monatlich nicht übersteigen, ist dies ausnahmsweise der Fall, verringern sich die o.a. Beträge.

Vom 1. Januar 1998 an treten an die Stelle der pauschalen Beträge die zwischen Heim und Pflegekasse vereinbarten Vergütungen bis zur Höhe von 2.800 DM, in Härtefällen bis zu 3.300 DM. Der Durchschnitt von 2.500 DM monatlich ist auch dann einzuhalten.

Bei pflegebedürftigen Behinderten in vollstationären Einrichtungen der Behindertenhilfe beteiligt sich die Pflegeversicherung seit dem 1. Juli 1996 pauschal mit 10 Prozent des Heimentgelts, höchstens 500 DM monatlich, an den Heimkosten.

| Name: | Klasse: 7 | Datum: | Geschichte **Sozialkunde** Erdkunde | Nr.: |

Sozialpolitische Maßnahmen

1. Die Altersrente

Die Höhe der Rente ist von verschiedenen Voraussetzungen abhängig:

_____
_____
_____

Die Witwenrente beträgt _____ der Versichertenrente.

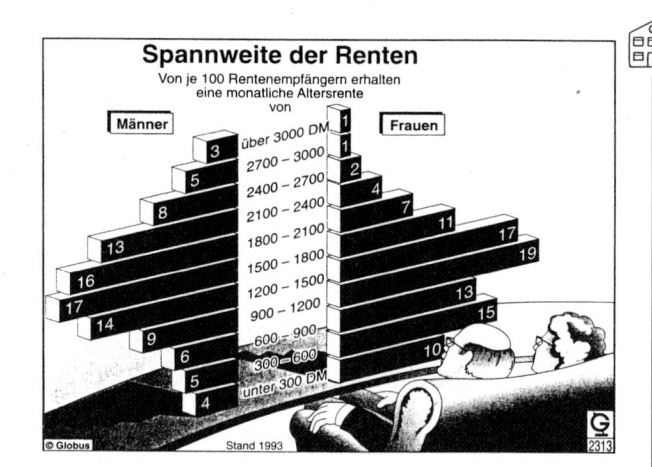

Rentenanpassung:
_____
_____

Spannweite der Renten
Von je 100 Rentenempfängern erhalten eine monatliche Altersrente von

Männer	DM	Frauen
	über 3000 DM	1
3	2700 – 3000	1
5	2400 – 2700	2
8	2100 – 2400	4
13	1800 – 2100	7
16	1500 – 1800	11
17	1200 – 1500	17
14	900 – 1200	19
9	600 – 900	13
6	300 – 600	15
5	unter 300 DM	10
4		

© Globus Stand 1993

Spannweite der Renten (grafische Darstellung):
_____
_____

Zeitraum	Männer	Frauen
1870–80	35,6	38,5
1900–10	44,8	48,3
1932–34	59,9	62,8
1949–51	65,6	68,5
1960–62	66,9	72,4
1970–72	67,4	73,8
1977–79	69,4	76,1
1980–82	70,2	76,9
1983–89	71,8	78,4

Lebenserwartung früher und heute

Stelle einen Zusammenhang zwischen der steigenden Lebenserwartung, der steigenden Renten und dem allgemeinen Geburtenrückgang und der Sicherheit der Renten her! Gibt es Lösungsmöglichkeiten?

_____
_____
_____
_____
_____
_____

2. Die Pflegeversicherung

Um die gestiegenen Kosten bei der Pflege vor allem alter Menschen aufzufangen, wurde die Pflegeversicherung eingeführt.

Die Beitragszahler:
_____
_____

Wer ist pflegebedürftig?
_____
_____

Die Leistungen:
_____
_____

Alte Menschen in den Medien und in der Werbung

Ältere Menschen spielen für die Werbung eine immer wichtigere Rolle. Der Anteil der über 60-jährigen an der Bevölkerung wächst, ihre Kaufkraft steigt. Dabei stehen Senioren der Werbung positiver gegenüber als jüngere Menschen.

Zu diesen Ergebnissen kommt der Zentralverband der Deutschen Werbewirtschaft (ZAW) in einer 1996 veröffentlichten Analyse. Die Industrie nützt den Wandel in der Bevölkerungsstruktur, indem sie immer häufiger mit älteren Menschen für ihre Produkte wirbt.

Nach einer Vorhersage des Statistischen Bundesamtes in Wiesbaden wächst die Gruppe der über 60-jährigen in Deutschland von 1996 bis zum Jahr 2000 von 17,5 auf 19,3 Millionen Menschen. Für das Jahr 2030 rechnet man mit 26 Millionen Menschen im Alter über 60 Jahre. Die Zahl der Kinder und Jugendlichen nimmt dagegen in diesem Zeitraum von 18 auf 13 Millionen ab, die große Gruppe der 20- bis 60-jährigen vermindert sich von heute 47,4 auf 38,4 Millionen.

Schon heute verfügt die Gruppe der über 60-jährigen – nach den 50- bis 59-jährigen – über das zweithöchste Haushalts-Netto-Einkommen. Jeder vierte Seniorenhaushalt hat ein monatliches Netto-Einkommen von mindestens 4000 DM mit steigender Tendenz.

Viele Senioren halten Werbung für durchaus informativ. 48 Prozent der über 60-jährigen stuft sie als „ganz hilfreich" ein, während dies bei den 14- bis 59-jährigen lediglich 35 Prozent sind. Vor allem die Fernsehwerbung fanden 47 Prozent der Befragten als „recht informativ", während nur 39 Prozent der 30- bis 39-jährigen der gleichen Meinung waren. Der Zentralverband der Werbewirtschaft ist der Meinung, die werbefinanzierten Fernsehsender, die bisher auf jüngere Zuschauer setzten, müssten ihre Programmangebote in Zukunft auf die zunehmende Zahl älterer TV-Nutzer ausrichten. Der Trend geht zu einer immer aktiveren Lebensgestaltung der älteren Menschen. Sie erwarten verstärkt informative Programme wie zum Beispiel Reisereportagen. Die Attraktivität von Volksmusik-Sendungen wird hingegen nachlassen.

Prognose: Der Bevölkerungsanteil der über 60-jährigen wächst bis zum Jahr 2030 kontinuierlich

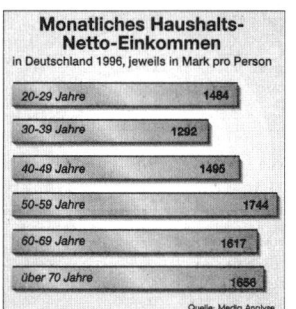

Vergleich: Ältere Menschen verfügen im Schnitt über das zweithöchste Netto-Einkommen

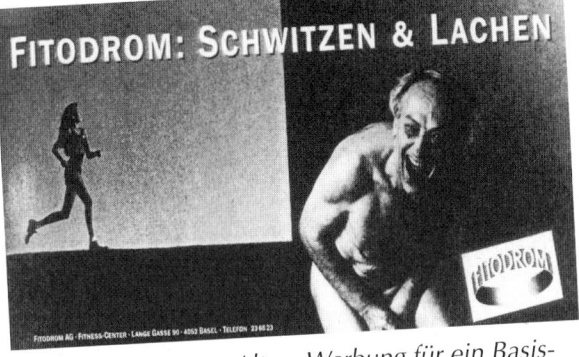

Das Bild des neuen Alten: Werbung für ein Basis-Fitness-Center: „Die Idee hat voll eingeschlagen."

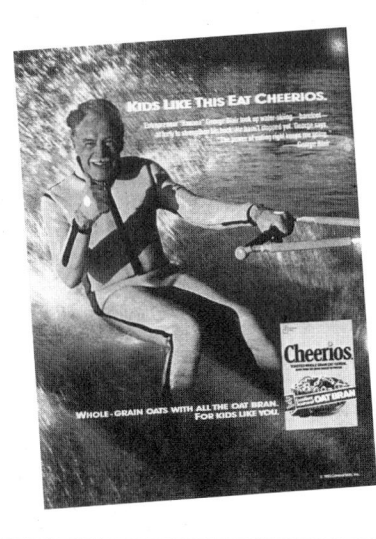

„Kerle wie diese ..." Bonbon-Werbung mit einem Alten auf Wasserskis. Abschied vom Klischee der müden Nichtsnutze.

Ein riesiger Markt tut sich auf: Die Werbung entdeckt die Alten. Sie kaufen mehr und mehr – die jungen weniger und weniger.

4. Das konfessionelle Zeitalter

> → 7.4 Das konfessionelle Zeitalter
> (bayerischer Hauptschullehrplan)

Lerninhalte:

- Kennenlernen der Ursprünge der Glaubens- und Kirchenspaltung mit dem Wirken Martin Luthers
- Erkennen, dass sich die Lehre Martin Luthers rasch verbreitete
- Erkennen, dass die Reformation auch in der katholischen Kirche einen Erneuerungsprozess auslöste
- Bewusstmachen, dass die Verflechtung religiöser und politischer Interessen zu einem gesamteuropäischen Krieg führte

Arbeitsmittel:

Folienvorlage (Ortsschild: Sonntagsgottesdienste), Informationsblätter, Arbeitsblätter

Folienvorlage:

4. Das konfessionelle Zeitalter

→ KR 7.6; EvR 7.3
(bayerischer Hauptschullehrplan)

Einstieg ins Thema:
Folienvorlage (Schilder: Evangelischer bzw. katholischer Sonntagsgottesdienst; S. 68)
Zielangabe: Die Reformation – Entstehung zweier christlicher Kirchen

4.1 Martin Luther und der Beginn der Reformation

Das Zeitalter der Reformation (S. 70)
Martin Luther – ein Mönch kritisiert die Kirche (Arbeitsblatt S. 71; Lösungsblatt S. 253)
Rasche Verbreitung der Lehre Martin Luthers (S. 72)
Luthers Lehre verbreitet sich (Arbeitsblatt S. 73; Lösungsblatt S. 253)
Der Bauernaufstand 1525 (1; S. 74)
Der Bauernaufstand 1525 (2; S. 75)
Der Bauernkrieg 1525 (Arbeitsblatt S. 76; Lösungsblatt S. 254)

4.2 Auswirkungen der Reformation in Deutschland und Europa

Erneuerung der katholischen Kirche – Das Konzil von Trient (S. 77)
Jesuiten und Kapuziner in Bayern (S. 78)
Jesuiten und Kapuziner in Bayern (Arbeitsblatt S. 79; Lösungsblatt S. 254)
Die Ausbreitung der Reformation (S. 80)
Die Ausbreitung der Reformation (Arbeitsblatt S. 81; Lösungsblatt S. 254)
Spannungen zwischen den Bekenntnissen (S. 82)
Der Dreißigjährige Krieg (S. 83)
Der Westfälische Friede (S. 84)
Der Dreißigjährige Krieg (Arbeitsblatt S. 85; Lösungsblatt S. 254)

4.3 Ausweitung: Beispiele für religiös-politische Konflikte in unserer Zeit

Seit 1969 – der Nordirlandkonflikt:
Die Bevölkerung Irlands ist Mitglied zweier christlicher Kirchen: der größere Teil der Bewohner ist katholisch und bildet den Staat „Irland". Das kleinere „Nordirland" gehört zu Großbritannien. Der überwiegende Teil seiner Bevölkerung ist protestantisch. Die katholischen Iren hätten gerne auf ihrer Insel einen gesamtirischen Staat gebildet. Dem stimmten die Protestanten, die in Nordirland wohnen, jedoch nicht zu. Sie entschieden sich dafür, mit dem protestantischen England vereint zu bleiben. Nun wohnen in Nordirland aber auch sehr viele katholische Iren, die sich lieber von England lösen würden und in die Irische Republik eingegliedert werden möchten. Seit 1969 herrschen aus diesen Gründen bürgerkriegsähnliche Zustände, die schon viele Todesopfer zur Folge hatten.

Das Zeitalter der Reformation

Die Kirche vernachlässigt ihre Aufgaben

Um die Kirche war es im späten Mittelalter besonders schlecht bestellt. Die Päpste lebten nicht mehr nach dem Vorbild Jesu Christi. Sie riefen die berühmtesten Künstler nach Rom, die Kirchen und Paläste erbauten und mit prachtvollen Kunstwerken schmückten. Sie pflegten eine aufwendige Hofhaltung mit großen Festen und gingen gerne auf die Jagd. Häufig versorgte der Papst seine Verwandten mit hohen kirchlichen Ämtern. Die Päpste unterschieden sich in ihrer Machtausübung und in ihrem Lebensstil kaum von weltlichen Fürsten. Bei Kardinälen und Bischöfen war es ähnlich. Die einfachen Priester hingegen waren schlecht ausgebildet, ihr Lebenswandel oft unwürdig, und viele konnten nur schwer ihren bescheidenen Lebensunterhalt bestreiten. Viele Gläubige verloren aufgrund solcher Verhältnisse das Vertrauen in die Kirche.

Der Ablasshandel

Der Aufwand, den die Päpste trieben, erforderte riesige Geldsummen. Der Weiterbau an der Peterskirche in Rom hatte Papst Leo X. (1513–1521) in große finanzielle Schwierigkeiten gebracht. Er schrieb deshalb einen neuen Ablass aus. Ursprünglich wurde unter Ablass ein Nachlass zeitlicher Sündenstrafen verstanden. Im Lauf der Zeit hielten viele Gläubige allerdings Beichte und Reue für nebensächlich und glaubten, sich den Himmel gleichsam erkaufen zu können. Schuld daran waren die Ablassprediger, die die Furcht der Menschen vor der Hölle ausnützten und daraus ein Geschäft machten.
So auch der Dominikaner Tetzel, der im Auftrag des Erzbischofs von Mainz durch das Land reiste und Ablassbriefe verkaufte. Er erweckte dabei den Eindruck, dass der Geldbetrag das Wichtigste sei. Er predigte: „Wenn das Geld im Kasten klingt, die Seele aus dem Feuer (= Fegfeuer) springt."
Dabei kam nur ein Teil der Einnahmen dem Bau der Peterskirche zugute. Der andere Teil diente zur Deckung der Schulden des Erzbischofs, und ein Vertreter des Bankhauses Fugger in Augsburg zog dieses Geld sofort ein.

Martin Luther

Martin Luther wurde im Jahr 1483 als Sohn eines Bergmanns in Eisleben in Thüringen geboren. Er wurde zu Hause streng erzogen und kam mit vierzehn Jahren in die Klosterschule nach Magdeburg. Von 1501 bis 1505 studierte er an der Universität Erfurt. Nach dem Willen seines Vaters sollte er Jurist werden. In dieser Zeit machte er Bekanntschaft mit der Bibel.

Der junge Luther als Mönch, Kupferstich von Lucas Cranach d. Ä., 1520

Als er eines Tages bei einem heftigen Gewitter allein unterwegs war, schlug neben ihm ein Blitz ein. In Todesangst gelobte er Mönch zu werden. Luther trat in das Erfurter Augustinerkloster ein und begann ein Theologiestudium. Im Kloster wollte er ein vollkommenes Leben führen, um vor Gott bestehen zu können.
Martin Luther wurde 1512 Professor für Bibelwissenschaft an der Universität Wittenberg. Er lehrte vor allem, wie man die Heilige Schrift verstehen könne.

Luthers 95 Thesen

Da Luther gleichzeitig Priester war, nahm er den Leuten oft die Beichte ab. Dabei merkte er, dass sie eine seltsame Auffassung über den Erlass der Sünden hatten. Viele waren offensichtlich der Meinung, dass allein durch den Kauf eines Ablassbriefes alle Sünden vergeben werden können. Da entschloss sich Luther, dem Erzbischof, in dessen Auftrag der Dominikanermönch Tetzel die Ablassbriefe verkaufte, einen Brief zu schreiben. Er legte eine Liste von 95 Thesen (Lehrsätze) bei. Darin machte er deutlich, wie die Ablässe wirklich zu verstehen seien und dass mit ihnen Missbrauch getrieben wurde.

Aus den Thesen Martin Luthers 1517:

21. Es irren die Ablassprediger, die da sagen, dass durch des Papstes Ablässe der Mensch von aller Sündenstrafe losgesprochen und erlöst werde.
27. Menschenlehre predigen die, welche sagen, dass, sobald der Groschen im Kasten klingt, die Seele aus dem Fegfeuer springt.
32. Wer durch die Ablassbriefe meint, seiner Erlösung gewiss zu sein, der wird ewig verdammt sein samt seinen Lehrmeistern.
36. Jeglicher Christ hat, wenn er in aufrichtiger Reue steht, vollkommenen Erlass von Strafe und Schuld, der ihm auch ohne Ablassbriefe zusteht.
41. Man soll den Ablass vorsichtig predigen, damit nicht die Meinung entsteht, dass derselbe den anderen Werken christlicher Liebe vorzuziehen sei.
43. Man lehre die Christen, dass es besser ist, Armen etwas zu geben und Bedürftigen zu leihen, als Ablässe zu kaufen.
50. Man lehre die Christen, dass der Papst lieber die Peterskirche zu Asche verbrennen ließe, wenn er um den Schacher der Ablassprediger wüsste.
86. Warum erbaut der Papst, dessen Vermögen heutigen Tages fürstlicher ist als das der reichsten Geldfürsten, nicht lieber die Peterskirche von seinen eigenen Geldern als von dem Geld armer Gläubiger?

| Name: | Klasse: 7 | Datum: | **Geschichte** Sozialkunde Erdkunde | Nr.: |

Martin Luther – ein Mönch kritisiert die Kirche

Der Ablasshandel: Rechts ein Kardinal zu Pferde, neben ihm ein Kreuz, das den Verkauf von Ablassbriefen bekannt macht; in der Mitte ein Mann, der die Siegel für die Ablassbriefe fertigt; links der Verkäufer, der das Geld entgegennimmt. Die anderen Personen sind Käufer der Ablassbriefe.

Im späten Mittelalter steckt die Kirche in einer schweren Krise. Die Päpste leben nicht mehr nach dem Vorbild Jesu. Sie pflegen eine aufwendige _____ mit großen Festen. Sie unterscheiden sich in ihrer _____ und in ihrem _____ kaum von weltlichen Fürsten.

Der Aufwand, den die Päpste treiben, _____. Durch den _____ soll dieses Geld beschafft werden. Der Dominikanermönch Tetzel reist durch das Land und verkauft Ablassbriefe. Er predigt:

_____.

Luther wendet sich gegen diesen Ablasshandel. In einem Brief an den Erzbischof im Jahr _____ macht er deutlich, dass mit den Ablassbriefen Missbrauch getrieben wird.

Schreibe die These Luthers heraus, die dir besonders wichtig erscheint und begründe deine Meinung!

_____

_____

_____

Rasche Verbreitung der Lehre Martin Luthers

Um mehr Menschen zum Nachdenken zu bringen, hatte Luther im Jahre 1517 seine berühmten 95 Thesen verfasst, mit denen er als Universitätsprofessor nach damaligem Brauch andere Theologen zur Diskussion aufforderte. Die lateinisch abgefassten Thesen wurden bald ins Deutsche übersetzt und auf Flugblättern verbreitet.

Die 95 Thesen machten Luther bald im ganzen Reich bekannt. Viele stimmten ihm zu und sahen in ihm den Sprecher für alle Beschwerden, die man gegen die Verweltlichung der Kirche vorbringen konnte. In wenigen Wochen waren seine Thesen in weiten Teilen Deutschlands bekannt und fielen bei der religiös unzufriedenen Bevölkerung auf fruchtbaren Boden.

> Der päpstliche Legat Alexander schildert im Dezember 1520, wie die Lehre Luthers bei den von der Kirche enttäuschten Gläubigen aufgenommen wird:
> „Fast der ganze Klerus … ist von der Ketzerei über die Maßen angesteckt, am meisten jene, die von Rom ihre Ämter erhalten haben. Das Volk lässt sich durch Worte blindlings fortreißen, besonders in Mainz und Worms und mehr oder weniger auch anderswo. Sie begeistern sich nicht etwa deshalb, weil sie von den Grundlagen der Lehre Luthers viel verstehen; sondern weil sie allgemein gegen die Kirche aufgebracht sind, lassen sie den Glauben in ihrer Erbitterung gegen Rom untergehen."

Nun konnten kirchliche Stellen nicht mehr schweigen. Papst Leo X. schickte den Kardinal Cajetan nach Deutschland. Luther sollte seine Thesen widerrufen. Auf dem Augsburger Reichstag (1518) wurde er durch den päpstlichen Gesandten verhört. Dort verweigert Luther den geforderten Widerruf und entzieht sich seiner Festnahme durch die Flucht. 1519 kommt es in Leipzig zu einem zehn Tage dauernden Streitgespräch mit dem Ingolstädter Universitätsprofessor Johann Eck. Dort bestreitet Luther die Oberhoheit des Papstes über die Kirche und erklärt, auch Konzilien können sich irren, unfehlbar sei nur die Heilige Schrift. Damit hat sich Luther weit von der Lehre der Kirche entfernt. 1520 droht ihm der Papst den Bann an, wenn er nicht binnen sechzig Tagen seine Lehre widerrufe. Doch Martin Luther verbrannte die Bannbulle des Papstes öffentlich in Wittenberg. Der Kirchenbann folgte auf dem Fuße, und der rebellische Mönch war **das** Gesprächsthema der Menschen. Die Leute wussten: Wer vom Papst gebannt war, musste vom Kaiser geächtet werden. So wollte es das Recht des Mittelalters. Die Reichsacht jedoch bedeutete, dass Luther **vogelfrei** war. Er konnte von jedermann verfolgt und getötet werden, ohne dass der Täter eine Strafe zu erwarten hätte.

Luther vor dem Reichstag zu Worms

1521 wird Luther vom Kaiser auf den Reichstag zu Worms geladen. Er sichert ihm freies Geleit für die An- und Rückreise zu. Ein kaiserlicher Herold geleitet ihn nach Worms. Luthers Reise gleicht einem Triumphzug. In Städten und Dörfern wird er von Bürgern und Bauern begeistert empfangen. Dann steht er vor dem Kaiser. Dort wird er von einem hohen Geistlichen befragt, ob er sich zu seinen Schriften bekenne und ob er ihren Inhalt widerrufen wolle.

> Luther nimmt Stellung:
> „Weil Euere Kaiserliche Majestät, Kur- und Fürstliche Gnaden eine schlichte, einfältige richtige Antwort begehren, so will ich eine solche … geben: Es sei denn, dass ich mit Zeugnissen der Heiligen Schrift oder mit vernünftigen Gründen überwunden und überzeugt werde, denn ich glaube weder dem Papst noch den Konzilien allein, weil es am Tage und offenbar ist, dass sie oft geirrt haben … Ich bleibe gebunden durch die von mir angezogenen Stellen der Heiligen Schrift und gefangen durch mein Gewissen. Daher kann und will ich nichts widerrufen, weil gegen das Gewissen zu handeln weder heilsam noch redlich ist …"

Der Kaiser gewährte ihm freies Geleit für die Dauer von einundzwanzig Tagen. Er hatte in dieser Zeit allerdings Predigtverbot. Im Wormser Edikt verhängte der Kaiser dann die Reichsacht über ihn. Luther war damit vogelfrei. Um Luther vor den Folgen der Reichsacht zu bewahren, brachte ihn sein Landesherr, Friedrich der Weise, auf die Wartburg in Eisenach in Sicherheit.

Luthers Lehre verbreitet sich

Martin Luther kritisiert mit seinen _____ die Kirche. In diesen Lehrsätzen machte er deutlich, dass mit den _____ Missbrauch getrieben wurde. Diese Thesen machten Luther bald im ganzen Reich bekannt. Viele von der Kirche enttäuschte Gläubige stimmten den Thesen zu.

Reaktion von Kirche und Staat

Reaktion von Martin Luther

Der Bauernaufstand 1525 (1)

Die Situation der Bauern

Um 1500 waren die Bauern zwar Leibeigene, hatten aber ein ordentliches Auskommen. Die Dorfgemeinschaft hatte die Rechte auf Holznutzung, gemeinsames Weideland, teilweise auch Fischfang und Jagd ausgeübt. In diese Gemeinschaftsrechte griffen die Grundherren immer mehr ein. Sie nutzten Wälder, Weiden und Wasser zu ihrem persönlichen Gewinn. Gleichzeitig belegten sie die Bauern mit immer mehr Steuern. Dazu kamen längere Frondienste. Die Zeit fehlte bei der Feldarbeit. Auf diese Weise verschlechterte sich die Lage der Bauern immer mehr.

Forderungen der Bauern

Nach 1521 kam die alte Ordnung ins Wanken. In Luthers Reformschrift „Von der Freiheit eines Christenmenschen" heißt es: „Ein Christenmensch ist ein freier Mensch über alle Dinge und niemandem untertan." Unter Berufung auf diese Schrift forderten die Bauern nun eine Verbesserung ihrer rechtlichen und wirtschaftlichen Lage. Die Abgesandten schwäbischer Bauern legten ihre Forderungen bei einer Zusammenkunft in Memmingen in zwölf Artikeln nieder und begründeten diese ausführlich mit Worten aus der Heiligen Schrift:

1. Die Gemeinde soll ihren Pfarrer selbst wählen.
2. Den Korn-Zehnten wollen wir gern geben, wie es sich gehört. Darüber hinaus aber wollen wir nichts geben, denn das Vieh hat Gott abgabefrei erschaffen.
3. Es ergibt sich aus dem Evangelium, dass wir frei sind. Also sind wir keine Leibeigenen mehr. Die Schrift verlangt aber auch, dass wir gegen jedermann demütig sind. Also wollen wir es auch gegen unsere erwählte und von Gott gesetzte Obrigkeit sein.
4. Wenn der Herr durch Urkunden seine Jagd- und Fischrechte beweisen kann, wollen wir sie ihm nicht mit Gewalt nehmen. Wir dulden es aber nicht, dass er uns das Wildbret und die Fische mutwillig wegfrisst.
5. Der Wald soll der Gemeinde gehören, wenn ihn der Herr nicht redlich gekauft hat. Ein jeglicher soll sich im Gemeindewald seinen Bedarf an Holz umsonst nehmen.
6. Man darf uns keine höheren Dienste auferlegen als unseren Eltern.
7. Für alle Dienste muss eine feste Vereinbarung zwischen Herr und Bauer gelten.
8. Der Pachtzins muss so festgesetzt werden, dass der Bauer dabei nicht zugrunde geht.
9. Wenn ein Bauer etwas verbrochen hat, soll er nicht nach der Willkür des Herrn bestraft werden, sondern nach alter geschriebener Strafsatzung.
10. Die Wiesen und Äcker, die sich die Herren zu Unrecht angeeignet haben, sollen wieder der Gemeinde gehören.
11. Die Abgabe im Todfall wollen wir ganz abschaffen.
12. Wenn man uns beweisen kann, dass ein Artikel nicht dem Wort Gottes entspricht, so soll er nicht gelten.

Bedrohung eines Ritters durch aufständische Bauern, die unter dem Zeichen des Bundschuh rebellieren

Der Bauernaufstand 1525 (2)

Der Aufstand

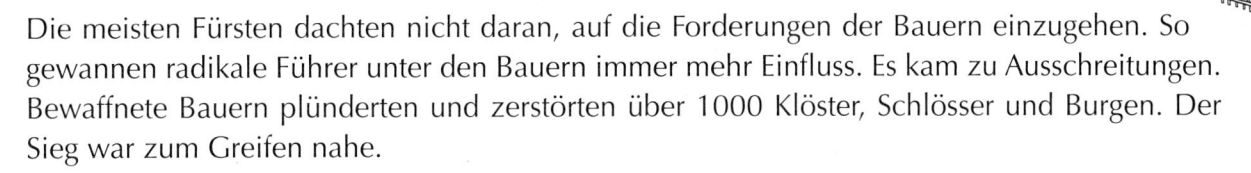

Die meisten Fürsten dachten nicht daran, auf die Forderungen der Bauern einzugehen. So gewannen radikale Führer unter den Bauern immer mehr Einfluss. Es kam zu Ausschreitungen. Bewaffnete Bauern plünderten und zerstörten über 1000 Klöster, Schlösser und Burgen. Der Sieg war zum Greifen nahe.

> Der Rothenburger Stadtschreiber schildert die Eroberung der Burg Weinsberg. Die Bauern hatten die Burgbesatzung zunächst vergeblich aufgefordert, sich mit ihnen zu verbrüdern: „Danach zogen die Bauern vor Weinsberg … Etliche von der Besatzung waren herausgekommen und dem Bauernhaufen in den Rücken gefallen; dabei hatten sie viele Bauern erstochen. Die erzürnten Bauern erstürmten deshalb das Schloss Weinsberg … und nahmen auch die Stadt Weinsberg ein. Die Bürger wurden gefangen und vor der Stadt durch die Spieße gejagt; … so starben der Graf Ludwig von Helfenstein … und viele andere vom Adel … Und als die Bauernschaft dies vollbracht hatte, haben sie das Schloss vollends geplündert und verbrannt."

Nun schlossen sich jedoch die Adeligen zusammen. Mit dem Geld reicher Kaufleute wie der Fugger wurden große Landsknechtheere finanziert. Ihnen waren die im Waffenhandwerk nicht geübten Bauern unterlegen. Sie wurden besiegt, über 100 000 Bauern im Kampf getötet oder als Gefangene hingerichtet. Dennoch war der Kampf nicht ganz umsonst gewesen. Die Herren waren auf die Arbeit der Bauern angewiesen und suchten die Verständigung. Viele schlossen mit ihnen neue Verträge oder erließen Landesordnungen. Dabei kam es zu Verbesserungen: die Leibeigenschaft blieb, aber man konnte sich leichter loskaufen. Das Heiratsverbot zwischen Leibeigenen wurde aufgehoben. Abgaben und Dienste wurden an der Leistungsfähigkeit des Hofes bemessen.

Gefangene Bauern wurden gefoltert und bestraft

Die Bedeutung Luthers für den Bauernkrieg

Luther muss sich bewusst gewesen sein, dass seine Botschaft die Bauern zu ihren Forderungen ermutigte. Im April 1525 ermahnte er die Adeligen und besonders Bischöfe und Klöster, „anders zu werden und Gottes Wort zu weichen". Zugleich warnte er die Bauern, sich vor Ausschreitungen zu hüten. Als er jedoch von den Greueltaten erfuhr, die unter Berufung auf das Evangelium und den „Bruder Martinus" geschahen, wandte er sich von ihnen ab. Bereits im Mai 1525 verfasste er die Schrift „Wider die räuberischen und mörderischen Rotten der Bauern".

| Name: | Klasse: 7 | Datum: | **Geschichte** Sozialkunde Erdkunde | Nr.: |

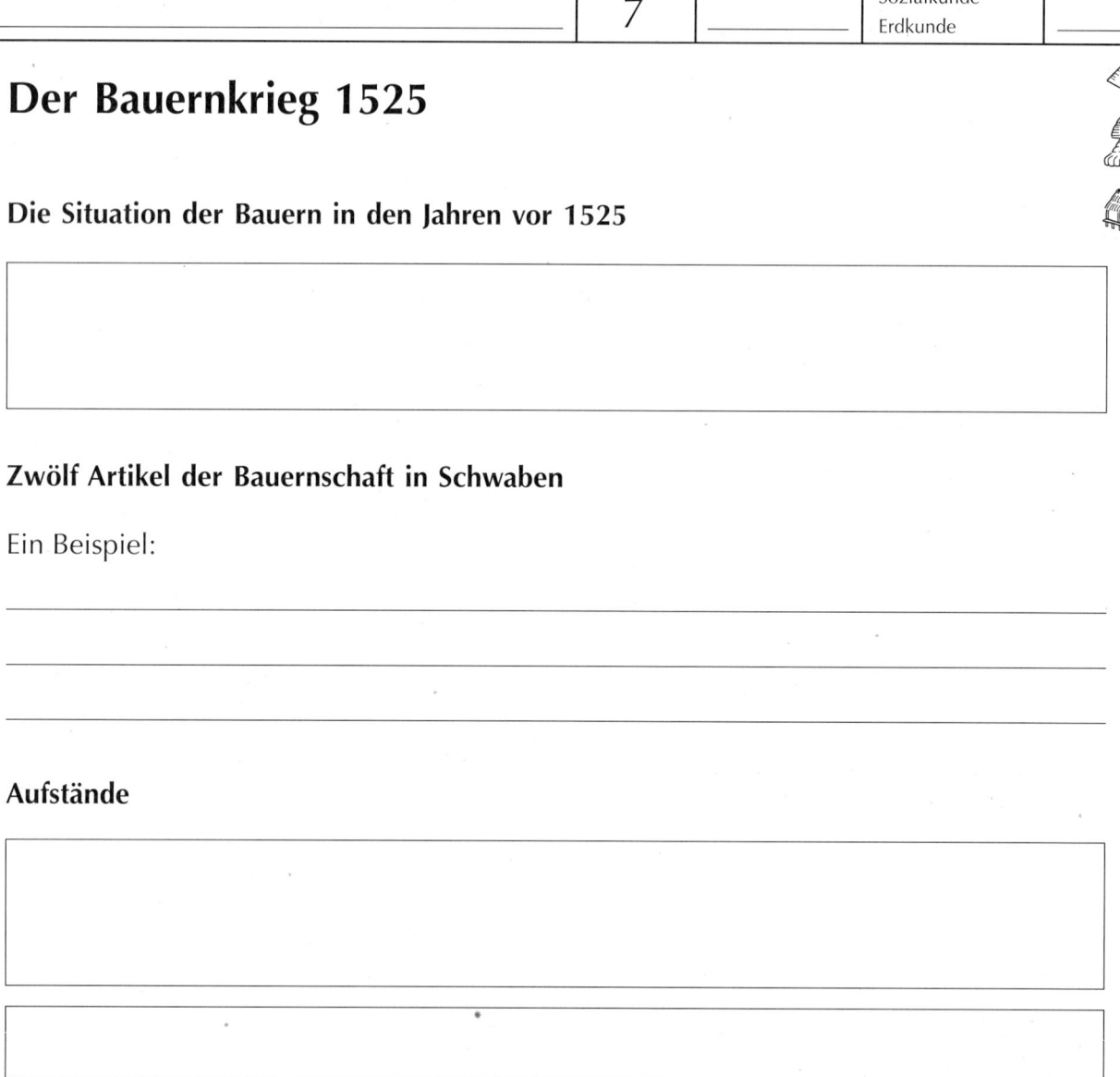

Der Bauernkrieg 1525

Die Situation der Bauern in den Jahren vor 1525

Zwölf Artikel der Bauernschaft in Schwaben

Ein Beispiel:

_____

_____

_____

Aufstände

Aufstandsgebiete im Bauernkrieg (Köln, Mainz, Würzburg, Rothenburg, Kempten, Salzburg, Wien)

Die Adeligen schlossen sich zusammen und finanzierten große _____-_____. Ihnen waren die Bauern nicht gewachsen. Sie wurden besiegt, über _____ Bauern wurden im Kampf getötet oder als Gefangene hingerichtet.

Luther hatte sich zunächst den Beschwerden der Bauern angenommen, sich aufgrund der _____ dann jedoch von ihnen abgewandt.

Erneuerung der katholischen Kirche

Das Konzil von Trient

Die Reformation Martin Luthers hatte weite Teile des deutschen Reichsgebietes erfasst. Besorgte Christen verlangten immer wieder nach einem allgemeinen Konzil. Besser als ein Reichstag schien ein Konzil in strittigen Glaubensfragen entscheiden zu können. Schon mehrfach hatte sich im Lauf der langen Kirchengeschichte die Situation ergeben, dass sich die Gläubigen nicht einig waren, wie einzelne Teile der Bibel zu verstehen seien. Oft hatte ein einberufenes Konzil eine Klärung der strittigen Frage ermöglicht. Dazu wurden Bischöfe und Theologen zu einer Versammlung eingeladen. Sie besprachen die anstehende Glaubensfrage so lange, bis sie sich auf eine Lösung einigen konnten. Eine solche Lösung in dem Streit zwischen Katholiken und Protestanten sollte auch im Fall „Martin Luther" gefunden werden.

Papst Paul III. berief schließlich im Jahr 1545 ein Konzil in der italienischen Stadt Trient ein. Dieses Konzil zog sich insgesamt über achtzehn Jahre hin. Beraten wurden in erster Linie die Glaubenslehre. Und hier standen vor allem jene Punkte zur Diskussion, die von den Protestanten in Zweifel gezogen oder anders ausgelegt wurden.

Das Konzil von Trient war sicher das bedeutungsvollste Konzil seit altchristlicher Zeit. Es erreichte durch seine Beschlüsse zunächst eine klare Festlegung und Abgrenzung der katholischen Lehre von den Kernthesen Martin Luthers. Die Reformatoren hatten beispielsweise den Wert der Ablässe angezweifelt. Das Konzil bestätigte ihren Nutzen und erklärte die Kirche für bevollmächtigt, Ablässe zu gewähren. Die Reformatoren ließen nur noch zwei Sakramente, nämlich Taufe und Abendmahl gelten. Das Konzil legte sich auf sieben Sakramente fest.

Neben der Festlegung der Glaubenslehre wandte sich das Konzil ganz besonders der Erneuerung der Kirche zu. Es erarbeitete eine Reihe wichtiger Reformerlässe, die Missstände beseitigen und eine Erneuerung ermöglichen sollten:

– Bischöfe durften nur mehr eine Diözese betreuen.
– Bischöfe und Pfarrer mussten in ihren Diözesen bzw. Pfarreien anwesend sein.
– Bestimmungen über den Lebenswandel der Priester wurden erlassen.
– Es wurde bestimmt, dass durch Geldopfer kein Ablass gewonnen werden kann.
– Die Geistlichen sollten in eigenen Seminaren ausgebildet werden.

Der Papst bestätigte sämtliche Beschlüsse des Konzils. Seine Stellung als Oberhaupt der katholischen Kirche war gestärkt.

Jesuiten und Kapuziner in Bayern

Das Konzil von Trient hatte grundlegende Reformen der katholischen Kirche beschlossen. Wie sollten diese Reformen jedoch durchgeführt werden?
An vielen Orten begannen die Bischöfe, die Reformerlässe zu verwirklichen. Zu besonderen Trägern der Reform wurden jedoch Priester, die sich in einer neuen Ordensgemeinschaft zusammengeschlossen hatten: die **Jesuiten.**
Ihr Gründer war der Spanier Ignatius von Loyola. Diese Jesuiten stellten sich in besonderer Weise dem Papst zur Verfügung und sahen ihr Lebenswerk darin, den erneuerten katholischen Glauben dem Volk nahe zu bringen.
Die bayerischen Herzöge riefen die Jesuiten als Reformer ins Land. Ignatius von Loyola schickte drei seiner besten Männer. Sie lehrten als Professoren an der Universität Ingolstadt. Der Herzog ließ ihnen dort ein Studienhaus errichten, wo sie zusammen mit den Studenten wohnen konnten. Daneben leiteten die Jesuiten in Ingolstadt ein Priesterseminar, in dem Geistliche ausgebildet wurden.
Bald eröffneten die Jesuiten in München ein Gymnasium. Gleich daneben ließ der Herzog eine Kirche bauen, die den Namen des Erzengels Michael trug. Wie Michael gegen den Teufel gekämpft hat, so sollte die erneuerte Kirche gegen alles Böse angehen und die Menschen wieder zum Glauben zurückführen. Die Kirche St. Michael wurde zum Vorbild für viele neue Kirchen in Bayern.
Auf diese Weise wurde das Gebiet des heutigen Bayern mit einem Netz von Jesuitenniederlassungen überzogen.

Studiengebäude der Jesuiten in München, rechts die St. Michaels-Kirche. Kupferstich von M. Merian

Während die Jesuiten sich vor allem an den Adel und die Bürger wandten, wurde ein anderer Orden, die **Kapuziner,** zu Seelsorgern des einfachen Volkes. Als Volksmissionare kamen sie in die Dörfer und Städte. Durch volkstümliche Predigten und Andachten versuchten die Kapuziner, die einfachen Leute für ein erneuertes kirchliches Leben zu gewinnen.
Den Orden der Kapuziner gibt es auch heute noch. Man erkennt die Ordensangehörigen an ihrem kastanienbraunen Mönchsgewand mit langer spitzer Kapuze (= Kapuziner) und der weißen Kordel um den Leib.

| Name: | Klasse: 7 | Datum: | **Geschichte** Sozialkunde Erdkunde | Nr.: |

Jesuiten und Kapuziner in Bayern

Das Konzil von _____ (1545–1563) hatte grundlegende Reformen beschlossen, um eine Erneuerung der katholischen Kirche zu ermöglichen. Zwei Ordensgemeinschaften taten sich bei dieser Aufgabe besonders hervor: _____.

Die Jesuiten wandten sich vor allem an den _____ und an das _____. Im Lauf der Zeit breiteten sich über das ganze bayerische Gebiet Jesuitenniederlassungen aus. Diese waren in der Regel mit einem Gymnasium verbunden.

Trage die Jesuitenniederlassungen in die Karte ein!

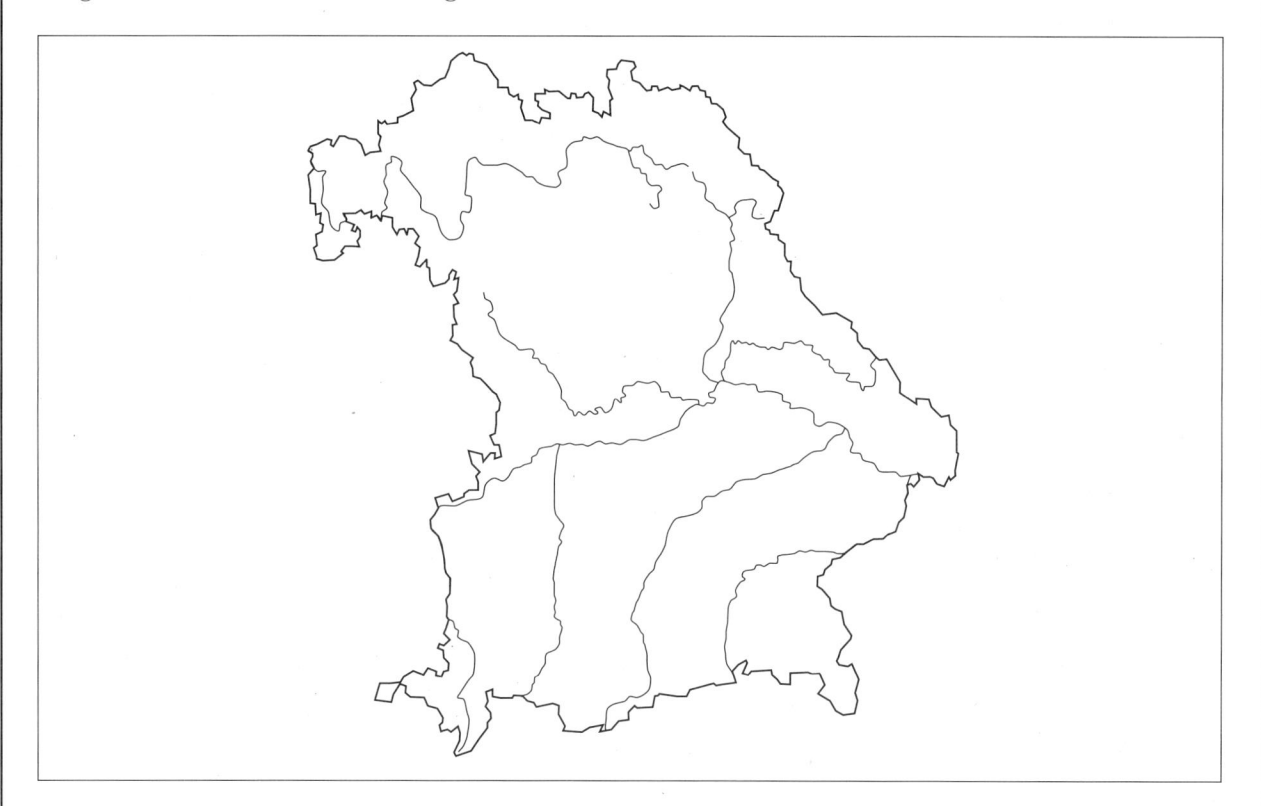

Die Kapuziner wurden zu Seelsorgern des _____.
Als _____ kamen sie in Dörfer und Städte, um die einfachen Leute für ein erneuertes kirchliches Leben zu gewinnen.

Die Kapuziner sind ein Zweig des Franziskanerordens. Man erkennt die Kapuziner an ihrem _____.

Die Ausbreitung der Reformation

Kaiser Karl V., Herrscher des Heiligen Römischen Reiches Deutscher Nation, stammte aus dem Herrschergeschlecht der **Habsburger.** Sie regierten Österreich, das Königreich Böhmen, Teile des heutigen Italien, Frankreichs und der Niederlande sowie ganz Spanien. In Südamerika hatten sie Kolonien gegründet. Karl V. konnte deshalb von sich behaupten: „In meinem Reich geht die Sonne nicht unter."
Aber gerade in den deutschen Ländern versuchten die Landesfürsten, die Macht des „Spaniers" so klein wie möglich zu halten. 1521 hatte er den Vorsitz im Reichstag zu Worms innegehabt und das Edikt gegen Luther erlassen. Dann war er neun Jahre nicht mehr in Deutschland gewesen. Während dieser langen Abwesenheit **konnte sich die Lehre Luthers fast ungestört ausbreiten.** Viele Landesherren, die die von Luther geforderte Kirchenreform unterstützten, führten in ihren Ländern die Reformation durch. Sie eigneten sich alles Kloster- und Kirchengut an und erweiterten dadurch ihren Besitz und ihren Machtbereich.

Kaiser Karl V. auf einem Gemälde des Malers Tizian (1548)

Die Augsburger Konfession

Im Jahr 1530 kam Kaiser Karl V. wieder nach Deutschland. Auf dem Reichstag zu Augsburg übergaben ihm die Anhänger Luthers ihr Glaubensbekenntnis. Melanchton, ein Freund Luthers, hatte dessen Lehre in der **Augsburger Konfession** zusammengefasst. Er wollte damit beweisen, dass die lutherische Lehre auf der Bibel beruht und dass seine Anhänger keine Ketzer sind. Karl V. veranlasste eine katholische Gegenschrift und erklärte damit die Augsburger Konfession für widerlegt. **Eine Einigung war nicht in Sicht.**

Der Schmalkaldische Bund

Die evangelischen Stände rechneten nun mit Gewaltanwendung seitens des Kaisers und schlossen sich zu Schmalkalden in Thüringen zum **Schmalkaldischen Bund** zusammen (1531). Sie wollten ihr evangelisches Bekenntnis mit Waffen verteidigen. Ein Krieg schien unvermeidlich. Da aber die Türken zu einem neuen Vorstoß auf Ungarn und Österreich rüsteten, brauchte der Kaiser die Hilfe der evangelischen Fürsten. Er gewährte deshalb den Anhängern der Augsburger Konfession Religionsfreiheit bis zu einem allgemeinen Konzil.

Der Schmalkaldische Krieg

Ein Konzil kam erst 1543 in Trient zustande. Dort waren jedoch die Vertreter der katholisch gebliebenen Länder Europas in der Überzahl. Der Schmalkaldische Bund erkannte deshalb dieses Konzil nicht an. Daraufhin entschloss sich Karl V., gegen die Protestanten mit Gewalt vorzugehen. Der Papst stellte dabei 12 500 Mann und Hilfsgelder zur Verfügung. Bevor es zum Kampf kam, starb Martin Luther 1546 in Eisleben. Nach anfänglichen Erfolgen verloren die Protestanten jedoch diesen Kampf. Karl V. glaubte, sein Lebensziel erreicht zu haben: Der Protestantismus schien zerschlagen und die Macht der Fürsten gebrochen. Das wollten die Fürsten auf Dauer nicht hinnehmen. Einige verbündeten sich mit dem französischen König, dem alten Rivalen des Kaisers. Es kam zu neuen Kämpfen. Kaiser Karl V. musste aus Deutschland fliehen.

Der Augsburger Religionsfriede

Der Augsburger Religionsfriede im Jahr 1555 beendete vorläufig den Kampf zwischen Katholiken und Protestanten. **Seine wichtigsten Beschlüsse** waren:
1. Beide Bekenntnisse sind von nun an gleichberechtigt. Keine Seite darf der anderen Schaden zufügen.
2. Die Untertanen sollen dem gleichen Bekenntnis angehören wie der Landesherr. Andersgläubige dürfen auswandern.
3. In den Reichsstädten darf jeder sein Bekenntnis frei wählen und danach leben. Dabei sollen die Bürger friedlich nebeneinander leben.
4. Die Kirchengüter, die die protestantischen Landesherren eingezogen haben, sollen in ihrem Besitz bleiben.
5. Wenn ein Erzbischof, Bischof oder anderer Geistlicher die alte Religion aufgibt, soll er sein Bistum verlassen, aus seinem Amt ausscheiden und auch alle damit verbundenen Güter herausgeben.

Die Ausbreitung der Reformation in Europa

Beeinflusst von der neuen Lehre wirkten in der **Schweiz** Ulrich Zwingli (Zürich) und Johann Calvin (Genf) als Reformatoren. Auch sie versuchten, das kirchliche und gesellschaftliche Leben in ihren Städten nach der Ordnung des Evangeliums zu erneuern. Die Gedanken Calvins fanden in den **Niederlanden, in Schottland und Frankreich** weite Verbreitung. In Frankreich nannten sich die Protestanten Hugenotten, in England nannten sie sich Puritaner. Die Lehre Luthers fand vor allem in **Dänemark, Schweden und Norwegen** eine große Anhängerschaft.

| Name: | Klasse: 7 | Datum: | **Geschichte** Sozialkunde Erdkunde | Nr.: |

Die Ausbreitung der Reformation

Während der langen Zeit der Abwesenheit von Kaiser Karl V. _____.
_____

Viele Landesherren, die die Lehre Luthers unterstützten, _____
_____

Glaubensspaltung in Deutschland

Der Augsburger Religionsfriede (1555)

Der Augsburger Religionsfriede beendete den Kampf zwischen _____
und _____. Die wichtigsten Beschlüsse:

1. _____
2. _____
3. _____
4. _____
5. _____

Ausbreitung der Reformation in Europa

Die Lehre Luthers verbreitete sich in vielen Ländern Europas: _____
_____

Spannungen zwischen den Bekenntnissen

Bayern, ein katholisches Herzogtum

Die bayerischen Herzöge stellten ihr Land unter den besonderen Schutz der Mutter Gottes. Herzog Maximilian I. ließ 1638 die Mariensäule in München mit der ‚Patrona Bavariae' errichten.

Das Herzogtum Bayern blieb trotz der raschen Ausbreitung der Reformation in Deutschland ein katholisches Land. Kaum hatte die Lehre Luthers sich über Deutschland auszubreiten begonnen, da verbot der bayerische Herzog seinen Untertanen bei Strafe, sich mit den Schriften des Reformators zu befassen. Sie durften auch mit den Protestanten der angrenzenden Gebiete nicht verkehren. Vielmehr mussten sie die Vorschriften der katholischen Kirche genau befolgen. Das Herzogtum Bayern war wie abgeriegelt, die neue Lehre sollte nicht in das Land eindringen. Seit dem Augsburger Religionsfrieden im Jahr 1555 konnten sich die katholischen Herzöge auch auf die Bestimmung stützen, die besagte, dass der Landesherr die Religion der Untertanen bestimmt. Die Anhänger Luthers mussten also das Land verlassen. Viele Menschen gerieten in Gewissenskonflikte: Im Herzen waren sie evangelisch, aber sie wollten ihre Heimat und ihren Besitz nicht aufgeben.

Für Bayerns Herzog Maximilian I. war es nicht genug, die neue Lehre von seinen Untertanen fern zu halten. Er wollte durch eine besonders strenge Gesetzgebung die katholische Frömmigkeit stärken und für gute Sitten in seinem Herzogtum sorgen. Zu diesem Zweck erließ er strenge Gesetze.

Aus den Gesetzen Herzog Maximilians I.:

– Die Pfarrer sollen eifrig predigen und an Ostern das Volk zu Beichte und Kommunion auffordern. Jeder, der eine Beichte abgelegt hat, bekommt eine schriftliche Bestätigung, die er den herzoglichen Beamten zur Kontrolle vorlegen muss.
– Untertanen, die außer Landes wohnen, müssen ihren Beichtzettel einsenden, wenn sie ihre bayerischen Bürgerrechte und ihr Hab und Gut nicht verlieren wollen.
– Wer seine Ehe bricht … oder uneheliche Kinder bekommt, soll bestraft werden.
– Dreimal täglich wird zum Gebet geläutet. Die Arbeit ist dabei zu unterbrechen. Reiter und Fuhrleute müssen unverzüglich anhalten und auf der Straße kniend ein Vaterunser und Ave-Maria mit Andacht beten."

Das Donauwörther Kreuz- und Fahnengefecht

Nach den Bestimmungen des Augsburger Religionsfriedens durften in den freien Reichsstädten die zwei Bekenntnisse nebeneinander bestehen. Eine Begebenheit aus Donauwörth zeigt, wie unversöhnlich sich beide Glaubensbekenntnisse oft gegenüberstanden.

Die freie Reichsstadt Donauwörth zählte um 1600 etwa 4000 Einwohner. Fast alle hatten den protestantischen Glauben angenommen. Nur noch sechzehn Familien in der Stadt waren katholisch geblieben. Nach dem Augsburger Religionsfrieden war ihnen die freie Ausübung ihrer Religion garantiert. Besonders wohlgesonnen waren die Protestanten der katholischen Minderheit allerdings nicht.

In Donauwörth besaß die kleine katholische Gemeinde kein eigenes Gotteshaus mehr. Das Kloster Heilig Kreuz betreute die wenigen Anhänger des katholischen Glaubens. Die Patres des Klosters forderten in ihren Predigten die Zuhörer immer wieder dazu auf, ihren Glauben öffentlich zu bekennen.

Am Markustag zogen die Katholiken jedes Jahr in einer Prozession in das nahe gelegene Dorf Auchsesheim. Innerhalb des Stadtgebietes ließen sie ihre Fahnen jedoch eingerollt und entfalteten sie erst außerhalb der Stadtmauer.

Anders am Markustag 1606. Diesmal zog die feierliche Prozession mit fliegenden Fahnen durch die Stadt. Empört beobachteten die protestantischen Bürger dieses Vorgehen. Eine kleine Gruppe Donauwörther rottete sich zusammen und passte die Wallfahrer bei ihrer Rückkehr in die Stadt ab. Die Protestanten fielen über den kleinen Zug her, schlugen mit Hopfenstangen und Schaufeln auf die Prozession ein und zerschlugen die Kreuzfahne.

Dieser Vorfall war nun der Anlass, dass der Kaiser über Donauwörth die Reichsacht verhängte. Herzog Maximilian rückte mit einem Heer von 6000 Mann gegen die Stadt vor. Alle Bürger mussten zum katholischen Glauben übertreten oder Donauwörth verlassen.

Der Dreißigjährige Krieg

In Deutschland bilden sich konfessionelle Machtbündnisse

Nach dem Augsburger Religionsfrieden 1555 kamen die streitenden religiösen Parteien etwas zur Ruhe. Unter der Führung der Jesuiten gewann der katholische Glaube in Süddeutschland wieder viele Anhänger zurück. Als in der freien Reichsstadt Donauwörth Protestanten über einen kleinen Fronleichnamsprozessionszug von Katholiken herfielen **(Donauwörther Kreuz- und Fahnengefecht im Jahre 1606),** verhängte der Kaiser die Reichsacht über die Stadt. Der bayerische Herzog Maximilian führte sie 1607 aus und besetzte die Stadt. Alle Bürger mussten zum katholischen Glauben übertreten oder Donauwörth verlassen.

Um die Machtausdehnung der Katholiken abzuwehren, schlossen sich die evangelischen Fürsten 1608 zur **„Union"** zusammen. Ein Jahr darauf vereinigte der zum Führer des katholischen Lagers aufgestiegene Bayernherzog die katholischen Länder zur **„Liga".** Beide Parteien fanden Unterstützung bei ausländischen Mächten, die Union bei England und den Niederlanden, die Liga bei Spanien und beim Papst. Ein neuer Krieg drohte.

Der Prager Fenstersturz

In Böhmen waren die Spannungen besonders groß. Ein großer Teil der Bevölkerung war protestantisch, König Ferdinand hingegen katholisch. Die böhmischen Adeligen empörten sich darüber, dass protestantische Kirchen geschlossen und sogar abgerissen wurden. Die evangelischen Stände beschlossen, bei den kaiserlichen Statthaltern in Prag vorzusprechen. Nach einem heftigen Wortwechsel warfen die Vertreter der Stände zwei kaiserliche Beamte und den Sekretär zum Fenster hinaus. Das war der **Auslöser des Dreißigjährigen Krieges (1618–1648),** der Not und Schrecken über Europa brachte.

Prager Fenstersturz 1618

Vom deutschen Glaubenskrieg zum europäischen Machtkampf

Zeitleiste zum Dreißigjährigen Krieg:
- 1618 Prager Fenstersturz; die böhmischen Stände sagen sich vom Haus Habsburg los.
- 1620 Sieg über die böhmischen Protestanten in der Schlacht am Weißen Berg unter dem Feldherrn Tilly
- 1625 Dänemark tritt auf der Seite der protestantischen Union in den Krieg ein.
- 1626 Der böhmische Adelige Albrecht von Wallenstein übernimmt den Oberbefehl über die kaiserliche Armee.
- 1630 Schweden tritt auf der Seite der Protestanten in den Krieg ein; Gustav Adolf erhält den Oberbefehl.
- 1631 Die Schweden besiegen die Truppen der katholischen Liga.
- 1632 Gustav Adolf verliert in der Schlacht bei Lützen sein Leben.
- 1634 Wallenstein wird ermordet, weil er eigenmächtig mit dem Gegner verhandelt hat.
- 1635 Frankreich tritt auf der Seite der Protestanten in den Krieg ein; es will die Vormachtstellung Habsburgs brechen.
- 1644 Friedensverhandlungen beginnen in Münster und Osnabrück; sie dauern vier Jahre lang.
- 1648 Westfälischer Frieden

Der Westfälische Friede

Sehr bald wurde in diesem Krieg deutlich, dass es nicht in erster Linie um religiöse Fragen, sondern um Herrschaftsansprüche ging. Beendet wurde der Krieg nicht durch den Sieg einer Partei, sondern durch die völlige Erschöpfung und Zerstörung Deutschlands. 1648 wurde in Münster und Osnabrück der **Westfälische Friede** geschlossen. Deutschland erlitt große Gebietsverluste. Frankreich erhielt das Elsass (ohne Strassburg). Schweden bekam Vorpommern, die Insel Rügen und die Bistümer Bremen und Verden. Holland und die Schweiz schieden aus dem Reichsverband aus und wurden selbständige Staaten.

Deutschland nach dem Dreißigjährigen Krieg

- zu Schweden
- Holland wird selbständig
- Polen
- Deutschland zerfällt in 300 Teile
- Metz Toul Verdun zu Frankreich
- Ungarn
- Die Schweiz löst sich los

Der große Verlierer war auch der Kaiser. Die deutschen Fürsten wurden in ihren Ländern weitgehend selbständig, durften eigene Heere unterhalten und eigene Münzen prägen. Der Kaiser musste mühsam um Rechte und Steuern kämpfen. Das Reich war schwach geworden – nur noch ein loser Bund von dreihundert selbständigen Einzelstaaten. Die verschiedenen Glaubensbekenntnisse sollten gleichberechtigt sein: Katholiken, Protestanten und Reformierte.

Nun herrschte Frieden. Aber das Land war verwüstet, die Dörfer verödet, die Felder zerstampft. Es fehlte an allem: an Pferden, Vieh und Saatgut. Überall mussten die Menschen von vorne beginnen. Auf den Landstraßen trieben sich verwilderte Menschen, abgedankte Soldaten, Mörder und Brandstifter herum. Die Kirchen waren ausgebrannt und geplündert, der Gottesdienst war den Menschen fremd geworden.

Der Dreißigjährige Krieg

Der Prager Fenstersturz

Der Prager Fenstersturz

Mit diesem Ereignis begann im Jahr _____ der Dreißigjährige Krieg. Vertreter der evangelischen Stände hatten zwei Statthalter und ihren Schreiber – Vertreter des _____ Königs Ferdinand – aus dem Fenster geworfen. In der Folgezeit standen sich die Verbündeten des Katholischen Lagers (_____) und des protestantischen Lagers (_____) gegenüber. Dabei entwickelten sich die Auseinandersetzungen vom deutschen Glaubenskrieg zu einem _____.

	Länder	

In diesem Krieg ging es nicht in erster Linie um religiöse Fragen, sondern um Herrschaftsansprüche. Beendet wurde der Krieg nicht durch den Sieg einer Partei, sondern durch _____.

Der Westfälische Friede (1648)

Folgen: _____

5. Absolutismus

> → 7.5 Absolutismus
> (bayerischer Hauptschullehrplan)

Lerninhalte:

- Einblick gewinnen in das luxuriöse Leben am Hof Ludwigs XIV.
- Erfahren, dass Ludwig XIV. fast unumschränkte Herrschaftsbefugnisse hatte
- Kennenlernen von Einrichtungen zur Durchsetzung seiner Macht und zur Staatsfinanzierung
- Sich beschäftigen mit dem Alltagsleben der Untertanen
- Erkennen ungleicher Lebensverhältnisse
- Ziehen von Rückschlüssen auf Zeitgeist und Mentalität
- Erkennen der Auswirkungen des Absolutismus in Bayern

Arbeitsmittel:

Folienvorlage (Ludwig XIV.), Informationsblätter, Arbeitsblätter

Folienvorlage:

5. Absolutismus

Einstieg ins Thema: Folienvorlage (Ludwig XIV.; S. 86)

5.1 Der absolutistische Staat

Prunk und Pracht am Hof Ludwigs XIV. (S. 88)　→ **Mu 7.1.3; WTG 7.6; 7.7**
Leben am Hof (S. 89)　→ **Mu 7.1.3; WTG 7.6; 7.7**
Die Selbstherrschaft des Monarchen (S. 90)
Ludwig XIV. (Der Sonnenkönig 1661–1715; Arbeitsblatt S. 91; Lösungsblatt S. 255)
Wie konnte Ludwig XIV. seine absolutistische Macht erhalten? (S. 92)
Die Stützen der Macht (Arbeitsblatt S. 93; Lösungsblatt S. 255)
Wie funktionierte das Wirtschaftssystem des Merkantilismus? (S. 94)
Die Wirtschaftsform des Merkantilismus (Arbeitsblatt S. 95; Lösungsblatt S. 255)
Wie lebten die Bürger und Bauern? (S. 96)
Das Gebiet des heutigen Landes Bayern um 1700 (Arbeitsblatt S. 97; Lösungsblatt S. 255)
Kurfürst Max Emanuel, der „Blaue Kurfürst" (1679–1726), ein absoluter Herrscher
in Bayern (S. 98)
Kurfürst Max Emanuel von Bayern (Arbeitsblatt S. 99; Lösungsblatt S. 256)
Ständische Gliederung und Abhängigkeit vom Landesherren (S. 100)
Ständische Glieder und Abhängigkeit vom Landesherren (Arbeitsblatt S. 101;
Lösungsblatt S. 256)

5.2 Alltagsleben in Bayern im 17. und 18. Jahrhundert

Die Lebensverhältnisse der Untertanen Max Emanuels (S. 102)
Wie lebten die Untertanen Max Emanuels (Arbeitsblatt S. 103; Lösungsblatt S. 256)
Barocke Bauwerke in Bayern (S. 104)
Barocke Bauwerke in Bayern (Arbeitsblatt S. 105; Lösungsblatt S. 256)
Die barocke Stadt (S. 106)　→ **Ku 7.3; WTG 7.6.1; 7.6.2; 7.7**
Arbeiten und Wirtschaften in Manufakturen (S. 107)
Arbeiten und Wirtschaften in Manufakturen (Arbeitsblatt S. 108; Lösungsblatt S. 257)
Volksfrömmigkeit als Lebenssinn und Lebensgestaltung (S. 109)

5.3 Historische Kulturgüter und ihr Schutz

Denkmalschutz: Aufgaben und Schwierigkeiten (S. 110/111)
Denkmalschutz (Arbeitsblatt S. 112; Lösungsblatt S. 257)

Prunk und Pracht am Hof Ludwigs XIV.

Das Schloss von Versailles

Ludwig XIV. wurde im Alter von 22 Jahren alleinherrschender König von Frankreich. Er wollte wie die Sonne seinem Land „Licht und Glanz geben". Deshalb nannte man ihn den Sonnenkönig. Um den Fürsten und Völkern des übrigen Europa zu zeigen wie mächtig er sei, ließ er in den Jahren 1661 bis 1690 in Versailles vor den Toren von Paris ein prächtiges Schloss erbauen.
Es wurde das größte Schloss der Welt. Zentrum der strahlenförmigen Anlage war das Schlafzimmer des Königs.
Die Gartenseite des Schlosses wurde 580 Meter lang und erhielt 375 Fenster. Der Spiegelsaal allein hat eine Länge von 73 Metern. Es arbeiteten zeitweise bis zu 36 000 Arbeiter und 6000 Pferde am Bau. Das Schloss kostete bis zur Fertigstellung 76 Millionen Livres (die damalige Währung). Die gesamten Staatseinnahmen betrugen 1680 ca. 61,5 Millionen Livres. Umgerechnet nach dem heutigen Geldwert kostete der Palast ca. 1,5 Milliarden Francs, das sind etwa 500 Millionen Mark. Für die Innenausstattung der 2000 Räume war das Beste gerade gut genug. Marmorstatuen, Wandteppiche, Spiegel, wertvolle Gemälde und kostbare Möbel wurden von unzähligen Künstlern nur für das Schloss hergestellt. 15 000 Gäste konnten beherbergt werden. Allein 4000 Bedienstete hatten sich um das Wohl der Gäste zu kümmern. Darunter waren beispielsweise 383 Köche, 48 Ärzte, 75 Kapläne und 128 Sänger. Zu den persönlichen Dienern des Königs gehörten 24 Kammerherren, 32 Kammerdiener, 12 Mantelträger, 8 Rasierer, 2 Flintenträger, 5 Uhrmacher und 24 Pagen. Die Leibwache des Königs umfasste 10 000 Mann und einige hundert Pferde. Ein einziges Festmahl kostete ca. 100 000 DM.
Zum Schloss gehörte auch eine riesige Parkanlage. Alles musste erst herangeschafft werden. Der König wollte für alle sichtbar der sein, der Ordnung in die chaotische Natur brachte. Gewaltige Pumpwerke schafften das Wasser vom Fluss Seine her zu den Kanälen, Teichen und Springbrunnen. Ausgewachsene Bäume mussten von weit hergebracht werden. Die Wege und baumbestandenen Straßen der Anlage führten alle sternförmig auf das Schloss zu. Die Bäume waren zu grünen Kugeln, Pyramiden und Säulen, die Hecken zu grünen Mauern zugeschnitten. Neben den schattigen Laubengängen gab es geometrisch angelegte Beete mit fremdartigen Blumen und seltenen Gewächsen.
Versailles war das kostbarste Bauwerk seiner Zeit, sein „Französischer Garten" Europas schönster Park.
Bei aller Pracht war das Schloss aber nicht praktisch gebaut. Nur wenige Räume konnte man heizen. Es gab auch nur wenige Toiletten und die vornehmen Herren und Damen verrichteten ihre Notdurft oft auf Treppen und in Kaminen. Es fehlten auch Bäder, so mussten die vornehmen Damen ihren Körpergeruch mit starkem Parfüm überdecken. Das Essen kam häufig kalt auf den Tisch, weil die Küchen zu weit von den Speisesälen entfernt lagen.

Versailles 1668

Leben am Hof

Im Mittelpunkt des Hoflebens stand der König. Jeder der es in Frankreich zu Ruhm und Ansehen bringen wollte, musste sich in der Nähe des Königs aufhalten. Ludwig XIV. wollte den hohen Adel aus ganz Frankreich an seinen Hof ziehen. Denn in seiner Nähe waren sie auch unter seiner Kontrolle. Der Dienst am König war nun wichtiger als der Dienst für das Land. Damit sich die vielen Adeligen in Versailles nicht langweilten, die meisten hatten nämlich keine Aufgabe, veranstaltete der König zahlreiche Feste, Bälle, Theateraufführungen und Jagden. Das Leben am Hof war sehr teuer. Herzöge, Fürsten, Barone und andere Adelige bauten sich eigene Schlösser mit eigener Dienerschaft in der Nähe des Königsschlosses. Jeder versuchte den anderen durch schöneren Schmuck, elegantere Kleidung und größere Feste zu übertreffen. Oft musste der König ihre Schulden bezahlen. Der Umgang miteinander war strengen Regeln unterworfen (Etikette). Der Tagesablauf unterlag genauen Vorschriften mit feierlichen Handlungen, was man als Hofzeremoniell bezeichnet. Als Beispiel sei ein Morgenempfang und der Tagesablauf des Königs kurz geschildert: Der erste Kammerdiener weckt den König zu der von ihm bestimmten Zeit. Der Reihe nach treten fünf Gruppen von Leuten ein, um dem König ihre Aufwartung zu machen. Oft sind es so viele, dass die Wartesäle zu klein sind.

So tritt beispielsweise die „vierte Gruppe" ein, als man den König anzukleiden beginnt. Es sind u. a. die meisten hohen Beamten, der Kaplan, der Prediger, die Obersten und Majore der Leibgarde, der Oberjägermeister, der Oberwolfsjäger, der Zeremonienmeister, der Oberbrotmeister, die Gesandten, die Minister und Staatssekretäre, die Marschälle von Frankreich …

Der König wäscht sich die Hände und entkleidet sich allmählich. Zwei Pagen ziehen ihm die Pantoffel aus. Das alte Hemd wird beim rechten Ärmel vom Großmeister der Garderobe und beim linken Ärmel vom ersten Diener der Garderobe entfernt und einem anderen Garderobenbeamten übergeben. Nun wird das neue Hemd überreicht.

Nach dem Ankleiden wird im Arbeitszimmer die Tagesordnung festgelegt, über die der Zeremonienmeister mit der Uhr in der Hand wachen wird. Danach begibt sich der König mit dem Hofstaat zur Heiligen Messe. Nach dem Gottesdienst wird gespeist. Die Königin oder eine andere Dame die der König auszeichnen will, darf neben ihm Platz nehmen. Am Nachmittag warten normalerweise die Regierungsgeschäfte. Manchmal reitet aber auch die ganze Hofgesellschaft auf die Jagd.

Am Abend sind die großen Feste, Bälle, Oper oder Ballett. In langen Reihen fahren die prachtvollen Kutschen vor das Schloss. Modisch gekleidete Damen und Herren steigen aus. Die Mode am Hof Ludwigs XIV. wird Vorbild für die Mode in ganz Europa.

Die Herren tragen lange lockige Haare – notfalls ergänzt oder ersetzt durch eine Perücke. Zur Bekleidung gehörte ein am Oberkörper eng anliegender Kasack mit großen Aufschlägen an den Ärmeln. Dazu trug man eine enge Kniebundhose mit Seidenstrümpfen und Lackschuhe mit Absätzen. In der Hand hielt man einen Stock aus Ebenholz oder Elfenbein. Auf dem Kopf trug man einen Dreispitz.

Die Frisuren der Damen waren hoch gekämmt. Sie trugen bodenlange Röcke, darüber einen Mantel mit einer Schleppe. Der Oberkörper war in ein enges Korsett eingeschnürt – teilweise aus Stahl. Dieses „Bekleidungsstück" reichte von der Brust bis zum Unterleib, drückte den Bauch hinein und die Brust nach oben.

Königliche Tafelfreuden

Die Selbstherrschaft des Monarchen

Ludwig XIV. wurde bereits im Alter von fünf Jahren (1643) zum König gekrönt. In diesem Alter konnte er natürlich noch kein Land regieren, deshalb übernahm Kardinal Giulio Mazarin (1602–1661) die Regierungsgeschäfte. Nach seinem Tod im Jahre 1661 übernahm der nun 23-jährige König die Führung Frankreichs. Er ließ den Staatsrat zusammenkommen und erklärte:

> „Ich habe Sie mit meinen Ministern hierher kommen lassen, um Ihnen mitzuteilen, dass ich meine Angelegenheiten nun selbst in die Hand nehmen werde. Sie werden mir mit Ihrem Rat zur Seite stehen, wenn ich Sie darum bitte… Ich ersuche nichts zu siegeln, als was ich Ihnen zu diesem Zweck in die Hand gebe und verbiete Ihnen, irgend etwas zu unterzeichnen, sei es auch nur ein Pass, ohne darüber vorgetragen zu haben… Sie kennen jetzt meine Befehle, ihre Sache ist es nur sie auszuführen."

Jeder musste die Befehle des Königs unbedingt befolgen, denn der König ist von Gottes Gnaden eingesetzt worden. Nur Gott ist er Rechenschaft über seine Taten schuldig. Der König besitzt die ganze Macht im Staat. Er ist oberster Richter, Gesetzgeber, Verwalter und Kriegsherr in einer Person. Er war unumschränkter und unabhängiger (absoluter) Herrscher. Darum bezeichnet man diese Form der Staatsführung Absolutismus. Als sein Zeichen wählte Ludwig XIV. die Sonne. Daher auch der Name „Sonnenkönig". Er sagte: „Wie eine Sonne gebe ich meinem Land Licht und Glanz!" Die Rückseite einer Medaille trägt die Umschrift: „Keiner kommt ihm gleich!"

Diese Münze ließ der französische König 1674 prägen.

Der Wille des Königs war oberstes Gesetz.
„Der Staat bin ich!", war ein Ausspruch von Ludwig XIV.
Um alle Provinzen sicher in den Griff zu bekommen, setzte der König sogenannte Intendanten ein. Diese hatten nun die Polizeigewalt, waren für die Rechtsprechung zuständig, überwachten die Wirtschaft und trieben die Steuern ein. Vorher war dies Sache des Adels und der hohen Geistlichkeit gewesen, die sich in einer Ständeversammlung berieten. Der Landadel und die anderen Stände verloren somit jegliche Bedeutung. Als Minister berief der König nun bevorzugt Männer mit bürgerlicher Abstammung. Sogar seine gesamte Verwandtschaft wurde an keiner Regierungsverantwortung beteiligt. Damit war praktisch auch der Hochadel von der Regierung ausgeschlossen.

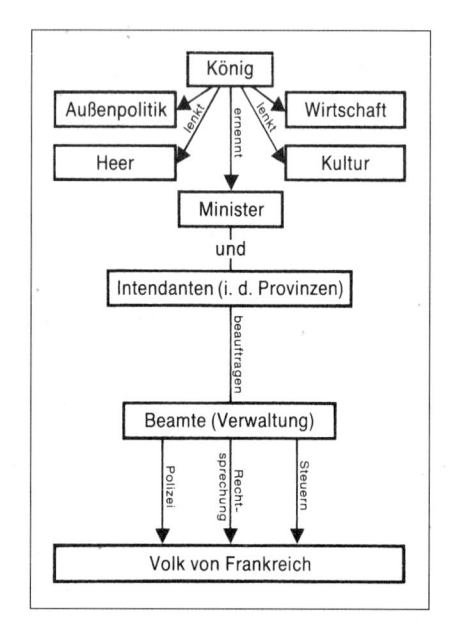

Den nun politisch bedeutungslosen Adel versammelte der König an seinem Hof in Versailles, hier waren sie unter seiner „Aufsicht" und konnten auf keine „dummen Gedanken" kommen. Für den Verlust ihrer Selbständigkeit und Macht entschädigte er sie mit einem sorgenfreien Leben in Luxus, ohne Steuern bezahlen zu müssen.

| Name: | Klasse: 7 | Datum: | **Geschichte** Sozialkunde Erdkunde | Nr.: |

Ludwig XIV. (Der Sonnenkönig 1661–1715)

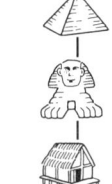

König von _____ Gnaden

Sein bedeutendster Ausspruch: _____

Ludwig regierte _____ und _____.

Diese Regierungsform nennt man _____.

Ludwig XIV. beim Einzug in Dünkirchen 1658, Gobelin

Der Adel war politisch _____.

Er lebte am Hof in _____ mit viel _____ und ohne _____. Die Adeligen brauchten nicht einmal _____ zu bezahlen.

Wie konnte Ludwig XIV. seine absolutistische Macht erhalten?

Das Berufsbeamtentum

Obwohl das Leben in Versailles sehr anstrengend war (Feste, Bälle, Jagden ...) arbeitete der König doch ca. 6 bis 8 Stunden am Tag. Dabei war er auf absolut zuverlässige Untergebene angewiesen. Diese wählte er aus dem Bürgertum, um sich nicht vom Adel abhängig zu machen. Manche seiner Vorgänger hatten mit dem Adel in Regierungsverantwortung schlechte Erfahrungen gemacht. Die wichtigsten Staatsaufgaben wurden unter Ludwig XIV. von Beamten erledigt. Ernennung, Beförderung und die Höhe der Bezahlung waren allein Entscheidungen des Königs. War jemand unfähig, nicht königstreu oder wurde er zu mächtig, konnte er jederzeit vom König wieder entlassen werden. Die wichtigsten waren die Intendanten, welche die 32 Provinzen Frankreichs an oberster Stelle verwalteten. Die Aufgabe dieser wichtigen Beamten war die Überwachung der vom König eingesetzten Richter, die Festsetzung und Eintreibung der Steuern und die Sorge für Ruhe und Ordnung (Polizeigewalt).

Das stehende Heer

Um seine Macht in Frankreich, Europa und in Übersee zu festigen und um im Kriegsfalle immer bereit zu sein, schuf Ludwig XIV. ein stehendes (ständig einsatzbereites) Heer. Dies war der Ursprung aller modernen Armeen. Bisher war es nur üblich bei drohender Kriegsgefahr Heere aufzustellen. Diese waren dann den Umständen entsprechend schlecht ausgebildet und ausgerüstet. Nun gab es bereits in Friedenszeiten eine ständig einsatzbereite Truppe, die bestens ausgerüstet und trainiert war. Die Soldaten bekamen eine einheitliche Uniform und regelmäßigen Sold (Lohn). Die allgemeine Wehrpflicht, wie wir sie heute kennen, existierte damals allerdings noch nicht. Werber versuchten junge Burschen mit gutem Sold zum Eintritt zu bewegen. Offiziere wurden vom König ernannt. Hohe Offiziersstellen blieben dem Adel vorbehalten. So wuchs die Armee im Lauf der Jahre auf eine Stärke von 220 000 Mann und 47 000 Reiter an. Dies war das stärkste Heer mit den modernsten Waffen des damaligen Europas. Zusätzlich ließ der König noch starke Festungen bauen und bestehende Häfen erweitern.

Das Wirtschaftssystem des Merkantilismus

Das alles kostete natürlich Unsummen von Geld. Ganz zu schweigen von den kostspieligen Bauten des Königs (Versailles) und seiner verschwenderischen Hofhaltung.

Hofstaat und Personal	668 049 Livres
Schatzkammer	1 618 042 Livres
Kleidung, Schmuck	2 247 353 Livres
Geschenke, Belohnungen	847 315 Livres
Jagd, Pferdekauf, Marstall	1 446 277 Livres
Hofhaltung des Königs und der Königin	1 482 000 Livres
„Taschengeld" des Königs	2 186 748 Livres
Bauten	15 340 901 Livres
Geheimfonds	2 365 134 Livres
Reisen	558 236 Livres
Summe	28 760 055 Livres
gesamter Staatshaushalt Frankreichs	100 640 257 Livres

Jean Baptiste Colbert

Da der Adel und die Geistlichkeit von Steuern befreit waren, mussten neue Wege gefunden werden den Staatssäckel zu füllen. Ludwig XIV. ernannte einen überaus fähigen und findigen Mann zu seinem Finanzminister. Jean Baptiste Colbert (1619–1683) erdachte zuerst neue Steuern für das Bürgertum. Z. B. wurden Wein und Bier besteuert, auch die Anzahl der Fenster zur Straßenfront und die Zahl der Obstbäume im Garten waren davon nicht ausgenommen. Doch dies alles reichte bei weitem noch nicht aus. Also erdachte sich dieser Finanzminister ein ausgeklügeltes System von Warenproduktion, Handel und Zöllen, das die Staatskasse wieder füllte, den Merkantilismus.

| Name: | Klasse: 7 | Datum: | **Geschichte** Sozialkunde Erdkunde | Nr.: |

Die Stützen der Macht

L'état c'est moi
(Der Staat bin ich)

Stehendes Heer:

Beamtentum:

Merkantilismus:

Wie funktionierte das Wirtschaftssystem des Merkantilismus?

Finanzminister Colbert handelte nach einer ganz einfachen Richtlinie:
Ein Land wird dann reicher, wenn es selbst viele gute Waren mit billigen Rohstoffen produziert und im Ausland verkauft. Gleichzeitig sollen aber nur wenig Waren aus dem Ausland im eigenen Land verkauft werden.
Nur von gut verdienenden Gewerbetreibenden und Kaufleuten konnten große Summen an Steuern kassiert werden. Deshalb förderte Colbert den Aufbau von Manufakturen. Tüchtigen Handwerkern gab er Geld, dass sie mehr Arbeiter einstellen konnten. Um mehr und damit auch billiger produzieren zu können, wurde fast so gearbeitet wie in modernen Fabriken. Arbeitsabläufe wurden getrennt – Arbeitsteilung und Spezialisierung waren die Folge. Nun konnten auch ungelernte Arbeitskräfte beschäftigt werden. Die nötigen Maschinen mussten allerdings noch mit der Hand betrieben werden.

Colbert stellte auch hohe Anforderungen an die Qualität der gefertigten Waren. Das Ausland sollte die Produkte kaufen und zufriedene Kunden sind gute Kunden. Er erließ deshalb Gesetze und Vorschriften, denen die Güter zu entsprechen hatten. Sehr wichtig war die Einführung von einheitlichen Maßen und Gewichten im ganzen Land. Die Einhaltung seiner Vorschriften überwachten

Rasiermessermanufaktur

Inspektoren. Um möglichst viele verschiedene und begehrte Waren im Land herstellen zu können, warb er aus anderen Ländern Spezialisten ab. Aus Italien Glasbläser und Seidenweber, aus Holland Tuchmacher und aus Deutschland Schmiede und Hutmacher. Auf diese Weise kamen neue Fertigkeiten und Kenntnisse nach Frankreich. Ein Auswanderungsverbot verhinderte, dass qualifizierte Arbeitskräfte das Land verließen. Bald belieferte Frankreich alle europäischen Fürstenhäuser mit begehrten Luxusartikeln. Fertigwaren, die aus dem Ausland in Frankreich verkauft werden sollten, wurden mit hohen Zöllen belegt.

Für die Herstellung der Waren benötigte man natürlich Rohstoffe. Frankreich selbst verfügte nur über wenig davon. Colbert erschwerte deren Ausfuhr mit hohen Zöllen und förderte die Einfuhr aus den eigenen überseeischen Kolonien nach Frankreich.
Um die Güter ohne Hemmnisse transportieren zu können, wurden die bis dahin noch bestehenden Zölle innerhalb Frankreichs abgeschafft. Straßen und Kanäle wurden gebaut, Häfen erweitert und eine große Handelsflotte errichtet. Damit verbunden war natürlich auch ein Ausbau der Kriegsflotte zum Schutz der Handelsschiffe vor Piraten.

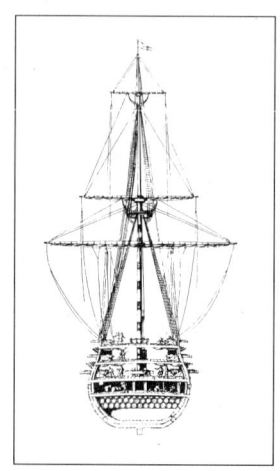

Aus dem „Atlas Colbert" stammt der Querschnitt dieses Transportsegelschiffes

Die Wirtschaftsform des Merkantilismus (mercari = italienisch: handeln) war durch die Ideen Colberts verwirklicht worden.

Der venezianische Gesandte Giustiniani schrieb 1665 über den Merkantilismus:

> „Herr Colbert will Frankreich jedem anderen Land an Reichtum überlegen machen, so dass es nichts entbehrt, aber den anderen Staaten ausspenden kann. Er unterlässt nichts, um die Industrien anderer Länder in Frankreich heimisch zu machen. Er versucht, auf englische Art die französischen Häute zu gerben, damit sie die englischen Felle ersetzen. Holland hat man die Art der Tuchmacherei entlehnt, wie auch den Käse, die Butter und andere Besonderheiten. Deutschland hat man die Hutmacherei und die Fabrikation des Weißbleches und viele andere industriellen Arbeiten abgesehen, Italien die Spitzen und die Spiegel. Viele Werkmeisterinnen aus Venedig sind hierhergekommen. Von Persien hat man die Teppicharbeit gelernt und stellt in Paris schon sehr schöne und elegante her. Das Beste, was man in allen Weltteilen hat, stellt man jetzt in Frankreich her, und so groß ist die Beliebtheit dieser Erzeugnisse, dass von allen Seiten die Bestellungen einlaufen. Um ein lästiges Wechseln zu vermeiden, muss man Geld nach Frankreich schicken, zur völligen Befriedigung Colberts, der nur danach trachtet, die anderen Staaten zu berauben, um Frankreich damit zu bereichern."

| Name: | Klasse: 7 | Datum: | **Geschichte** Sozialkunde Erdkunde | Nr.: |

Die Wirtschaftsform des Merkantilismus

Maßnahmen	Bedeutung
1. Eigene	
2. ____ aus eigenen Kolonien	
3. Eigene	
4. Ausfuhrverbot für	
5. Aufbau von	
6. Abbau der	
7. Einheitliche ____ und	
8. Ausbau von	
9. Ausfuhr von	
10. Einfuhrverbot von	

Wie lebten die Bürger und Bauern?

Bürger, die Handel betrieben oder Manufakturen gründeten, kamen in dieser Zeit schnell zu Reichtum und Ansehen. Sie lebten fast so luxuriös wie die Adeligen, ihnen fehlte es an nichts. Trotzdem blieben sie politisch rechtlos. Die Masse des Volkes ging leer aus.

Um die Produktionskosten niedrig zu halten, zahlten die Manufakturbesitzer nur niedrige Löhne. 1677 verordnete Ludwig XIV. sogar, dass jeder zwischen 16 und 60 Jahren zu Zwangsarbeit verpflichtet werden konnte, der arbeitslos war und kein Vermögen besaß. Da die Arbeiter wenig verdienten und davon natürlich auch noch Steuern zahlen mussten, sorgte der Staat dafür, dass Grundnahrungsmittel billig waren. Die sehr niedrigen Preise für Lebensmittel wurden vorgeschrieben. Die Einfuhr von Getreide war verboten. Die Bauern konnten oft mit dem Erlös für den Verkauf nicht einmal ihre eigenen Unkosten decken. Trotzdem mussten sie ein Drittel ihrer Einnahmen dem Staat und der Kirche geben. Wenn sie kein eigenes Land bebauen oder Taglöhner sind, kommen die Abgaben oder Pachtzahlungen an den Grundherrn noch dazu. Die Bauern weigerten sich später die Felder zu bestellen. In manchen Wintern musste sich die einfache Bevölkerung Brot aus gemahlener Baumrinde backen.

Zum Vergleich die Tageslöhne einiger Berufe:
(Sonn- und Feiertage wurden nicht bezahlt)

Landarbeiter	8 Sous
Weber	14 Sous
Dachdecker	16 Sous
Maurer	16 Sous

Es kostete:

1 Pfund Brot	2 Sous
1 Pfund Reis	2 Sous
1 Pfund Butter	5 Sous
1 Pfund Kalbfleisch	6 Sous
1 Hemd	80 Sous

Die Zahl der Armen betrug ca. 90%.

Der hier festgehaltene Vorgang war ein Teil des Finanzsystems im Absolutismus. Wen vertreten jeweils die dargestellten Personen? Auch die Spinne und die Fliege im linken oberen Eck des Bildes sollen symbolisch etwas ausdrücken.

Vauban, der Festungsbaumeister Ludwigs XIV., schreibt 1698:

„Ich habe häufig Gelegenheit gehabt, Gutes und Schlechtes in den einzelnen Gebieten zu beobachten. Durch diese langjährigen Studien bin ich zu der Wahrnehmung gelangt, dass in der letzten Zeit fast 1/10 der Bevölkerung an den Bettelstab gelangt ist. Von den übrigen 9/10 sind 5/10 nicht in der Lage, das erste Zehntel durch Almosen zu unterstützen, weil sie selber um Haaresbreite diesem Elendszustand nahe sind. Von den restlichen vier Zehnteln sind drei außerordentlich schlecht gestellt und von Schulden und Prozessen bedroht ... Man hat – nach meinem Eindruck – in Frankreich von jeher nicht genug Aufhebens vom niederen Volk gemacht. Daher ist es denn auch die niederste und am meisten ruinierte Schicht im Königreich."

Kritik eines Ministers an der Wirtschaftspolitik

„Ich fühle mich bei Ehr und Gewissen verpflichtet, seiner Majestät vorzutragen, dass man in Frankreich von jeher nicht genug Rücksicht auf das niedere Volk genommen hat. Daher ist es auch die elendste Schicht im Königreich. Andererseits ist sie durch ihre Zahl und durch die nützlichen Dienste, die sie dem Staat leistet, die bedeutendste Schicht.

Es ist die untere Schicht des Volkes, die durch ihre Arbeit, ihren Handel, ihre Abgaben den König und sein ganzes Reich emporbringt. Sie stellt Soldaten und Matrosen für Heer und Flotte, dazu zahlreiche Offiziere, alle Kaufleute und die unteren Justizbeamten, sie übt alle Künste und Gewerbe aus, sie betreibt den gesamten Handel und die Manufakturen des Königreiches, sie stellt die Arbeiter, Weingärtner und Taglöhner auf dem Land, sie pflegt und füttert das Vieh, sät und erntet den Wein; mit einem Wort: sie verrichtet alle große und geringe Arbeit in Stadt und Land."

(Geschichte in Quellen III, S. 461)

| Name: | Klasse: 7 | Datum: | **Geschichte** Sozialkunde Erdkunde | Nr.: |

Das Gebiet des heutigen Landes Bayern um 1700

Gerichts- und verwaltungsmäßig war das Kurfürstentum in vier Rentämter unterteilt: München, Landshut, Straubing, Burghausen, dazu seit 1648 das Fürstentum Oberpfalz.

Suche auf der Karte die unterschiedlichen Besitzungen um 1700 in den Grenzen des heutigen Bayerns heraus!

Die größten Ländereien gehörten dem Kurfürstentum _____, das

unterteilt war in die vier Rentämter _____.

Besitzungen hatten aber auch Erzstift _____,

Hochstifte _____, Markgrafschaften _____,

Grafschaften _____, Herzogtümer _____,

Fürstprobstei _____, Kurfürstentum _____,

Reichsstädte _____

Kurfürst Max Emanuel, der „Blaue Kurfürst" (1679–1726), ein absoluter Herrscher in Bayern

Auch der bayerische Kurfürst Max Emanuel versuchte es dem „Sonnenkönig" gleich zu tun. Er war ein Fürst seiner Zeit, der schon während seiner Erziehung die prächtige Hofhaltung seines Vaters Ferdinand Maria kennen lernte und in diesem Sinn erzogen wurde.

Sein Ziel war es immer den Ruhm und den Einfluss Bayerns durch militärische Aktionen zu mehren, um den Aufstieg zur europäischen Großmacht zu schaffen. Zu seinem Vorbild Ludwig XIV. von Frankreich hatte er sogar verwandtschaftliche Beziehungen, da der älteste Sohn des Sonnenkönigs mit einer Schwester Max Emanuels verheiratet war.

Seine ersten militärischen Lorbeeren verdiente er sich schon im Alter von 21 Jahren, als er mit dem bayerischen Heer 1683 half, die von den Türken belagerte Stadt Wien zu befreien. Bei der Schlacht am Kahlenberg tat er sich mit seinen bayerischen Truppen besonders hervor und erlangte einen Ruf als großer Feldherr. Auch während der ganzen Jahre der Türkenkriege bewies er durch persönlichen Mut und militärische Geschicklichkeit seine Qualitäten als Feldherr. Bei den Türken war der „Blaue Kurfürst" (er trug bei der Schlacht immer einen blauen Harnisch) sehr gefürchtet. Er erhielt sogar vom Kaiser den Oberbefehl über das gesamte Heer und eroberte 1688 Belgrad. Sein Ruhm als Bezwinger der Türken war perfekt.

Doch seinem Land Bayern nutzte der ganze Ruhm nichts, ganz im Gegenteil. 10 Millionen Gulden hatten die Feldzüge gekostet und tausende von bayerischen Soldaten waren gefallen.

1701 schlug er sich im Spanischen Erbfolgekrieg gegen den deutschen Kaiser auf die Seite Ludwig XIV., weil er sich davon mehr Gewinn versprach. 1704 verlor er die Schlacht bei Höchstädt und musste für 10 Jahre sein Land verlassen. In dieser Zeit hatte das bayerische Volk unter den österreichischen Besatzungstruppen viel zu leiden. Seine Regierungszeit brachte Bayern keinen Segen, sondern Leid und einen riesigen Schuldenberg.

Zur Vermehrung der Schulden trugen nicht nur seine militärischen Operationen bei, sondern auch seine Prunkbauten und die luxuriöse Hofhaltung taten ein Übriges.

Der Hofstaat Max Emanuels bestand 1705 aus 1028 Personen, die ständig dem Kurfürsten und seiner Familie für Dienstleistungen jeglicher Art zu Verfügung zu stehen hatten. Darunter waren z. B. 7 Leibärzte, 28 Frauenzimmer für die Kurfürstin, 29 Frauenzimmer für die Kurfürstenkinder, 41 Musikanten und Sänger, 43 Künstler, 9 Mundköchinnen, 37 Köche, 13 Trompeter usw. Allein zur Verwaltung des Hofstaates benötigte man ca. 200 Bedienstete. Zu diesen Kosten kamen noch die Ausgaben für die häufig gefeierten Hoffeste, für Theater, Ballett, Feuerwerke ..., zu denen natürlich immer sehr viel Gäste geladen waren.

Um seinen Ruhm auch nach außen zu demonstrieren, ließ Max Emanuel großartige Prunkbauten errichten. Er bereicherte die Münchner Residenz, erweiterte Schloss Nymphenburg und baute die Schleißheimer Schlösser. Dazu beschäftigte er so berühmte Architekten wie Effner, Viscardi und Cuvilliés.

Blick auf Schloss Schleißheim und den dazugehörigen Garten mit vier achteckigen Brunnenbecken (Kupferstich von Matthias Diesel um 1720)

| Name: | Klasse: 7 | Datum: | **Geschichte** Sozialkunde Erdkunde | Nr.: |

Kurfürst Max Emanuel von Bayern

Beinamen: _____

Grund: _____

Zeit: _____

Ziel: _____

_____

Mittel:
– Prunkvolle Hofhaltung

Hofstaat: _____

_____

Feste: _____

_____

Prunkbauten: _____

_____

– Militärische Aktionen

_____

_____

Fehleinschätzung: _____

_____

_____

_____

_____

Auswirkungen auf Bayern:

_____

_____

_____

Ständische Gliederung und Abhängigkeit vom Landesherrn

Auch in Bayern herrschte zur Zeit des Absolutismus ein absoluter Landesherr – der Kurfürst Max II. Emanuel von Bayern (1679–1726). Zu seiner Zeit lebten im Kurfürstentum Bayern etwa 800 000 bis 1 000 000 Menschen. Sie waren je nach politischem Mitspracherecht und gesellschaftlichem Ansehen in verschiedene Gruppen unterteilt – die Stände.
Es gab vier Stände, in die man hineingeboren wurde und darin normalerweise ein Leben lang blieb. Nur in den geistlichen Stand konnte man z. B. durch die Priesterweihe aufgenommen werden.
Die vier bayerischen Stände waren: Der Adel, die Geistlichkeit (Prälatenstand), die Bürger der Städte und Märkte und das Landvolk.
Über diesen Ständen stand natürlich der Landesherr als absoluter Herrscher. Er besaß auch 25% des Bodens.
Die Angehörigen des Adels, der Geistlichkeit und der Bürgerschaft bildeten die drei Landstände, die das Volk gegenüber dem Landesherrn vertraten. Diese Landesverordnung setzte sich aus 16 Vertretern (8 des Adels, 4 der Geistlichkeit und 4 der Bürgerschaft) zusammen. Viel Mitspracherecht hatten sie in diesem, von einem absoluten Fürsten regierten Staat natürlich nicht. Den meisten Einfluss hatten sie auf das Steuerbewilligungsrecht. Um das Jahr 1700 gab es ca. 320 landständische Adelsfamilien, 83 landständische Klöster, 33 gefreite Städte und 88 gefreite Märkte.
Der erste Stand, der Adel, hatte eine ganze Reihe von Vorrechten im Staat. Er allein hatte Zutritt zum Hof des Kurfürsten. Staats- und Hofämter wurden bevorzugt an Adelige vergeben. Nur der Adel durfte ein Siegel führen und die niedere Gerichtsbarkeit über das Landvolk ausüben. Nur etwa 1% der gesamten Bevölkerung waren Adelige.
Den zweiten Stand oder Prälatenstand bildete die hohe Geistlichkeit (Bischöfe, Äbte und Pröbste der 83 bayerischen Klöster). Der politische Einfluss war recht groß. Sie hatten auch großen Grundbesitz (45% des Landes) und herrschten über einen erheblichen Teil der bayerischen Landbevölkerung. Sie ließen prachtvolle Kirchen und Klöster erbauen. In ihren Schulen konnte man nicht nur Lesen und Schreiben lernen, sondern viele wurden in den Gymnasien auch auf ein Studium an der Universität vorbereitet. Der Aufstieg in diesen Stand war auch für Bauern möglich. Nur 12 der 200 damaligen Prälaten waren adeliger Herkunft. Der Anteil der Geistlichkeit an der Bevölkerung betrug etwa 1%.
Den dritten Stand stellten die Bürger der Städte und Märkte. Bürger konnte nur derjenige werden, der Haus- und Grundbesitz nachweisen konnte oder die vorgeschriebene Summe an Steuern aufbringen konnte. Politisch ausschlaggebend waren in den Städten die wenigen Honoratioren, die reichen Kaufleute, hohe Beamte und Studierte. Sie verwalteten ihre Städte und Märkte fast vollständig selbst. Etwa 23% der Bevölkerung gehörte zu diesem Stand.
Der vierte Stand war ohne politische Rechte. Zu ihm zählen Bauern, Häusler, Tagelöhner, Knechte, Mägde, Stallburschen, Hirten und die Handwerker auf dem Land. Zusammen mit der besitzlosen Bevölkerung der Städte ergab sich ein Anteil von 75% an der Bevölkerung, die nur 5% des Bodens besaß. Innerhalb des Landvolkes gab es aber noch erhebliche Unterschiede. Nur wenige Bauern waren Besitzer ihrer Höfe (ca. 4%). Die meisten bestellten den Grund und Boden ihrer Grundherren. Die Güter waren je nach Größe eingeteilt in ganze Höfe (Bauern), halbe Höfe (Huber), viertel Höfe (Lechner). Noch kleinere Unterteilungen wurden Söldner und Häusler genannt. Ihren Grundherren mussten sie Teile der Ernte abgeben und Hand- und Spanndienste leisten (unentgeltlich). Außerdem waren Steuern an den Staat zu bezahlen und Kriegsdienst zu leisten.

| Name: | Klasse: 7 | Datum: | **Geschichte** Sozialkunde Erdkunde | Nr.: |

Ständische Gliederung und Abhängigkeit vom Landesherrn

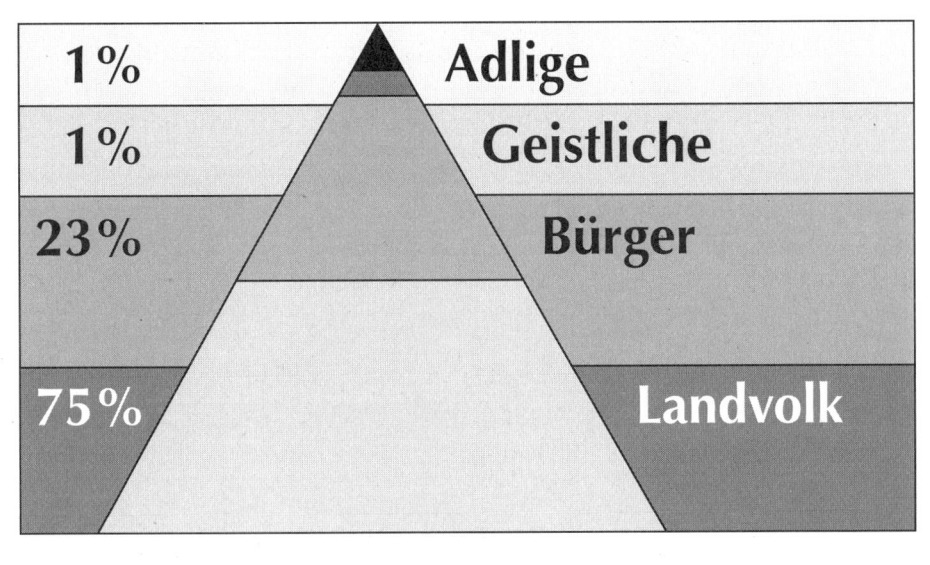

1%	Adlige
1%	Geistliche
23%	Bürger
75%	Landvolk

Ständische Gliederung in Bayern um 1700

Landesherr: _____

1. Stand (Adel): _____

2. Stand (Geistlichkeit): _____

3. Stand (Bürger): _____

4. Stand (Landvolk): _____

Die Lebensverhältnisse der Untertanen Max Emanuels

Die Menschen zu jener Zeit hatten nur eine sehr geringe Lebenserwartung (35–40 Jahre). Nur 20 von 100 Neugeborenen erreichten das 18. Lebensjahr. An Altersschwäche starben nur die wenigsten. Die hygienischen Verhältnisse waren katastrophal. Selbst die Paläste der Fürsten waren verdreckt. Die Ernährung der Untertanen war einseitig und mangelhaft, die Abwehrkräfte gegen Krankheiten wegen Unterernährung nur unzureichend. Dazu kamen noch die Gefahren durch Seuchen und Kriege.

Die Familien waren meist nicht sehr kinderreich, da die meisten Kinder bereits sehr frühzeitig starben. Oft kamen aber auch in Folge von Krankheiten und Seuchen beide Elternteile ums Leben und die Kinder wurden Waisen. Es gab keine gesetzliche Versorgung, nur freiwillige Hilfe, die nur den wenigsten zuteil wurde. Also versuchten die meisten als billige Arbeitskräfte bei Bauern, Adeligen oder Handwerkern unterzukommen, um überhaupt überleben zu können. Oft blieb ihnen aber auch nichts anderes übrig als zu betteln und zu stehlen. Arbeitslose, Krüppel und Kriegsinvalide schlossen sich auch zu Gruppen zusammen und zogen durchs Land. Sie wurden notgedrungen kriminell und waren allen ein Dorn im Auge. Ganze Bettlerheere durchstreiften das Land. Weit über 100 000 Menschen in Bayern fristeten so ihr Leben.

Für das gemeine Volk gab es keine Bildung oder Ausbildung, nur die Gewöhnung an die Arbeit von Kindesbeinen an. Diese „Lehrjahre" waren geprägt von Schlägen, dürftiger Kleidung und unzureichender Ernährung. Eine Erziehung ohne Schläge und Schmerzen war undenkbar. Kinder waren billige Arbeitskräfte. Sie arbeiteten bis zu 14 Stunden täglich und bekamen statt Milch Schnaps zu trinken, damit sie ihr Elend besser ertragen konnten.

Der Jahresverdienst der besitzlosen Bevölkerung in den Städten war z. B. (1 Gulden = 60 Kreuzer; heutige Kaufkraft ca. 8 DM)

Fuhrknechte	70 Gulden
Köchinnen	50–60 Gulden
Wäscherinnen, Hausknechte und Hirten	40 Gulden

Dazu einige Preise:

1 Hemd	2 Gulden
6 Paar Strümpfe	4 Gulden
1 Paar Schuhe	1 Gulden 30 Kreuzer

Über den Bauernstand wird berichtet:

> „Heute zu Tage ist der Landmann die armseligste unter allen Kreaturen: die Bauern sind Sklaven, und ihre Knechte sind von dem Vieh, das sie hüten kaum noch zu unterscheiden … Der Bauer wird wie das dumme Vieh in aller Unwissenheit erzogen. Er wird unaufhörlich mit Frondiensten, Botenlaufen, Treibjagden, Schanzen (Befestigungsbau), Graben und dergleichen geängstigt. Er muss vom Morgen bis zum Abend die Äcker durchwühlen, es mag ihn die Hitze brennen oder die Kälte starr machen. Des Nachts liegt er im Felde und wird schier zum Wild, um das Wild zu scheuchen, dass es nicht die Saat plündere. Was dem Wildzahn entrissen wird, nimmt hernach ein rauher Beamter auf Abtrag der noch rückständigen Steuergelder hinweg."

Die freien Bauern führten jedoch ein Leben, das fast Adeligen gleich kam. Über das fränkische Bauerntum wird zu damaliger Zeit berichtet:

> „Die Bauern des Altmühlgrundes sind ihrer Wohlhabenheit wegen bekannt. Ihre Wohnungen sind gut gebaut und mehrenteils gelb und rot oder blau und weiß angestrichen. Ihre Tracht sind schwarze, lederne Hosen, ein roter scharlachfarbener Brustfleck, nicht selten mit silbernen Knöpfen besetzt …
> Viele wohlhabende Bürger der Städte versuchten das prächtige Hofleben nachzuahmen. Sie gingen nach der Mode des Adels und trugen Kniehose mit Frack, Schuhe mit Silberschnallen und hohen Absätzen, hochgesteckte Frisuren, Reifröcke und Mieder aus kostbaren Stoffen. Auch die „höflichen" Umgangsformen wurden übernommen.

| Name: | Klasse: 7 | Datum: | **Geschichte** Sozialkunde Erdkunde | Nr.: |

Wie lebten die Untertanen Max Emanuels?

Lebenserwartung: _____

Wie lebte die durchschnittliche Bevölkerung?

_____
_____
_____
_____

Wie lebte die arme Bevölkerung?

_____
_____
_____
_____

Wie lebten die Kleinbauern?

_____
_____
_____

Wie lebten die freien Bauern:

_____
_____

Wie lebten die wohlhabenden Bürger?

_____
_____
_____
_____

Barocke Bauwerke in Bayern

Gegen Ende des 17. Jahrhunderts wurde nach dem 30-jährigen Krieg wieder gebaut. Die Menschen waren froh, diese schreckliche Zeit überstanden zu haben. Dies äußerte sich im verspielten Formenreichtum, in der überwältigenden Pracht und in der gewaltigen Raumwirkung ihrer Bauwerke. **Merkmale dieses Baustils** sind das Ovale, Gekrümmte, Gewundene, sich überschneidende Linien, üppige Verzierungen mit viel Gold und Zwiebeltürme.

Italienische Baumeister brachten diesen Stil im Auftrag von reichen Bischöfen und Fürsten in unser Land. Diese ließen prächtige Stadtresidenzen und großzügige Schlossanlagen (z. B. Nymphenburg) mit den dazugehörigen Hofgärten erbauen. Mächtige und weniger mächtige Landesherren wollten sich in Pracht und Glanz des neuen Baustiles übertreffen.

Die Schlösser wurden meist strahlenförmig in einiger Entfernung zur Stadt angelegt. Die Vorderseite war der Stadt, die Rückseite dem streng geometrischen Park zugewandt. Die Treppenhäuser waren gigantisch groß. In Festsälen hingen wertvolle Gemälde und Spiegel. Ebenso großzügig wurden die Kirchen ausgestaltet. Mit Gemälden auf den riesigen Decken und Kuppeln, vielen Säulen, reichhaltigen Stuckarbeiten, mehreren Altären, kunstvollen Kanzeln und prachtvollen Orgeln.

Barock

Der erste Barockbau in Bayern war die **Theatinerkirche** in München, gebaut vom Italiener Barelli und dem Graubündner Zucalli.

Schon bald lernten aber auch bayerische Baumeister diesen Baustil und schufen weltberühmte Bauwerke. Ganze Baumeistergeschlechter entstanden. Die Familie Dientzenhofer aus Flintsbach in Oberbayern baute unter anderem die **Neue Residenz in Bamberg,** die **Benediktinerabtei Banz** und **Schloss Weißenstein bei Pommersfelden.**

Die Brüder Dominikus und Johann Baptist Zimmermann schufen die **Wieskirche**, Balthasar Neumann die **Würzburger Residenz**, die **Wallfahrtskirche Vierzehnheiligen** und die **Abteikirche von Neresheim**. Wirkungsstätten der Brüder Egid Quirin und Cosmas Damian Asam waren die **Klosterkirche in Weltenburg**, **Kloster Rohr** und der **Dom zu Freising.**

Kloster Banz auf der Uferhöhe des Mains über Staffelstein (Kirche erbaut von 1710 bis 1713)

Johann Michael Fischer erbaute die **Abteikirchen von Ottobeuren** und **Rott am Inn.**

Josef Effner, ein Baumeister aus Dachau, vollendete das **Neue Schloss in Schleißheim.**

Die Residenz in Würzburg (1720–1744)

| Name: | Klasse: 7 | Datum: | **Geschichte** Sozialkunde Erdkunde | Nr.: |

Barocke Bauwerke in Bayern

Baumeister: _____

_____

Merkmale des Barock: _____

_____

_____

_____

Trage die Barockbauwerke in die Karte ein!

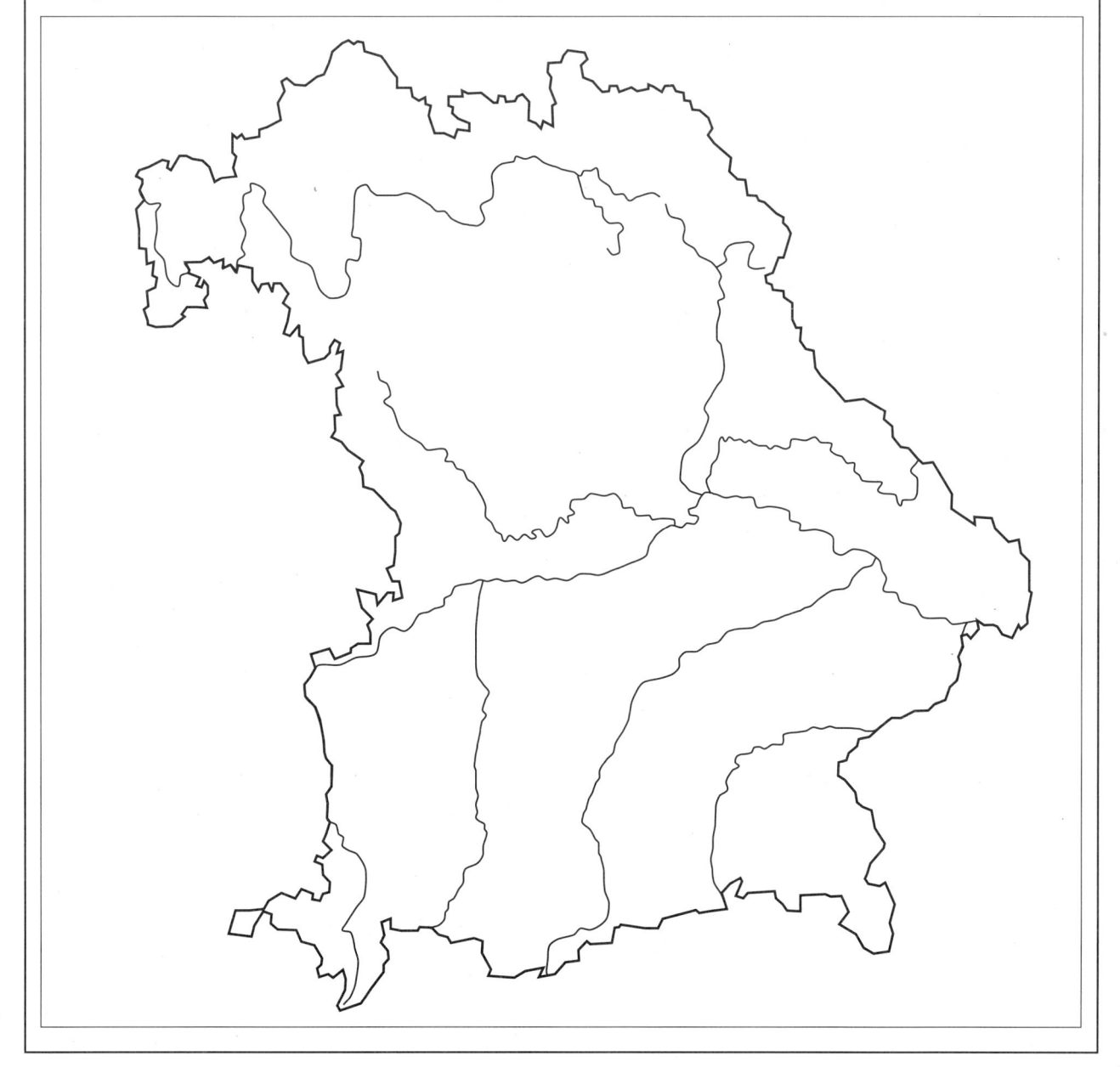

Die barocke Stadt

Während des Mittelalters verlief die Entwicklung der Städte meist ohne Plan, frei und unregelmäßig. Ein Beispiel hierfür ist Nördlingen.

Die barocke Stadt dagegen entsteht auf dem Reißbrett mit Lineal und Zirkel als eine genau festgelegte Anlage. Weil der großzügige Wiederaufbau der zerstörten Residenz Durlach auf massiven Widerstand der gesamten Einwohnerschaft stieß, bestimmte Markgraf Karl Wilhelm einen Bauplatz mitten im Wald. Er plante seine Residenzstadt nach seinen Vorstellungen. Der Plan von Karlsruhe zeigt einen Kreis von etwa 800 Metern Durchmesser. Dieser wird von strahlenförmig angelegten Straßen in 32 Teile geteilt. Ein Drittel der Fläche ist für die Stadt vorgesehen, zwei Drittel bleiben dem Wildpark vorbehalten. Das Schloss steht in der Kreismitte, die Nebengebäude sind strahlenförmig wie der Gesamtplan angeordnet. Wie in Versailles bildet das Schloss die Grenze von Stadt und Natur. Bis heute ist diese Grundplanung deutlich zu sehen.

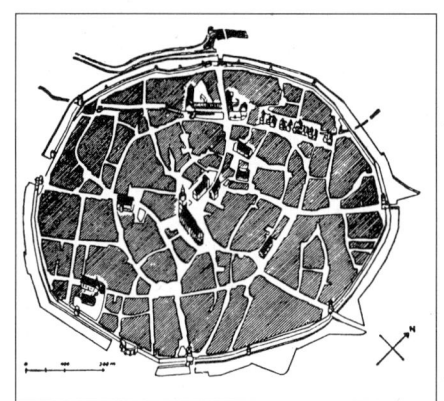

Nördlingen, Beispiel einer „gewachsenen" Stadt. Innerer Ring um Pfarrkirche und Rathaus 13. Jh., Erweiterung im 14. Jh.

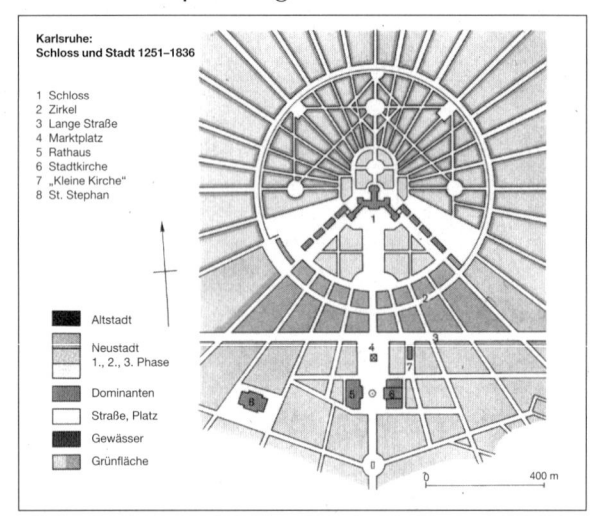

Aus: Werner Müller/Günther Vogel, dtv-Atlas zur Baukunst © 1981 Deutscher Taschenbuch Verlag, München

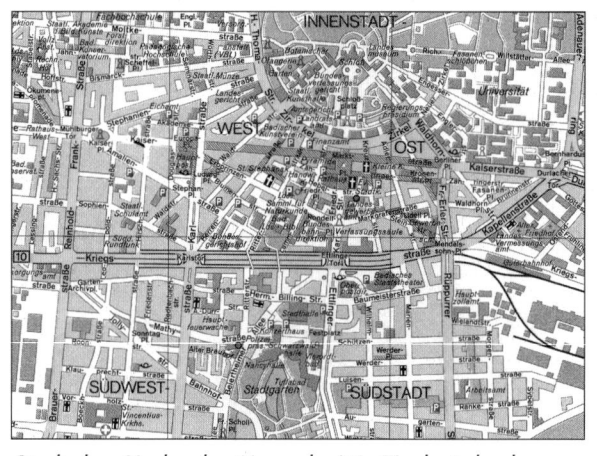

Stadtplan Karlsruhe (Ausschnitt). Findest du das Schloss? © by Falk Verlag München-Stuttgart; Ausschnitt aus Autoatlas Deutschland

Auch Mannheim wurde in der Zeit des Absolutismus angelegt. Vergleiche die Pläne von Karlsruhe und Mannheim!

Stadtplan Mannheim (Ausschnitt). © by Falk Verlag München-Stuttgart; Ausschnitt aus Autoatlas Deutschland

Arbeiten und Wirtschaften in Manufakturen

Auch in Bayern wurden wie in Frankreich zur Zeit des Absolutismus Manufakturen gegründet. 1790 gab es auf dem Gebiet Bayerns ca. 70 Manufakturen in denen etwa 1400 Arbeitskräfte arbeiteten und 2000 bis 3000 Handwerker, die von diesen Fabriken abhängig waren. Dies war keine sehr große Zahl, wenn man bedenkt, dass es gleichzeitig 49 000 selbständige Handwerksmeister, 27 600 Gesellen und 7500 Lehrlinge im Handwerk gab. Die Branchen der Betriebe waren: Glaserzeugung und Glasbearbeitung, Keramik, Draht- und Metallwaren, Textilien, Nahrungs- und Genussmittel, Holzbe- und Holzverarbeitung, Lederbe- und Lederverarbeitung, Papierherstellung und Papierverarbeitung, Instrumente und Waffen.

Die Wirtschaftsleistung dieser Manufakturen betrug etwa 1% der gesamten bayerischen Wirtschaftsleistung.

Was ist eine Manufaktur?

In einer Manufaktur wurden Waren in Arbeitsteilung hergestellt. Der Produktionsvorgang war in zahlreiche Teilabschnitte gegliedert, bei welchen die Arbeiter des einen mit den Arbeitern des nächsten Abschnittes zusammenarbeiten mussten. Die gesamte Herstellung fand an einem Ort statt. Der Arbeiter war ganz vom Fabrikanten abhängig, er arbeitete mit Rohstoffen und Werkzeugen, die ihm nicht gehörten, im Auftrag und unter Kontrolle eines Manufakturbesitzers. Die Arbeitsstätte war nicht mehr auch gleichzeitig die Wohnung. Die Unternehmer hatten sehr viel Geld für Anlagen, Werkzeuge, einfache Maschinen usw. zu investieren. Darunter waren Fabriken, die zu den bedeutendsten in ganz Europa gehörten, wie z. B. die Schüle'sche Kattunfabrik in Augsburg.

Dieses Fabrikschloss wurde 1770–1772 von einem bedeutenden Baumeister erbaut. Wie man unschwer erkennen kann, richtete sich der Baustil dieser Fabrik nach Vorbildern der Schlossbaukunst des Adels. Sein Besitzer, der Kattunfabrikant Johann Heinrich Schüle, wurde später sogar in den Adelsstand erhoben. Seine Fabriken wurden von Kaisern und Königen besucht.

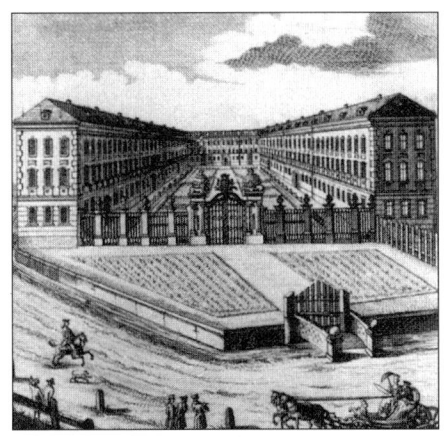

Die Schüle'sche Kattunfabrik, erbaut 1770–72 von Baumeister Leonhard Christian Mayr. Unbezeichneter Kupferstich.

Wie wurde in diesen Manufakturen gearbeitet?

In einer Reisebeschreibung von 1778 wird von der Arbeit in der Schüle'schen Kattunfabrik in Augsburg berichtet (Nicolai, Reise, Bd. 8, S. 23 ff.).

> „In dem 1773 fertiggestellten Gebäude werden teils in Augsburg hergestellte, teils ostindische Kattune appretiert, gemalt und gepresst; alles auf eine vorzügliche Weise, dass die Schüle'schen Kattune sich von vielen anderen sehr vorteilhaft unterscheiden. Alles zeugte von Ordnung, vorteilhafter zweckmäßiger Einrichtung, Reinlichkeit und Bequemlichkeit. Es arbeiteten hier damals ungefähr 350 Personen, unter diesen viele Frauen und Kinder. Die Arbeiter kommen im Sommer täglich früh um 6 Uhr und arbeiten bis abends um 8 Uhr, doch werden sie nicht nach der Zeit, sondern nach Stücken bezahlt. Man zeigte uns kleine Mädchen, die täglich nur 8 Kreuzer verdienen konnten; und dagegen einen Drucker, der wöchentlich bis zu 2 Louisdor verdienen könnte, welches fast unglaublich erscheint. Die einfärbigen Muster werden mit Kupferplatten gedruckt, wozu zwei Kupferstecher gehalten werden. Die vielfarbigen Muster werden mit hölzernen Formen bedruckt. Die Kupferplatten werden auf einer Presse abgedruckt, die durch ein Schwungrad (mit Menschenkraft) angetrieben wird. Es ist auch noch eine andere Vorrichtung da, die das Tuch nach dem Druck fortlaufend in die Höhe zieht (mit Wasserkraft) und es auf eine Rolle aufwickelt."

Die Arbeitsteilung, Berufsdifferenzierung und Maschinisierung wird am Beispiel der „Spiegelglasmanufaktur Grünenplan" deutlich.

Die Produktion war unterteilt in drei Hauptphasen: Rohstoffbeschaffung und -aufbereitung, Stoffumwandlung, Veredelung.

Bei der Rohstoffaufbereitung wurden Stampfwerke eingesetzt. Bei der Stoffumwandlung (Glasschmelze und Glasblasen) konnten keine Maschinen eingesetzt werden, hier war chemisches Probieren und handwerkliches Können gefragt. Für die aufwendigen Arbeiten bei der Veredelung (Schleifen und Polieren) wurden mehrere Schleif- und Poliermühlen erbaut.

Für die Versorgung des Betriebes mit Holz waren Holzhauer zuständig, für die Aufbereitung der Rohstoffe, Pottaschensieder, Sandwäscher, Gips- und Tonstampfer, Gipskocher und Tagelöhner. Im Versand arbeiteten Kistenmacher, Einbinder und ebenfalls Tagelöhner. In der Produktion selbst waren beschäftigt: 1 Spiegelmacher, 1 Gemengemacher, 1 Anfänger (zuständig für die Anfangsphase der Glasschmelze), 1 Vorbläser, 1 Schwenker, 1 Strecker, 1 Pontiträger, 1 Aufschiebjunge, 2 Schürer, 4 Schürjungen. In der Veredelung arbeiteten: 1 Glasschneider, 1 Schleifmeister, 24 Schleifer, 2 Poliermeister, 10 Polliermüller, 10 weitere Polierer und 1 Aufseher.

Die unterschiedlichen Berufe waren abhängig von der eingesetzten Technik. Wenige hochqualifizierte Arbeiten, teilweise sogar künstlerische, waren notwendig und eine Menge ungelernter Tätigkeiten, die besonders von Frauen und Kindern geleistet wurde.

| Name: | Klasse: 7 | Datum: | **Geschichte** Sozialkunde Erdkunde | Nr.: |

Arbeiten und Wirtschaften in Manufakturen

Manufakturen in Bayern (1790)

Anzahl: _____

Arbeiter: _____

Branchen: _____

Kennzeichen einer Manufaktur:
_____

Der Papierer

Arbeitsbedingungen: _____

Volksfrömmigkeit als Lebenssinn und Lebensgestaltung

Ein weiteres Kennzeichen dieser Zeit ist die besondere Frömmigkeit in allen Teilen der Bevölkerung.

Durch Abgaben und Leistungen der Bauern an die kirchlichen Landesherren und insbesondere an die Klöster konnten auf dem Land hervorragende barocke Bauwerke geschaffen werden und große kulturelle Leistungen vollbracht werden. Die Bauern waren so auch weitab der Residenzstädte in die barocke Kultur und Lebensweise miteingebunden.

Das flache Land verlor den Charakter der Provinz und auch das entfernteste Dorf nahm an der Kultur des Zeitalters teil. Indem die vielen Klöster auch Leuten mit bürgerlicher oder ländlicher Abstammung offen standen, wurden besonders religiöse Inhalte der Barockkultur vom normalen Volk übernommen. So konnte sich eine auf der Frömmigkeit der Menschen basierende barocke Volkskultur entwickeln.

Das ländliche Volk, das meist weder lesen noch schreiben konnte, wurde in der Kirche mit leicht verständlichen Predigten nun vor allem religiös „gebildet". Die Orden der Jesuiten, Kapuziner und Franziskaner waren in der Volksmission tätig und erreichten so fast die gesamte ländliche Bevölkerung mit ihren Unterweisungen.

Gleichzeitig wurde die Volksfrömmigkeit mit Aktionen besonders gefördert, für die das Volk besonders empfänglich war. Dazu gehörten Wallfahrten und Prozessionen, Heiligen- und Reliquienverehrung, Ölbergandachten und Auferstehungsfeiern, Umritte und Passionsspiele und der Zusammenschluss in Bruderschaften und Kongregationen zu gemeinsamer Heiligung und zu Werken der Nächstenliebe.

Viele dieser damals begonnenen Aktivitäten haben sich bis in die heutige Zeit erhalten.

Die Wallfahrten

Die Gläubigen besuchen Orte, an denen sie Gott näher sind als anderswo. Sei es, weil an diesen Orten Wunder geschahen oder weil an diesen Orten außergewöhnliche Menschen (Heilige, Seelige) gewirkt haben oder begraben sind. Da es in dieser Zeit den meisten Leuten nicht möglich war, zu den besonders heiligen Stätten zu reisen (Heiliges Grab in Jerusalem, Apostelgräber in Rom...), suchte und fand man Ersatz. Geistliche und weltliche Fürsten schmückten die einheimischen Kirchen mit Reliquien aus den heiligen Gräbern.

Wallfahrt

Votivtafeln

In fast allen Wallfahrtskirchen findet man mehr oder weniger gekonnt gemalte Tafeln, die Szenen mit Menschen in Not darstellen. Sie verdanken ihre Entstehung dem Glauben an die wundertätige Kraft von Gnadenbildern. Die lateinische Aufschrift EX VOTO bedeutet, dass der Stifter dieser Tafel in schwerer Not gelobt hat, eine solche Tafel zu stiften, wenn er der Not entrinnen sollte. Nach überstandener Gefahr pilgerte er zum Wallfahrtsort und überbrachte das versprochene Bild, auf dem die wunderbare Rettung dargestellt war. Dieses Bild wurde als Beweis der Wunderkraft des Gnadenbildes und als Beweis der Gläubigkeit des Stifters in der Wallfahrtskirche aufgehängt. Votivtafeln sind Zeugnisse einer Volksfrömmigkeit, die Freude daran hatte ihren Glauben in der Öffentlichkeit zu demonstrieren.

Votivtafel aus dem Jahr 1767

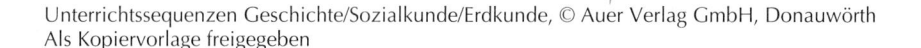

Denkmalschutz: Aufgaben und Schwierigkeiten

In der Verfassung des Freistaates Bayern steht in Artikel 141 (1):
„Die Denkmäler der Kunst, der Geschichte und der Natur sowie die Landschaft genießen öffentlichen Schutz und die Pflege des Staates, der Gemeinden ..."

Das Gesetz zum Schutz und zur Pflege von Denkmälern gibt in Artikel 1 an, was Denkmäler sind:
„Denkmäler sind von Menschen geschaffene Sachen oder Teile davon aus vergangener Zeit, deren Erhaltung wegen ihrer geschichtlichen, künstlerischen, städtebaulichen, wissenschaftlichen oder volkskundlichen Bedeutung im Interesse der Allgemeinheit liegt."

Man unterscheidet:
- Baudenkmäler: Schlösser, Burgen, Stadtmauern, Kirchen, Häuser, Brücken, Industrieanlagen, Flurkreuze, Marterl, Grenzsteine
- historische Gartenanlagen
- technische Denkmäler: Verkehrsanlagen, Eisenbahnstrecken, Brücken, Arbeitsgeräte, Maschinen
- Ensembles: Gebäudegruppen
- historische Ausstattungsstücke: Altäre, Decken- und Wandmalereien, Wandverkleidungen, Kirchengestühl
- bewegliche Denkmäler: Gemälde, Skulpturen, Möbel, Bücher, Urkunden
- Bodendenkmäler: Reste von Befestigungsanlagen und Gebäuden, Ringwälle, Viereckschanzen, Gräber, Münzen, Gefäße, Werkzeuge, Schmuck

Der Zweite Weltkrieg zerstörte unsere Städte. Die Bemühungen der Nachkriegsjahre galten zunächst der Wiederherstellung der wichtigsten Monumente. Kirchen, Residenzen und Rathäuser konnten in den meisten Fällen, wenn sie nicht zu stark zerstört waren, wiederhergestellt werden. Die Städte und Orte wurden „autogerecht" umgestaltet, was zur Folge hatte, dass viele noch intakte schützenswerte Gebäude einfach abgerissen wurden. Manchmal war der Verlust an historischen Gebäuden durch solche städteplanerischen Maßnahmen größer als durch Bomben im Krieg. Dabei ist unser bauliches Erbe ein Spiegel unserer Geschichte und kein Volk kann ohne seine Vergangenheit leben.

„Eine Zukunft für unsere Vergangenheit" war das Motto des Denkmalschutzjahres 1975. Diese Forderung ist gar nicht so leicht zu verwirklichen, denn das Interesse an der Erhaltung von Baudenkmälern steht häufig im Widerspruch zu den Forderungen von Verkehr, Wirtschaft und den Wünschen nach bequemem und zeitgerechtem Wohnen. Zudem ist die Erhaltung von Baudenkmälern zunächst Sache des Eigentümers. Instandhaltung und Renovierung alter Gebäude kostet aber viel Geld. Wenn es sich ein Eigentümer nicht mehr leisten kann, erhält er auf Antrag eine Unterstützung des Landesamtes für Denkmalpflege.

Dies klingt gut, aber die öffentlichen Mittel werden immer geringer. Diese Behörde be-

Das Kriegsende: Augsburg 1945

fasst sich auch mit der Erfassung, Erforschung und Beschreibung (Inventarisierung), der Sicherung (Konservierung), der Instandsetzung (Restaurierung), Erneuerung (Renovierung) und Wiedererrichtung (Rekonstruierung) von Denkmälern. Trotz der doch recht großen Kosten spricht einiges für die Erhaltung von Denkmälern. Jede Mark die bei der Denkmalpflege ausgegeben wird, lohnt sich mehrfach, wenn man an die Erhaltung der Arbeitsplätze gerade bei Handwerksbetrieben denkt. Denkmale sind auch eine wichtige Attraktion für den Fremdenverkehr und bringen somit indirekt Geld in die Kassen. Denkmäler sind auch ein unverzichtbares Stück Heimat.

Denkmalpflege ist nicht nur die Erhaltung von berühmten Bauwerken, sie beginnt im Kleinen z. B. mit der Restaurierung von alten Bauernhäusern. Hier kann auch der Privatmann wichtige Dienste leisten. Als Beispiel soll die vorbildliche Restaurierung eines Bauernhofes in Edelstetten bei Krumbach in Schwaben dienen.

Das mächtige Gehöft wurde im Jahre 1735 erbaut und war bereits auf einer Landkarte von 1750 eingezeichnet. Bis zum Anfang der 80er Jahre wurde der Hof voll bewirtschaftet. 1956 wurde der Hof vom Vater des heutigen Besitzers erworben und nach modernen Gesichtspunkten saniert. Die Giebel wurden mit Platten verkleidet, die Sprossenfenster gegen Einscheibenfenster ausgetauscht. Die Fensteranordnung wurde verändert und ein kleiner Anbau mit Flachdach erstellt. Alte Holztüren wurden gegen moderne ausgewechselt. Als der Hof 1983 übergeben wurde und der junge Besitzer die Landwirtschaft nicht mehr weiterbetreiben wollte, stellte sich die Frage, was tun. Der Rat vieler war: wegreißen und neu bauen. Nur ein bekannter Schreiner und ein Architekt rieten zum Erhalt des Hauses. Bald begann eine eifrige Suche nach passenden Bauelementen. Die alten Türen des Pfarrhofes, die verbrannt werden sollten, wurden geholt.

Lärchenbalken eines abgebrochenen Lagerhauses wurden erworben und die Restaurierung in einem Jahr mit viel persönlichem Engagement und Sachverstand durchgeführt. Unter der Verplattung kam ein herrliches Fachwerk zum Vorschein. Die Fenster wurden in die alte Größe und Einteilung gebracht. Neue Fensterläden mit Kassetten kamen hinzu. Schließlich wurde das ganze Dach mit Biberschwanzziegeln neu gedeckt. Auch im Innenraum wurde dementsprechend neu gestaltet. Die Restaurierung kostete etwa 350 000 DM ohne Eigenleistungen und wurde von der Dorferneuerung mit 60 000 DM bezuschusst.

Ein anderes, weniger rühmliches Beispiel ist die historisch bedeutende Schüle'sche Kattunfabrik in Augsburg, erbaut (1770–1772). Augsburg ist die erste und bedeutendste Stadt der Frühindustrialisierung im gesamten süddeutschen Raum. Der Fabrikpalast (Kattunfabrik) trug dazu bei, dass Augsburg mit die führende Stelle im Manufakturwesen des damaligen Deutschland hatte. Der Fabrikpalast war auch schon zu seiner Zeit einzigartig in ganz Europa. Heute um so mehr, als 1968 ein vergleichbares Gebäude in Linz in Österreich gesprengt wurde. Wie bei sämtlichen alten Industriedenkmälern stellt sich natürlich insbesondere die Frage der Nutzung. Das Gebäude stand lange leer oder wurde nur als Lagerraum genutzt, die Stadt Augsburg stellte den Antrag den Nordflügel des Gebäudes wegreißen zu dürfen. Auch private Interessenten gab es, die den Fabrikpalast nach gründlichem „Umbau" für Wohn- und Geschäftszwecke nutzen wollten. Eine endgültige Entscheidung über die weitere Verwendung dieses einzigartigen Industriedenkmals ist bis heute nicht gefallen. Eingefallen ist mittlerweile aber schon ein Seitenflügel dieses einstigen „Palastes".

1. Welche gesetzlichen Grundlagen gibt es?
2. Was sind Denkmäler?
3. Welche Arten gibt es?
4. Welche Schwierigkeiten können auftreten?
5. Nenne Gründe, die für Denkmäler sprechen!
6. Kennst du Denkmäler in deiner näheren Umgebung?
7. Aus welcher Zeit stammen diese Denkmäler?
8. Auf welches Denkmal würdest du nicht verzichten wollen?

| Name: | Klasse: 7 | Datum: | **Geschichte** Sozialkunde Erdkunde | Nr.: |

Denkmalschutz

Gesetzliche Grundlagen des Denkmalschutzes:

_____
_____
_____
_____

Was sind Denkmäler?

_____
_____
_____
_____

Regensburg, Blick auf die Steinerne Brücke und den Dom.
Die Altstadt von Regensburg verdankt ihre Berühmtheit ihrer Lage an Strom und Brücke. Römerstadt, Pfalzbereich, Dombezirk belegen die zweitausendjährige Geschichte der Stadt. Herzog und Bischof, Mönche und Bürger haben hier gebaut und gelebt. Haustürme und Patrizierburgen des Stadtadels prägen neben Klöstern, Kirchen, Bürgerhäusern und öffentlichen Gebäuden das Bild einer gewachsenen Stadt, die ihre Vergangenheit bewahrt.

Welche Arten von Denkmälern gibt es?

_____
_____
_____
_____

Schwierigkeiten der Denkmalpflege:

_____
_____

Was spricht für Denkmäler?

_____
_____
_____

Denkmäler der näheren Umgebung:

_____
_____

6. Die Französische Revolution und ihre Folgen

> **→ 7.6 Die Französische Revolution und ihre Folgen (bayerischer Hauptschullehrplan)**

Lerninhalte:

- Kennenlernen der Vorgeschichte und des Verlaufs der Französischen Revolution
- Verstehen, dass die Erklärung der Menschenrechte ein zentrales Ereignis ist
- Erkennen, wie eine Revolution in eine Herrschaft des Schreckens münden kann
- Nachvollziehen von Napoleons Machtstellung mit seinen Auswirkungen auf Bayern
- Begreifen der territorialen und verfassungsgemäßen Entstehung des modernen Bayern
- Erkennen, dass Menschenrechte nicht überall gelten
- Erkennen, dass Kinder und Frauen häufig Opfer von Menschenrechtsverletzungen sind
- Bewusstmachen, dass sich Einzelpersonen und Organisationen für Menschenrechte einsetzen

Arbeitsmittel:

Folienvorlagen, Informationsblätter, Arbeitsblätter

Informationen zum Thema:

Die **Lehre des Naturrechts** drückt aus, dass die Menschenrechte so alt sind wie die Menschheit selbst. Menschenrechte galten demnach als angeboren, bevor Gesellschaft und Wirtschaft, Staat und Religion den Menschen prägten und ihn in seinen Rechten beschnitten.

Immer wieder erhoben sich einzelne Gruppen, Schichten und Völker **gegen Benachteiligung und Unterdrückung,** ohne sich auf ein fundiertes Widerstandsrecht stützen zu können.

Das **Mittelalter** kannte noch keine persönlichen Freiheiten für alle, sondern billigte nur einzelnen Ständen und Schichten gemeinsame Rechte zu. Aus der Unzufriedenheit benachteiligter Bevölkerungsgruppen erwuchsen allmählich **Revolutionen,** die sich zum Ziel gesetzt hatten, allen Menschen gleiche Rechte zuzuerkennen.

Die amerikanische „Virginia Bill of Rights" als Vorläufer der Unabhängigkeitserklärung 1776 war im Vergleich zu späteren Menschenrechtserklärungen noch unvollkommen, doch diente sie vielen Staaten als Muster, u. a. auch der französischen Menschenrechtserklärung.

Der Dritte Stand des Bürgertums in Frankreich löste mit dem **Sturm auf die Bastille 1789 die Französische Revolution** aus, als dessen zentrales Ereignis die Erklärung der Menschenrechte angesehen wird. Sie diente als Vorbild für weitere in der Folgezeit entstehende Verfassungen.

Menschenrechte, **Frauenrechte, Kinderrechte** – überall sind sie immer wieder **gefährdet,** werden nicht geachtet und immer wieder aufs neue eingefordert.

Menschenrechtsverletzungen sind an der Tagesordnung der Weltgeschichte. Organisationen, aber auch Einzelpersonen setzen sich immer wieder für sie ein.

6. Die Französische Revolution und ihre Folgen

Einstieg ins Thema: Folienvorlage (Menschenrechtsverletzungen auf der ganzen Welt) (S. 115)

6.1 Ursachen, Ausbruch und Anfang der Revolution

Frankreich vor dem Ausbruch der Französischen Revolution (S. 116)
Die gesellschaftliche Gliederung in Frankreich (S. 117)
Drei Stände – eine Ursache der Französischen Revolution (Arbeitsblatt S. 118; Lösungsblatt S. 257)
Soziale und wirtschaftliche Ungleichheit (Arbeitsblatt S. 119; Lösungsblatt S. 257)
Die Generalstände und die Forderungen des 3. Standes (Arbeitsblatt S. 120; Lösungsblatt S. 258)
Die Nationalversammlung verkündet den Ballhausschwur (S. 121)
Sturm auf die Bastille (S. 122)
Die Ideen der Aufklärung werden wirksam (S. 123)

6.2 Von den Menschenrechten zur Schreckensherrschaft

Das Ende der Privilegien (Arbeitsblatt S. 124; Lösungsblatt S. 258)
Die Erklärung der Menschenrechte (S. 125)
Einführung der konstitutionellen Monarchie (Arbeitsblatt S. 126; Lösungsblatt S. 258)
Radikalisierung der Revolution und Bedrohung von außen (Arbeitsblatt S. 127; Lösungsblatt S. 258)

6.3 Das Zeitalter Napoleons

Napoleons Aufstieg zum Kaiser (Arbeitsblatt S. 128; Lösungsblatt S. 259)
Napoleons Herrschaft über Europa (Arbeitsblatt S. 129; Lösungsblatt S. 259)

6.4 Die Entstehung des modernen Bayern

Die territoriale Entwicklung Bayerns (1799–1816; S. 130)
Montgelas Revolution von oben (S. 131)
Bayerns Verfassung von 1818 und seine konstitutionelle Monarchie (S. 132)

6.5 Grund- und Menschenrechte heute

Die Würde des Menschen als Voraussetzung der Grundrechte (S. 133)
Benachteiligung von Frauen – auch heute? (S. 134)
Menschenrechtsverletzungen in aller Welt (Arbeitsblatt S. 135; Lösungsblatt S. 259)
Menschen auf der Flucht (Arbeitsblatt S. 136; Lösungsblatt S. 259)
Menschen engagieren sich für Menschenrechte (S. 137)
Internationale Menschenrechtsorganisationen (Arbeitsblatt S. 138; Lösungsblatt S. 260)

Projektvorschlag: Kinderrechte

Kinder haben Rechte – überall! (S. 241)
Wie kann ich mich für die Menschenrechte einsetzen? (S. 242)

Projektvorschlag: Menschenrechte während des Nationalsozialismus in Deutschland

Menschenrechte werden außer Kraft gesetzt (1933; S. 243)
Verfolgung unschuldiger Menschen – Beispiel: Anne Frank (S. 244)
27. Januar: Gedenktag für die Opfer des NS-Regimes (mit möglichen Projektergebnissen; S. 245/246)
Menschenrechte – auch für Ausländer! (S. 247)

Menschenrechtsverletzungen auf der ganzen Welt

Menschenrechte auf der ganzen Welt?
1. Worauf will der Zeichner hinweisen?

Eine Handvoll Reis gestohlen ...
2. Vergleiche dieses Foto mit der Karikatur. Was stellst du fest?
3. Woher stammt der Begriff der „Menschenrechte"?

Frankreich vor dem Ausbruch der Französischen Revolution

Karikatur aus dem Jahre 1789

1. Lies den Text und beschreibe anschließend die Karikatur! Was will der Zeichner damit ausdrücken?
2. Warum entstanden zum Ende des 18. Jahrhunderts viele Karikaturen?

Staatsschulden

In Frankreich regierte seit 1774 König Ludwig XVI. als absolutistischer Monarch über etwa 25 Millionen Menschen. Wie schon in den Jahrzehnten vorher lebten Tausende adeliger Höflinge und Zehntausende von Bediensteten bei Hofe in Versailles. Die Verschwendungssucht bei Hof verschlang im Jahr 1798 umgerechnet fast 500 Millionen Goldmark – kein Wunder, dass die Kassen des Königs immer leer waren. Dazu kam noch ein stets steigender Finanzbedarf für den Unterhalt des Heeres, die Kriege im Ausland und die Zinsen für die Staatsschulden.

Zunehmende Verarmung des Dritten Standes

Missernten in den achtziger Jahren und Wildschäden verringerten die Einnahmen der Bauern – den Rest fraßen die hohen Steuern auf. Darüber hinaus mussten noch zahlreiche indirekte Steuern und Gebühren abgeführt werden. So versank ein großer Teil der Landbevölkerung in immer größerer Verarmung.

Ideen der Aufklärung werden wirksam

Berühmte Denker der Aufklärung wie John Locke und Charles de Montesquieu waren zwar schon mehrere Jahre tot, als sich die Lage in Frankreich zuspitzte. Aber jetzt, im Jahr 1789, drangen ihre Ideen auch in das Bewusstsein breiter Bevölkerungsschichten. Jahrzehnte vorher hatten diese Philosophen schon die Lehre von der Freiheit und Gleichheit aller Menschen vertreten. Das Volk wollte die Ungleichheit, die Ungerechtigkeiten und ein ärmliches Leben nicht länger hinnehmen. In Reden und auf Flugblättern wurden politische Forderungen erhoben, die auf die Gedanken der Aufklärung zurückgingen.

Die Reformversuche des Königs

Die Notlage der Bevölkerung war König Ludwig XVI. bekannt. Seine größte Sorge galt jedoch den Staatsfinanzen, die er nur in den Griff bekommen konnte, wenn auch der erste und zweite Stand höhere Steuern bezahlen würde. Diese wollten jedoch auf ihre Vorrechte, die sie seit Jahrhunderten genossen, nicht verzichten.
Dem König gelang es nicht, aus eigener Macht die Steuern zu erhöhen. Im Frühjahr 1789 führte eine schwere Hungersnot in Paris zu Plünderungen. Um neue Steuergesetze zu beschließen und weitere Unruhen zu verhindern, beschloss der König, die Generalstände einzuberufen.

Die gesellschaftliche Gliederung in Frankreich

Trotz der inneren Schwierigkeiten gliederte sich die Bevölkerung immer noch wie im Mittelalter in drei Stände: Adel, Geistlichkeit und Bürgertum. Jeder Franzose gehörte durch Geburt einem Stand an.

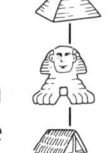

1. Stand: Adel → 350 000 (1,5% der Bevölkerung). Der Adel besaß ca. 20% des Bodens. Er lebte von den Abgaben seiner Bauern, besaß das alleinige Jagd- und Fischereirecht und hatte Anspruch auf die hohen Ämter in der Verwaltung und auf die Offiziersstellen im Heer. — zahlt fast keine Steuern

2. Stand: Geistlichkeit → 130 000 (0,5% der Bevölkerung). Die Geistlichen besaßen 10 bis 15% des Bodens. Wie die Adeligen erhielten sie als Grundherren von ihren Bauern Natural- und Geldleistungen, dazu den Kirchenzehnt. Die Kardinäle, Bischöfe und Äbte waren fast alle adelig und verfügten über hohe Einkünfte. Die niedrige Geistlichkeit jedoch, z. B. die Dorfpfarrer, waren größtenteils arm und wurden schlecht bezahlt. — zahlt fast keine Steuern

3. Stand: Bürger und Bauern: 24 500 000 (98% der Bevölkerung) — hat fast die ganze Steuerlast zu tragen

Bürger: 3 500 000 (14%)
a) Bankiers, Großkaufleute, Bergwerks- und Fabrikbesitzer lebten wie die Adeligen. Die kleine Oberschicht besaß 30% des Bodens.
b) Richter, Rechtsanwälte, Notare und Ärzte bildeten die geistige und politische Führungsschicht. Handwerker, Kleinkaufleute
c) Handwerksgesellen, Arbeiter und Bedienstete

Bauern: 21 000 000 (84%) besaßen nur ca. 35% des Bodens.
Die Mehrzahl lebte auf eigenem Land. War der Bauer Pächter, musste er Naturalabgaben und Pachtzahlungen an den Grundherrn entrichten. Landarbeiter und Mägde gehörten ebenso zu diesem Stand.

Auf dem Stein steht: „Steuern und Fronarbeit".

In einem Bericht beschreibt der französische Volkswirtschaftler Vauban (1633–1707) die Lebensbedingungen der Bevölkerung:

> „Ich bin zu der Wahrnehmung gelangt, dass in der letzten Zeit fast ein Zehntel der Bevölkerung an den Bettelstab gelangt ist und tatsächlich durch Betteln erhält, dass von den übrigen neun Zehnteln fünf nicht in der Lage sind, das erste Zehntel durch Almosen zu unterstützen, weil sie selbst diesem Elendszustand um Haaresbreite nahe sind. Von den verbleibenden vier Zehnteln sind drei außerordentlich schlecht gestellt und von Schulden und Prozessen bedrängt. In dem zehnten Zehntel, zu dem ich alle Angehörigen des Schwert- und Amtsadels, Geistliche wie Laien, den ganzen Hochadel, den besseren Adel, die Inhaber militärischer und ziviler Chargen, die Großkaufleute, die wohlhabendsten und von ihren Renten lebenden Bürger rechne, gibt es keine hunderttausend Familien, mit denen man rechnen könnte, und ich glaube mich nicht zu irren, wenn ich sage, dass es keine zehntausend geringe oder große Familien gibt, von denen man sagen könnte, dass es ihnen wirklich gut geht."

Erläutere die zeitgenössische Karikatur!

| Name: | Klasse: 7 | Datum: | **Geschichte** Sozialkunde Erdkunde | Nr.: |

Drei Stände – eine Ursache der Französischen Revolution

Um 1780 gliedert sich das französische Volk in drei Stände:

Zusammensetzung der Bevölkerung Frankreichs:

Verteilung des Grundbesitzes:

Steuerlast:

Schreibe Forderungen auf, die der dritte Stand in dieser Situation an das französische Herrscherpaar richten könnte!

1. _____
2. _____
3. _____
4. _____

Was zeigt diese Karikatur?

Zum dritten Stand gehörten auch die vielen Tagelöhner und Hausangestellten. Sie hatten keinerlei Besitz und waren hilflos Krankheiten und Unfällen ausgesetzt. Noch schlimmer ging es den Landarbeitern und Bettlern. Sie waren nicht nur ohne jegliches Recht, sondern sie litten in normalen Zeiten ständig unter Hunger.

| Name: | | Klasse: 7 | Datum: | **Geschichte** Sozialkunde Erdkunde | Nr.: |

Soziale und wirtschaftliche Ungleichheit

Bevölkerung Frankreichs:
98% Bürger u. Bauern
2% Adel und Geistlichkeit

Grundbesitz Frankreichs:
25% Bürger und Bauern
75% Adel und Geistlichkeit

Veranschauliche die Bevölkerungsverteilung und den Grundbesitz in den Prozentkreisen!

Einnahmen:
65% Indirekte Steuern
30% Direkte Steuern
 5% Schulden

Ausgaben
33% Verteidigung/Heer
30% Zinsen
10% Ausgaben bei Hof
21% Verwaltung
 6% Pensionen

Woher stammten die Einnahmen des französischen Haushalts? Wohin flossen die Gelder? Trage in die Prozentkreise ein!

Beschreibe die Lage der Bauern und Bürger!
_____
_____
_____

Beschreibe die Situation der oberen Schichten!
_____
_____
_____

| Name: | Klasse: 7 | Datum: | **Geschichte** Sozialkunde Erdkunde | Nr.: |

Die Generalstände und die Forderungen des 3. Standes

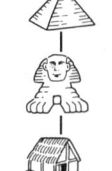

Die Einberufung der Generalstände

Die neuen Ideen von Freiheit und Gleichheit aller Menschen breiteten sich rasch aus. Ludwig XVI. wollte Reformen einleiten, konnte die Schwierigkeiten aber nicht mehr bewältigen. Im Jahr 1786 begann eine wirtschaftliche Krise. 1788 verschärfte eine Missernte die Lage. Ein überaus strenger Winter steigerte die Unzufriedenheit im Volk. Viele Bauern waren vom Land in die Stadt gekommen, weil sie hier Nahrung und Verdienst erhofften. Sie sahen sich getäuscht.

In dieser verzweifelten Lage berief der König die Generalstände ein. Sie sollten neue Steuern bewilligen. Generalstände nannte man die Vertreter der drei Stände in Frankreich. Seit über 150 Jahren waren sie nicht mehr einberufen worden. Die Könige hatten als absoluter Herrscher allein regiert. Früher hatten die drei Stände je 300 Vertreter gestellt. Um den Bürgern entgegenzukommen, ordnete der König an, dass der dritte Stand nunmehr 600 Vertreter stellen sollte.

Trage in den Halbkreis ein: Geistlichkeit: 300, Adel: 300, Bürger/Bauern: 600!

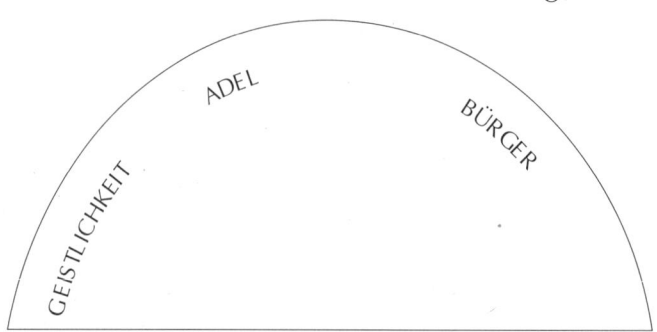

Die Zusammensetzung der Generalstände

Wie viele Personen jedes Standes entsenden jeweils einen Abgeordneten?
Vervollständige die Übersicht!

	Geistlichkeit	Adel	Bürger/Bauern
Personen	200 000	300 000	25 000 000
~ Personen = 1 Abgeordneter			

Was forderte der 3. Stand? _____

_____

_____

Was wollte der König? _____

_____

_____

Die Nationalversammlung verkündete den Ballhausschwur

Die Vertreter des dritten Standes erklärten sich zur Nationalversammlung

Vom König und seinem Minister erwarteten sie Hilfe. Schon am ersten Tag wurden aber die Abgesandten des dritten Standes bitter enttäuscht. Der König empfing nicht alle Stände zusammen, sondern getrennt. Nach der Thronrede, in der der König nichts von der Gleichheit aller Menschen erwähnte, blieb der dritte Stand allein im Saal zurück. Daraufhin zogen sie in das nahegelegene Ballhaus und erklärten sich zur Nationalversammlung. Die Vertreter des dritten Standes schworen, nicht eher auseinanderzugehen, bis eine neue Verfassung erarbeitet ist (Ballhausschwur). Sie vertraten 98% der Franzosen und betrachteten sich als die wahren Vertreter der Nation.

Ein Vertreter des dritten Standes in der Nationalversammlung:

„Was ist der dritte Stand?	→	Alles!
Was ist er bis jetzt?	→	Nichts!
Was verlangt er?	→	Etwas zu werden!"

Die Vertreter des dritten Standes erklären sich zur Nationalversammlung. Der „Ballhausschwur" am 20. Juni 1789 lautete: „Wir schwören, erfüllt von der Heiligkeit unserer Sendung, uns niemals zu trennen und uns überall zu versammeln, wo die Umstände es nötig machen werden, solange bis die Verfassung des Königreiches geschaffen ist."

Der Weg hin zur Erklärung der Menschenrechte und der Abschaffung der Monarchie war damit eingeschlagen:

- **1789 17. 6.** Umwandlung der Generalstände in eine Verfassunggebende Nationalversammlung
- **14. 7.** Erstürmung der Bastille, des Staatsgefängnisses in Paris, des Wahrzeichens des Absolutismus
- **26. 8.** Erklärung der Menschen- und Bürgerrechte
- **1791 3. 9.** Inkrafttreten der Verfassung: Frankreich wird eine konstitutionelle Monarchie
- **1792 21. 9.** Ausrufung der Republik
- **1793 21. 1.** Hinrichtung des französischen Königs

Sturm auf die Bastille

Der König lässt Truppen zusammenziehen

Als Gerüchte aufkamen, der König ziehe Truppen zusammen, gab es in Paris heftige Unruhen. Die Bürger fühlten sich bedroht. Sie fürchteten, dass die Nationalversammlung mit Gewalt wieder aufgelöst werden sollte. Mit dem Sturm auf die Bastille, dem verhassten Staatsgefängnis und Symbol des Absolutismus, am 14. Juli 1789 begann die Französische Revolution.
Der 14. Juli ist heute der Nationalfeiertag der Franzosen.

Der Sturm auf die Bastille in Paris am 14. 7. 1789

Am 14. Juli 1789 stürmten etwa 7000 Bürger eine alte Kaserne und bewaffneten sich mit über 30 000 Gewehren. „Zur Bastille!" Mit diesem Ruf zog die Menge zum verhassten Staatsgefängnis.

Augenzeugen berichten:
Dort wollte man nicht in erster Linie die wenigen Gefangenen befreien, sondern man brauchte das Pulver, das in der Bastille gelagert war. Der Gouverneur der Bastille weigerte sich, die Festung zu übergeben. Er ließ aber die Kanonen zurückziehen. Er versprach auch, nicht schießen zu lassen, wenn er nicht angegriffen werde. Die Volksmenge drang durch die unbewachten äußeren Höfe zur großen Zugbrücke. Weil der Gouverneur nun an einen Angriff glaubte, ließ er in die Menge schießen. Die 98 Toten und die 73 Verletzten auf der Seite der Bürger brachten die Belagerer noch mehr auf.
Nach einiger Zeit machte der Verteidiger ein Angebot: Er wollte sich ergeben, wenn die Besatzung der Bastille verschont bliebe. Aber die wütende Menge wollte keine Bedingungen annehmen. Als die Belagerung fortgesetzt wurde, machte der Gouverneur einen großen Fehler: Er drohte, die Festung in die Luft zu sprengen. Seine Leute in der Burg hielten ihn aber davon ab; in seiner Verzweiflung gab er den Befehl, die große Zugbrücke herabzulassen. Obwohl man ihm freies Geleit versprochen hatte, wurde er mit einem Teil der Besatzung niedergemacht. Die Menge befreite auch die sieben Gefangenen und verwüstete die Burg. Etwas später wurde die Bastille ganz abgerissen.
Der König aber hat für diesen Tag in sein Tagebuch eingetragen: „Juli 1789.14. nichts."

Versetze dich in die Lage der Bürger und in die des Königs. Welche Überlegungen stellten sie wohl an?

Die Ideen der Aufklärung werden wirksam

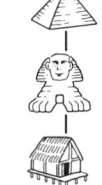

Das Ende der Adelsherrschaft

Wie in Paris kam es auch in anderen Städten und auf dem Land zu Greueltaten gegen die Adeligen und hohen Geistlichen. Die in langen Jahren aufgestaute Wut des Volkes entlud sich in blutigen Exzessen. Adel und Geistlichkeit mussten auf ihre 1000 Jahre alten Privilegien verzichten.
„Freiheit, Gleichheit, Brüderlichkeit", so lautete der Wahlspruch der Revolutionäre. Eine neue Verfassung sollte dies gewährleisten. Am 26. August 1789 verkündete die Nationalversammlung die Menschenrechte, umfassender noch als in der amerikanischen Verfassung. Dies bedeutete das Ende des absolutistischen Staates. Am 3. September 1791 wurde die Verfassung verkündet. Sie legte fest, dass Frankreich eine konstitutionelle Monarchie sein sollte. Das bedeutete, dass die Rechte und Pflichten des Königs genau festgelegt waren. Die Staatsgewalt sollte nun nicht mehr vom König, sondern vom Volk ausgehen. Die Verfassung bestimmte:
– Die gesetzgebende Gewalt sollte von den Abgeordneten des Volkes ausgeübt werden.
– Die ausführende Gewalt wurde dem König übertragen.
– Die richterliche Gewalt sollte in den Händen von gewählten Richtern liegen.
Der König versuchte noch einmal, sich gegen diese Verfassung zu stellen, indem er mit seiner Familie einen Fluchtversuch ins Ausland unternahm. Er wurde jedoch verhaftet und zum Eid auf die Verfassung gezwungen.

Die Ideen der Aufklärung

Der Bevölkerung wurden 1789 die Ideen der Aufklärung bewusst, die von den Philosophen John Locke und Charles de Montesquieu zu deren Lebzeiten geäußert wurden. Sie hatten die Lehre von der Gleichheit und Freiheit aller Menschen vertreten. Das Volk wollte Ungleichheit, Ungerechtigkeit und Armut nicht mehr hinnehmen.
In Flugblättern wurden Forderungen erhoben.

Der französische Aufklärer Voltaire schreibt:

> „Dass der Mensch frei und dass alle Menschen gleich seien, das ist allein das allen naturgemäße Leben. Jeder andere Zustand ist nur ein unwürdiges, äußerliches Machwerk, ein schlechtes Possenspiel, in dem der eine die Rolle des Herrn, der andere die Rolle des Sklaven übernimmt. Nur durch Dummheit und Feigheit konnten die Menschen ihren natürlichen Rechtszustand verlieren."

Sein Landsmann Rousseau fordert:

> „Der Mensch wird frei geboren, und überall ist er in Ketten. Mancher hält sich für den Herrn seiner Mitmenschen und ist trotzdem mehr Sklave als sie… Auf seine Freiheit verzichten heißt, auf seine Menschheit, die Menschenrechte, ja selbst auf seine Pflichten verzichten."

Plakate äußern die Ideen der Aufklärung

Was fordern die Bürger und diese beiden Aufklärer?

	+		+		→	

Das Ende der Privilegien

Die Nationalversammlung tagt

In einer Sitzung der Nationalversammlung am Abend des 4. August 1789 wurde um Verständnis für die Bauern geworben. So könnte nur die Abschaffung jahrhundertealter Privilegien der beiden ersten Stände Frankreich zur Ruhe kommen lassen. Mit viel Beifall wurden diese Forderungen bedacht. Zahlreiche Anträge befassten sich mit der Abschaffung dieser Vorrechte. Am Morgen des 5. August konnte die Nationalversammlung das Ende der Adelsherrschaft verkünden.

Diese Zeichnung entstand in der Nachtsitzung vom 4. auf den 5. August 1789.
Wie wird das Ergebnis dieser Sitzung dargestellt?

Adel und Geistlichkeit waren einverstanden mit der Aufhebung folgender Vorrechte:

– Aufhebung der _____

– Aufhebung der _____ durch den Gutsherrn

– Aufhebung des ausschließlichen _____

– Aufhebung aller _____ , auch der _____

Mit diesen Silben kannst du die Lücken schließen:
Vor-, Steuer-, Leib-, Gerichts-, Jagd-,   -rechte, -eigenschaft, -rechts, -freiheiten-, -barkeit,

Die Generalstände tagen!

Die Erklärung der Menschenrechte

Freiheit, Gleichheit, Brüderlichkeit

Am 26. August 1789, etwa drei Wochen nach der Aufhebung der adeligen Privilegien (Vorrechte), wurden die Menschenrechte durch die Nationalversammlung verkündet. Die amerikanische Unabhängigkeitserklärung sowie die Bill of Rights dienten dabei als Vorbild.

_____ (Liberté), _____ (Egalité) und _____ (Fraternité) wurden zu den Zielen der Revolution erklärt. Es sollte nur noch gleichberechtigte Bürger geben.

Die Erklärung der Menschenrechte durch die französische Nationalversammlung am 26. August 1789:

Da die Vertreter des französischen Volkes, als Nationalversammlung eingesetzt, erwogen haben, dass die Unkenntnis, das Vergessen oder die Verachtung der Menschenrechte die einzigen Ursachen des öffentlichen Unglücks und der Verderbtheit der Regierung sind, haben sie beschlossen, die natürlichen und unveräußerlichen und heiligen Rechte der Menschen in einer feierlichen Erklärung darzulegen…

Artikel 1
Die Menschen sind und bleiben von Geburt frei und gleich an Rechten…

Artikel 2
Das Ziel jeder politischen Vereinigung ist die Erhaltung der natürlichen und unveräußerlichen Menschenrechte. Diese Rechte sind Freiheit, Eigentum, Sicherheit und Widerstand gegen Unterdrückung…

Artikel 6
Das Gesetz ist der Ausdruck des allgemeinen Willens. Alle Bürger haben das Recht, persönlich oder durch ihre Vertreter an seiner Formung mitzuwirken. Es soll für alle gleich sein…

Artikel 11
Die freie Mitteilung der Gedanken und Meinungen ist eines der kostbarsten Menschenrechte. Jeder Bürger kann also frei schreiben, reden, drucken unter Vorbehalt der Verantwortlichkeit für den Missbrauch dieser Freiheit in den durch Gesetze bestimmten Fällen.

Artikel 17
Da das Eigentum ein unverletzliches und heiliges Recht ist, kann es niemandem genommen werden, wenn es nicht die gesetzlich festgelegte, öffentliche Notwendigkeit augenscheinlich erfordert, und unter der Bedingung einer gerechten und vorherigen Entschädigung.

Aus der amerikanischen Unabhängigkeitserklärung vom 4. Juli 1776:

Thomas Jefferson (1743–1826) war maßgeblich an der Abfassung der amerikanischen Unabhängigkeitserklärung von 1776 beteiligt. Wichtige Sätze darin lauten:
„Wir halten diese Wahrheit für einleuchtend, dass alle Menschen gleich geschaffen sind und dass sie von ihrem Schöpfer mit gewissen unveräußerlichen Rechten ausgestattet sind. Zu ihnen gehören Leben, Freiheit und das Streben nach Glück. Zur Sicherung dieser Rechte sind Regierungen eingesetzt, welche ihre gerechte Vollmacht von der Zustimmung der Regierten ableiten… Wenn aber wiederholter Missbrauch der Macht das Volk in die Knechtschaft der absoluten Despotie (Willkürherrschaft) führen will, so hat es das Recht und die Pflicht, eine solche Regierung zu stürzen…

---

1. Welche „unveräußerlichen Rechte" kannst du in beiden Erklärungen auffinden?

_____
_____
_____

2. Welche Aufgaben hat dabei die Regierung?

_____
_____
_____

| Name: | Klasse: 7 | Datum: | **Geschichte** Sozialkunde Erdkunde | Nr.: |

Einführung der konstitutionellen Monarchie

Mit dem Kampfruf _____
hatten die französischen Revolutionäre die Forderung der Menschenrechtserklärung übernommen. Die im Jahre 1791 verkündete Verfassung legte die _____
fest. Als Vorbild diente dabei die amerikanische Verfassung. Das Königtum wurde in dieser konstitutionellen Monarchie _____ abgeschafft. Der König besaß jedoch nur begrenzte Aufgaben. Die Macht wurde in _____ Gewalten aufgeteilt.

Fülle die Lücken in der Grafik richtig aus: Richterliche Gewalt, Ausführende Gewalt, Gesetzgebende Gewalt, König, Minister, Nationalversammlung, Richter, Wahlmänner, Beamte!

[Grafik mit König, Pfeilen "ernennt – entlässt", "wählten", "durften wählen", Kästen "und", "STEUERZAHLER – MÄNNER" (ca. 4 Mill.), "CA. 25 MILL. BÜRGER OHNE WAHLRECHT!"]

| Name: | Klasse: 7 | Datum: | **Geschichte** Sozialkunde Erdkunde | Nr.: |

Radikalisierung der Revolution und Bedrohung von außen

Radikalisierung

Nachdem die Verfassung beschlossen war, wurde die französische Nationalversammlung aufgelöst. Die Gesetzgebende Gewalt wurde neu gewählt. Eine Gruppe zeigte sich besonders radikal. Sie hielten ihre Versammlungen im verstaatlichten Kloster St. Jakob ab und erhielten daher den Namen _____. Als Kennzeichen trugen sie die rote Jakobinermütze mit einem _____ Abzeichen. In der französischen Staatsflagge, der Trikolore, findet man noch heute diese Farben vor.

Jakobiner

Die Wortführer der radikalen Jakobiner waren:

_____ †1794   _____ †1793   _____ †1794

Sie forderten:

_____   _____

Sie hetzten vor allem gegen _____, aber auch gegen den _____. Angebliche Gegner der Revolution wurden gnadenlos verfolgt und hingerichtet. Viele Bürger flohen ins Ausland. Der Fluchtversuch des Königs scheiterte. Am 17. 1. 1793 wurde König Ludwig XVI. durch die Nationalversammlung zum Tod verurteilt.
Der Arzt Guillotin schlug als Hinrichtungsmaschine ein Fallbeil vor, die sogenannte _____. Der König und tausende Bürger wurden damit hingerichtet.
Der grausame Terror führte so weit, dass sich die Wortführer der Revolution schließlich selbst beschuldigten, da keiner die Not der Bevölkerung lindern konnte. Sie wurden selbst Opfer der Revolution und kamen um.

Ein Ausspruch dieser Zeit ist besonders bekannt geworden:

_____

Was ist damit gemeint?

Guillotin

Bedrohung von außen

Die Nachbarländer Frankreichs standen zunächst hinter den Wortführern der französischen Revolution.
Warum war das so?
Später änderte sich dies. Alle fühlten sich von der Revolution bedroht. Vor allem _____ und _____ bedrohten nun Frankreich.

Name:	Klasse:	Datum:
Nr.:	7	

Napoleons Aufstieg zum Kaiser

Die Französische Revolution brachte viele junge Offiziere hervor. Einer der erfolgreichsten war *Napoleon Bonaparte*. Folgendes wurde über ihn berichtet:

„Napoleon stand ursprünglich auf Seite der Jakobiner. Als eines Tages bekannt wurde, dass diese einen Angriff auf die Gesetzgebende Versammlung planten, wurde er beauftragt, mit seinen Soldaten den Angriff abzuwehren. Geschickt stellte er seine Geschütze auf und als tatsächlich die Angreifer aus verschiedenen Straßen hervorbrachen, befahl er kaltblütig „Feuer!" Rücksichtslos ließ er seine jakobinischen Freunde niederschießen. Dankbar feierte ihn die Versammlung als Retter der Revolution und übertrug ihm den Oberbefehl über ein französisches Heer, das in den Alpentälern lag. Dieses war arg angeschlagen, ausgehungert und mutlos. In begeisternder Rede richtete der ehrgeizige General die Soldaten wieder auf und besiegte die Österreicher in mehreren Schlachten, in denen er sich als Meister der Kriegskunst erwies. Den heimgekehrten Sieger feierten die Pariser als Retter des Vaterlandes."

Aus dem Text kannst du entnehmen:

Eigenschaften Napoleons	Besondere Titel

Napoleons Eigenschaften, sein Machtstreben und das hohe Ansehen, das er in der Bevölkerung genoss, halfen ihm, seine Machtposition immer mehr auszubauen.
Sein Aufstieg zum Kaiser vollzog sich in einzelnen Schritten:

Ordne richtig zu:

– Kaiserkrönung – Geburt/Korsika – Niederschlagung eines Aufstandes
– Kampf gegen England in Ägypten/1. Konsul
– Frieden mit Österreich und England
– Siege gegen Österreich

1769	1793	1796	1799	1801/02	1804

Napoleons Herrschaft über Europa

Der Frieden zwischen Frankreich und England 1802 hatte auch Auswirkungen auf die deutschen Fürsten. Sie verloren ihre Besitztümer links des Rheins. Auf Veranlassung _____ beschloss der deutsche Reichstag, die Besitztümer der Kirchen und Klöster zu verweltlichen. Die _____ veränderte die Landkarte des Deutschen Reiches.

Warum wollte Napoleon den kirchlichen Besitz säkularisieren?
_____

Was bedeutete dies für einige deutsche Länder, darunter auch Bayern?
_____

In den folgenden Jahren besiegte Napoleon Russland und Österreich:

[   ]

Ein Jahr später blieb er Sieger über Preußen:

[   ]

Frankreich entwickelte sich zum mächtigsten Staat in Europa.

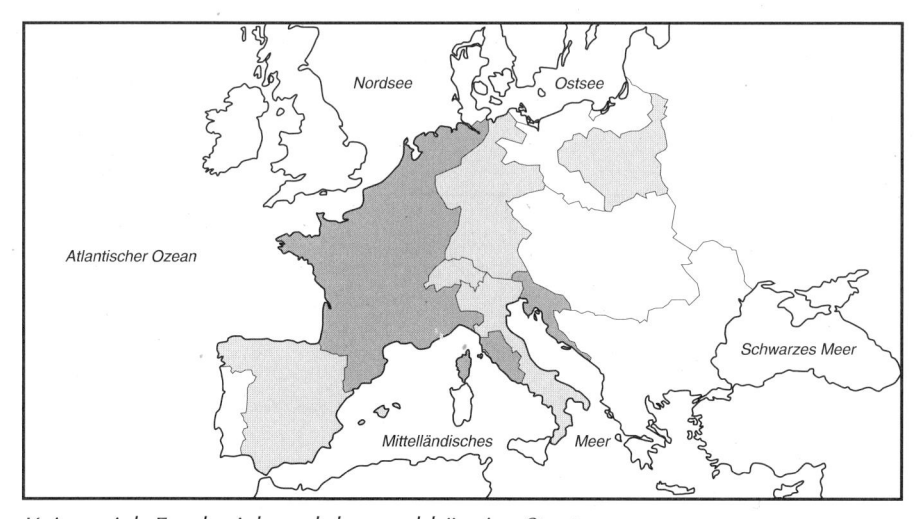

Kaiserreich Frankreich und davon abhängige Staaten

Markiere die Orte der beiden Schlachten 1805/1806 in der Karte! Napoleon versuchte auch die Vormacht Englands zu brechen. Gelang ihm das?
1812 scheiterte Napoleon mit seinem Feldzug nach Russland. Vergleiche diese Tatsache mit der deutschen Geschichte!

Die territoriale Entwicklung Bayerns (1799–1816)

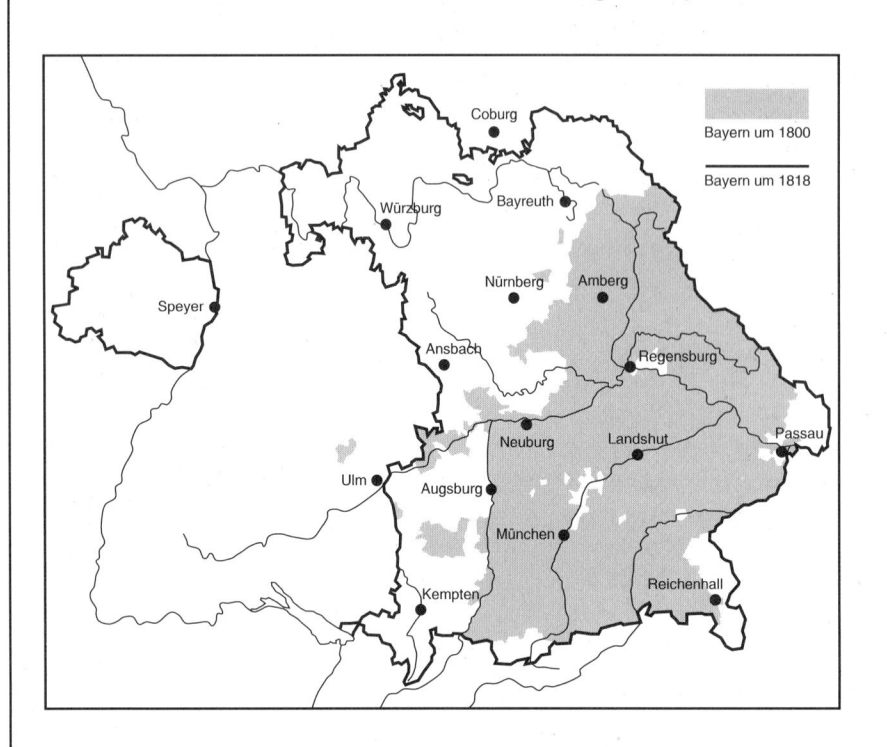

Bayern erhielt zu Beginn des 19. Jahrhunderts weitgehend die Größe, die es heute besitzt. Napoleon wollte im Süden und Westen des Deutschen Reiches Mittelstaaten schaffen, die von Frankreich abhängig waren. Minister Montgelas hatte dem bayerischen Kurfürsten Max IV. Joseph geraten, auf der Seite Frankreichs gegen Österreich und russische Truppen zu kämpfen, was dieser auch tat. Nach dem Sieg Napoleons wurde diese Hilfe mit Gebietsgewinnen belohnt. 1813, nach Napoleons missglücktem Russlandfeldzug, kämpfte Bayern auf der Seite der französischen Gegner.

Säkularisation:

Säkularisiert wurden die reichsunmittelbaren geistlichen Gebiete, aber auch die landsässigen Klöster, die nicht dem Reich unterstanden. Schon 1802 wurden die Bettelorden aufgelöst, gegen die sich der aufgeklärte Zeitgeist besonders wandte. Mediatisiert wurden Reichsstädte, weltliche Reichsgebiete und Adelsherrschaften.

Seit 1805 war Bayern durch den Bogenhausener Vertrag an Napoleon gebunden. 1806 schlossen sich Bayern und andere deutsche Mittelstaaten mit dem Kaiser der Franzosen im Rheinbund zusammen und sagten sich damit vom Reich los. Franz I. legte daraufhin die deutsche Kaiserkrone nieder, das Heilige Römische Reich Deutscher Nation war endgültig erloschen.

Bayerns Herrscher aber erhielt seine Belohnung: Als Max I. Joseph (1806–25) wurde er erster bayerischer König.

Bündniswechsel:

Aus der Sicht Montgelas jedoch war das Bündnis mit Frankreich nur ein nüchterner Akt kühler Staatsräson, der bei Bedarf revidiert werden konnte. 1815 vollzog Bayern im Vertrag von Ried die Wende und war bei den Verhandlungen auf dem Wiener Kongress (1814/15) erneut auf der Seite der Sieger.

Das Ergebnis dieser Jahre war ein erheblich verändertes Bayern. Zu den alten Stammlanden Ober- und Niederbayern und Oberpfalz waren nun die neubayerischen Gebiete Frankens und Schwabens und die territorial getrennte Rheinpfalz gekommen. Länder unterschiedlichster Größe, Struktur und Tradition sahen sich damit, nicht selten gegen ihren Willen, in einem Gesamtstaat vereint.

Texte aus: Hefte zur Bayer. Geschichte u. Kultur, Bd. 9, München 1990, S. 39

Welche Städte gehörten erst nach 1800 zum neuen Königreich Bayern? _____

Montgelas und seine Revolution von oben

Maximilian Joseph von Montgelas, von 1799–1817 die führende politische Persönlichkeit in Bayern, gilt zu Recht als der Schöpfer des modernen bayerischen Staates, Stadtmuseum München

Den „Fleckerlteppich Bayern" mit einheitlicher Verwaltung zu überziehen und damit regierbar zu machen, war das Ziel des gewaltigen Reformwerkes Montgelas. In einer „Revolution von oben" schuf er den modernen Monopolstaat, der die ungeteilte Souveränität beanspruchte.

Das wichtigste Instrument dazu war eine wirkungsvolle Staatsverwaltung. Deshalb bildete die Verwaltungsreform den Kern der Montgelas'schen Maßnahmen. Eine Zentralregierung mit Fachministern bündelte nun den Entscheidungsprozess. Mittelbehörden, den heutigen Bezirksregierungen vergleichbar, verwalteten die zunächst nach Flüssen benannten 15 bayerischen Kreise, die Kommunen wurden fest an den Staat gebunden.

Neu geordnet wurden auch Gerichtsverfassung und Rechtspflege. Die unterste staatliche Ebene, die Landgerichte, vergleichbar den heutigen Landkreisen, umfassten bis 1862 Justiz und Verwaltung gemeinsam. Besonderes Augenmerk richtete man auf die Schaffung einer qualifizierten Beamtenschaft. Ein erstes Beamtengesetz, die „Staatsdienerpragmatik" von 1805, bildete dazu die Grundlage. Eine Wirtschaftsreform vereinheitlichte Maße, Gewichte und Münzen, hob innerstaatliche Zölle auf, schränkte die feudale Grundherrschaft ein und nahm den Zünften ihren alten Status. Der Bildungsbereich wurde nun vom Staat organisiert und beaufsichtigt. Der Zuwachs an überwiegend protestantischen Gebieten verlangte auch eine tolerantere Religionspolitik: Seit 1809 galt zwischen Katholiken und Protestanten endgültig konfessionelle Parität, den Juden wurde immerhin der Status einer Privatkirchengesellschaft zugestanden.

In Zusammenfassung und zugleich als Gipfelpunkt der seit 1799 durchgeführten Maßnahmen erschien 1808 eine Konstitution, die Freiheits- und Gleichheitsrechte gewährte und den Schutz des Eigentums sicherte. Außerdem versprach sie eine, wenn auch noch sehr eingeschränkte Form der Volksvertretung, eine Nationalrepräsentation.

Warum spricht man bei den Reformen von Montgelas von einer „Revolution von oben"?
Unterstreiche die Reformen im Text!

Napoleon in Bayern

Bayerns Verfassung von 1818 und seine konstitutionelle Monarchie

Ein Jahr nach dem Tod von Montgelas räumte die bayrische Verfassung im Jahr 1818 eine erste Form der Volksvertretung ein. Zur politischen Geschichte Bayerns gehören von diesem Zeitpunkt an regelmäßig stattfindende Sitzungen der beiden Kammern des Landtags. Die erste Kammer, die der Reichsräte, war als adelige, konservative Kammer gedacht, die zweite, die Kammer der Abgeordneten, war noch stark nach ständischem Prinzip zusammengesetzt. Auf diese Weise war das Übergewicht des Adels im Landtag festgeschrieben. Das alte Steuerbewilligungsrecht, das schon den Ständen ihren Einfluss gesichert hatte, war auch das zentrale Machtinstrument der „Volksvertretung". In der Präambel waren bereits die wesentlichen Grundrechte garantiert.

Im Jahre 1819 leistet König Max I. Joseph im Landtag den Eid auf die erste bayerische Verfassung. Stadtmuseum, München

Die Verfassung vom 26. Mai 1818 ist nach heutigem Verständnis noch keine „demokratische" Verfassung. Denn sie kommt ohne Mitwirken einer Volksvertretung zustande und geht nicht von der Egalität (Gleichheit) aller Untertanen aus, sondern räumt dem Adel und den Grundbesitzern jeweils besondere Rechte ein. Diese Verfassung bietet aber den Rahmen für die 100-jährige konstitutionelle Monarchie Bayerns (1818–1918), die zunächst auf dem Zusammenwirken von Krone und Ständen (bis 1848), dann von Krone und Landtag beruht.

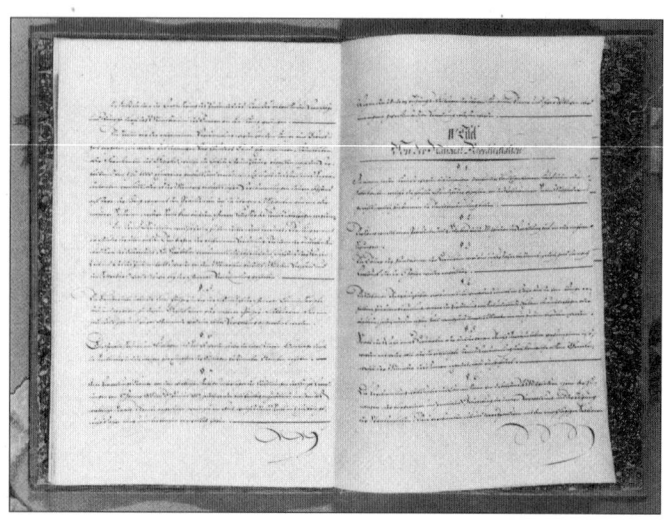

Konstitution von 1808

Verfassung von 1818; Deckblatt

Verfassung vom 26. Mai 1818
Im Vorwort dieser Verfassung sind – in der Sprache der Zeit vor mehr als 170 Jahren – folgende Grundzüge hervorgehoben:
- „Freiheit der Gewissen und gewissenhafte Scheidung und Schützung dessen, was des Staates und der Kirche ist;
- Freiheit der Meinungen, mit gesetzlichen Einschränkungen gegen den Missbrauch;
- Gleiches Recht der Eingeborenen zu allen Graden des Staatsdienstes und zu allen Bezeichnungen des Verdienstes;
- Gleichheit der Gesetze und vor dem Gesetze;
- Unparteilichkeit und Unaufhaltbarkeit der Rechtspflege;
- Gleichheit der Beleihung (= Belastung mit Steuern) und der Pflichtigkeit der Leistung;
- Wiederbelebung der Gemeindekörper durch die Wiedergabe der Verwaltung der ihr Wohl zunächst berührenden Angelegenheiten."

Die Würde des Menschen als Voraussetzung der Grundrechte

Art. 1

(1) Die Würde des Menschen ist unantastbar. Sie zu achten und zu schützen ist Verpflichtung aller staatlichen Gewalt.

(2) Das deutsche Volk bekennt sich darum zu unverletzlichen und unveräußerlichen Menschenrechten als Grundlage jeder menschlichen Gemeinschaft, des Friedens und der Gerechtigkeit in der Welt.

(3) Die nachfolgenden Grundrechte binden Gesetzgebung, vollziehende Gewalt und Rechtsprechung als unmittelbar geltendes Recht.

Artikel 1 ist als Leitprinzip der Verfassung von elementarer Bedeutung. In der Wertordnung des Grundgesetzes verkörpert die Menschenwürde den obersten Wert. Das in jedem Sinn erste Grundrecht ist in dieser Form eine Neuheit der deutschen Verfassungsgeschichte. Es ist die eindeutigste Reaktion auf die Menschenverachtung des Nationalsozialismus. Das Grundrecht schützt die Unantastbarkeit der Würde des Menschen als dem höchsten Rechtswert, der den Mittelpunkt des Wertsystems des Grundgesetzes bildet, ferner das Bekenntnis zu den Menschenrechten als Grundlage jeder menschlichen Gemeinschaft. Schließlich bindet es die staatlichen Gewalten und begründet das Staatsverständnis, die politische Ordnung des deutschen Volkes. Eine Änderung des Grundgesetzes, die die in Artikel 1 niedergelegten Grundsätze berührt, ist nach Artikel 79 Abs. 3 unzulässig.

Oberstes Grundrecht und damit oberster Wert ist lt. Grundgesetz _____

Das Grundgesetz der Bundesrepublik Deutschland hat die Menschenrechte in den Grundrechten verankert. Welche sind für dich besonders wichtig und warum?

Die Grundrechte

Die in Art. 2 bis 19, 101, 103, 104 verankerten *Grundrechte* sind:

1. freie Entfaltung der *Persönlichkeit*, körperliche *Unversehrtheit* (Art. 2 Abs. 1, 2).
2. *Freiheit* der Person (Art. 2 Abs. 2 Satz 2 und Art. 104).
3. *Gleichheit* aller Menschen vor dem Gesetz (Art. 3 Abs. 1).
4. *Gleichberechtigung* von Mann und Frau (Art. 3 Abs. 2)
5. keine Benachteiligung wegen *Geschlecht*, *Rasse*, Sprache, Heimat, Herkunft, *Glauben*, religiöser und politischer Anschauung (Art. 3 Abs. 3).
6. *Glaubens-, Bekenntnis- und Gewissensfreiheit* (Art. 4 Abs. 1, 2).
7. kein Zwang zum *Kriegsdienst mit der Waffe* gegen das eigene Gewissen (Art. 4 Abs. 3).
8. Freiheit der *Meinungsäußerung* (Art. 5).
9. Schutz von *Ehe und Familie* (Art. 6).
10. Staatliche Ordnung von *Schule* und *Religionsunterricht* (Art. 7).
11. *Versammlungsfreiheit* (Art. 8).
12. *Vereinigungsfreiheit* (Art. 9).
13. Unverletzlichkeit des *Brief- und Postgeheimnisses* (Art. 10).
14. *Freizügigkeit* (Art. 11).
15. Freie Arbeitsplatz- und *Berufswahl* (Art. 12).
16. *Unverletzlichkeit der Wohnung* (Art. 13).
17. Gewährleistung von *Eigentum* und *Erbrecht* (Art. 14).
18. *Auslieferungsverbot*, Asylrecht (Art. 16 Abs. 2).
19. Bitt- und Beschwerderecht (*Petitionsrecht*, Art. 17).
20. *Anruf der Gerichte* bei Rechtseingriffen durch die öffentliche Gewalt (Art. 19 Abs. 4).
21. Gewährung des *gesetzlichen Richters* (Art. 101) und
22. Einräumung *rechtlichen Gehörs* (Art. 103).

Model, Otto / Creifelds, Carl / Lichtenberger, Gustav: Staatsbürger – Taschenbuch, Verlag C. H. Beck, 26. neubearbeitete Auflage, München 1992, S. 97.

Benachteiligung von Frauen – auch heute?

Beispiel 1: Wahlrecht

Die Gleichstellung von Mann und Frau, wie sie in unserer Verfassung verankert ist, ist das Ergebnis eines mehr als hundert Jahre dauernden, zähen Kampfes vieler Frauen und weniger Männer gegen herrschende Vorurteile und vor allem gegen geltendes Recht.

Blättern wir einmal im Geschichtsbuch bis zur Französischen Revolution im Jahre 1789 zurück: Damals hungerten die Menschen, viele waren erwerbslos. Der Adel am Versailler Hof dagegen lebte im Überfluss. Das aufgebrachte Volk – Männer und Frauen – stürmte das Symbol der absolutistischen Herrschaft, die Gefängnisfestung Bastille. Die Zeiten der Monarchie sollten endgültig vorbei sein.

Am 26. August 1789 verkündete die französische Nationalversammlung die Menschen- und Bürgerrechte, so wie es kurz zuvor in Amerika geschehen war. Das Motto lautete: „Freiheit, Gleichheit, Brüderlichkeit".

Am Ende dieser Revolution stand die Verabschiedung einer demokratischen Verfassung. Nun zeigte sich aber, dass der Begriff „Brüderlichkeit" tatsächlich wörtlich zu nehmen war. Denn die Frauen tauchten in den Texten dieser Verfassung nicht auf. Und es sollte noch weitere 153 Jahre dauern, bis die Französinnen zum ersten Mal an demokratischen Wahlen teilnehmen durften. Das war im Jahr 1944, nach der Befreiung von der deutschen Besatzung.

Dieses Plakat aus dem Jahre 1919 erinnerte an die damals gerade ein Jahr zurückliegende Einführung des Frauenwahlrechts in Deutschland.

Beispiel 2: Arbeitslohn

Nach wie vor verdienen Frauen aber weniger als Männer. Nach einer vergleichenden Statistik für die Europäische Union erzielen Frauen in der Bundesrepublik Deutschland 73 Prozent des Einkommens der Männer. Hinter diesen Einkommensunterschieden steckt ein ganzes Bündel von Ursachen, wobei die direkte Lohndiskriminierung eine immer geringere Rolle spielt. Heute arbeiten Frauen vor allem weniger Stunden pro Woche, sind in niedrigere Leistungsgruppen eingestuft und üben kaum Tätigkeiten aus, die mit tariflichen Zuschlägen bezahlt werden. Hinzu kommt, dass sie wegen der Ausfälle während der Kindererziehung häufig geringere Berufserfahrung und kürzere Betriebszugehörigkeiten aufzuweisen haben. Der Abstand zu den Männergehältern hat sich in den letzten Jahren jedoch verringert, weil die Frauen sich besser qualifizieren und länger im Beruf arbeiten. Nach wie vor liegen aber die Einkommen in typischen „Frauenberufen" erheblich unter denen von „Männerberufen".

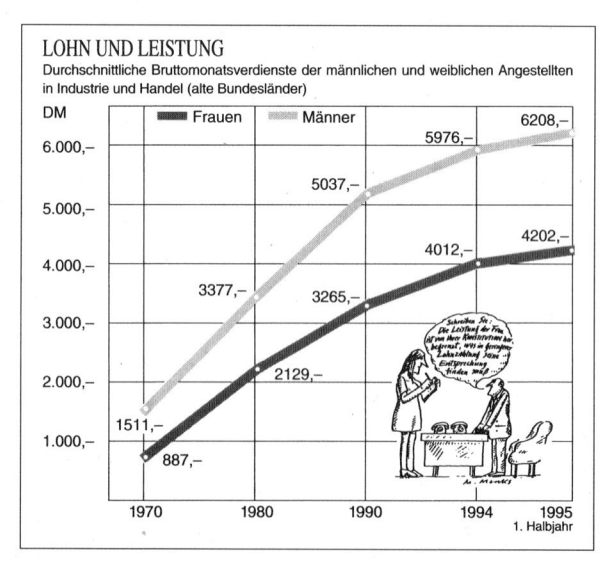

Kennst du weitere Beispiele, in denen die Rechte der Frauen noch nicht beachtet werden? Vergleiche dazu auch andere Länder!

Menschenrechtsverletzungen in aller Welt

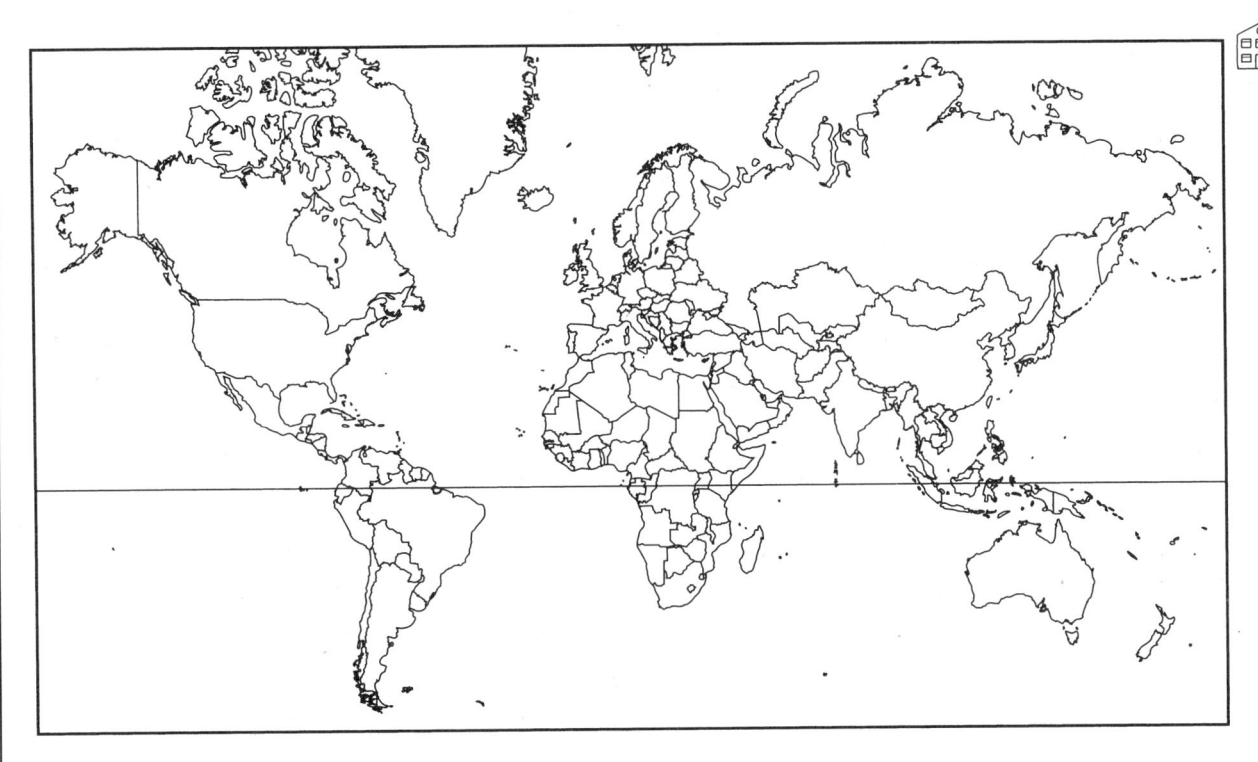

Menschenrechtsverletzungen gibt es auf der ganzen Welt. Nicht nur in Entwicklungsländern oder in Ländern, in denen es zu kriegerischen Auseinandersetzungen kommt, werden die Rechte der Menschen missachtet. Auch in zivilisierten Staaten Europas oder Amerikas wird von den Menschenrechtsorganisationen immer wieder auf Verletzungen hingewiesen.

Besprich die folgenden Beispiele andauernder Menschenrechtsverletzungen mit deinen Mitschülern und deinem Lehrer. In welchen Ländern kommen sie vor? (Es gibt natürlich Überschneidungen!) Trage anschließend die Staaten in die Weltkarte ein! Ergänze dir bekannt gewordene Beispiele!

Unterdrückung Andersdenkender	Politische Verfolgung	Unterdrückung rassisch/ kulturell Andersartiger
Verfolgung aus religiösen Gründen	Verfolgung ethnischer Minderheiten	Ausbeutung von Kindern
Missachtung der Rechte von Frauen		

| Name: | Klasse: 7 | Datum: | Geschichte **Sozialkunde** Erdkunde | Nr.: |

Menschen auf der Flucht

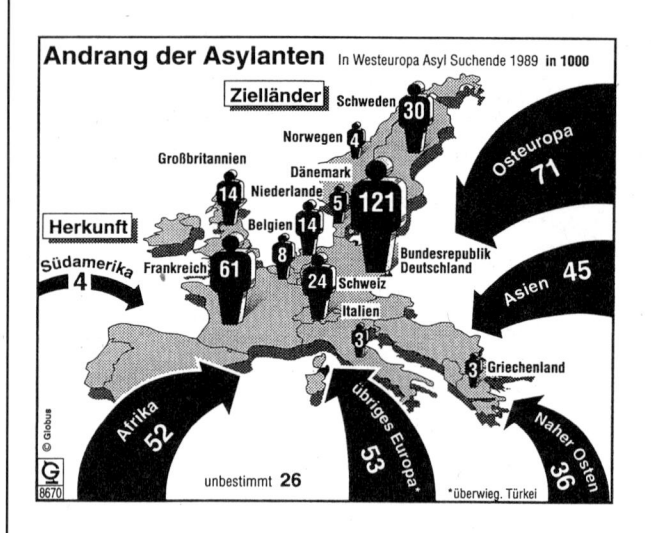

Andrang der Asylanten In Westeuropa Asyl Suchende 1989 **in 1000**

Zielländer: Schweden 30, Norwegen 4, Großbritannien 14, Dänemark 5, Niederlande 121, Belgien 14, Frankreich 61, 8, 24 Schweiz, 3 Italien, 3 Griechenland, Bundesrepublik Deutschland

Herkunft: Südamerika 4, Afrika 52, unbestimmt 26, übriges Europa 53, Naher Osten 36*, Osteuropa 71, Asien 45
*überwieg. Türkei

„Haben Sie politische oder wirtschaftliche Motive?"

Ca. 50 Millionen Menschen befinden sich laut Schätzungen derzeit auf der Flucht. Während wir diese Zeilen lesen, verlässt gerade irgendwo in der Welt eine Mutter mit ihren Kindern das heimatliche Dorf, um den Schrecken eines Bürgerkrieges zu entgehen. Ein Mann flieht aus seinem Land, weil er nicht in einer Diktatur leben will und ihm als politischem Gegner Verhaftung, Folter, vielleicht sogar der Tod drohen. Eine andere Familie hofft, durch Flucht aus der Heimat einer Hungersnot zu entkommen. In einem Flüchtlingslager wartet ein Kind, dessen Eltern verschollen sind, auf eine neue Zukunft.

Nenne Gründe, warum so viele Menschen ihre Heimat verlassen!

Gründe: Was erhoffen sie sich in einem anderen Land?

Flucht

Aus welchen Ländern der Erde fliehen derzeit sehr viele Menschen?

_____
_____

Name:	Klasse: 7	Datum:	Geschichte **Sozialkunde** Erdkunde	Nr.:

Menschen engagieren sich für Menschenrechte

Friedensnobelpreis für zwei Menschenrechtler

Sie kämpfen für eine friedliche Lösung in Osttimor
Indonesien reagiert verärgert

Oslo (ap).
Der katholische Bischof Carlos Filipe Ximenes Belo und Jose Ramos-Horta aus Osttimor erhalten in diesem Jahr den Friedensnobelpreis. *(Kommentar S. 2 und Seite 3.)*

Wie das Preiskomitee am Freitag in Oslo mitteilte, werden beide für ihr Bemühen um eine friedliche Lösung des Konflikts mit den indonesischen Behörden gewürdigt. Die ehemalige portugiesische Kolonie Osttimor wurde 1975 von Indonesien annektiert. Die indonesische Regierung reagierte verärgert auf die Entscheidung.

Die Friedensnobelpreisträger: Bischof Carlos Belo (links) und Jose Ramos-Horta. Bilder: dpa/ap

Oslo/Jakarta
Als die freudige Botschaft eintraf, hielt Bischof Carlos Felipe Ximenes Belo gerade einen Gottesdienst in der Hauptstadt Dili. Er sei glücklich über die Ehre, die man ihm erwiesen habe, sagte der 48-jährige Apostolische Administrator und erste einheimische Bischof Ost-Timors. „Ich glaube, dieser Preis ist nicht für mich, sondern für die Menschen von Ost-Timor und für die Menschen, die für Frieden und Versöhnung in Ost-Timor arbeiten."
Seit 13 Jahren tritt der katholische Bischof, der als „sanfter Rebell" gilt, in der ehemaligen portugiesischen Kolonie für Menschenrechte und Demokratie ein. Deshalb reagierte Carlos Belo sehr verärgert, als Johannes Paul II. im Jahre 1989 Ost-Timor besuchte und sich nicht zur Erde neigte, um den Boden der Insel zu küssen. Mit dieser Geste hätte der Papst ein mutiges Zeichen der Solidarität mit den Menschen in Ost-Timor setzen können, die von Indonesien unterdrückt werden. Rom verzichtete – man wußte aus diplomatischen Gründen. Jetzt erfährt Belo weltweite Anerkennung: Gemeinsam mit Jose Ramos Horta, einem der führenden Oppositionssprecher der Insel, erhielt der streitbare Bischof den Friedensnobelpreis.

Das fünfköpfige Nobelkomitee in Oslo hob in der Begründung für die Preisverleihung die ständige Bereitschaft von Bischof Belo und von Ramos Horta zum Dialog und ihr Eintreten für Gewaltlosigkeit hervor. Der Bischof habe unter Einsatz seines Lebens versucht, die Bevölkerung vor Übergriffen der Machthaber zu schützen. Seit dem Einmarsch der indonesischen Truppen im Jahre 1975 sind nach Angaben des Nobelinstituts ein Drittel der Bevölkerung von rund 800 000 Einwohnern durch Hunger, Seuchen, Krieg und Terror ums Leben gekommen.
Der in Australien lebende Ramos Horta, 1974 Mitbegründer des Timoresischen Sozialdemokratischen Verbandes, sagte: „Ich bin glücklich. Aber ich glaube, eigentlich hätte den Preis neben Bischof Belo der Widerstandsführer Xanana Gusmao verdient, der im Gefängnis sitzt."

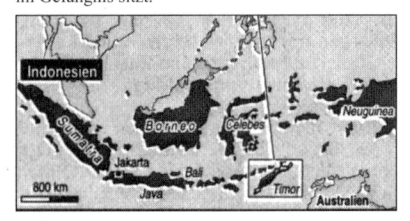

Ost-Timor
Die etwa 14 874 Quadratkilometer große Insel Timor liegt zwischen Indonesien und Australien im Indischen Ozean und hat rund 826 000 Einwohner. Ihre östliche Hälfte war etwa 400 Jahre lang – bis zum Machtwechsel in Portugal – portugiesische Kolonie. Danach kam es auf Ost-Timor zu Auseinandersetzungen zwischen proindonesischen Gruppen und Befürwortern der Unabhängigkeit, in die das indonesische Militär eingriff. Am 7. Dezember 1975 besetzten indonesische Truppen die osttimoresische Hauptstadt Dili; am 17. Juli 1976 folgte die Annexion. Der Einmarsch der indonesischen Truppen in Ost-Timor fand international kaum Beachtung. Ähnlich unbemerkt von der Weltöffentlichkeit werden seitdem die vorwiegend christlichen Einwohner der Exkolonie unterdrückt und misshandelt. Zahlreiche UN-Resolutionen, die Indonesien zum Rückzug aus Ost-Timor auffordern, werden von der Regierung in Jakarta ignoriert.

Schock in Indonesien

Die indonesische Regierung in Jakarta reagierte am Freitag „überrascht und schockiert" über die Vergabe des Friedensnobelpreises an Bischof Belo und an den Auslands-Koordinator der Menschenrechtsbewegung in Ost-Timor, Jose Ramos Horta. Der Sprecher des 75-jährigen Staatspräsidenten Suharto sagte, er wundere sich, nach welchen Kriterien das norwegische Nobelpreiskomitee seine Entscheidung getroffen habe. Ramos Horta sei direkt beteiligt gewesen, das Volk von Ost-Timor gegen Indonesien aufzuwiegeln. Suharto will demnächst bei einem Besuch Ost-Timors eine Marienstatue enthüllen.
Der Vatikan äußerte sich – wie zahlreiche Menschenrechtsorganisationen, kirchliche Einrichtungen und Politiker in aller Welt – „äußerst zufrieden" über die Wahl in Oslo. SPD-Fraktionschef Rudolf Scharping und die Bündnisgrünen forderten in Bonn Bundeskanzler Kohl auf, bei seiner Indonesien-Reise Ende Oktober die schweren Menschenrechtsverletzungen „deutlich" zu verurteilen. Bonn müsse unter anderem sofort alle Waffenlieferungen an Indonesien stoppen.

1. Überlege, warum das Nobel-Komitee den Friedensnobelpreis 1996 an zwei Menschenrechtler vergab!

_____
_____
_____
_____
_____

2. Warum reagierte die indonesische Regierung verärgert auf diese Entscheidung?

_____
_____
_____
_____
_____

Internationale Menschenrechtsorganisationen

UNHCR – Der Hohe Flüchtlingskommissar der Vereinten Nationen

terre des hommes – Hilfe für Kinder in Not
Das französische »terre des hommes« bedeutet »Erde der Menschlichkeit«. Wie menschlich eine Gesellschaft ist, zeigt sich am Umgang mit ihren Kindern.

gesellschaft für bedrohte völker

unicef – Kinderhilfswerk der Vereinten Nationen

amnesty international

IGFM – Internationale Gesellschaft für Menschenrechte

Internationale Liga für Menschenrechte im Geiste von Carl von Ossietzky

Alle Organisationen, die humanitäre Hilfe leisten, stehen im Dienst des Menschenrechtsschutzes. Gerade die erschreckenden Bilder aus den Dürregebieten Afrikas machen uns deutlich, dass auch die dort lebenden Menschen ein Recht auf Leben haben müssen. Hunger und Armut verhindern oft, dass diese Menschen selbst den Kampf um ihre Rechte aufnehmen können.

Die UNO hat verschiedene Hilfsorganisationen ins Leben gerufen:

_____ → Schutz der _____

_____ → _____

_____ → _____

Auch viele private Organisationen nehmen sich der Menschenrechte an:

_____

_____

Das Wirken aller privaten Menschenrechtsorganisationen ist deshalb so wichtig, weil sie Menschenrechtsverletzungen aus einer Dunkelzone des Schweigens an das Licht der Weltöffentlichkeit befördern. Sie treten für Personen ein, die in aller Regel keine Gewalt ausgeübt haben, aber eindeutig als Opfer angesehen werden. Es gibt diese Organisationen in so großer Zahl, dass es inzwischen jedem möglich ist, sich in irgendeiner Form für die Menschenrechte einzusetzen.

Der Schutz der Menschenrechte ist eine Herausforderung für uns alle!

In welcher Weise könnten wir für die Menschenrechte eintreten?

_____

_____

_____

7. Jugendliche und das Recht

> **→ 7.7 Jugendliche und das Recht (bayerischer Hauptschullehrplan)**

Lerninhalte:

- Kennenlernen von Regelungen, die für ein menschenwürdiges Zusammenleben von Bedeutung sind
- Bewusstwerden des Wesens und der Funktion geschriebenen Rechts
- Begreifen, warum die Freiheit des Einzelnen durch das Rechtssystem eingeschränkt werden muss
- Beschäftigen mit Rechtsverstößen Jugendlicher, dabei die Hintergründe beleuchten und nach Maßnahmen und Folgen fragen
- Einblick bekommen in die gesetzliche Regelung und Praxis von Jugendhilfe und Jugendstrafrechtshilfe
- Erfahren, dass das Recht die Jugendlichen in ihrer besonderen Situation schützt

Arbeitsmittel:

Informationsblätter, Arbeitsblätter

Informationen zum Thema:

Wie oft ärgern wir uns selbst, ärgern sich unsere SchülerInnen über Vorschriften, die uns/ihnen unnütz erscheinen. Da regt sich der Autofahrer über eine Geschwindigkeitsbeschränkung an einer Baustelle auf, die am Wochenende verlassen ist, da finden es Schüler lächerlich, dass es ihnen untersagt ist, während des Unterrichts Kaugummi zu kauen.
Doch betrachten wir die Sache einmal von der anderen Seite: Da sind die Fußgänger, die im Straßenverkehr durch Raser in Gefahr geraten, da ist der Schüler/die Schülerin, der/die sich in den am Stuhl festgeklebten Kaugummi setzt und seine/ihre Kleidung ruiniert. Es muss also gewisse Regeln geben, basierend auf dem Sittengesetz, auf dem Gewohnheitsrecht, die das Zusammenleben in geordnete Bahnen lenken. Und es muss Institutionen geben, die dafür sorgen, dass die aufgestellten Regeln eingehalten werden.
Dies zu vermitteln, erscheint gerade in unserer Zeit, in der ein krasser Verlust der Werte zu verzeichnen ist, besonders wichtig. Ebenso unumgänglich ist es, dass Kinder und Jugendliche rechtsbedeutsame Altersstufen kennen und dass ihnen an Fallbeispielen Maßnahmen und Folgen von Rechtsverstößen – insbesondere für sie – aufgezeigt werden. Sie sollen dabei erfahren, dass das Recht nicht nur verbietet, sondern gerade junge Menschen vor Gefahren und Schaden schützt.
Schließlich und endlich muss ein Vergleich mit dem Un-Rechtssystem der NS-Zeit erfolgen, damit Kinder und Jugendliche erkennen, wie inhuman diese Politik gewesen ist. Darüber hinaus sollten die SchülerInnen befähigt werden, sich für die demokratische Grundordnung mit ihren Zielen einzusetzen.

7. Jugendliche und das Recht → KR 7.4 (bayer. Hauptschullehrplan)

Einstieg ins Thema: Abbildungen („Hallo, hier bin ich!" oder „Mein ganz persönlicher Festkalender"; S. 141/146)

7.1 Regelungen des sozialen Lebens

Bei der Taufe gibt's den Namen (S. 141) → WT6 7.6.3
Es war einmal ... (S. 142)
Der Tag an dem die Politik abgeschafft wurde (S. 143)
Feste, Sitten und Bräuche in unserem Leben
(2 Arbeitsblätter S. 144/145 / 2 Lösungsblätter S. 260) → WT6 6.7.3; D 7.2.3
Mein ganz persönlicher Festkalender (S. 146)

7.2 Recht und Rechtspflege

Hausaufgaben – auch sonntags? Rechte und Pflichten von Schülern (S. 147)
Rechtssstellung der Kinder und Jugendlichen nach Bundesrecht (S. 148/149)
Alles klar?! (Arbeitsblatt S. 150)
Übersicht über die Bestimmungen des Gesetzes zum Schutz der Jugend in der Öffentlichkeit (S. 151)
Kinder und Jugendliche und das Recht – finde die Lösung! (Arbeitsblatt S. 152)
„Brutale Rowdys stecken Metallstange ins Fahrrad" (S. 153)
Mögliche Maßnahmen bei noch nicht erwachsenen Straftätern (S. 154/155)
Mögliche Maßnahmen bei einem Straftäter unter 14 Jahren bzw. bei einem jugendlichen Straftäter (Arbeitsblatt S. 156; Lösungsblatt S. 260)

7.3 Staat und Recht in Deutschland

Was darf die Polizei? (S. 157)
Rechtsstaat und Polizei (Arbeitsblatt S. 158; Lösungsblatt S. 261)
Strafen früher und heute – Sinn, Zweck und Absicht (Arbeitsblatt S. 159; Lösungsblatt S. 261)
„Video – Killer „Jason" als brutales Vorbild" (S. 160)
Brutale Rowdys stecken Metallstange ins Fahrrad (Folgen von Straftaten; Arbeitsblatt S. 161; Lösungsblatt S. 261)
Straf- und Zivilprozess (S. 162)

7.4 Projektvorschlag: Jugendliche und das Recht (S. 248)

Schnippelrätsel (Arbeitsblatt S. 249; Lösungsblatt S. 266)

Bei der Taufe gibt's den Namen oder
Die bayrischen Taufbräuch' sind schön

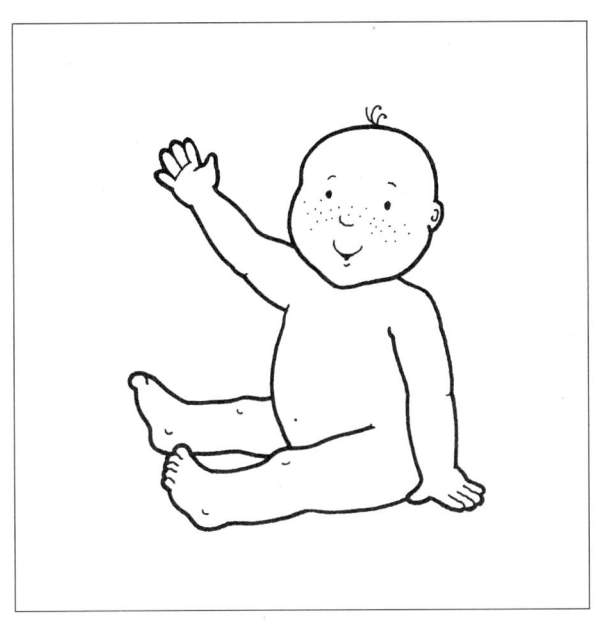

„Hallo – hier bin ich!"

Mit der Taufe erhält das bayrische Kind seinen Namen. Vorher, noch namenlos, wird der Bub oft „Buale" und das Mädchen „Mädi" genannt. Nie darf man es Würmerl, Krebserl oder Froscherl nennen, sonst wird es kränkeln und schlecht heranwachsen. Herzerl und Schatzerl sind dagegen erlaubt. Die Taufe soll bald geschehen, denn mit der Taufe streift das Kind die Erbsünde ab und wird zum Gotteskind. Unumgänglich notwendig ist auch ein Taufpate, der seinen Schützling von der Taufe an durchs ganze Leben begleiten wird.

Wie das Taufzeug wird auch die Taufkerze rechtzeitig hergerichtet. Wird sie abgebrochen, bricht sich das Kind einmal leicht das Bein.

Vor dem Kirchgang geht der Pate noch einmal auf die Toilette. Später ist es verboten, sonst wird aus dem Kind ein Bettnässer.

Den Namen des Kindes wählt der Vater häufig allein aus. Der Kindsname darf keinesfalls vor der Taufe verraten werden, denn dann wird aus dem Kind ein Schwätzer oder eine Klatschbase.

Vergisst der Priester bei der Taufe ein Wort, wird aus dem Buben ein mondsüchtiger Nachtwandler und aus dem Mädchen eine Hex.

Blickt der Täufling während der Taufe aufmerksam in der Kirche herum, wird aus ihm einmal etwas Geistliches, eine Nonne, ein Pater oder Pfarrer. Schreit er gottserbärmlich, wird er einmal recht jähzornig und redefreudig.

Schlägt während der Taufe die Kirchturmuhr, wird das Kind bald sterben.

Nach der Taufe trägt die Hebamme das Kind dreimal um den Altar. Es gehört jetzt Gott. Anschließend geht es ans Familiengrab, wo der Familienzuwachs den Verstorbenen gezeigt wird. Danach fährt oder geht man ins Wirtshaus zum „Kindleinweichen", was soviel heißt, dass auf das Wohl des Täuflings einiges getrunken wird. Schließlich soll der kleine Bayer ordentlich begossen werden, damit er groß wird und gesund aufwächst.

Zu Hause wird das Taufkind mit Brot und Salz empfangen. Das Salz soll es klug machen, das Brot reich. Dann gibt die Hebamme das Kleine seiner Mutter zurück, die ja von der Taufe zu Hause bleiben musste und oft erst jetzt den Namen des Kindes erfährt.

Die Taufkerze wird aufgehoben. Sie wird immer dann angezündet, wenn der Täufling krank ist oder in großer Gefahr schwebt.

Jetzt hat der kleine Bayer seinen Namen. Zweimal wurde er getauft, einmal in der Kirche, zum anderen im Wirtshaus. Göttliche und menschliche Kraft sind nun in ihm wirksam. Gut gerüstet beginnt er seinen irdischen Lebenswandel.

nach… A. Schweiggert, „Gratulation zum Namenstag".

Es war einmal ...

vor langer, langer Zeit.
Da hausten auf einer einsamen Insel ein Mann und eine Frau. Da es keine Vorschriften gab, lebten sie ungestört, herrlich in Frieden und hatten sich sehr lieb.

So bekamen sie Kinder und die bekamen auch wieder Kinder ...

... und die Zahl der Inselbewohner wurde immer größer. Die Ruhe war jetzt freilich dahin und um das Zusammenleben der Menschen wenigstens einigermaßen erträglich zu gestalten, musste ...

Wie könnte die Geschichte ausgehen? Erzähle weiter!

Der Tag, an dem die Politik abgeschafft wurde

Es war einmal in einer Zeit, als das Wünschen noch geholfen hat. In einem Land, das sich regieren ließ, von Männern, die das Volk sich selbst erwählte. Gerecht ging es zu für jedermann, und niemand musste hungern. Wenn die Regierenden sich einmal nicht einig wurden, sprachen Richter das Recht, und jeder hielt sich an ihren Spruch. Und die, die vom Volk erwählt worden waren, sahen sich als Diener des Volkes, um keines eigenen Vorteils willen. Das Volk aber vertraute darauf.

Doch bald kamen Stimmen auf, die die Regierenden der Eigensucht bezichtigten, der Lüge und der Korruption. Als dann die Ernten schlechter wurden und böse Winter kamen, mehrten sich diese Stimmen. Diejenigen im Volk, die nur wenig hatten, fühlten sich von ihren Vertretern beraubt. Die aber, die genug hatten oder zu viel, fühlten sich besser und klüger als ihre Vertreter.

An einem Tag dann brach sich der Unmut Bahn. Die Mutigsten und die Zornigsten des Volkes stürmten die Parlamente, Ämter und Ministerien und setzten ihre Vertreter vor die Türen der Macht. Dann kamen sie zusammen und beschlossen, die Politik sei von diesem Tag an abgeschafft.

In den Städten und Dörfern des Landes feierte das Volk drei Tage und drei Nächte lang. Es legte die Arbeit nieder und fuhr über Land, um woanders weiterzufeiern. Nach acht Tagen hatte sich die erste Freude gelegt, und das Volk ruhte aus, kühlte die brennenden Köpfe.

Als es erwachte, stand die Sonne hoch am Himmel und brannte hinab auf die Abfälle der großen Feier, die vor jedermanns Türen lagen. Die Fliegen und die Ratten des Landes feierten weiter. Die Straßen aber waren beschädigt von den vielen Reisen der letzten Tage. Da wischte sich das Volk den Schlaf aus den Augen, krempelte die Ärmel auf und machte sich ans Werk. Ein jeder verbrannte den Müll, wo er gerade lag und niemand tat ihnen Einhalt. Und jeder reparierte die Straßenmeter vor der eigenen Tür; doch die Wege zwischen den Dörfern und Städten kümmerten niemanden mehr.

Bald konnten die Waren, die zum Handel nötig waren, nicht mehr geliefert werden; sie verdarben auf den zerstörten Straßen und Wegen. Der brennende Müll trieb Pestwinde über das Land. Da beschlossen die Städte und Dörfer, Wegemeister zu ernennen, die die Straßen auf halbem Wege zum nächsten Ort zu betreuen hätten. Und sie ernannten Müllmeister, die den wilden Müllbrand künftig zu verhindern hätten.

Bald holten sich die Wegemeister Steuereintreiber, um den Straßenbau bezahlen zu können. Die Müllmeister schufen sich eine eigene Polizei, um ihren Anordnungen den nötigen Respekt zu verschaffen. Und bald hatten die Wegemeister und die Müllmeister mit ihren Steuereintreibern und Polizisten die Macht im Lande und setzten alles durch zum eigenen Wohl. Und sie bekämpften einander und trugen den Bürgerkrieg ins Land. Das Volk aber musste bluten. Doch als die Ernte schlechter wurde und das Bluten unerträglich, erhoben sich die Zornigsten und Verzweifelsten unter ihnen, stürmten die Trutzburgen der Unterdrücker und warfen sie über die Mauern. Und es war Frieden im Land.

Doch als der Morgen des nächsten Tages sich rötete, schlugen die Helden von gestern Aufrufe an alle Mauern des Landes: Sie, die das Volk von den Unterdrückern befreit hätten, seien berufen, die Geschicke des Volkes zu lenken. Sie erließen Dekrete, lenkten und bestimmten, und das Volk jubelte ihnen zu.

Doch als die Helden alt geworden waren und müde des Regierens, setzten sie ihre Söhne und Günstlinge an ihre Stelle. Diese aber wussten nichts mehr von Unterdrückung und Befreiung.

Doch eines Tages, als die Ernte schlechter wurde und der Alltag grau, erhob sich das Volk ein drittes Mal. Auch Ängstliche waren dabei, zermürbt von der Öde des Alltags. Viele Steuereintreiber und Polizisten schlugen sich auf die Seite der Rebellion. Und die Paläste wurden gestürmt und die fetten und die mageren Machthaber über die Straßen geprügelt. Dann setzten sich besonnene Männer zusammen und beratschlagten, was nun zu tun sei. Die ganz Alten erinnerten an die Zeiten, als das Land noch von denen regiert wurde, die das Volk erwählte. Und die Frauen sprachen mit im Rat und stimmten den ganz Alten zu. So wurde es beschlossen.

Die Dörfer wählten Räte und Bürgermeister, die Städte Stadträte und Oberbürgermeister. Das Volk bestimmte zudem, wer künftig das Land zu regieren hätte für eine gewisse Zeit. Und Richter sprachen Recht, an das sich jeder hielt.

Es war, wie es schon einmal gewesen war, nur besser. Denn jeder wusste, warum es so war und so sein musste.

Dies geschah aber zu einer Zeit, als das Wünschen noch geholfen hat.

Bernd Eichmann aus: PZ Nr. 70/Bonn Nov. 1992

1. Von wem wurde das Volk in der Zeit „als das Wünschen noch geholfen hat" regiert?
2. Wie erging es dem Volk zu dieser Zeit?
3. Was geschah, wenn sich die Regierenden einmal nicht einig wurden?
4. Warum war das Volk mit den Regierenden bald nicht mehr zufrieden? Was warf es Ihnen vor?
5. Wie versuchte das Volk dieses Problem zu lösen?
6. Was waren die Folgen?
7. Die Geschichte spielt in einer Zeit, „als das Wünschen noch geholfen hat". Wie sieht es heute damit aus? Lässt sich diese Geschichte auch auf unsere Zeit übertragen?
8. Welche Lehre sollen wir aus dieser Geschichte ziehen?

| Name: | Klasse: 7 | Datum: | Geschichte **Sozialkunde** Erdkunde | Nr.: |

Feste, Sitten und Bräuche in unserem Leben

„Hallo – hier bin ich!"

Die Geburt eines Kindes – Anlass zum Feiern

Erzähle, wie bei dir zu Hause ein neuer Erdenbürger gefeiert wird!

1. Finde weitere Feste und Bräuche, erkläre deren Sinn und trage sie in unten stehende Tabelle ein! Überlege dir aber vorher, in welche Bereiche du sie gliedern könntest!

2. Bastle dir aus Pappe eine große Jahresuhr, in die du alle Feste und Bräuche einträgst, die für dich und deine Familie wichtig sind!
3. Was wäre, wenn es alle diese Feste, Sitten und Bräuche nicht gäbe? Worin liegt also ihre wichtige Bedeutung für dich, deine Familie und für uns alle?

_____

_____

_____

4. „Kein Edelmann soll mit einem anderen zusammen von einem Löffel essen. Beim Essen rülpst man nicht und schneuzt auch nicht in das Tischtuch. …"
Wie damals zur Ritterzeit würdest du auch heute noch für unanständig gelten und gegen die guten Sitten verstoßen, wenn du ins Tischtuch schneuztest.
Finde weitere Beispiele für unanständiges, sittenwidriges Verhalten und stelle ihnen anständiges Verhalten gegenüber!

| Name: | Klasse: 7 | Datum: | Geschichte **Sozialkunde** Erdkunde | Nr.: |

unanständiges Verhalten	anständiges Verhalten

5. Mit welchen Folgen muss jemand rechnen, der gegen Anstand und gute Sitten verstößt?

_____

_____

_____

6. Vergleiche!

| „… Die Eltern können, vor allem bei kleineren Kindern, wesentlich zum Gelingen der Geburtstagsfeier beitragen. … Zu bedenken sind: Anzahl und das Alter der Gäste, die Dauer der Feier …" | ⇔ | **Art. 6** (1) Die Staatsangehörigkeit wird erworben 1. durch Geburt; … (aus: Verfassung des Freistaates Bayern) |

7. Ergänze!

Gesetze sind _____ und _____, die das _____ der Menschen regeln. Sie sind für _____ gleichermaßen gültig.

Für die Einhaltung der Gesetze sind vor allem _____ und _____ zuständig.

Mein ganz persönlicher Festkalender

Diese Abbildung soll dir als Vorschlag für einen ganz persönlichen Festkalender dienen.
In den kleinen Kreis in der Mitte gehört die aktuelle Jahreszahl.
In die Spalten der einzelnen Monate kannst du die jeweiligen Feste mit Datum eintragen, die für dich besonders wichtig sind.
Zum Schluss darfst du alles schön ausmalen oder nach deinen Vorstellungen verzieren.

Viel Spaß dabei!

Hausaufgaben – auch sonntags?

Lehrer Paukner meint: „Meiner Meinung nach schadet es rein gar nichts, wenn meine Schüler auch am Sonntag Hausaufgaben machen müssen. Schließlich ist das Leben kein Zuckerlecken und überhaupt …"

> **§ 17 Hausaufgaben und Probearbeiten**
> (1) Um den Lehrstoff einzuüben und die Schüler zu eigener Tätigkeit anzuregen, werden Hausaufgaben gestellt. Diese sollen von einem Schüler mit durchschnittlichem Leistungsvermögen in der Grundschule in einer Stunde, in der Hauptschule in ein bis zwei Stunden bearbeitet werden können. Auf Nachmittagsunterricht ist Rücksicht zu nehmen. Sonntage, Feiertage und Ferien sind von Hausaufgaben freizuhalten." (VSO)

1. Kannst du dir denken, welche weiteren Gründe Lehrer Paukner noch anführen könnte?
2. Wie stehst du zu Hausaufgaben am Sonntag?
3. Lies nach, was die VSO (Bayerische Volksschulordnung) hierzu meint (VSO)!
4. Warum werden Hausaufgaben von Lehrkräften gestellt?
5. In welchem Zeitraum sollen die täglichen Hausaufgaben von den SchülerInnen bearbeitet werden können?
6. Dürfen Hausaufgaben auch an den Tagen gestellt werden, an denen Nachmittagsunterricht stattfindet?
7. Welche Tage sind von Hausaufgaben freizuhalten?
8. Wieso wohl hat der Gesetzgeber so entschieden?
9. Was tun, wenn manche LehrerInnen doch an Wochenenden Hausaufgaben „aufbrummen"?

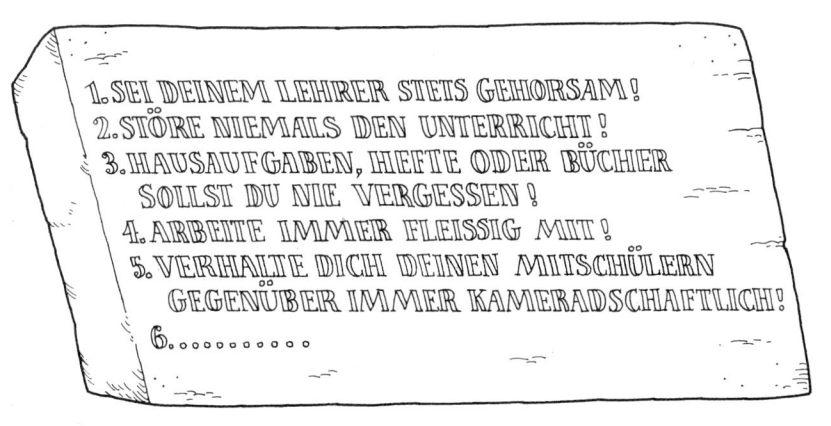

> 1. SEI DEINEM LEHRER STETS GEHORSAM!
> 2. STÖRE NIEMALS DEN UNTERRICHT!
> 3. HAUSAUFGABEN, HEFTE ODER BÜCHER SOLLST DU NIE VERGESSEN!
> 4. ARBEITE IMMER FLEISSIG MIT!
> 5. VERHALTE DICH DEINEN MITSCHÜLERN GEGENÜBER IMMER KAMERADSCHAFTLICH!
> 6. ○○○○○○○○○○

Art. 56 Rechte und Pflichten

(1) Alle Schüler haben gemäß Art. 128 der Verfassung ein Recht darauf, eine ihren erkennbaren Fähigkeiten und ihrer inneren Berufung entsprechende schulische Bildung und Förderung zu erhalten. Aus diesem Recht ergeben sich einzelne Ansprüche, wenn und soweit sie nach Voraussetzungen und Inhalt in diesem Gesetz oder auf Grund dieses Gesetzes bestimmt sind.

(2) Die Schüler haben das Recht, entsprechend ihrem Alter und ihrer Stellung innerhalb des Schulverhältnisses

1. sich am Schulleben zu beteiligen,
2. im Rahmen der Schulordnung und der Lehrpläne an der Gestaltung des Unterrichts mitzuwirken,
3. über wesentliche Angelegenheiten des Schulbetriebs hinreichend unterrichtet zu werden,
4. Auskunft über ihren Leistungsstand und Hinweise auf eine Förderung zu erhalten,
5. bei als ungerecht empfundener Behandlung oder Beurteilung sich nacheinander an Lehrkräfte, an den Schulleiter und an das Schulforum zu wenden.

(3) Alle Schüler haben das Recht, ihre Meinung frei zu äußern; im Unterricht ist der sachliche Zusammenhang zu wahren. Die Bestimmungen über Schülerzeitung (Art. 63) und politische Werbung (Art. 63) bleiben unberührt.

(4) Alle Schüler haben sich so zu verhalten, dass die Aufgabe der Schule erfüllt und das Bildungsziel erreicht werden kann. Sie haben insbesondere die Pflicht, am Unterricht regelmäßig teilzunehmen und die sonstigen verbindlichen Unterrichtsveranstaltungen zu besuchen. Die Schüler haben alles zu unterlassen, was den Schulbetrieb oder die Ordnung der von ihnen besuchten Schule oder einer anderen Schule stören könnte."

(BayEUG)

Rechtsstellung der Kinder und Jugendlichen nach Bundesrecht

Lebensjahr

- ⓪ Von Geburt an: Rechtsfähigkeit
- ⑥ – Beginn der allgemeinen Schulpflicht nach den Landesschulgesetzen
  – Kinobesuch bis 20 Uhr
- ⑦ – Beschränkte Geschäftsfähigkeit
  – Bedingte zivilrechtliche Deliktsfähigkeit
- ⑫ – Zustimmung beim Religionswechsel
  – Kinobesuch bis 22 Uhr
- ⑭ – Religionsmündigkeit
  – Anhörungs- bzw. Mitentscheidungsrecht in familien- und sorgerechtlichen Angelegenheiten
  – Bedingte Strafmündigkeit

Lebensjahr

- ⑮ – Ende der allgemeinen Schulpflicht
  – Ende des Beschäftigungsverbots
- ⑯ – Ausweispflicht
  – Beschränkte Testierfähigkeit
  – Eidesfähigkeit
  – Ehefähigkeit
  – Besuch von Gaststätten, öffentlichen Tanzveranstaltungen und Filmen bis 24 Uhr
  – Wahl zur betrieblichen Jugendvertretung
  – Führerschein Klasse 4 und 5

Schon **von Geburt an** ist ein Kind rechtsfähig und damit Träger von Rechten und Pflichten (§ 1 BGB). Als Wesen mit eigener Menschenwürde hat es einen grundsätzlichen Anspruch auf Entfaltung seiner Persönlichkeit und auf den Schutz der staatlichen Gemeinschaft (Art. 1 GG). Es kann im übrigen Rechtsgeschäfte wahrnehmen, erben, klagen oder verklagt werden. Gesetzliche Vertreter des minderjährigen Kindes sind die Eltern oder ein Elternteil allein oder ein Vormund, dem das Sorgerecht übertragen wurde (§ 1629 BGB, § 1773 BGB).

Mit vollendetem **6. Lebensjahr** beginnt nach den Landesschulgesetzen die Schulpflicht. Der Besuch eines Kinos ist Kindern ab 6 Jahren bis 20 Uhr gestattet – vorausgesetzt, der Film ist für ihre Altersstufe freigegeben (§ 6 JSchÖG).

Vom vollendeten **7. Lebensjahr** an ist ein Kind beschränkt geschäftsfähig. Es kann nun ohne Zustimmung seiner Eltern Schenkungen annehmen und im Rahmen seines Taschengeldes selbständig kleinere Kaufgeschäfte abschließen (§ 10 BGB – „Taschengeldparagraph"). Gibt ein Minderjähriger darüber hinaus aber Willenserklärungen ab, die ihm nicht nur rechtliche Vorteile bringen, so sind sie erst rechtsgültig, wenn die Eltern zustimmen. Vom 7. bis 17. Lebensjahr sind Kinder und Jugendliche zivilrechtlich nur bedingt deliktsfähig und damit für die von ihnen verursachten Schäden nicht verantwortlich, wenn ihnen die Einsicht in ihre Verantwortlichkeit fehlte (§ 828 BGB).

Vom **12. Lebensjahr** an sind Kinobesuche bis 22 Uhr erlaubt. Nach dem Gesetz über die religiöse Kindererziehung darf ein Kind dieses Alters nicht gegen seinen Willen in einem anderen Bekenntnis als bisher erzogen werden. Mit **14 Jahren** kann der Minderjährige über seine Religionszugehörigkeit selbst frei entscheiden. Vom gleichen Alter an haben Jugendliche ein Anhörungs- bzw. Mitentscheidungsrecht in familien- und sorgerechtlichen Entscheidungen, die sie selbst betreffen. So wird ihr Wille berücksichtigt, wenn es darum geht, welchem Elternteil nach einer Scheidung das Sorgerecht übertragen werden soll (§ 50b FGG).

Ebenfalls ab 14 Jahren ist ein Jugendlicher bedingt strafmündig, d. h. er ist strafrechtlich verantwortlich, wenn er zur Zeit der Tat nach seiner sittlichen und geistigen Entwicklung reif genug war, das Unrecht der Tat einzusehen und danach zu handeln (§ 3 JGG).

Mit dem **15. Lebensjahr** endet die allgemeine Schulpflicht. Jugendliche können von diesem Alter an berufsmäßig beschäftigt werden (§ 7 JArbSchG). Die Arbeitszeit ist auf täglich 8 Stunden und wöchentlich 40 Stunden begrenzt.

Mit jedem Jahr, um das sie älter werden, wachsen die Jugendlichen in neue Rechte und Pflichten hinein, bis sie als junge Erwachsene schließlich uneingeschränkt und voll verantwortlich am Rechtsleben teilnehmen.

Vom vollendeten **16. Lebensjahr** an müssen Jugendliche, die nun auch der allgemeinen Meldepflicht unterliegen, einen Personalausweis besitzen (§ 1 PersAuswG). Sie sind (beschränkt) testierfähig und damit in der Lage, in bestimmter Form selbstständig ein Testament zu errichten (§§ 2229, 2233 BGB). Vor Gericht können sie in Zivil- und Strafsachen als Zeugen vernommen und vereidigt werden (§ 455 ZPO, § 60 StPO).

Eine Ehe einzugehen ist frühestens mit 16 Jahren möglich. Vorausgesetzt ist die Zustimmung des Vormundschaftsgerichts und in der Regel auch die Einwilligung der Eltern. Der künftige Ehepartner muss volljährig sein (§ 1 EheG).

Nach dem Jugendschutzgesetz ist Jugendlichen ab 16 Jahren der Besuch von öffentlichen Tanzveranstaltungen und der Aufenthalt in Gaststätten ohne Begleitung eines Erziehungsberechtigten bis 24 Uhr gestattet. Auch Kinobesuche dürfen bis 24 Uhr dauern. Ferner ist es ihnen erlaubt, alkoholische Getränke (außer Branntwein) zu sich zu nehmen und in der Öffentlichkeit zu rauchen. Der Führerschein der Klasse 4 oder 5 kann erworben werden (§ 7 StVZO). In Betrieben mit mindestens fünf Jugendlichen können die Arbeitnehmer unter 18 Jahren eine Jugendvertretung wählen, die ihre besonderen Interessen wahrnimmt (§§ 60, 61 BetrVerfG).

Abkürzungen:
BGB: Bürgerliches Gesetzbuch
GG: Grundgesetz
JSchÖG: Gesetz zum Schutze der Jugend in der Öffentlichkeit
FGG: Gesetz über die Angelegenheiten der freiwilligen Gerichtsbarkeit
JGG: Jugendgerichtsgesetz
JArbSchG: Jugendarbeitsschutzgesetz
PersAuswG: Personalausweisgesetz
ZPO: Zivilprozessordnung
StPO: Strafprozessordnung
EheG: Ehegesetz
StVZO: Straßenverkehrs-Zulassungs-Ordnung
BetrVerfG: Betriebsverfassungsgesetz

| Name: | Klasse: 7 | Datum: | Geschichte **Sozialkunde** Erdkunde | Nr.: |

Alles klar?!

Die fünfjährige Vroni geht gerne einkaufen und deshalb erlaubt ihr Mama, am Samstag früh frische Brezen fürs Frühstück zu holen. Bäckermeister Semmelweis aber meint, dazu sei sie noch zu klein und schickt sie wieder nach Hause.

Maximilians Eltern meinen es gut mit ihrem Sohn und melden ihn deshalb nach der 4. Klasse Grundschule auf dem Gymnasium an. Maxl aber hat keine Lust und will weiter mit seinem besten Freund Flori in die Volksschule gehen.

Die zwölfjährige Kati fährt jeden Morgen mit ihren Inline-Skates zur Schule. Doch neulich hatte sie verschlafen, und darum musste sie sich besonders sputen. Mit Vollgas flitzte sie um die Kurve und übersah dabei Herrn Meier, den sie zu Boden riss. Gott sei Dank war ihr nichts passiert, nur Herr Meier hatte ein paar Prellungen abbekommen und seine Hose einen unschönen Riss. „Für den Schaden wirst du wohl aufkommen müssen", meinte Katis Nachbar, „das kostet dich ein paar Blaue Schmerzensgeld und einen guten Hunderter für meine nigelnagelneue Hose". „I wo", lachte Kati erleichtert, weil nichts Schlimmeres geschehen war, „dafür bin ich noch zu jung, ich brauche garantiert noch nichts bezahlen."

Der achtjährige Alexander kommt stolz mit einem Hundebaby nach Hause, das ihm Frau Müller, die Mutter einer Klassenkameradin geschenkt hat. „Den Wauwau bringst du sofort zurück!", schimpfen Mama und Papa.

Die vierzehnjährige Micha – kein Kind von Traurigkeit – zieht in der Zwischenstunde Manfred den Stuhl weg. Der donnert prompt zu Boden und schlägt mit dem Hinterkopf an die Bank. Eine tiefe Platzwunde und eine schwere Gehirnerschütterung sind die Folge. Auch Mannis Brille geht dabei zu Bruch. Micha glaubt, die Brille zahle die Versicherung und die Arztrechnung die Krankenkasse. Sie habe damit überhaupt nichts zu tun.

Übersicht über die Bestimmungen des Gesetzes zum Schutze der Jugend in der Öffentlichkeit

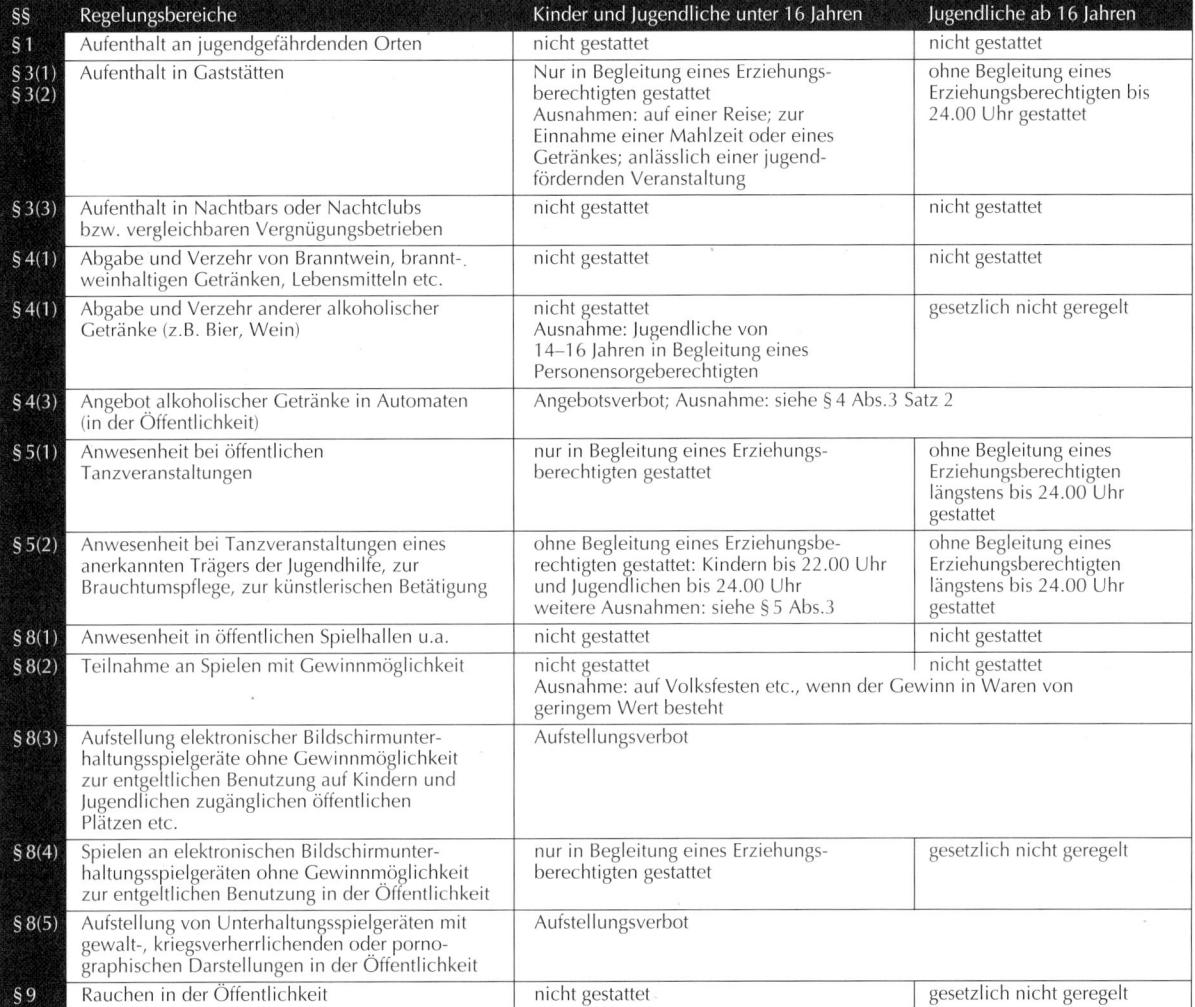

§§	Regelungsbereiche	Kinder und Jugendliche unter 16 Jahren	Jugendliche ab 16 Jahren
§ 1	Aufenthalt an jugendgefährdenden Orten	nicht gestattet	nicht gestattet
§ 3(1) § 3(2)	Aufenthalt in Gaststätten	Nur in Begleitung eines Erziehungsberechtigten gestattet. Ausnahmen: auf einer Reise; zur Einnahme einer Mahlzeit oder eines Getränkes; anlässlich einer jugendfördernden Veranstaltung	ohne Begleitung eines Erziehungsberechtigten bis 24.00 Uhr gestattet
§ 3(3)	Aufenthalt in Nachtbars oder Nachtclubs bzw. vergleichbaren Vergnügungsbetrieben	nicht gestattet	nicht gestattet
§ 4(1)	Abgabe und Verzehr von Branntwein, branntweinhaltigen Getränken, Lebensmitteln etc.	nicht gestattet	nicht gestattet
§ 4(1)	Abgabe und Verzehr anderer alkoholischer Getränke (z.B. Bier, Wein)	nicht gestattet Ausnahme: Jugendliche von 14–16 Jahren in Begleitung eines Personensorgeberechtigten	gesetzlich nicht geregelt
§ 4(3)	Angebot alkoholischer Getränke in Automaten (in der Öffentlichkeit)	Angebotsverbot; Ausnahme: siehe § 4 Abs.3 Satz 2	
§ 5(1)	Anwesenheit bei öffentlichen Tanzveranstaltungen	nur in Begleitung eines Erziehungsberechtigten gestattet	ohne Begleitung eines Erziehungsberechtigten längstens bis 24.00 Uhr gestattet
§ 5(2)	Anwesenheit bei Tanzveranstaltungen eines anerkannten Trägers der Jugendhilfe, zur Brauchtumspflege, zur künstlerischen Betätigung	ohne Begleitung eines Erziehungsberechtigten gestattet: Kindern bis 22.00 Uhr und Jugendlichen bis 24.00 Uhr weitere Ausnahmen: siehe § 5 Abs.3	ohne Begleitung eines Erziehungsberechtigten längstens bis 24.00 Uhr gestattet
§ 8(1)	Anwesenheit in öffentlichen Spielhallen u.a.	nicht gestattet	nicht gestattet
§ 8(2)	Teilnahme an Spielen mit Gewinnmöglichkeit	nicht gestattet	nicht gestattet Ausnahme: auf Volksfesten etc., wenn der Gewinn in Waren von geringem Wert besteht
§ 8(3)	Aufstellung elektronischer Bildschirmunterhaltungsspielgeräte ohne Gewinnmöglichkeit zur entgeltlichen Benutzung auf Kindern und Jugendlichen zugänglichen öffentlichen Plätzen etc.	Aufstellungsverbot	
§ 8(4)	Spielen an elektronischen Bildschirmunterhaltungsspielgeräten ohne Gewinnmöglichkeit zur entgeltlichen Benutzung in der Öffentlichkeit	nur in Begleitung eines Erziehungsberechtigten gestattet	gesetzlich nicht geregelt
§ 8(5)	Aufstellung von Unterhaltungsspielgeräten mit gewalt-, kriegsverherrlichenden oder pornographischen Darstellungen in der Öffentlichkeit	Aufstellungsverbot	
§ 9	Rauchen in der Öffentlichkeit	nicht gestattet	gesetzlich nicht geregelt

§§	Anwesenheit bei öffentlichen Filmveranstaltungen Bei Filmen, die gekennzeichnet sind mit:	Kinder und Jugendliche			
		unter 6 Jahren	ab 6 Jahren	ab 12 Jahren	ab 16 Jahren
§ 6			ohne Begleitung eines Erziehungsberechtigten nur		
	Freigegeben ohne Altersbeschränkung	nur in Begleitung eines Erziehungsberechtigten gestattet	gestattet bis 20 Uhr	gestattet bis 20 Uhr ab 14 Jahren gestattet bis 22 Uhr	gestattet bis 24 Uhr
	Freigegeben ab 6 Jahren	nicht gestattet	gestattet bis 20 Uhr	gestattet bis 20 Uhr ab 14 Jahren gestattet bis 22 Uhr	gestattet bis 24 Uhr
	Freigegeben ab 12 Jahren	nicht gestattet	nicht gestattet	gestattet bis 20 Uhr ab 14 Jahren gestattet bis 22 Uhr	gestattet bis 24 Uhr
§ 7	Freigegeben ab 16 Jahren	nicht gestattet	nicht gestattet	nicht gestattet	gestattet bis 24 Uhr
	Nicht freigegeben unter 18 Jahren	nicht gestattet	nicht gestattet	nicht gestattet	nicht gestattet
	Zugänglichmachung von bespielten Videokassetten, Bildplatten etc. Bei Filmen, die gekennzeichnet sind mit:				
	Freigegeben ohne Altersbeschränkung	gestattet	gestattet	gestattet	gestattet
	Freigegeben ab 6 Jahren	nicht gestattet	gestattet	gestattet	gestattet
	Freigegeben ab 12 Jahren	nicht gestattet	nicht gestattet	gestattet	gestattet
	Freigegeben ab 16 Jahren	nicht gestattet	nicht gestattet	nicht gestattet	gestattet
	Nicht freigegeben unter 18 Jahren	nicht gestattet	nicht gestattet	nicht gestattet	nicht gestattet
§ 7(4)	Angebot bespielter Videokassetten in Automaten (in der Öffentlichkeit)	Angebotsverbot			

| | | Name: | | Klasse: 7 | Datum: | Geschichte **Sozialkunde** Erdkunde | Nr.: |

Kinder und Jugendliche und das Recht – finde die Lösung!

Die richtige Lösung zu finden ist für dich gewiss kein Problem, wenn dir die wichtigsten gesetzlichen Bestimmungen für Kinder und Jugendliche einigermaßen geläufig sind. Du brauchst nur jeweils anzukreuzen, was du für richtig oder falsch hältst. Die Kennbuchstaben in den richtig gelösten Feldern führen dich, wenn du sie von oben nach unten liest, zum Lösungssatz.

Nr.	Aufgabenstellung	richtig	falsch
1.	Herr Hurzlinger meint, er brauche seinen 6-jährigen Daniel nicht zur Schule schicken, da er ihm selber – und zwar besser als jeder Lehrer – die nötigen Kenntnisse und Fertigkeiten beibringen könne.	M	G
2.	Schon von Geburt an ist ein Kind rechtsfähig und kann z.B. erben, klagen oder verklagt werden.	E	A
3.	Der Aufenthalt in Nachtclubs ist Jugendlichen erst ab 16 Jahren gestattet, und zwar grundsätzlich nur, wenn sie sich in Begleitung ihrer Eltern befinden.	C	S
4.	Schnapspralinen dürfen bereits an Kinder verkauft werden, allerdings nur, wenn sie von ihren Eltern geschickt werden.	H	E
5.	Mit 14 Jahren kann der Jugendliche über seine Religionszugehörigkeit selbst frei entscheiden.	T	S
6.	14–16-jährigen ist es auch schon erlaubt, in der Öffentlichkeit zu rauchen, wenn sie der Polizei eine schriftliche Einverständniserklärung ihrer Eltern vorweisen können.	T	Z
7.	Ab 14 Jahren ist ein Jugendlicher bereits strafrechtlich verantwortlich, wenn er zur Zeit der Tat reif genug war, das Unrecht der Tat einzusehen.	E	W
8.	Eine Ehe einzugehen ist frühestens mit 15 Jahren möglich. Vorausgesetzt ist die Zustimmung der Eltern und dass der Ehepartner bereits 16 Jahre alt ist.	O	S
9.	16-jährige dürfen sogar schon ganz alleine oder in trauter Zweisamkeit mit Freund oder Freundin bis 24 Uhr in Gaststätten ein oder zwei Bierchen zwitschern.	C	H
10.	16–18-jährige können sogar noch nach 24 Uhr in der Kneipe einen draufmachen, wenn sie sich in Begleitung ihrer Eltern befinden	H	L
11.	Discobesuch oder der Besuch anderer öffentlicher Tanzveranstaltungen ist Kindern und Jugendlichen unter 16 Jahren ohne Begleitung Erziehungsberechtigter allerdings in der Regel noch nicht gestattet.	Ü	W
12.	Erst, wenn man das sechzehnte Lebensjahr erreicht hat, darf man bis 24 Uhr – und das sogar ohne Erziehungsberechtigte – in der Disco das Tanzbein schwingen.	T	I
13.	Pornografische Videocassetten dürfen an Kinder nicht und an Jugendliche erst ab 16 Jahren verliehen werden, wenn ihre Eltern damit einverstanden sind.	T	Z
14.	In Spielhallen dürfen sich 18-jährige auch ohne Begleitung Erziehungsberechtigter vergnügen.	E	Z
15.	Wer gewaltverherrlichende Schriften Kindern und Jugendlichen unter 18 Jahren anbietet, kann mit einer Freiheitsstrafe bis zu einem Jahr oder mit Geldstrafe bestraft werden.	N	E

Brutale Rowdys stecken Metallstange ins Fahrrad

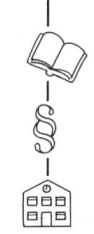

Opfer eines brutalen Vergehens von zwei jugendlichen Rowdys wurde eine elfjährige Schülerin aus Landshut – beim Rad fahren.

Das Mädchen fuhr am Freitag um 11.30 Uhr durch die Radunterführung beim Kaiserhof und wollte weiter in Richtung Gutenbergweg radeln.

Auf dem Kiesweg nach der Unterführung fuhr sie an zwei etwa 14-jährigen Burschen vorbei, wobei einer der beiden Rowdys in das Vorderrad eine silberne Metallstange steckte, so dass die Radlerin stürzte. Durch den Sturz zog sich die Schülerin schwere Kopfverletzungen und Prellungen zu. Am Rad entstand ein Schaden von etwa 250 Mark.

Die beiden Täter konnten nach Angaben der Polizei unerkannt entkommen. Sie wurden wie folgt beschrieben. Sie sind etwa 165 cm groß und hatten einen dunklen Stiftenkopf. Der eine trug eine schwarze weite Hose mit Löchern und eine dunkle Kapuzenjacke. Der Begleiter hatte eine dunkelbraune weite Hose und eine dunkelgrüne Kapuzenjacke an. Hinweise nimmt die Polizei Landshut unter ☎ 08 71/ 9 25 20 entgegen.

1. Aus welcher Laune oder Situation heraus stellen Jugendliche einen solchen „Streich" an?
2. Versucht die Situation, in der es zu dieser Tat gekommen ist, spielerisch nachzuvollziehen!
3. Wie mag den Schuldigen zu Mute sein, wenn sie erkennen müssen, welche Folgen ihr Tun hatte?
4. In geschildertem Fall handelt es sich um einen schweren Fall von fahrlässiger Körperverletzung sowie um Sachbeschädigung. Welche Folgen hat der „Streich", wenn die Polizei herausfindet, wer die Schuldigen sind?
5. Ladet zu euch in die Klasse einen Polizeibeamten und einen Jugendrichter oder -staatsanwalt ein, die ihr zu diesem und zu anderen Fällen befragen könnt!
6. Organisiert einen Besuch der örtlichen Polizeidienststelle und besucht eine Gerichtsverhandlung!

Mögliche Maßnahmen bei noch nicht erwachsenen Straftätern

Wenn die **Polizei** bei ihren Ermittlungen feststellt, dass ein Kind – zu den Kindern rechnen alle Jungen und Mädchen bis zur Vollendung des 14. Lebensjahres – etwas getan hat, was zu den strafbaren Handlungen zählt, dann meldet sie den Fall zwar der **Staatsanwaltschaft,** aber ein Gerichtsverfahren findet nicht statt. Eine richtige Strafe nach dem Strafgesetzbuch kann nicht verhängt werden. Die Polizei oder der Staatsanwalt können aber, wenn es nötig ist, das **Jugendamt** verständigen. Das Jugendamt kümmert sich um den Fall und macht einen **Aktenvermerk.** Oft bleibt es am Ende nur bei dem Aktenvermerk über das auffällige Kind. Genauere Nachforschungen erfolgen, wenn ein Kind mehrfach wegen Straftaten gemeldet wird. Das Jugendamt informiert sich dann über die Familie, die Schulsituation und den Freundeskreis und prüft, ob die Eltern eventuell mit der Erziehung überfordert sind. Auf verschiedene Weise kann der Familie geholfen werden:

– Dem Kind und den Eltern kann ein **Erziehungsbeistand** zugesprochen werden. Das ist eine Person, die das Kind und die Eltern unterstützt.
– Das Kind kann aber auch in einer **Pflegefamilie** oder in einem **Kinder-** oder **Erziehungsheim** untergebracht werden.

Eine solche Unterbringung außerhalb der eigenen Familie kann auf Antrag der Eltern vorgenommen werden (Freiwillige Erziehungshilfe). Sie kann aber auch gegen ihren Willen angeordnet werden, wenn das **Vormundschaftsgericht** eingeschaltet worden ist (Fürsorgeerziehung).

Jugendliche – zu den Jugendlichen zählen alle Jungen und Mädchen, die bereits 14, aber noch keine 18 Jahre alt sind – können sicherlich schon besser übersehen, ob sie etwas Unrechtes tun oder nicht, als Kinder. Deshalb werden sie für das, was sie tun, zur Rechenschaft gezogen und sie müssen mit einer Strafe rechnen.

Die Maßnahmen gegen Jugendliche sollen in erster Linie der Erziehung dienen. Einige verfolgen jedoch auch den Zweck, ihnen das Unrecht ihrer Tat deutlich vor Augen zu führen. Alle Maßnahmen sollen erreichen, dass die Jugendlichen keine weiteren (erheblichen) Straftaten mehr begehen.

Wenn die **Polizei** bei ihren Ermittlungen feststellt, dass ein Jugendlicher an einer Straftat beteiligt war, dann meldet sie den Fall der Staatsanwaltschaft. Der Staatsanwalt – oft ein besonderer **Jugendstaatsanwalt** – überlegt dann, ob er es zu einer Anklage vor dem Jugendgericht kommen lassen muss oder ob weniger einschneidende Möglichkeiten genügen. Vom **Jugendamt** aus wirkt hier die **Jugendgerichtshilfe** am Verfahren mit.

Hält der Staatsanwalt eine Verurteilung des Jugendlichen vor Gericht für entbehrlich, so kann er selbst von der Verfolgung absehen – **Einstellung des Verfahrens.** Er kann auch beim Jugendrichter anregen, dem Jugendlichen u.a. die Auflage zu machen, an einem Verkehrsunterricht teilzunehmen oder eine Arbeitsleistung zu erbringen. Wird dagegen Anklage eingereicht und sieht der Richter nicht mit Zustimmung des Staatsanwalts von der Verfolgung ab, so kommt es zu einer (nicht öffentlichen) Verhandlung vor dem **Jugend(straf)gericht.** Stellt sich dabei heraus, dass der Jugendliche tatsächlich einer Straftat schuldig ist und genügend Reife hatte, das Unrecht der Tat einzusehen und nach dieser Einsicht zu handeln, dann kommt es zu einer Verurteilung. Im Urteil können verschiedene Maßnahmen gegen den Jugendlichen verhängt werden:

a) Erziehungsmaßregeln

Ähnlich wie bei einem Kind kann dem Jugendlichen ein **Erziehungsbeistand** zugesprochen werden oder es kann Fürsorgeerziehung (in einem Heim, in einer Pflegefamilie oder in der eigenen Familie) angeordnet werden. Eine dritte Form der Erziehungsmaßregeln sind die **Weisungen**: Dem Jugendlichen werden ziemlich umfassende Vorschriften für seine weitere Lebensführung gemacht. Er wird z. B. angehalten, eine bestimmte Arbeitsstelle anzunehmen, bestimmte Gaststätten zu meiden oder den Kontakt zu gewissen Personen abzubrechen.

b) Zuchtmittel

Drei Arten von Zuchtmitteln können vom Jugendrichter angeordnet werden:
- Die **Verwarnung** ist das Zuchtmittel, das die geringsten Folgen für einen Jugendlichen hat. Der Richter bemüht sich lediglich, ihm das Verwerfliche oder Tragische seiner Handlungsweise vor Augen zu führen, indem er ihm z. B. sehr eindringlich die Folgen seiner Straftat schildert.
- Durch eine **Auflage** verpflichtet der Richter den straffälligen Jugendlichen ganz bestimmte Handlungen durchzuführen, die erkennen lassen, dass er sich mit der Tat auseinandersetzt. Der Jugendliche muss sich z. B. bei einem Geschädigten entschuldigen oder er muss den angerichteten Schaden wiedergutmachen.
- Die dritte Art von Zuchtmitteln ist der **Arrest.** Arrest kann in verschiedenem Ausmaß verordnet werden:

Beim Freizeitarrest muss der Jugendliche seine Freizeit für einen gewissen Zeitraum in einer Arrestzelle verbringen.

Beim Kurzarrest muss der Jugendliche ununterbrochen bis zu sechs Tagen in Arrest bleiben.

Beim Dauerarrest erstreckt sich der Arrest auf eine Woche bis zu vier Wochen.

c) Jugendstrafe

Bei schwerwiegenden Straftaten oder bei Wiederholungstätern kann der Jugendrichter eine Inhaftierung in eine **Jugendstrafanstalt** bestimmen. Dieser Freiheitsentzug dauert mindestens 6 Monate, höchstens 5 Jahre, nur in Ausnahmefällen bis zu 10 Jahren. **Jugendstrafe** bis zu einem Jahr und zwei Jahren kann der Richter bei günstiger Prognose **zur Bewährung** aussetzen. Für die Dauer von 2 bis 3 Jahren untersteht der verurteilte Jugendliche dann der Aufsicht eines Bewährungshelfers.

Angeordnete Erziehungsmaßregeln und Zuchtmittel werden in einem **Erziehungsregister** in Berlin vermerkt. Jugendstrafen werden wie Haftstrafen bei Erwachsenen in ein **Zentralregister** in Berlin eingetragen. Diese Eintragungen werden nach einer gewissen Zeit wieder gelöscht.

Selbstverständlich hat jeder Jugendliche wie jeder Erwachsene das Recht, sich von einem Rechtsanwalt beraten und verteidigen zu lassen, wenn er in den Verdacht geraten ist, eine Straftat begangen zu haben.

1. Was hältst du von den verschiedenen Formen der Bestrafung?
   Würde nicht eine Form der Bestrafung genügen?
2. Warum wohl sind Gerichtsverfahren gegen jugendliche Straftäter grundsätzlich nicht öffentlich?
3. Wie stellst du dir den Tagesablauf in einer Jugendstrafanstalt vor?
   Bittet euren Lehrer, euch doch zu diesem Thema die beiden Filme „Jugendstrafverfahren" (Nr. 321 011) und „Freiheit hinter Gittern" (Nr. 3 203 797) zu zeigen!
   Hieraus könnt ihr eine Menge über verschiedene Formen des Jugendstrafvollzugs erfahren. Diskutiert darüber!
4. Trage auf dem Arbeitsblatt sinngemäß die fett gedruckten Begriffe ein, die mit den Maßnahmen gegen Kinder bzw. mit der Bestrafung eines Jugendlichen zu tun haben!

| Name: | Klasse: 7 | Datum: | Geschichte **Sozialkunde** Erdkunde | Nr.: |

Mögliche Maßnahmen bei einem Straftäter unter 14 Jahren

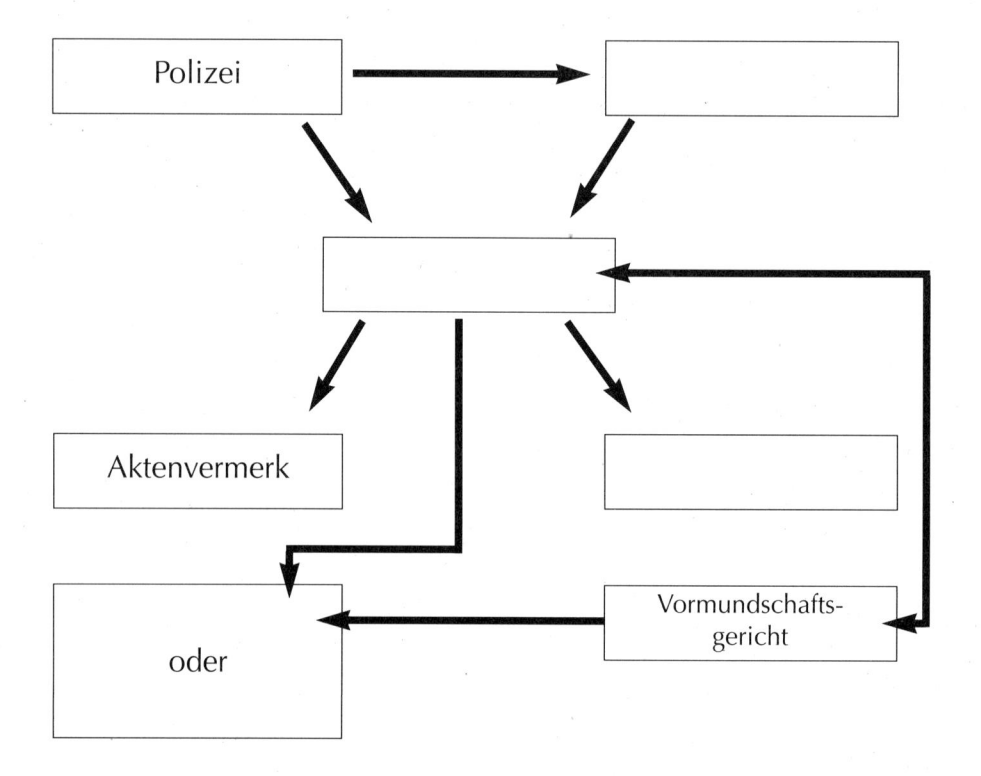

```
Polizei ─────────► ☐
   │                │
   ▼                ▼
   ┌──────────────┐ ◄────┐
   └──────────────┘      │
   │              │      │
   ▼              ▼      │
Aktenvermerk    ☐        │
                         │
   ┌─────┐   Vormundschafts-
   │oder │◄── gericht
   └─────┘
```

Mögliche Maßnahmen bei einem jugendlichen Straftäter

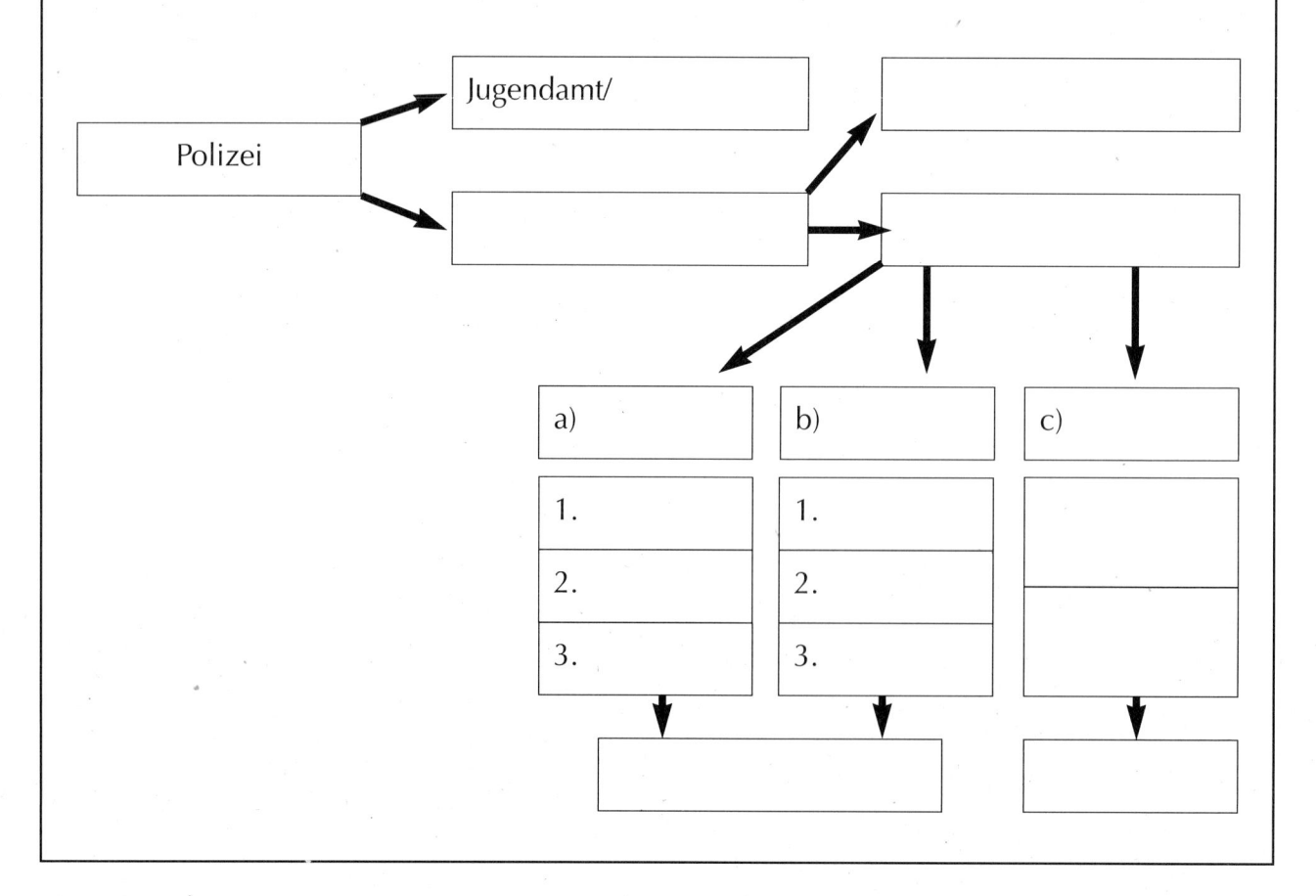

```
         ┌─► Jugendamt/      ☐
Polizei ─┤                    ▲
         └─► ☐  ─────────►   ☐
                              │
                    ┌─────────┼─────────┐
                    ▼         ▼         ▼
                   a)        b)        c)
                   1.        1.        ┌───┐
                   2.        2.        │   │
                   3.        3.        └───┘
                    │         │         │
                    ▼         ▼         ▼
                   ┌───────────────────┐
                   └───────────────────┘
```

Brutale Rowdys schon hinter Gittern

Aufgrund exakter Zeugenaussagen konnten Beamte der Kripo einen 13- sowie einen 14-jährigen Schüler bereits einige Stunden nach ihrem brutalen Vergehen an einer Schülerin – wir berichteten – zu Hause festnehmen und in der Justizvollzugsanstalt Landshut dingfest machen. Dort werden sie nun einige Jahre schmoren müssen.

Die beiden jungen Burschen, die gestern in der Radunterführung beim Kaiserhof mit einer Metallstange ein Rad fahrendes Mädchen zum Sturz brachten, das sich dabei schwer verletzte, konnten durch Zeugenaussagen aufmerksamer Passanten schnell dingfest und für einige Jahre hinter Gitter gebracht werden.

Wie uns die Pressestelle der hiesigen Kriminalpolizei mitteilte, konnten die beiden Übeltäter – Schüler der HS St. Nikola – noch am gestrigen Vormittag in ihren Klassenzimmern festgenommen werden. Beide waren nach einigen Ohrfeigen durch die vernehmenden Polizeibeamten sofort geständig und dürfen nun mindestens zehn Jahre im Gefängnis über ihre Schandtat nachdenken.

Was darf die Polizei?

Zu den Grundaufgaben eines Staates zählen:
– die Bürger vor Gefahren zu schützen
– für Ordnung und Sicherheit, also für die Einhaltung der Gesetze sorgen
– Verbrechen bekämpfen.

Die Polizei als Teil der ausübenden Gewalt ist mit der Durchführung dieser Aufgaben beauftragt. Polizisten sind Beamte, sie arbeiten im Dienst des Staates. Dabei sind sie in der Bundesrepublik Deutschland, einer Demokratie und einem Rechtsstaat, streng an die geltenden Gesetze gebunden und müssen den privaten Lebensbereich der Bürger achten. Unser Grundgesetz und viele andere Bestimmungen garantieren, dass der Bürger vor willkürlichen Maßnahmen der „Gesetzeshüter" geschützt ist.

Zu den Aufgaben der Polizei zählt es Ermittlungen anzustellen. Durch Vernehmung von Verdächtigen oder Zeugen und durch Spurensicherung ... versucht sie, Straftaten aufzuklären. Sie darf Verdächtige festnehmen, wenn sie flüchten wollen, Wohnungen durchsuchen und Sachen beschlagnahmen, wenn besondere Eile geboten ist.

Die Polizei darf aber in der Regel eine Wohnung nur dann betreten, wenn es der Besitzer oder Mieter erlaubt oder wenn die Polizei einen richterlichen Durchsuchungsbefehl vorweisen kann. Liegt kein von einem Richter unterschriebener Haftbefehl vor, darf die Polizei niemanden länger als bis zum Ende des Tages nach dem Ergreifen in Gewahrsam halten.

Alles, was die Polizei ermittelt hat, hält sie in Protokollen und Vermerken fest und schickt so entstandene Akten an die Staatsanwaltschaft, die bei Geringfügigkeit das Verfahren einstellt oder aber Anklage erhebt.

Ein wichtiges Kennzeichen eines Rechtsstaates wie der Bundesrepublik Deutschland ist also, dass auch die Staatsgewalt, in unserem Fall vertreten durch die Polizei, an geltende Gesetze gebunden ist. Des weiteren sind die Staatsgewalten getrennten, voneinander unabhängigen Einrichtungen anvertraut (Gewaltenteilung). Außerdem genießt der Bürger gerichtlichen Schutz gegen rechtswidriges Handeln der Verwaltung, z. B. Schule.

Schneide Zeitungsartikel aus einer Tageszeitung aus, die die Aufgaben der Polizei deutlich machen! Sammle die Artikel für eine eventuelle Ausstellung an deiner Schule!

| Name: | Klasse: 7 | Datum: | Geschichte **Sozialkunde** Erdkunde | Nr.: |

Rechtsstaat und Polizei

1. Drei wichtige Kennzeichen eines Rechtsstaates lauten:

a) _____

b) _____

c) _____

2. Überprüfe, welche der Fallbeispiele folgenden rechtsstaatlichen Grundsätzen widersprechen (Lies hierzu auch nach: Art. 3 (1), 97 (1) und 103 GG!):

– Gleichheit vor dem Gesetz – Recht auf freie Verteidigung – keine Strafe ohne Gesetz – Bindung des Gerichts an die Gesetze – Unabhängigkeit der Richter – Anfechtbarkeit des Urteils – im Zweifel für den Angeklagten – Schuldfähigkeit als Voraussetzung – Anspruch auf rechtliches Gehör –

a) Herr A. verdächtigt den Nachbarn seinen Dackel Lumpi vergiftet zu haben. Seine Anzeige wird mit der Begründung abgewiesen, Polizei und Gerichte hätten schließlich Wichtigers zu tun.

b) Herr Strunz hält die gegen ihn ausgesprochene Strafe für ungerechtfertigt. Zu spät, das Urteil ist gesprochen.

c) Die Geschwindigkeit innerhalb geschlossener Ortschaften wird auf 30 km/h begrenzt. Nun können alle, die in den letzten Jahren schneller gefahren sind, endlich bestraft werden.

d) Stadtrat F., der wegen Trunkenheit am Steuer vor Gericht steht, verlangt vom Richter aufgrund seiner Stellung ein mildes Urteil.

3. Was darf, kann und muss die Polizei – kreuze an, was du für richtig hältst!

– Nach einer Polizeikontrolle in einer Diskothek gegen 22.30 Uhr wird Gisela mit dem Polizeifahrzeug nach Hause gebracht, weil sie erst 15 ist. ☐
– Polizist K. dringt heimlich in die Wohnung eines Verdächtigen ein und kann schließlich das Geständnis des Täters durch Gewaltanwendung erpressen. ☐
– Die Polizei verbietet eine jugendgefährdende Veranstaltung. ☐
– In einem Lebensmittelmarkt unterbindet die Polizei den Verkauf verdorbener Säuglingsnahrung, beschlagnahmt die noch vorhandene Ware und benachrichtigt das Ordnungsamt. ☐
– Die Polizei lehnt es mit dem Hinweis ab, dies sei eine private Angelegenheit, für Herrn Knicker die Miete einzutreiben, die ihm Familie Penner seit einem Vierteljahr schuldig geblieben ist. ☐
– Polizeibeamtin R., die aufgrund von Ermittlungen an der Haustür läutet, weigert sich, der Bitte nachzukommen, sich auszuweisen. ☐
– Als der einer Straftat dringend verdächtige M. sich wehrt, zu erkennungsdienstlichen Maßnahmen mit auf die Wache zu kommen, wird er mittels Polizeigriff zum Besteigen des Dienstwagens veranlasst. ☐
– Im Feuergefecht mit der Polizei wurde ein Geiselnehmer erschossen. ☐

Strafen früher und heute – Sinn, Zweck, Absicht

1. So sahen die harten Strafen im Mittelalter aus. Beschreibe!

   _____
   _____
   _____
   _____
   _____

2. Welchen Zweck verfolgten diese harten Strafmaßnahmen?

   _____
   _____
   _____

Video-Killer „Jason" als brutales Vorbild
Zwei Jahre Haft auf Bewährung für 15-jährigen – Gericht ordnet Heimunterbringung an

P a s s a u. (gp) Im Prozess gegen einen 15-jährigen Jungen aus dem Raum Wegscheid hat das Passauer Landgericht sein Urteil gefällt. Christian E., der als Zombie verkleidet mit einem Buschmesser und einem Beil seine zehnjährige Cousine lebensgefährlich und eine Nachbarin schwer verletzte, wurde wegen gefährlicher Körperverletzung zu einer zweijährigen Haftstrafe verurteilt. Die Strafe wurde zur Bewährung ausgesetzt, der Junge muss allerdings in psychiatrische Behandlung. Der Verteidiger des jugendlichen Täters hatte einen Freispruch gefordert. Er hatte schon zu Beginn des Prozesses dem erheblichen Konsum von Gewalt-Videos durch Christian einen Großteil der Schuld an der Tat gegeben.

3. Fast bis in die Mitte des 19. Jahrhunderts wurden Kinder und jugendliche Straftäter meistens genauso bestraft wie Erwachsene.

a) Wie wäre Christian vermutlich im Mittelalter für seine Tat bestraft worden?

b) Wie beurteilst du das Strafmaß, das das Passauer Landgericht über Christian verhängt hat?

c) Welchen Zweck verfolgen diese Strafen? (Lies hierüber auch den gesamten Zeitungsbericht mit Urteilsbegründung nach!)

Video-Killer „Jason" als brutales Vorbild
Zwei Jahre Haft auf Bewährung für 15-jährigen – Gericht ordnet Heimunterbringung an

P a s s a u. (gp) Im Prozess gegen einen 15-jährigen Jungen aus dem Raum Wegscheid hat das Passauer Landgericht sein Urteil gefällt. Christian E., der als Zombie verkleidet mit einem Buschmesser und einem Beil seine zehnjährige Cousine lebensgefährlich und eine Nachbarin schwer verletzte, wurde wegen gefährlicher Körperverletzung zu einer zweijährigen Haftstrafe verurteilt. Die Strafe wurde zur Bewährung ausgesetzt, der Junge muss allerdings in psychiatrische Behandlung. Der Verteidiger des jugendlichen Täters hatte einen Freispruch gefordert. Er hatte schon zu Beginn des Prozesses dem erheblichen Konsum von Gewalt-Videos durch Christian einen Großteil der Schuld an der Tat gegeben.

Die Bluttat ereignete sich am 2. März, hatte aber eine schon längere Zeit andauernde Vorgeschichte: Christian, der fasziniert war von der Horrorgestalt „Jason" aus der Videoreihe „Freitag, der 13.", hatte sich immer wieder mit Eisenmaske und tierblutverschmiertem Anorak in den Wäldern rund um das Elternhaus herumgetrieben. Er wollte aussehen wie sein Vorbild in den Filmen, die er teilweise über 30-mal gesehen hatte. Mehrfach hatte er auch seine zehnjährige Cousine mit seiner Verkleidung erschreckt.

Am Tattag wollte er das wieder tun, als „Jason" verkleidet verließ er die elterliche Wohnung. Zum ersten Mal nahm er dabei aber auch Waffen mit: Ein Buschmesser und ein Beil hatte er bei sich, als er beim Haus seiner Großmutter ankam. Dort traf er aber nicht nur auf seine Cousine, sondern auch auf eine zufällig auf Besuch gekommene 69-jährige Nachbarin.

Angst vor Blamage

Was dann passierte, das ergab sich vor Gericht aus den Zeugenaussagen der Opfer und aus dem Geständnis des Jungen. Weil er befürchtete, die erwachsene Frau werde seine Verkleidung durchschauen und ihn vor Eltern und Freunden blamieren und lächerlich machen, entschloss er sich zu handeln: Wortlos trat er auf die alte Frau zu und versetzte ihr mit dem Buschmesser zwei Schläge. Dann ergriff er das Beil und schlug es seiner Cousine zweimal auf den Kopf. Nach der Tat floh er, versteckte sich dann aber nicht, wie er es zuerst vorhatte, im Wald, sondern lief nach Hause. Seinen Eltern gestand er, was er getan hatte und bat sie, Hilfe für das Mädchen zu holen.

Während die Verletzungen der Nachbarin nicht lebensbedrohlich waren, erlitt das Mädchen ein schweres Schädel-Hirn-Trauma und schwebte tagelang in Lebensgefahr. Ihren linken Arm und das linke Bein wird sie nie wieder vollständig bewegen können.

Der Prozess in Passau, geführt unter Vorsitz von Richter Dr. Michael Huber unter Ausschluss der Öffentlichkeit, wurde vor allem durch die Vorträge der Gutachter geprägt. Psychologen, Ärzte und Kinderpsychiater gaben ihre Stellungnahmen ab, ein Professor für Pädagogik unterrichtete das Gericht über mögliche Auswirkungen von Gewaltfilmen auf die Psyche von Kindern und Jugendlichen. Einen Verhandlungstag widmete die Jugendkammer auch den üblen Machwerken selbst: Eine ganze Reihe von Horror- und Gewaltvideos wurde den Richtern und Schöffen vorgeführt.

Viel Beachtung wurde auch dem Vorleben des Angeklagten geschenkt: Christian war in einem Weiler aufgewachsen, der nur aus den Häusern der Eltern, der Großeltern und zwei anderen Mitgliedern der Verwandtschaft bestand. Kontakt zu Gleichaltrigen hatte er nur in der Schule, seine Freizeit verbrachte er fast ohne Pause vor dem Bildschirm. Dabei konsumierte er immer wieder dieselben Horror- und Gewaltvideos, bekommen hatte er sie von einem Onkel, gegen den deswegen auch der Staatsanwalt ermittelt. Von einigen Ermahnungen der Großeltern einmal abgesehen, kümmerte sich niemand um die Fernsehgewohnheiten von Christian, die Filme wurden ihm nie verboten.

Nach der Tat Hilfe geholt

Die Tat, die nach Ansicht aller Prozessbeteiligten durch diese Filme mitverursacht worden war, wurde vom Gericht in der Urteilsbegründung als gefährliche Körperverletzung gewertet, wenn auch die Anklage von einem versuchten Totschlag ausgegangen war. Diese „Abmilderung" wurde von Richter Hans Huber mit dem Umstand begründet, dass Christian nach der Tat sofort Hilfe geholt hatte. Das Gericht bezeichnete den Jungen als schuldfähig und für die Tat verantwortlich. Allerdings ließ Dr. Huber auch keinen Zweifel daran, wen eine Mitschuld an der Tat treffe: Das Erziehungsverhalten der Eltern hatte ebenso zur blutigen Entwicklung beigetragen wie das Verhalten anderer Mitglieder der Großfamilie. Der leichte Zugang zu den gefährlichen Videos und der Umstand, dass sich niemand um die Gewohnheiten Christians gekümmert hatte, bewahrten den Jugendlichen letztendlich vor der Einweisung in die Strafanstalt.

Zu seinen Eltern darf Christian allerdings noch nicht, er muss eine Reihe von Bewährungsauflagen erfüllen: Horrorvideos sind tabu, ebenso Verkleidungen und Maskierungen. Dies wird von seinem Bewährungshelfer überwacht. In einem speziellen Heim muss Christian auf noch nicht absehbare Zeit behandelt werden, bis er seine schädlichen Neigungen überwunden hat.

Schon während der Hauptverhandlung hatte der Täter immer wieder Reue gezeigt. Mehrfach hatte er betont, wie Leid ihm alles tue. Bei den Opfern entschuldigte er sich: Er wünschte sich nichts sehnlicher, als dass seine Cousine wieder völlig gesund werde.

Das Urteil wurde von der Staatsanwaltschaft und vom Angeklagten angenommen, es ist damit rechtskräftig.

(aus: Landshuter Zeitung vom Juli 1996)

Brutale Rowdys stecken Metallstange ins Fahrrad

Folgen für Täter

Folgen für Opfer

- Festnahme und Vernehmung durch die Polizei
- Anklageerhebung durch den Staatsanwalt

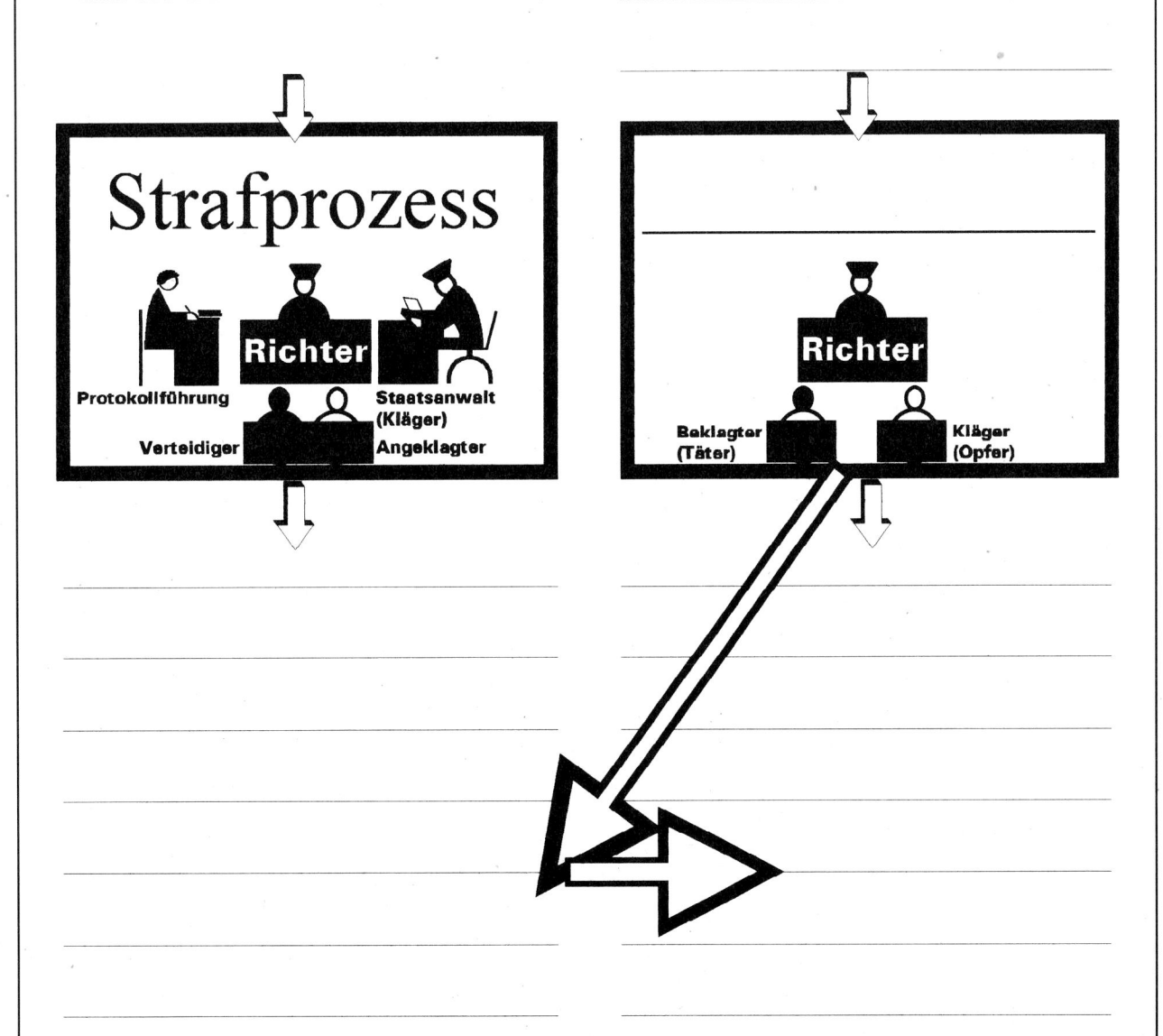

Strafprozess

Protokollführung — Richter — Staatsanwalt (Kläger)
Verteidiger — Angeklagter

Richter
Beklagter (Täter) — Kläger (Opfer)

Strafprozess

[Diagramm: Richter (Mitte), Protokollführung (links), Staatsanwalt (Kläger) (rechts), Verteidiger und Angeklagter (vorne)]

In einem Strafprozess wird über Gesetzesbrecher geurteilt, z. B. bei Diebstahl, Einbruch, Alkohol am Steuer, fahrlässige Tötung, Körperverletzung, Mord usw.

Eingeleitet wird der Strafprozess in der Regel durch den Staatsanwalt, der bei Gericht Anklage erhebt, nachdem er von einer strafbaren Handlung Kenntnis erhielt (Anzeige, Polizei).

Für den Strafprozess sind charakteristisch:

1. Der genaue Sachverhalt wird vor Gericht durch die Beweisaufnahme, d. h. durch die Vernehmung des Angeklagten und der Zeugen ermittelt.
2. Vorgeladene Zeugen müssen erscheinen und aussagen. Eine Verweigerung der Aussage steht nur dem Zeugen zu, der mit dem Angeklagten verlobt, verheiratet, verwandt oder verschwägert ist.
3. Nach der Beweisaufnahme halten der Staatsanwalt und der Verteidiger ihre Schlussvorträge (Plädoyers). Das „letzte Wort" hat der Angeklagte.
4. Eine Bestrafung gibt es nur, wenn die Schuld des Angeklagten feststeht, wenn er vorsätzlich (= absichtlich) oder fahrlässig gehandelt hat und seine Verantwortlichkeit für die Tat festgestellt ist. Andernfalls erfolgt Freispruch.

Zivilprozess

[Diagramm: Richter (Mitte), Beklagter (Täter) (links), Kläger (Opfer) (rechts)]

In einem Zivilprozess wird über Streitigkeiten aus dem bürgerlichen Leben entschieden, z. B. eine Ehescheidung, eine Auseinandersetzung zwischen Mieter und Vermieter, eine Sachbeschädigung oder eine grobe Beleidigung.

Eingeleitet wird der Zivilprozess in der Regel durch eine Klage, die der Kläger oder sein Rechtsanwalt bei Gericht erhebt.

Für den Zivilprozess ist u. a. charakteristisch:

1. Der Richter betreibt den Zivilprozess nicht von sich aus oder von Amts wegen, sondern nur, soweit die Parteien es wünschen. – Es gibt keinen Staatsanwalt.
2. Der Richter erörtert mit den Parteien den Sachverhalt und macht sie auf die Rechtslage aufmerksam.
3. Behauptungen, die von der Gegenpartei nicht bestritten werden, brauchen nicht bewiesen zu werden.
4. Die Parteien können den Prozess jederzeit beenden: Der Beklagte erkennt den Anspruch des Klägers an oder der Kläger zieht seine Klage zurück oder beide Parteien schließen einen Vergleich ab.
5. Keine Partei kann gezwungen werden, vor Gericht zu erscheinen. Erscheint der Beklagte oder sein Rechtsanwalt nicht, so erhält der Kläger Recht, wenn die von ihm vorgetragenen Tatsachen dem geltend gemachten Anspruch entsprechen.
6. Beide Parteien können sich vor Gericht durch Rechtsanwälte vertreten lassen.

nach: Schmieder/Fleischmann; Schülerlexikon für Arbeitslehre und Sozialkunde;
(Versäumnisurteil)

8. Deutschland im 19. Jahrhundert

> → 7.8 Deutschland im 19. Jahrhundert
> (bayerischer Hauptschullehrplan)

Lerninhalte:

- Kennenlernen der staatlichen Ordnung Deutschlands im 19. Jahrhundert
- Erfahren des Aufkommens nationaler, demokratischer, sozialer und liberaler Ideen in ganz Europa und der Bemühungen, sie in Deutschland zu realisieren
- Verfolgen der Ereignisse, die zur Gründung des Deutschen Reiches führten
- Erkennen, dass die Industrielle Revolution einen grundlegenden Wandel in allen Lebensbereichen einleitete und tiefgreifende wirtschaftliche, soziale und politische Probleme mit sich brachte

Arbeitsmittel:

Informationsblätter, Arbeitsblätter

Informationen zum Thema:

Der Deutsche Bund

Auf dem Wiener Kongress denkt man nicht an eine Restauration des 1806 aufgelösten alten Reiches, aber ebenso wenig an die Bildung eines deutschen Nationalstaates. Die Mittelstaaten sehen darin eine Gefahr für ihre Souveränität, die Großmächte eine Störung des Gleichgewichts. Mitteleuropa soll zwar ein Gegengewicht zu Russland und Frankreich werden, aber selbst nicht zu stark. Die Lösung ist schließlich der Deutsche Bund.

8. Deutschland im 19. Jahrhundert

Einstieg ins Thema: Folienvorlage (Die Märzrevolution in Deutschland, S. 165)

8.1 Nation und Verfassung: Einigungs- und Freiheitsbestrebungen in Deutschland

Die deutschen Einzelstaaten im Deutschen Bund (1815–1866; S. 166)
Die deutschen Einzelstaaten im Deutschen Bund (Arbeitsblatt S. 167; Lösungsblatt S. 261)
Der Wunsch nach Einheit und Freiheit (S. 168)
Der Wunsch nach Einheit und Freiheit (Arbeitsblatt S. 169; Lösungsblatt S. 262)
Ereignisse und Folgen der Revolution von 1848/49 (S. 170)
Folgen der Revolution von 1848 (S. 171/172)
Die Revolution von 1848 (Arbeitsblatt S. 173; Lösungsblatt S. 262)
Die Reichsgründung 1871 (S. 174/175)
Die Reichsgründung 1871 (Arbeitsblatt S. 176; Lösungsblatt S. 262)
Bayern im Kaiserreich (S. 177)
Bayern im Kaiserreich (Arbeitsblatt S. 178; Lösungsblatt S. 262)

8.2 Die technisch-industrielle Revolution und die Folgen → WTG 7.4; 7.6.1

Soziale und wirtschaftliche Verhältnisse in der vorindustriellen Zeit (S. 179) → E 7.2.2
Soziale und wirtschaftliche Verhältnisse in der vorindustriellen Zeit
(Arbeitsblatt S. 180; Lösungsblatt S. 263)
Technisierung und Industrialisierung (S. 181/182)
Technisierung und Industrialisierung (Arbeitsblatt S. 183; Lösungsblatt S. 263)
Wandel der Arbeits- und Lebenswelt (S. 184/185)
Wandel der Arbeits- und Lebenswelt (Arbeitsblatt S. 186; Lösungsblatt S. 263)

8.3 Die soziale Frage: ihre Lösung als Aufgabe von Staat und Gesellschaft

Lösung der Sozialen Frage (S. 187)
Aktivitäten der Kirchen (S. 188)
Arbeiter- und Gewerkschaftsbewegungen und staatliche Gesetzgebung (S. 189)
Lösung der Sozialen Frage (Arbeitsblatt S. 190; Lösungsblatt S. 263)

Die Märzrevolution in Deutschland (Überblick)

	Bürgerliche Revolution	Revolutionäre Eigendynamik: republikanische und nationale Erhebungen	Gegenrevolutionäre Kräfte
1848			
Ende Febr.	Versammlungen und Petitionen in verschiedenen Ländern: Märzforderungen		
8. 3.	Bundestag erklärt Schwarz-Rot-Gold zu deutschen Bundesfarben	**Ungarn** fordern Verfassung und Eigenständigkeit, Loslösung von Österreich, ungarischer Reichstag	
13.–15. 3.	1. Aufstand in Wien: **Flucht Metternichs**		
18. 3.	Straßenkämpfe in Berlin	Aufstände in **Italien** (Mailand, Venedig) führen zum Guerra Santa (Hl. Krieg) gegen Österreich	
19.3.	Friedrich Wilhelm IV. ehrt die Toten der Kämpfe		
31. 3.	Vorparlament in Frankfurt	April: republikanischer Aufstand in **Baden** (Hecker, Struve, Herwegh)	
15. 5.	2. Aufstand in Wien; Flucht Ferdinands I.; Einberufung eines österreichischen Reichstages	Aufstand in **Schleswig** gegen Dänemark (wird im August von Preußen durch Waffenstillstand mit Dänemark beigelegt, gegen Willen der Nationalversamml.)	
18. 5.	**Deutsche Nationalversammlung in Frankfurter Paulskirche**		
22. 5.	Preußische Nationalversammlung in Berlin	2.–12. 6. **Slawenkongress in Prag:** Forderung nach Umwandlung des österr. Staates in „Bund von gleichberechtigten Völkern"	
		13.–16. 6. Aufstand tschechischer Radikaler	Niederschlagung des Aufstands (*Windischgraetz*)
27. 6.	Provisorische Zentralgewalt Erzherzog Johann von Österreich als Reichsverweser)	Juli: Aufstand in Lombardo-Venetien gegen Österreich	Juli/August: Unterdrückung des italienischen Aufstands durch *Radetzky*
16. 6.	Nationalversammlung muss dem Waffenstillstand von Malmö zustimmen	18. 9. Unruhen in Frankfurt Ermordung der konservativen Abgeordneten Lichnowsky und Auerwald	18. 9. Niederschlagung der Frankfurter Unruhen durch Österreicher und Preußen
6./7. 10.	3. Aufstand in Wien	21. 9. **2. Badischer Aufstand:** Proklamation der deutschen Republik (Struve)	Ende Okt.: Eroberung Wiens (Windischgraetz); Hinrichtung von Aufständischen (R. Blum); Fürst Schwarzenberg Ministerpräsident
			10. 11. General Wrangel rückt in Berlin ein
			5. 12. Auflösung der preuß. NV; *oktroyierte Verfassung*
1849			
28. 3.	Verabschiedung der deutschen Reichsverfassung in der Paulskirche		4. 3. Auflösung des österreichischen Reichstages
		April: Absetzung der Habsburger, **Unabhängigkeitserklärung Ungarns**	3. 4. **Ablehnung der Kaiserkrone durch Friedrich Wilhelm IV.**
30. 5.	Rest der Nationalversammlung („Rumpfparlament") verlegt seinen Sitz nach Stuttgart	Mai: Aufstände in **Sachsen, Baden, Pfalz**	Mai–Aug. Niederschlagung des ungarischen Aufstands mit russischer Hilfe
			Mai–Juli Niederschlagung der Maiaufstände durch preußische Truppen
			18. 6. Auflösung des Rumpfparlaments

Die deutschen Einzelstaaten im Deutschen Bund (1815–1866)

Nach der Niederlage Napoleons wurde auf dem Wiener Kongress eine neue Friedensordnung für Europa geschaffen. Die Zahl der 300 deutschen Einzelstaaten aus der Zeit vor Napoleon war auf 39 zusammengeschmolzen. An Stelle des Deutschen Reiches trat am 8. Juni 1815 der Deutsche Bund.

Dies war nur ein lockerer Zusammenschluss von weiterhin selbständigen Staaten, mit eigenem Heer, eigenem Geld und eigenen Grenzen, nicht die Gründung eines Bundesstaates. Die Staaten verpflichteten sich z.B. zum gemeinsamen Handeln im Kriegsfall, zur Entsendung von Vertretern in den „Frankfurter Bundestag" (ein reiner Gesandtenkongress ohne große politische Bedeutung und Ansehen beim Volk, nicht zu vergleichen mit dem deutschen Bundestag) und zur Einführung von „landesständischen Verfassungen" und Volksvertretungen (dies geschieht aber nur in den Staaten Sachsen-Weimar, Bayern, Baden, Württemberg und Hessen). Österreich und Preußen werden weiterhin absolutistisch regiert.

Mitglieder des Deutschen Bundes waren:
– der deutsche Teil des Kaiserreiches Österreich
– die Königreiche Bayern, Preußen, Sachsen, Hannover und Württemberg
– das Großherzogtum Baden
– das Kurfürstentum Hessen
– 27 Herzogtümer und Fürstentümer
– die vier freien Städte Hamburg, Bremen, Lübeck und Frankfurt

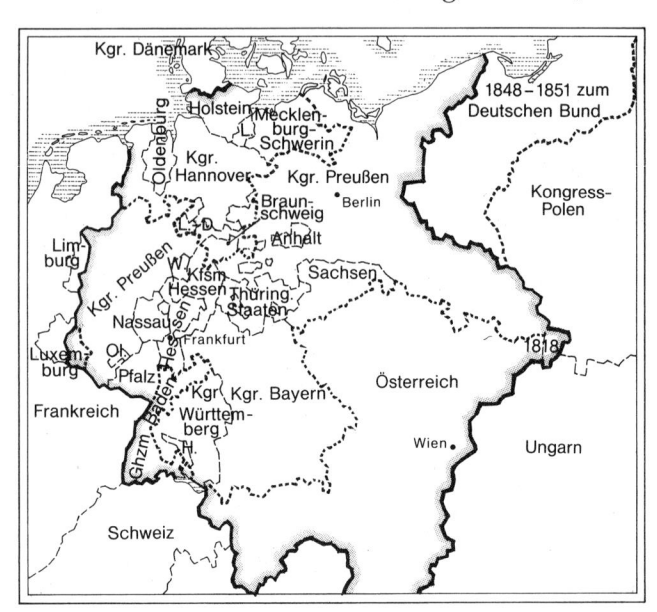

1. Warum wurde der Deutsche Bund gegründet?
2. Wo und wann entstand dieses Bündnis?
3. Wie viele Staaten waren verbündet?
4. Was war das für ein Zusammenschluss?
5. Welche Rechte hatte jeder Staat?
6. Welche Pflichten hatte jeder Staat?
7. Welche Auswirkungen hatte dieses Bündnis auf das Volk?

Die deutschen Einzelstaaten im Deutschen Bund

Grund der Entstehung: _____

Jahr der Entstehung: _____

Anzahl der Staaten: _____

Organisationsform: _____

Rechte jedes Staates: _____

Pflichten jedes Staates: _____

_____

_____

Auswirkungen auf das Volk: _____

_____

_____

_____

_____

Der Wunsch nach Einheit und Freiheit

Die Enttäuschung des deutschen Volkes war groß. Die Hoffnung auf die Einigkeit des ganzen deutschen Volkes in einem gemeinsamen Staat und die Freiheit seiner Bürger von fremden Herrschern war mit der Gründung des Deutschen Bundes dahin. Dafür hatten sie 1813 nicht die Waffen ergriffen und Europa von Napoleon befreit. Besonders in der Jugend war die Enttäuschung über den Ausgang des Wiener Kongresses grenzenlos. Viele Fürsten herrschten wie zur Zeit des Absolutismus und wollten die Herrschaftsverhältnisse, die vor Napoleon bestanden, wieder einführen (Restauration). Das Volk wollte mitbestimmen. Man wollte nicht mehr Untertan, sondern freier Bürger sein. Überall schloss man sich also zusammen, um für Freiheit und Einigkeit einzutreten.
Ein Flugblatt von 1816 nennt die Wünsche des Volkes:

> „IM NAMEN ALLER, DIE FÜR DIE FREIHEIT STARBEN!
> WIR WOLLEN EIN EINIGES, DEUTSCHES VATERLAND, IN DEM JEDER BÜRGER DIE GLEICHEN RECHTE UND DIE GLEICHEN PFLICHTEN HAT.
> WIR WOLLEN EINE VOLKSVERTRETUNG, DIE DEM LAND EINE VERFASSUNG UND NEUE GESETZE GIBT.
> WIR WOLLEN, DASS NIEMAND OHNE DEN BEFEHL DES RICHTERS VERHAFTET WERDEN KANN.
> WIR WOLLEN FÜR ALLE DEUTSCHEN STÄDTE UND GEMEINDEN DIE SELBSTVERWALTUNG.
> WIR WOLLEN FREIHEIT IN WORT UND SCHRIFT, FREIHEIT FÜR GLAUBEN UND GEWISSEN."

Im Oktober 1817 kamen ca. 600 Studenten aus ganz Deutschland auf der Wartburg bei Eisenach zusammen, um dem fünften Jahrestag der Völkerschlacht von Leipzig und dem dreihundertsten Jahrestag des Thesenanschlags durch Luther zu gedenken. Es wurden Reden gehalten und Kritik an den Fürsten geübt. Nach den offiziellen Feierlichkeiten trafen sich junge Menschen und verbrannten Bücher von fürstentreuen Schriftstellern, eine Uniformjacke, einen Korporalstock und einen alten Zopf als Symbole für Unterdrückung, Untertanengeist und Rückständigkeit.
Als 1819 auch noch der fürstentreue Schriftsteller Kotzebue von einem fehlgeleiteten Studenten ermordet wird, ist das Maß voll und die Fürsten schreiten mit aller Härte ein. In Karlsbad trafen sich die Vertreter der deutschen Fürsten und trafen folgende Beschlüsse:

Bücherverbrennung beim Wartburgfest am 10. 10. 1817

- Auflösung der Burschenschaften
- Verbot der Farben Schwarz-Rot-Gold (Zeichen der Burschenschaften)
- Überwachung der Universitäten und Professoren
- Zensur aller Zeitungen und Zeitschriften

Die Forderung nach mehr Freiheit ließ sich aber auf die Dauer nicht unterdrücken. Im Mai 1832 trafen sich 30 000 Menschen auf dem Hambacher Fest in der Pfalz um für Einigkeit und Freiheit einzutreten. Doch der Volksaufstand unterblieb und ein Umsturzversuch von Studenten in Frankfurt schlug fehl. Der Dichter Hoffmann von Fallersleben schrieb 1841 das „Lied der Deutschen", unsere heutige Nationalhymne. Die meisten Bürger in dieser Zeit waren froh, dass sie ihre Ruhe hatten und der Krieg endlich vorüber war. Sie zogen sich ins Privatleben zurück und vermieden alles, was der Obrigkeit missfallen könnte. Diese Leute bezeichnete man als Biedermeier.

1. Welche Ziele verfolgten die Fürsten?
2. Welche Ziele verfolgte das Volk?
3. Wie versuchte das Volk seine Vorstellung zu verwirklichen?
4. Was taten die Fürsten?
5. Suche das „Lied der Deutschen" (Nationalhymne) im Musikbuch oder einem Nachschlagewerk, schreibe es ab und unterstreiche die Forderungen des Volkes von damals!
6. Versuche zu klären, woher die Farben Schwarz-Rot-Gold kommen!

| Name: | Klasse: 7 | Datum: | **Geschichte** Sozialkunde Erdkunde | Nr.: |

Der Wunsch nach Einheit und Freiheit

Ziel: _____
_____
_____

Ziel: _____
_____
_____

Reaktionen:

Versuche der Verwirklichung:

Wiedereinführung d. Absolutismus

Enttäuschung wegen unerfüllten Forderungen

_____

Ereignisse und Folgen der Revolution von 1848/49

Die Revolution von 1848

Obwohl der Deutsche Bund mit der Gründung des Zollvereins zunächst erreichte, die wirtschaftlichen Verhältnisse zu stabilisieren, wurden die Fürsten von der politischen und wirtschaftlichen Entwicklung überrollt. Die neu entstandene Industrie produzierte mehr als sie verkaufen konnte und immer mehr Menschen wurden arbeitslos. Wegen schlechter Ernten stiegen zu allem Überfluss auch noch die Lebensmittelpreise enorm an. In ganz Europa litten die ärmeren Leute große Not.

Da die französische Regierung Forderungen des Volkes ablehnte, kam es hier im Februar 1848 zu einer Revolution, deren Funke auf ganz Europa übersprang.

Die Forderungen waren mehr oder weniger überall die gleichen:
- ein frei gewähltes Parlament
- allgemeines Wahlrecht
- Volksbewaffnung
- Presse- und Redefreiheit
- Religions-, Gewissens- und Lehrfreiheit
- gerechte Besteuerung
- Gleichheit vor dem Gesetz
- Recht auf Arbeit
- Bildung für alle

Am 13. März ließ der Kaiser in Wien nach schweren, blutigen Straßenkämpfen verkünden, dass er die Forderungen der Revolutionäre erfüllen will. Fünf Tage später brachen die Unruhen in Berlin aus.

Auf ein Gerücht hin, der König von Preußen wolle auch die Forderungen erfüllen, versammelte sich eine große Menschenmenge vor dem Schloss in Berlin. Der König hob die Zensur auf und versprach eine Verfassung. Dann lässt der König den Schlossplatz von seinen Truppen räumen. Die Menge hält dies für einen Angriff. Als auch noch zwei Schüsse von den Soldaten abgegeben werden, werden aus der Demonstration Straßen- und Barrikadenkämpfe. 14 Stunden wurde verbissen gekämpft, 200 Bürger und 35 Soldaten kamen ums Leben.

Wohl durch eine Kette von Missverständnissen und die gezielte Desinformation, das Volk räume die Barrikaden, ließ ein Minister (Bodel-

Barrikadenkämpfe in Berlin am 18. März 1848

schwingh) sämtliche Truppen von Straßen und Plätzen abziehen, auch vom Schlossplatz. Der König saß nun schutzlos in seinem Schloss. Ein Leichenzug der imposantesten Art bewegte sich auf das Schloss zu. Ein Möbelwagen mit 17 Leichen und dahinter weitere 9 Gefallene, die je von vier Männern getragen wurden und dahinter ein Trauerzug, gebildet von einer ungeheuren Masse von Volk. Eine Kompanie Soldaten, die dem Zug begegnete, musste das Gewehr präsentieren. Vor dem Schloss wurden die Leichen, umringt vom Volk, vor dem Balkon des Königs abgelegt, die königliche Wache präsentierte das Gewehr und die Offiziere salutierten. Das Volk schrie, der König möge herauskommen, bis er kam. Die Menge rief: „Hut ab vor diesen Toten!" Der König verneigte sich und grüßte die toten Barrikadenkämpfer. Daraufhin wurde verkündet, dass alle Forderungen bewilligt seien. Auch die provozierende Frage: „Ooch det Roochen im Dierjarten?", wurde bejaht. Mit dem Satz, „Na, denn können wir ja zu Hause jehen.", löste sich die Menge auf. Nun war der preußische König gedemütigt wie kein anderer deutscher Fürst. Am 21. März ritt er mit einer schwarz-rot-goldenen Binde, den Farben der Revolution, durch Berlin und zeigte sich dem jubelnden Volk.

Am 20. März trat auch der bayerische König Ludwig I. zurück und übergab seinem Sohn Max II. die Regierungsgeschäfte mit den Worten: „Aufgehört zu regieren habe ich in jedem Fall, mag ich die Krone behalten oder niederlegen." Ludwig I. stürzte nicht unbedingt über die, auch in Bayern gestellten, Forderungen nach mehr Freiheit und Gerechtigkeit, sondern über ein Verhältnis zur Tänzerin Lola Montez, welches ihm das Volk sehr übel nahm.

Folgen der Revolution von 1848

Das wichtigste Ergebnis der Revolution war das Versprechen der Fürsten, dass es eine für alle deutschen Staaten gültige Verfassung geben sollte.

Bereits Ende März trat in Frankfurt ein Vorparlament von 500 Vertretern aus allen deutschen Ländern zusammen. Sie waren noch nicht gewählt und hatten Vorbereitungen für eine deutsche Nationalversammlung zu treffen. Die Fürsten stimmten allgemeinen und geheimen Wahlen zu und so wurden im April zum ersten Mal in Deutschland Abgeordnete vom Volk (alle Männer) gewählt. Am 18. Mai 1848 zogen unter dem Jubel des Volkes 586 gewählte Volksvertreter in die Frankfurter Paulskirche ein, die zum Sitz ihrer Verhandlungen bestimmt wurde.

Namhafte Professoren und Schriftsteller waren darunter, geachtete Männer aus allen deutschen Ländern wie z. B. Jakob Grimm, bekannt durch die Märchensammlung der Brüder Grimm, Ludwig Uhland (Dichter), Ernst Moritz Arndt (Historiker und Dichter), Friedrich Ludwig Jahn („Turnvater Jahn"). 106 Professoren waren Mitglieder der gewählten neuen Nationalversammlung, weshalb das Volk sie auch „Professorenparlament" nannte. Der neue Stand der Arbeiter war nicht vertreten.

Nachdem die Nationalversammlung zusammengetreten war, löste sich der Bundestag der Fürstenvertreter auf. Große Hoffnungen wurden in die Nationalversammlung gesetzt, um nun endlich die lange ersehnte Freiheit, Einheit und Gleichheit des deutschen Volkes zu schaffen. Zunächst wählte man den Freiherrn Heinrich von Gagern zum Präsidenten. Die Verhandlungen erwiesen sich aber mit zunehmender Dauer als äußerst schwierig. Man war sich einig darüber, dass das Volk ein gesichertes Mitspracherecht besitzen sollte. Klar war auch, dass man ein einziges, großes, gemeinsames Deutschland schaffen wollte Doch wie das im Einzelnen aussehen sollte, darüber gingen die Meinungen weit auseinander.

Parteien im heutigen Sinne gab es noch nicht. Doch bald bildeten sich Gruppen von Leuten, die der gleichen Meinung waren. Die Konservativen, die das Alte eher bewahren wollten, setzten sich vom Präsidenten aus gesehen rechts in den Saal, die Leute die eine Republik forderten links und die Masse der Liberalen saß in der Mitte. Auch im heutigen Bundestag gibt es noch diese Sitzordnung.

Wichtige Fragen mussten geklärt werden. Soll Deutschland eine Republik oder eine Monarchie werden? Bei einer Monarchie: Soll der Kaisertitel erblich sein oder soll ein Kaiser gewählt werden? Wie sollte man mit Österreich umgehen, das auch andere Völker als Deutsche in seinem Reich hatte? Sollte man Österreich ausschließen und

Mitglieder der vaterländischen Turnerschaft bilden Spalier, Soldaten präsentieren das Gewehr – die Abgeordneten ziehen erstmals in eine deutsche Nationalversammlung in der Paulskirche in Frankfurt ein: 18. Mai 1848

keine großdeutsche, sondern eine kleindeutsche Lösung anstreben?
Nach langem schwerem Ringen entschieden sich die Abgeordneten für eine Verfassung.

Am 28. 3. 1849 wurde der Entwurf der Verfassung des deutschen Reiches verkündet. Sie enthielt eine große Anzahl von Grundrechten der Bürger z.B.:
- §133 Jeder Deutsche hat das Recht, an jedem Orte des Reichsgebietes seinen Aufenthalt und Wohnsitz zu nehmen.
- §137 Der Adel als Stand ist aufgehoben. Die Deutschen sind vor dem Gesetz gleich.
- §138 Die Freiheit der Person ist unverletzlich.
- §139 Die Todesstrafe,... sowie Pranger, Brandmarkung und Züchtigung sind abgeschafft.
- §140 Die Wohnung ist unverletzlich.
- §142 Das Briefgeheimnis ist gewährleistet ...
- §143 Jeder Deutsche hat das Recht, ..., seine Meinung frei zu äußern. Die Pressefreiheit ...
- §144 Jeder Deutsche hat volle Glaubens- und Gewissensfreiheit.
- §152 Die Wissenschaft und ihre Lehre sind frei.
- §161 Die Deutschen haben das Recht sich friedlich und ohne Waffen zu versammeln...
- §164 Das Eigentum ist unverletzlich.
- §174 Alle Gerichtsbarkeit geht vom Staate aus.
- §181 Rechtspflege und Verwaltung sollen getrennt und voneinander unabhängig sein.

Außerdem sollte das Volk seine Vertreter in das „Volkshaus" direkt und in das „Staatenhaus" über die Länderparlamente wählen.

Diese Verfassung kann bis heute als Muster einer demokratischen Verfassung gelten. Bei der Festlegung des Staatsgebietes des Deutschen Reiches wurde Österreich unter heftigsten Protesten ihrer Abgeordneten ausgeschlossen, die sich sofort aus der Nationalversammlung zurückzogen. Damit waren viele Deutsche vom Deutschen Reich ausgeschlossen.
Im April 1849 wählte man dann König Friedrich Wilhelm IV. von Preußen zum erblichen Kaiser (Konstitutionelle Monarchie), der die Krone jedoch ablehnte. Dies war das Ende der Nationalversammlung. Der Versuch einer deutschen Einigung war gescheitert. Die Verfassung trat nie in Kraft und die Fürsten hatten die Macht in den deutschen Staaten wieder fest in den Händen. Es kam noch zu vereinzelten Aufständen, besonders im westlichen Teil Deutschlands. Mit Hilfe Preußens wurden aber alle Aufstände niedergeschlagen und überall setzten Verfolgungen, Verurteilungen und Hinrichtungen ein.
Nur zwei Jahre nach Beginn der Revolution wurde der Deutsche Bund wiederbelebt und Österreich gehörte wieder dazu.

1. Welche Ursachen hatte die Revolution?
2. Welches Land ging als Vorbild voran?
3. Welche Forderungen wurden erhoben?
4. Wie wurden die Forderungen durchgesetzt?
5. Welchen Erfolg hatten die Revolutionäre?
6. Was erfährst du über die Nationalversammlung?
7. Warum scheiterte die Revolution?
8. Welche Folgen hatte dies für Deutschland?
9. Vergleiche den Entwurf der Verfassung von 1849 mit dem heutigen Grundgesetz!

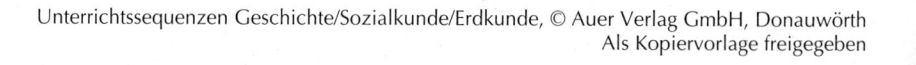

| Name: | Klasse: 7 | Datum: | **Geschichte** Sozialkunde Erdkunde | Nr.: |

Die Revolution von 1848

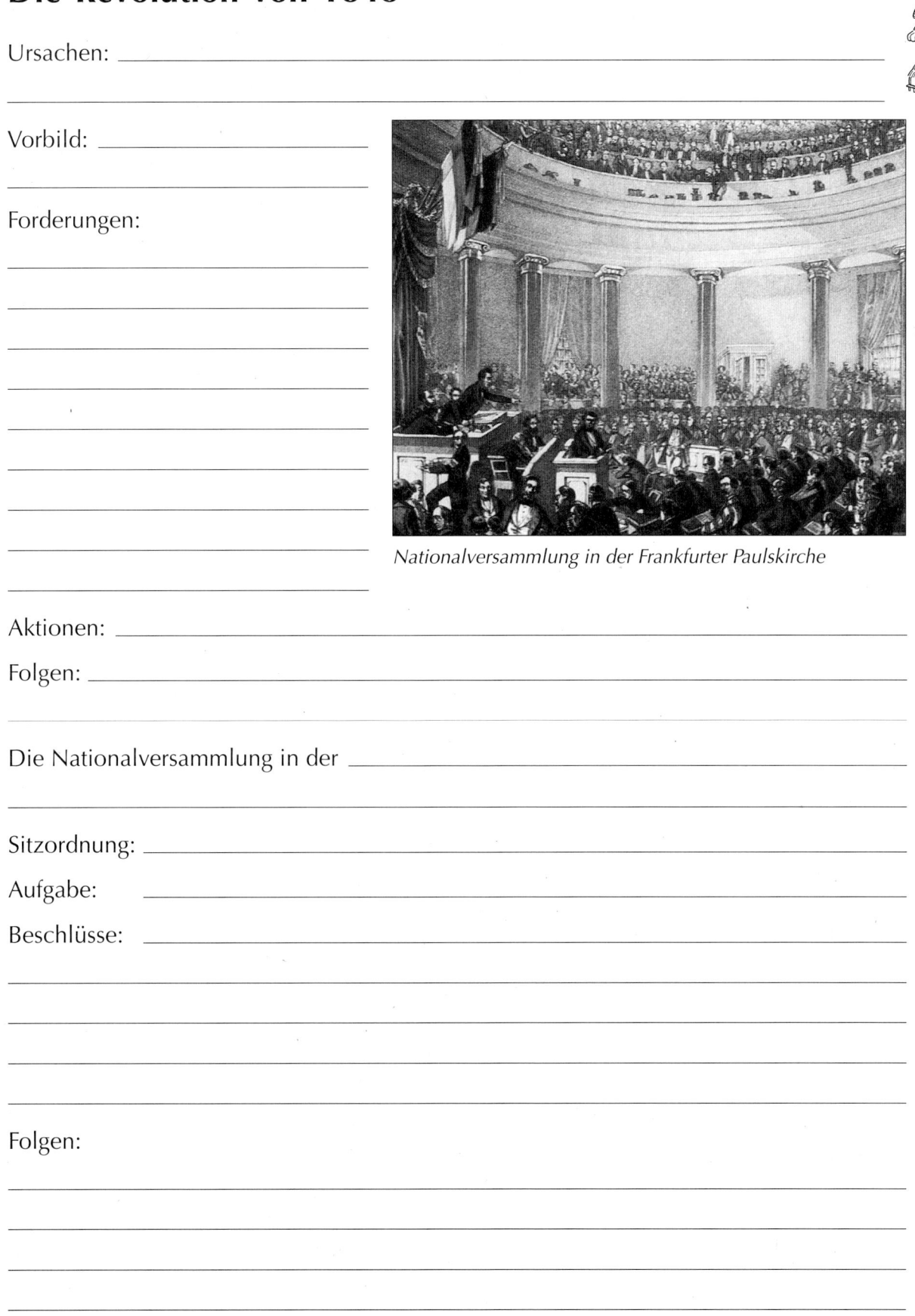

Ursachen: _____

_____

Vorbild: _____

_____

Forderungen:

_____
_____
_____
_____
_____
_____
_____
_____
_____

Nationalversammlung in der Frankfurter Paulskirche

Aktionen: _____

Folgen: _____

_____

Die Nationalversammlung in der _____

_____

Sitzordnung: _____

Aufgabe: _____

Beschlüsse: _____

_____
_____
_____
_____

Folgen:

_____
_____
_____
_____

Die Reichsgründung 1871

Von 1851 bis 1859 war Otto von Bismarck preußischer Gesandter im Deutschen Bundestag. Zuerst war er mit Österreich, dem mächtigsten Staat des Deutschen Bundes, bemüht die Machtverhältnisse im Sinn der Fürsten zu stabilisieren. Bald aber kam er zu der Überzeugung, dass eine deutsche Einheit nur unter der Führung Preußens zustande kommen kann. Er versuchte deshalb den mächtigen Gegenspieler Österreich langsam aber sicher zu isolieren. Dem preußischen König war dies gar nicht recht, deshalb versetzte er Bismarck zunächst nach Russland und dann nach Paris an den Hof Napoleons III. Bismarck bewährte sich glänzend, machte wichtige Erfahrungen und Bekanntschaften und verfolgte weiterhin das Ziel, Preußen zur Führungsmacht in Deutschland zu machen. Als der neue König Wilhelm I. eine Heeresreform durchführen und zu diesem Zweck die Steuern erhöhen wollte, wurden seine Pläne von der Volksvertretung abgelehnt. Der König scheute sich, die Ablehnung der Volksvertretung zu ignorieren. Da bekam er von seinem Kriegsminister den Tipp den zielstrebigen Bismarck als Ministerpräsidenten einzusetzen. 1862 wurde Bismarck Ministerpräsident und die Heeresreform konnte durchgeführt werden. Preußen besaß danach die größte und modernste Armee in Deutschland. Mit dieser Armee und dem König in seinem Rücken sagte Bismarck „Die großen Fragen unserer Zeit sind nur mit Blut und Eisen zu lösen", was einer Drohung an alle Gegner Preußens gleichkam. Er verwickelte Österreich an der Seite Preußens in einen Krieg gegen Dänemark um die Herzogtümer Schleswig-Holstein und Lauenburg. Um die Verwaltung dieser Gebiete zu erlangen, provozierte er eine Auseinandersetzung mit Österreich. Österreich forderte die Mobilmachung der Bundesarmee des Deutschen Bundes gegen Preußen, was aber nach der Verfassung

Otto von Bismarck

verboten war. 1866 erklärte daraufhin der preußische Gesandte im Auftrag Bismarcks den Deutschen Bund für aufgelöst. Noch in der gleichen Nacht marschierten preußische Truppen in Richtung Österreich. Drei Wochen nach Kriegsbeginn fiel die Entscheidung bei Königsgrätz in Böhmen. Preußen siegte gegen Österreich und seine Verbündeten (u. a. auch Bayern). Im Frieden von Prag schied Österreich aus Deutschland aus – Bismarck hatte ein Ziel erreicht. Der Satz von Bismarck: „Der Krieg ist die Fortsetzung der Diplomatie mit anderen Mitteln", hatte sich bestätigt.

Im Vorfeld, des von Bismarck genauestens geplanten Krieges, hatte er sich der Neutralität von Frankreich versichert, indem er Napoleon III. im Falle seines Sieges linksrheinische Gebiete in Aussicht stellte. Diese Gebiete forderte Frankreich nun ein. Bismarck ging aber nicht auf die Forderungen ein.

1868 ergab sich eine weitere Chance die Vormachtstellung Preußens in Europa zu stärken und die deutsche Einigung voranzutreiben. Die Spanier vertrieben ihre Königin und suchten eine Nachfolge auf ihrem Thron. Prinz Leopold von Hohenzollern bewarb sich. Frankreich erhob energisch Einspruch, weil es fürchtete von Hohenzollern eingekreist zu werden. Leopold verzichtete. Dies war aber den Franzosen noch nicht genug, sie ließen König Wilhelm von ihren Gesandten in Bad Ems aufsuchen und forderten für alle Zukunft den Verzicht Hohenzollerns auf den spanischen Thron. Der König lehnte ab und sandte ein Telegramm mit dem Inhalt der Unterredung an Bismarck. Dieser kürzte die Nachricht. Dadurch erhielt sie einen weitaus schärferen Ton und veröffentlichte diese berühmte Emser Depesche, in der nun stand, dass es der König von Preußen abgelehnt habe den französischen Botschafter nochmals zu empfangen. Eine Welle der Empörung rollte durch Frankreich und die französische Regierung erklärte daraufhin Preußen den Krieg. Zudem forderten die Franzosen immer noch Rache für Königgrätz.

Am 19. 7. 1870 begann der Krieg. Die süddeutschen Staaten stellten sich, anders als von Napoleon erwartet, auf die Seite Preußens. Es bestand nämlich ein geheimes Abkommen. Österreich trat nicht wie erwartet gegen Preußen in den Krieg ein, sondern verhielt sich neutral. Der Krieg selbst ist gekennzeichnet durch einen raschen deutschen Vormarsch in drei starken Heeresverbänden, mit den entscheidenden Siegen bei Metz und der Schlacht von Sedan, bei der Kaiser Napoleon III. und 100 000 französische Soldaten gefangen genommen wurden. In Frankreich kam es zu einer Revolution, die den Kaiser absetzte und weiter dazu aufrief gegen die deutschen Truppen zu kämpfen. Der Krieg ging weiter, bis Paris eingeschlossen war und Frankreich um Frieden bitten musste. In Frankfurt wurde der Frieden geschlossen. Bereits vorher, am 18. Januar 1871, fand aber ein Ereignis statt, das als größte Tat Bismarcks in die Geschichte einging. Der Kampf aller Deutschen hatte den Gedanken an eine nationale Einheit wieder bestärkt. Bereits während des Krieges hatte Bismarck mit den anderen Königen der deutschen Staaten Verhandlungen geführt und sie von einem deutschen Kaiserreich überzeugen können. Jetzt wurde im Spiegelsaal des Versailler Schlosses das Deutsche Reich offiziell ausgerufen. König Wilhelm I. von Preußen wurde in einem Brief von König Ludwig II. von Bayern im Namen aller deutschen Fürsten gebeten, die deutsche Kaiserkrone anzunehmen. Dieser Brief kam nur durch massive Mitwirkung Bismarcks zustande. Das deutsche Volk nahm die Nachricht der Kaiserproklamation mit Begeisterung zur Kenntnis. Damit hatte sich endgültig eine Lösung des Problems der Deutschen Einheit unter der Herrschaft Preußens und ohne Österreich ergeben. Bismarck wurde erster deutscher Reichskanzler.

Ein eigens aus Berlin bestellter Maler hält den feierlichen Augenblick der Reichsgründung fest.

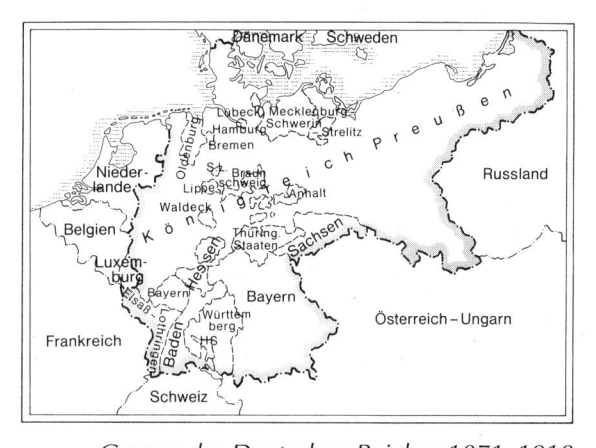

▬▬ = *Grenze des Deutschen Reiches 1871–1918*
S.L. = *Schaumburg-Lippe*
H.S. = *Hohenzollern-Sigmaringen*

Versuche mit Hilfe der Jahreszahlen den Ablauf der Reichsgründung kurz darzustellen!

| Name: | Klasse: 7 | Datum: | **Geschichte** Sozialkunde Erdkunde | Nr.: |

Die Reichsgründung 1871

Ein eigens aus Berlin bestellter Maler hält den feierlichen Augenblick der Reichsgründung fest

1862: _____

Sein Ziel: _____

1866: _____
_____
_____
_____
_____
_____

1868: _____
_____
_____
_____
_____
_____

1871: _____
_____
_____

Bayern im Kaiserreich

In Bayern regierte König Ludwig II., genannt der Märchenkönig, der mehr Interesse an seinen Schlossbauten und der Musik hatte als an der Politik. Für die Gründung des Deutschen Reiches war Bayern von besonderer Wichtigkeit. Es war einer der ältesten Staaten in Europa und es war das einzige deutsche Land, das im Lauf der Zeit ein eigenes Nationalgefühl entwickelt hatte. Ohne Bayern war eine deutsche Reichsgründung unmöglich. Bismarck war deshalb bereit Bayern innerhalb des deutschen Reiches eine Sonderstellung einzuräumen.
- Bayern durfte weiterhin diplomatische Vertretungen im Ausland unterhalten.
- Die bayerische Armee unterstand in Friedenszeiten dem bayerischen König.
- eigene Post
- eigene Eisenbahn
- eigene Bier- und Branntweinsteuer
- eigenes Eherecht ...

Unter diesen Bedingungen unterzeichnete der bayerische Gesandte am 23. 11. 1870 den Beitritt Bayerns zum Deutschen Reich. König Ludwig trug äußerst widerwillig und von Bismarck genötigt, dem preußischen König Wilhelm die deutsche Kaiserkrone an.

Trotz seiner Sonderrechte und dem ausgeprägten Eigenstaatsgefühl wuchs Bayern in den nächsten Jahren immer mehr in das Deutsche Reich hinein. Begünstigt wurde diese Entwicklung durch das geringe Interesse seines Königs an der Politik, der seine von der Reichsverfassung gewährte Machtfülle nicht voll ausschöpfte. Durch die Schaffung eines Bürgerlichen Gesetzbuches und eines Handelsgesetzbuches für ganz Deutschland wurde außerdem eine gesetzliche Einheit im Reich erzielt. Das Deutsche Reich war geprägt durch die Vormachtstellung Preußens, das nicht nur über 60% der Fläche, sondern auch über 60% der Bevölkerung des Reiches ausmachte.

Durch den preußischen Gesandten in München wurde behutsam im Hintergrund auf die bayerische Politik Einfluss genommen. Ludwig II. fühlte sich zum Schattenkönig degradiert. So zog er sich zunehmend aus der Politik zurück, übernahm nur noch selten Repräsentationsaufgaben und ging völlig in der Welt der Architektur, des Theaters und der Musik auf, was Bismarck durch Zuschüsse für die Schlossbauten Ludwigs unterstützte. Bismarck konnte sich im Gegenzug sicher sein, dass König Ludwig die Politik von Preußen unterstützte. Trotz des Kampfes gegen die Kirche, des sogenannten Kulturkampfes, blieb die kirchenfreundliche Patriotenpartei die führende Kraft im Landtag. Das Sozialistengesetz von 1878 konnte auch in Bayern deren Aufstieg nicht verhindern. Sie gewannen sogar einen Wahlkreis für den Einzug in den Reichstag.

Der Monarch konnte nämlich unabhängig von Mehrheiten Minister seines Vertrauens ernennen – es waren immer reichsfreundlich orientierte Minister. Nach Ludwig II. übernahm 1886 sein Onkel Prinzregent Luitpold die Regentschaft wegen einer angeblichen Geisteskrankheit Ludwigs. Auch Luitpold führte die liberale Politik fort. Er erwarb sich als volkstümlicher Landesherr großes Ansehen und gilt auch heute noch als Repräsentant der „guten alten Zeit". Politisch tat sich aber nicht viel in der Regentenzeit. Nur das bayerische Wahlrecht wurde an das des Deutschen Reiches angeglichen. 1912 starb der Prinzregent und sein ältester Sohn folgte in der Regentschaft. Durch eine Verfassungsänderung ließ er sich zum König erklären, was ihm sehr an Ansehen gekostet hat. Im Ersten Weltkrieg machte er sich durch seine preußen- und kriegsfreundliche Haltung zusätzlich unbeliebt. Die Feindseligkeiten des Volkes gegenüber Preußen und seinem Militarismus stieg ebenso. Am 7. November 1918 wurde die Monarchie in Bayern ohne besondere Gegenwehr gestürzt. Bayern ist seit diesem Zeitpunkt Freistaat.

Die Postkarte zeigt Bayerns Sonderstellung im Reich

| Name: | Klasse: 7 | Datum: | **Geschichte** Sozialkunde Erdkunde | Nr.: |

Bayern im Kaiserreich

König: _____

Interessen des Königs:
_____
_____

Bayerns Wichtigkeit:
_____
_____
_____

Bismarck räumt Bayern eine Sonderstellung ein!
Sonderrechte Bayerns:
_____
_____
_____
_____
_____
_____
_____

Ludwig II. wird überzeugt:
_____
_____
_____
_____

Bayern wächst ins Reich:
_____
_____
_____

Nachfolger Ludwig II.
_____

Seit 1918 ist Bayern ein _____

178   Unterrichtssequenzen Geschichte/Sozialkunde/Erdkunde, © Auer Verlag GmbH, Donauwörth
Als Kopiervorlage freigegeben

Soziale und wirtschaftliche Verhältnisse in der vorindustriellen Zeit

In Deutschland war die Gesellschaft durch eine ständische Gliederung aus der Zeit des Mittelalters und des Absolutismus geprägt. Die Gedanken von Freiheit und Gleichheit, wie sie die französische Revolution 1789 in unserem Nachbarland durchsetzte, wurden durch die meisten deutschen Fürsten unterdrückt. Adel, Geistlichkeit und Bürgertum hatten ihre Vertretung in der Ständeordnung. Der Großteil der Bevölkerung gehörte dem sogenannten vierten Stand an, was nichts anderes bedeutete, als dass sie rechtlos waren. Dazu gehörten Bauern, Handwerker auf dem Land, Dienstboten und Tagelöhner. Sie alle waren von ihrem Grundherrn abhängig. Der größte Teil der arbeitenden Bevölkerung (ca. 80%) war in der Landwirtschaft tätig. Die Bauern mussten Frondienste leisten und Teile der Ernte beim Grundherrn abliefern. Noch immer betrieb man die Dreifelderwirtschaft. Die Bauern waren gerade in der Lage sich mit dem notwendigsten zu versorgen. Die Böden waren durch den jahrhundertelangen gleichen Anbau ohne Düngung ausgelaugt und trugen oft nicht mehr genug Früchte. So waren Hungersnöte nichts außergewöhnliches, wenn die klimatischen Verhältnisse nicht so günstig waren.

In den Städten hatte sich auch nichts entscheidendes verändert. Die Handwerker arbeiteten in ihren kleinen Werkstätten in ihrem Haus mit meist einem Gesellen und Lehrlingen, auch der Rest der Familie war in die Arbeit eingebunden. Sie waren noch immer durch ihre Zunftregeln gesichert, die z. B. Qualität, Menge und Preis der Waren regelten. Eine Konkurrenz erwuchs den Handwerkern allmählich aus den Manufakturen, in denen ungelernte Arbeiter für wenig Lohn in arbeitsteiliger Handarbeit Massenprodukte herstellten. Die Arbeiter waren schnell angelernt und beherrschten nach kurzer Zeit die wenigen benötigten Handgriffe wie ein Fachmann. Auch waren viele Handwerker zu Zulieferern der Manufakturen geworden. Material und Aufträge wurden vergeben und die hergestellten Waren wieder abgeholt. Eigentlich ein System der Heimarbeit, denn vorher bearbeitete der Handwerker qualitativ hochwertige Einzelstücke vom Rohstoff bis zum fertigen Produkt selbst und verkaufte diese anschließend. Vor allem in der Textil-, Porzellan-, Kutschenproduktion und im Verlagswesen bedrohten die Manufakturen die alt eingesessenen Handwerksbetriebe.

Nur in großen Städten war es den Handwerkern gelungen zu Wohlstand zu gelangen. Einige lebten wie

Das Innere einer durch ein sogenanntes Göppelwerk betriebenen Mühle.

die reichen Kaufleute in prächtigen Häusern und führten ein Leben nach dem Vorbild des Adels. Auch politisch waren diese Handwerker nicht rechtlos, da sie in den Städten auch in den Magistrat (Stadtrat) gewählt werden konnten.

Die benötigte Energie erhielt der Mensch des vorindustriellen Zeitalters immer noch aus den Kräften der Natur. Die wichtigste war die menschliche Arbeitskraft. Männer, Frauen und Kinder trugen Lasten, bewegten Treibräder mit Armen und Beinen. Auch Pferde, Ochsen und Esel wurden eingesetzt, nicht nur um Lasten zu tragen, sondern auch als Antriebskraft für Mühlen und Schöpfräder.

Wo genügend Wind blies, mahlten Windmühlen Getreide oder bewässerten die Felder mit Hilfe von Pumpwerken. Die Kraft des fließenden Wassers nutzte man durch Wasserräder, die ihre Energie auf verschiedene Arbeitsmaschinen übertragen konnten. Es war die natürliche Bewegungsenergie die genutzt werden konnte.

Die Wohnverhältnisse der Unterschicht wurde nicht in Bildern festgehalten, solche Einrichtungen haben sich auch nirgendwo erhalten. Man kann aber rekonstruieren, dass die meisten dieser Wohnungen keine eigene Küche und keinen Wasseranschluss hatten. Zahlreiche waren nicht heizbar. Läuse und anderes Ungeziefer waren wohl ständig in den als Schlafstätte genutzten Strohsäcken zu finden.

Was die hygienischen Verhältnisse anbelangt waren alle Bevölkerungsschichten betroffen. Oft gab es für ein mehrstöckiges Haus nur einen Abort im Hinterhof oder im Obergeschoß war ein Lokus mit „freiem Fall" auf Hof oder Hintergässchen angebaut.

| Name: | Klasse: 7 | Datum: | **Geschichte** Sozialkunde Erdkunde | Nr.: |

Soziale und wirtschaftliche Verhältnisse in der vorindustriellen Zeit

Ständegesellschaft Absolutismus

Die Lage auf dem Land:

Die Lage in der Stadt:

Energiequellen:

Wohnverhältnisse der Unterschicht:

Technisierung und Industrialisierung

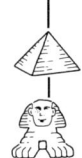

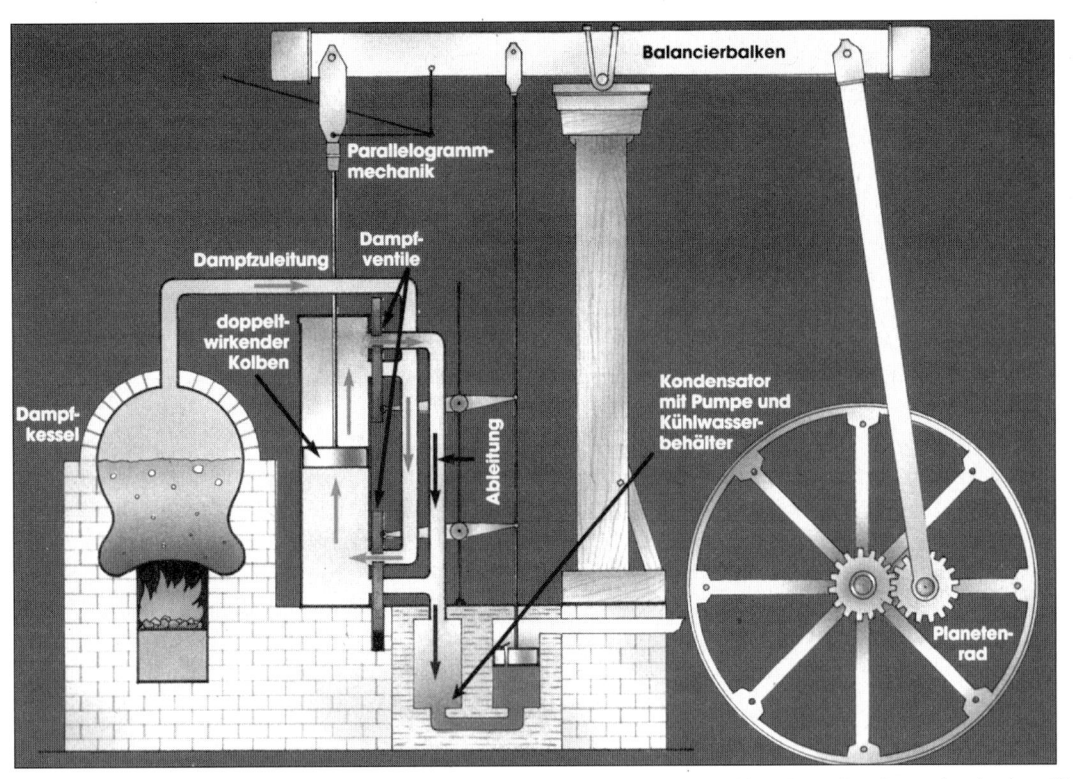

Das Prinzip der doppelt wirkenden Dampfmaschine. Der Dampfdruck wirkt abwechselnd auf beide Seiten des Kolbens. Schiebeventile am Zylinder steuern den Dampfeinlass und -auslass.

Bis etwa 1750 arbeiteten Bergleute, Weber und Schmiede noch nach den Regeln des Mittelalters. Als James Watt 1775 einen Vertrag schloss, der die industrielle Fertigung der Dampfmaschine ermöglichte, kam eine rasante Entwicklung in Gang, die eigentlich bis heute anhält. James Watt, der Erfinder der Dampfmaschine, hatte Glück, er machte seine Erfindung zur rechten Zeit am rechten Ort. Er lebte in England, das zu dieser Zeit politisch relativ stabil war und nicht wie die Staaten Kontinentaleuropas von blutigen Revolutionen heimgesucht wurde. In Frankreich rollten 1789 bei der Französischen Revolution die Köpfe und in England die dampfangetriebenen Räder – auch eine Revolution, aber eine friedliche. Die Vergrößerung Englands durch den Erwerb von Kolonien, ein sprunghafter Anstieg der Bevölkerung Englands (1750 lebten 6 Millionen Menschen auf der Insel, 1840 waren es schon 16 Millionen) und nicht zuletzt der Weltbevölkerung (1750 ca. 750 Millionen und 1850 schon ca. 1200 Millionen) steigerten den Handel. Auf der ganzen Welt wurden mehr Waren gebraucht, besonders Konsumgüter und Textilien. Der dabei erzielte Gewinn ließ das verfügbare Kapital für den Unternehmer stark ansteigen. Geld war vorhanden, Nachfrage bestand und James Watt machte die Erfindung der modernen Zeit schlechthin, die Dampfmaschine. Das englische Parlament beschloss außerdem zu dieser Zeit das Gemeindeland zu privatisieren. Die Großgrundbesitzer bemächtigten sich des Landes und umzäunten es. Die ärmlichen Bauern, die bisher ihr Vieh auf diesen Flächen geweidet hatten, verloren ihre Lebensgrundlage und zogen in die Städte auf der Suche nach Arbeit. Durch die neu entstandenen Spinnereien und Webereien waren Arbeitskräfte gefragt. Die Dampfmaschine ermöglichte es jetzt unabhängig von den bisher genutzten Naturkräften wie Wasser, Wind oder Muskelkraft überall Produktionsbetriebe bauen zu können. Es war nicht nur die Dampfmaschine von James Watt, sondern auch weitere Erfindungen in ihrem Umfeld, welche die industrielle Revolution vorantrieben. Die 1705 bereits erfundene Dampfmaschine von Newcomen, bei der man noch von Hand die Ventile öffnen und schließen musste, explodierte häufig bei mechanischem oder menschlichem Versagen. Die Dampfmaschine von Watt war universell einsetzbar und hatte eine verbesserte automatisierte Mechanik und die Ventilsteuerung war zuverlässiger. 1764 erfand James Hargraeves die erste Spinnmaschine „Spinning Jenny" und 1768 Richard Arcwright die mechanische Baumwollspinnmaschine. 1784 konstruierte Edmund Cartwright den mechanischen Webstuhl. Bald überschwemmte die englische Textilindustrie die Welt mit billigen englischen Webwaren. Fast alle

Tuchfabrik: Ein zentraler Dampfantrieb übertrug die Kraft durch Transmissionswellen und Treibriemen auf die einzelnen Maschinen.

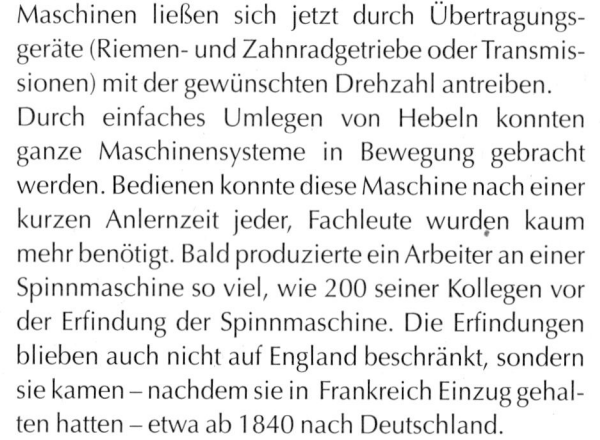

Der Schaufelraddampfer, erbaut von Robert Fulton, beförderte ab 1807 zahlende Passagiere auf dem Hudson River

Maschinen ließen sich jetzt durch Übertragungsgeräte (Riemen- und Zahnradgetriebe oder Transmissionen) mit der gewünschten Drehzahl antreiben. Durch einfaches Umlegen von Hebeln konnten ganze Maschinensysteme in Bewegung gebracht werden. Bedienen konnte diese Maschine nach einer kurzen Anlernzeit jeder, Fachleute wurden kaum mehr benötigt. Bald produzierte ein Arbeiter an einer Spinnmaschine so viel, wie 200 seiner Kollegen vor der Erfindung der Spinnmaschine. Die Erfindungen blieben auch nicht auf England beschränkt, sondern sie kamen – nachdem sie in Frankreich Einzug gehalten hatten – etwa ab 1840 nach Deutschland.
Die Entwicklung ging weiter. Die Dampfmaschine wurde mobil. 1807 baute der Amerikaner Robert Fulton einen Schaufelraddampfer, der zahlend Passagiere auf dem Hudson River beförderte. Dies war nicht der erste Versuch eine Dampfmaschine in ein Schiff einzubauen, aber der erste erfolgreiche. Bereits 1819 überquerte die amerikanische „Savannah" mit Dampfantrieb und Hilfsbesegelung in 27 Tagen den Atlantik. Die Dampfmaschine war allerdings insgesamt nur 80 Stunden in Betrieb. In Europa ging die Entwicklung etwas langsamer, der erste kommerziell genutzte Raddampfer, die „Comet" befuhr erst 1812 die Mündung des River Clyde auf der Strecke zwischen Glasgow und Helensburgh. Aber eine weitere Erfindung war nötig, um der Schiffsdampfmaschine endgültig zum Durchbruch zu verhelfen – die Schiffsschraube. Erfunden war sie eigentlich längst, nur Verwendung fand sie keine, bis es 1845 zu einem denkwürdigen Vergleich kam: Man ließ die Schiffe „Rattler" (mit Schraube) und „Alecto" (mit Schaufelrad) mit gleich starken Maschinen gegeneinander antreten. Die „Rattler" konnte die „Alecto" mit einer Geschwindigkeit von drei Knoten gegen die Kraft ihrer Maschinen abschleppen. Die Geschichte der Hochseeschifffahrt mit Dampfantrieb begann, die Zeit der Segelschiffe ging zu Ende. Auch auf dem Land versuchte man die Dampfmaschine mobil zu machen. Die erste funktionsfähige Dampflokomotive baute 1804 der englische Ingenieur Richard Trevithick. Der erfolgreichste Lokomotivenbauer war aber George Stevenson, ebenfalls ein Engländer. 1825 befuhr seine Lok „Aktive" die Eisenbahnverbindung zwischen Stockton und Darlington. Die erste deutsche Eisenbahnstrecke zwischen Nürnberg und Fürth wurde 1835 eröffnet, die Lok hieß „Adler". Die Eisenbahnen erschlossen dem Güter- und Personenverkehr ungeahnte Möglichkeiten und neue Geschwindigkeiten. Der Ausbau des Schienennetzes stieg gewaltig. Der Bedarf an Eisen und Stahl für Schienen, Maschinen und Schiffe war immens. 1856 baute Henry Bessemer seinen ersten Stahlkonverter die Bessemer Birne. Ein Verfahren, bei dem ein Luftstrahl durch das flüssige Roheisen geleitet wird und so schneller Stahl entstehen konnte. Zusätzlich zur Konsumgüterindustrie entwickelte sich die Schwerindustrie. Industrieballungsräume entstanden nahe den Rohstofflagerstätten; in Deutschland das Ruhrgebiet.

Erfindungen über Erfindungen:
1775 erfand John Wilkinson die Bohrmaschine
1797 konstruierte Henry Haudsley die Drehbank zur Herstellung von präzisen Schrauben
1834 baute Charles Babbage eine analytische Maschine – ein Vorläufer des Computers
1835 erfand Samuel Colt den Revolver
ca. 1840 wurden Stadtbeleuchtungen mit Kohlengas von Philippe Le Bon in Frankreich und William Murdock in England errichtet
1862 konstruierte Richard Gateling das Maschinengewehr
1866 erfand Werner Siemens den Dynamo
1876 erfand Nikolaus Otto den Benzinmotor
1879 erfand Thomas A. Edison die Glühlampe
1882 wurde ein Kraftwerk mit Hochspannungsleitung von Oscar von Miller gebaut
1892 wurde der Dieselmotor von Rudolf Diesel erfunden

Technisierung und Industrialisierung

Voraussetzungen:

Der Schaufelraddampfer, erbaut von Robert Fulton, beförderte ab 1807 zahlende Passagiere auf dem Hudson River

Die bahnbrechende Erfindung war die _____.

Vorteile:

Folgen:

Wichtige Erfindungen die direkt mit der Dampfmaschine zusammenhängen:

Weitere Erfindungen in dieser Zeit: (5 Beispiele)

Wandel der Arbeits- und Lebenswelt

Die Industrie schuf neue Arbeitsplätze und zog die nötigen Arbeitskräfte an. Bald prägten Fabrikanlagen in einigen Teilen Deutschlands das Landschaftsbild.

Aus ehemaligen Bauern und kleinen Handwerkern werden nun Arbeiter. Sie hatten eigentlich keine andere Wahl, es war eine Frage des Überlebens sich den neuen wirtschaftlichen Gegebenheiten anzupassen. Sie zogen in die Städte und bildeten einen neuen besitzlosen, jetzt von den Fabrikanten abhängigen Stand, der sich „Proletarier" nannte. Freunde und Familien verloren sich aus den Augen. Statt der frischen Landluft atmeten die Arbeiter den Kohleruß aus den zahlreichen Fabrikschloten. Bald gab es mehr Arbeit Suchende als Arbeit. Das machte es den Unternehmern leicht, billige und willige Arbeitskräfte zu finden. Arbeitszeiten bis zu 16 Stunden am Tag waren keine Seltenheit. Frauen und Kinder mussten ebenfalls arbeiten (bis zu 14 Stunden), da bei den niedrigen Löhnen ein Verdiener allein keine Familie ernähren konnte. Bei Krankheit und sogar bei einem Betriebsunfall wurde den Arbeitern gekündigt. Es gab keine gesetzlichen Regelungen, die das Verhältnis von Arbeitnehmern und Arbeitgebern regelten. Ebensowenig gab es Versicherungen. Um seinen Arbeitsplatz zu erhalten, ist der Arbeiter gezwungen, sich – auch im privaten Bereich – den Vorstellungen des Fabrikbesitzers anzupassen (z. B. Heiratserlaubnis, politische Meinung).

Die schnell wachsenden Industriestädte konnten mit dem Zulauf an Arbeitsuchenden nicht mehr fertig werden. Es fehlte vor allem an Wohnungen. Am Rand der Städte entstanden trostlose Arbeitersiedlungen mit Mietskasernen, in denen wegen des knappen Wohnraums die Mieten ständig stiegen. In den Wohnungen gab es häufig kein beheizbares Zimmer und oft musste sich eine ganze Familie mit einem Raum begnügen. Wer sich dies nicht leisten konnte, baute sich und seiner Familie eine Baracke. Ganze Stadtteile entstanden so neu. Auch die Versorgung ihrer Bewohner mit Wasser und Kanalisation stellte ein großes Problem dar. Die hygienischen Verhältnisse waren katastrophal. Krankheiten und Hunger setzten den ausgemergelten Menschen zu und ließen sie früh altern und sterben. Ein Familienleben konnte auf Grund der hohen Arbeitsbelastung nicht mehr stattfinden. Die Kinder gingen nicht in die Schule. Da sich niemand um sie kümmerte, verwahrlosten sie.

Elendsviertel

Die ersten Fabrikgründer waren Handwerker, Kaufleute und Erfinder die nun einen neuen Stand bildeten und sich Unternehmer nannten. Der Erfolg ihrer Firmen hing allein von ihrem wirtschaftlichen Verständnis und ihrer unternehmerischen Risikobereitschaft ab. Die Konkurrenz war groß und die Waren mussten immer wieder den Erfordernissen des Marktes angepasst werden. Die Unternehmer herrschten in ihrer Firma wie einst die Fürsten in ihrem Land mit beinahe absolutistischer Macht. Die Geldmittel für Neuerungen und Erweiterungen der Betriebe konnte von vielen Unternehmern nicht mehr allein aufgebracht werden. Aktiengesellschaften wurden gegründet, die Anteilscheine an der Firma verkauften. Der Gewinn wurde anteilig auf die Aktionäre verteilt (Dividende). Wer das Geld hatte, konnte sich so in Firmen einkaufen. Es entstand das Großbürgertum, von dessen Macht oft Tausende von Arbeitsplätzen abhingen. Die Kluft zwischen den Besitzenden (Kapitalisten) und dem Lohnarbeitern (Proletariern) wurde immer größer. Bereits in den zwanziger Jahren des 19. Jahrhunderts kam es in England zu ersten gewalttätigen Protesten gegen willkürliche Entlassungen und zu geringe Löhne. Die Polizei trieb die Arbeiter auseinander. Nur langsam lernten die Arbeiter ihre Rechte zu vertreten. All diese zu Tage tretenden Missstände und Probleme werden als Soziale Frage bezeichnet.

Zitate aus „Friedrich Engels: Die Lage der arbeitenden Klasse in England"

zur Wohnsituation:

Die Polizei wird zu einer Toten gerufen
„Sie hatte ... mit ihrem Mann und ihrem 19-jährigen Sohne in einem kleinen Zimmer gewohnt, worin sich weder Bettstelle oder Bettzeug noch sonstige Möbel befanden. Sie lag tot neben ihrem Sohn auf einem Haufen Federn, die über ihren fast nackten Körper gestreut waren, denn es war weder Decke noch Betttuch vorhanden. Die Federn klebten so fest an ihr über den ganzen Körper, dass der Arzt die Leiche nicht untersuchen konnte, bevor sie gereinigt war, und dann fand er sie ganz abgemagert und über und über von Ungeziefer zerbissen. Ein Teil des Fußbodens im Zimmer war aufgerissen, und das Loch wurde von der Familie als Abtritt benutzt."
Für **Obdachlose** gab es sogenannte Logierhäuser, in denen man sich für eine Nacht ein Bett mieten konnte:
„... die Glücklichsten konnten ein paar Pence erübrigen und in ein Logierhaus gehen ... In jedes Bett werden vier, fünf, sechs Menschen gestopft, ebenfalls so viel ihrer hineingehen – Kranke und Gesunde, Alte und Junge, Männer und Weiber, Trunkene und Nüchterne, wie es gerade kommt, alles bunt durcheinander.

Kinderarbeit:

In den Kohlen- und Eisenbergwerken arbeitenden Kinder von 4, 5, 7 Jahren, die meisten sind indes über 8 Jahre alt. Sie werden gebraucht um das losgebrochene Material von der Bruchstelle nach dem Pferdeweg oder dem Hauptschacht zu transportieren, und um Zugtüren, welche die verschiedenen Abteilungen des Bergwerks trennen, bei der Passage von Arbeitern und Material zu öffnen und wieder zu schließen. Zur Beaufsichtigung dieser Türen werden meist die kleinsten Kinder gebraucht, die auf diese Weise 12 Stunden täglich im Dunkeln einsam in einem engen, meist feuchten Gang sitzen müssen ... Der Transport der Kohlen und des Eisengesteins dagegen ist sehr harte Arbeit ... Zu dieser anstrengenden Arbeit werden daher ältere Kinder und heranwachsende Mädchen genommen ... Feste Stunden für Mahlzeiten sind meist unbekannt, so dass die Leute essen, wenn sie Hunger und Zeit haben ... Sie klagen meist über große Müdigkeit ... Es kommt vor, dass die Kinder, sowie sie nach Hause kommen, sich auf den steinernen Fußboden vor dem Herde werfen und sogleich einschlafen, dass sie keinen Bissen Nahrung mehr zu sich nehmen können und im Schlaf von den Eltern gewaschen und ins Bett gebracht werden müssen.

Aus: Engels, Friedrich. Die Lage der arbeitenden Klasse in England.

Kinderarbeit in den engen Stollen eines Kohlenbergwerks

| Name: | Klasse: 7 | Datum: | **Geschichte** Sozialkunde Erdkunde | Nr.: |

Wandel der Lebens- und Arbeitswelt

vorher	nachher
	ungelernter Arbeiter
Arbeit in Wohnung oder Feld	
	Massenproduktion
alte Berufe sterben aus	
	Fabrikbesitzer verkauft Waren

Die Landbewohner ziehen in die Städte.

⇩

Überangebot an Arbeitern

_____

_____

_____

_____

Neue Gesellschaftsschichten entstehen:

Die Lohnarbeiter _____ und

die Unternehmer _____

Folgen der Arbeit:

_____

_____

_____

_____

_____

Teufelskreis aus Armut, Arbeitslosigkeit und Verwahrlosung entsteht.

Dies wird als _____ bezeichnet.

Elendsviertel

Lösung der Sozialen Frage

Die Not der Arbeiter wurde allmählich auch der Öffentlichkeit bewusst.
Die langen Arbeitszeiten und Arbeitsbedingungen waren schädlich für Männer, aber besonders für Frauen und Kinder.
Die Kinderarbeit gefährdete die geistige und körperliche Entwicklung und würde auch spätere Generationen schädigen.
Die Arbeiter hatten keinen Schutz für sich und ihre Familie bei Krankheit, Invalidität, Unfall, Arbeitslosigkeit und Tod.

Die Krupp'sche Arbeiterwohnsiedlung Kronenberg wurde 1872 erbaut; © Historisches Archiv Krupp

Maßnahmen von Unternehmern

Nicht alle Unternehmer unterliegen der Gewinnsucht, betrachten die Arbeiter noch als Menschen für die sie Verantwortung haben und versuchen die schlimmste Not zu lindern.
Viele Unternehmer sorgen im Rahmen ihres Betriebes für soziale Absicherungen. Sie richten z. B. Betriebskrankenkassen, Kantinen, Bibliotheken usw. ein. Sie bauen Arbeitersiedlungen oder fördern durch günstige Darlehen den Bau eines Eigenheimes. Diese Einrichtungen ändern aber nichts an der Betriebsauffassung des Unternehmers. Die soziale und politische Abhängigkeit der Arbeiter wird nicht beseitigt.
In England war die Not der Arbeiter besonders schlimm. **Robert Owen** (1771–1858), der sich selbst vom Laufjungen zum Spinnereibesitzer hochgedient hatte und die Lage der Arbeiter genau kannte, lag das Los seiner Beschäftigten besonders am Herzen. Er schaffte in seinem Betrieb die Kinderarbeit ab und verkürzte die Arbeitszeiten. Er ließ Kindergärten und Schule einrichten und baute Arbeiterwohnungen.
In Deutschland errichtete **Alfred Krupp** (1812–1887) in Essen ähnliche soziale Einrichtungen. Er rief eine Kranken- und Pensionskasse ins Leben. Krankenhäuser und Erholungsheime wurden eingerichtet. Für die Familien seiner Firmenangehörigen baute er eigene kleine Häuser, die in Wohnsiedlungen zusammengefasst wurden.
Ernst Abbe (1840–1905) ging einen anderen Weg. Er beteiligte seine Belegschaft am Reingewinn seiner Zeißwerke in Jena. Er richtete auch Kantinen, Vortrags- und Schulungsräume ein. Die Arbeitszeit setzte er auf acht Stunden herunter, schützte seine Arbeiter vor ungerechtfertigter Kündigung und führte den bezahlten Urlaub ein. Seine größte Leistung war jedoch, dass er einen Arbeiterausschuss gründete, der die Aufgabe hatte am Ausbau des Betriebes mitzuwirken, Verbesserungsvorschläge zu unterbreiten und Beschwerden der Arbeiter vorzubringen.
Werner von Siemens baute 1872 die erste Altersfürsorge für die Beschäftigten seiner Firma auf.

Ernst Abbe

Aktivitäten der Kirchen

Erst spät erkannten die Kirchen die menschliche Notwendigkeit zur Lösung der Sozialen Frage beizutragen.
Der evangelische Pfarrer **Johann Heinrich Wichern** (1808–1881) gab den Anstoß zur Entstehung der „Inneren Mission". In Predigten rief er die Reichen auf den Armen zu helfen. Er selbst gründete das „Rauhe Haus" in Hamburg, wo er Waisenkinder aufnahm, mit dem Nötigsten versorgte, erzog und ausbildete.

Johann Hinrich Wichern

Theodor Fliedner gründete (1836) bei Ansbach das erste Diakonissenhaus zur Ausbildung von Pflegekräften.
Pastor **Friedrich von Bodelschwingh** errichtete in Bethel bei Bielefeld Pflegehäuser, in den körperlich und geistig behinderte Menschen betreut wurden.

Friedrich von Bodelschwingh

Der Kaplan **Adolf Kolping** gründete den ersten katholischen Gesellenverein, der in vielen Städten wandernden Handwerksgesellen und jungen heimatlosen Arbeitern Unterkunft gewährte.

Adolf Kolping

Der katholische Bischof von Mainz **Wilhelm Emanuel von Ketteler** rief als Mitglied der Nationalversammlung auf, Notleidende nicht zu vergessen. Er gründete Waisenhäuser und Anstalten für arbeitsunfähige Arbeiter.
1897 entstand daraus der Caritasverband.
Schließlich sprach auch **Papst Leo XII.** In seiner Enzyklika (Rundschreiben) die sozialen Zeitprobleme 1891 an. Er kritisierte den Gegensatz zwischen den besitzenden und besitzlosen Klassen, denn das Kapital kann nicht ohne Arbeit auskommen und die Arbeit nicht ohne Kapital. Er forderte das Recht auf Arbeit und einen gerechten Lohn.

Bischof Wilhelm E. von Ketteler

Arbeiter- und Gewerkschaftsbewegungen und staatliche Gesetzgebung

Das Engagement einzelner solzial denkender Persönlichkeiten konnte für die große Masse der Arbeiterschaft natürlich keine wesentlichen Verbesserungen bringen. Die Arbeiter waren auf Selbsthilfe angewiesen. Bereits 1824 schlossen sich Arbeiter in England zusammen, um für höhere Löhne und bessere Arbeitsbedingungen zu kämpfen. Außerdem gründeten sie Selbsthilfevereine für günstige Einkaufsmöglichkeiten und Unterstützungskassen für in Not geratene Mitglieder. Daraus entwickelten sich die Gewerkschaften. Ihre Forderungen versuchten sie mit Streiks durchzusetzen. Der einzelne Arbeiter war seinem Arbeitgeber hilflos ausgeliefert, nicht aber ganze Fabrikbelegschaften. Die Unternehmer mussten dann verhandeln, um keine Produktionseinbußen zu riskieren. Ein deutscher Dichter fasste es in die Worte:

Mann der Arbeit aufgewacht
und erkenne deine Macht!
Alle Räder stehen still,
wenn dein starker Arm es will!

Karl Marx und Friedrich Engels begründeten den wissenschaftlichen Sozialismus.

In Deutschland entstanden nach 1860 die ersten Gewerkschaften. Auch sie forderten höhere Löhne, eine Verkürzung der Arbeitszeit auf zehn Stunden und eine finanzielle Absicherung bei Krankheit, Unfall und Arbeitslosigkeit. Jahrelange Verhandlungen mit Streiks waren notwendig um die Unternehmer soweit zu bringen, dass sie Verträge unterschrieben in denen die Forderungen einheitlich geregelt wurden (Tarifverträge). 1863 gründete Ferdinand Lassalle den „Allgemeinen Deutschen Arbeiterverein" (ADAV). Er forderte das allgemeine Wahlrecht für die Arbeiter und vertraute darauf, dass ihre Vertreter im Parlament über die Gesetzgebung die Lage der Arbeiter verbessern können. Anderen Arbeitern gingen die Forderungen von Lassalle nicht weit genug. Sie wollten das bestehende Gesellschaftssystem zerschlagen. Sie gründeten 1868 die „Sozialdemokratische Arbeiterpartei" (SDAP). Ihre Anführer waren August Bebel und Wilhelm Liebknecht. Sie begründeten ihre Forderungen auch mit der Lehre von Karl Marx und Friedrich Engels.

Diese wollten die Soziale Frage nicht friedlich, sondern mit einer Revolution der Arbeiter lösen. Das Proletariat (Arbeiterschaft) sollte die Herrschaft an sich reißen, die ausbeuterischen Unternehmer enteignen und Fabriken und Maschinen zum Eigentum des Volkes machen. Ohne Privateigentum wäre auch keine Ausbeutung mehr möglich. Alle wären gleich, es gäbe keine Klassen mehr in der Gesellschaft und damit könnten fast paradiesische Zustände auf der Erde ausbrechen (Kommunismus). Ihr Aufruf lautete: „Proletarier aller Länder vereinigt euch!"

1875 vereinigten sich in Gotha verschiedene Arbeitergruppen zur Sozialistischen Arbeiterpartei, aus der 1890 die heute noch bestehende Sozialdemokratische Partei Deutschlands (SPD) wurde. In ihrem „Gothaer Programm" verlangte sie die Überführung besonders der großen Firmen in Gemeinbesitz. Dazu sollte auch ein neu gestalteter Staat beitragen. Dies war ein Angriff auf die staatliche Ordnung und Reichskanzler Bismarck versuchte durch eine scharfe Gesetzgebung Vereine der Arbeiter zu verbieten, Politiker auszuweisen und Zeitungen zu beschlagnahmen (Sozialgesetz 1878). Dies alles hatte aber keinen Erfolg. Ganz im Gegenteil, die Arbeiter schlossen sich nun noch enger zusammen und erzielten einen gewaltigen Stimmenzuwachs bei den Wahlen. 1890 wählten trotz aller Verbote 1,4 Millionen Wähler die Sozialdemokraten. Das Sozialistengesetz wurde aufgehoben. Seit 1890 wird auch in Deutschland der 1. Mai als „Tag der Arbeit" gefeiert. Er sollte kein eigentlicher Feiertag sein, sondern mit Kundgebungen, Demonstrationen und Reden auf die Sorgen, Nöte und Forderungen der Arbeiter aufmerksam machen.

Bismarck, der für die Probleme der Arbeiter wenig Interesse zeigte, musste unter dem Druck der Parteien und Gewerkschaften Maßnahmen ergreifen, um die Lebensverhältnisse der Arbeiter zu verbessern. 1883 führte er die gesetzliche Krankenversicherung ein. Zwei Drittel der Kosten musste der Arbeitnehmer tragen, mit einem Drittel wurde auch der Arbeitgeber beteiligt (heute trägt jeder 50% der Kosten). Seit 1884 gibt es auch die gesetzliche Unfallversicherung, die ganz vom Unternehmer zu bezahlen ist. Bei einem Arbeitsunfall übernimmt sie die Kosten für Arzt, Krankenhaus und Medikamente und für die Dauer der Krankheit ein Tagegeld. War ein Arbeiter nach einem Betriebsunfall nicht mehr arbeitsfähig, stand ihm eine kleine Rente zu. Endete ein Betriebsunfall tödlich, erhielten die Hinterbliebenen eine Versorgung. 1889 schließlich wurde die Alters- und Invalidenversicherung Gesetz. Sie ermöglichte, dass jeder Arbeiter ab dem 70., später ab dem 65. Lebensjahr eine Rente bekam. Auch im Fall einer Erwerbsunfähigkeit wurde Rente bezahlt. Bezahlt werden die Beiträge auch heute noch, je zu Hälfte von Arbeitnehmern und Arbeitgebern. 1891 schränkte das Arbeiterschutzgesetz die Frauen- und Kinderarbeit ein, verankerte die Sonntagsruhe, gebot die Barzahlung der Löhne, führte Kündigungsfristen ein und verpflichtete die Arbeitgeber zu Schutzmaßnahmen am Arbeitsplatz.

Seit 1916 sind die Gewerkschaften als Vertreter der Arbeiterschaft staatlich anerkannt. Diese deutsche Sozialgesetzgebung existiert in ihren wesentlichen Zügen heute noch und war damit auch Vorbild für viele ähnliche Sozialgesetze in zahlreichen Ländern auf der ganzen Welt.

| Name: | Klasse: 7 | Datum: | **Geschichte** Sozialkunde Erdkunde | Nr.: |

Lösung der Sozialen Frage

Vorbildliche Unternehmer setzten sich für ihre Arbeiter ein:
_____

Sie schufen z. B.: _____
_____

Auch die Kirche bleibt nicht untätig.
Johann Heinrich Wichern: _____
_____

Theodor Fliedner: _____
Wilhelm Emanuel Ketteler: _____
_____

Papst Leo XII.: _____
_____

Arbeiter- und Gewerkschaftsbewegung:
Forderungen:
_____
_____
_____
_____

1824 _____
1863 _____
_____
1869 _____
_____
_____
1875 _____
_____
_____

Zuerst schritt der Staat ein _____
Ab 1916 wurden die Gewerkschaften als Vertretung der Arbeiter anerkannt.
Staatliche Aktivitäten:
_____

9. Deutschland

> → 7.9 Deutschland
> (bayerischer Hauptschullehrplan)

Lerninhalte:

- Kennenlernen von Deutschlands Grenzen und seiner politischen Gliederung
- Deutschland naturräumlich grob gliedern können
- Kennen der Industrie Deutschlands im Überblick
- Kennenlernen der Nachbarländer Deutschlands
- Kennenlernen des Tourismus in Europa
- Kennenlernen von Informationen über europäische Zusammenarbeit

Arbeitsmittel

Informationsblätter, Arbeitsblätter

Informationen zum Thema:

Die folgenden Arbeitsblätter zum Thema „Deutschland" versuchen einen Kompromiss zwischen dem zeitlich Machbaren und dem didaktisch Wünschenswerten herzustellen. Das Vorgehen folgt im Wesentlichen dem Lernzielkatalog des Lehrplans.

Die notwendige didaktische Reduktion bereitet besonders bei den Informationen über wirtschaftliche Zusammenhänge Schwierigkeiten. Bei der Industrie kann man in der Kürze der zur Verfügung stehenden Zeit nur versuchen, Grundstrukturen der einstigen und gegenwärtigen räumlichen Verteilung herauszuarbeiten.

9. Deutschland

9.1 Deutschland im Überblick

Deutschland im Überblick (S. 193)
Wir kennen wichtige Städte und Flüsse in Deutschland (Arbeitsblatt S. 194; Lösungsblatt S. 264)
Deutschlands Naturräume (Arbeitsblatt S. 195; Lösungsblatt S. 264)
Unsere Bundesländer (Arbeitsblatt S. 196; Lösungsblatt S. 264)
Hauptstadt Berlin (S. 197)

9.2 Industriestandort Deutschland

Industriestandort Deutschland (S. 198)

9.3 Deutschland – ein Teil Europas

Wir besuchen unsere europäischen Nachbarn (Arbeitsblatt S. 199; Lösungsblatt S. 264)
Unsere Nachbarn (Arbeitsblatt S. 200; Lösungsblatt S. 265)
Der Tourismus verändert sich (Arbeitsblatt S. 201; Lösungsblatt S. 265)
Ohne Zusammenarbeit geht es nicht (S. 202)

Deutschland im Überblick

Deutschland ist ein relativ junger Staat. Erst ab 1871 gibt es Deutschland. Vorher gab es seit dem frühen Mittelalter das Heilige Römische Reich Deutscher Nation. Aber gehen wir in der Geschichte noch weiter zurück, um zu sehen, welche Einflüsse wir im Raum des heutigen Deutschland nachweisen können.

Um 700 v. Chr. lebten in unserem Raum die Kelten. Die Sprache der Waliser in Großbritannien stammt noch von ihnen. Die Gallier der römischen Zeit waren Kelten. Eher im Norden des heutigen Deutschlands lebten die Germanen. Bis etwa zum Jahr 9 v. Chr. eroberten die Römer das Gebiet der Kelten und Germanen südlich der Donau und westlich des Rheins. Während des Mittelalters dehnte sich das Heilige Römische Reich Deutscher Nation nach Osten gegen das Gebiet der Slawen hin aus. So war der deutsche Raum – anders als es mancher behauptet hat – immer ein Einflussgebiet verschiedener Völker.

© 1997 – Les éditions Albert René/Goscinny-Uderzo

Viele Wörter, die wir heute gebrauchen, stammen aus fremden Sprachen des Altertums und des Mittelalters. Von den Römern lernten die Germanen nämlich das Bauen von Mauern und wichtige Dinge aus dem Bereich der Landwirtschaft. Die Mauer (lat. murus) und das Dach (lat. tectum) sind Beispiele aus dem Bauwesen. Der Wein (lat. vinum) und der Speicher (lat. spicarium) sind Beispiele aus der Landwirtschaft.

Slawischer Herkunft sind viele Orts- und Flussnamen. Namen auf -itz wie Marktredwitz und Pegnitz sind slawisch, ebenso zum Beispiel der Bergname Kösseine.

So wie Deutschland geschichtlich ein sehr schwer zu fassender Begriff ist, so ist Deutschland auch von seiner Natur keineswegs ein einheitliches Gebilde.

Der Norden besteht aus einer von großen und kleinen Flüssen durchzogenen flachen Ebene. Daran schließt sich nach Süden eine breite Zone von Mittelgebirgen an. Diese Mittelgebirge sind in Süddeutschland teilweise flache Tafelländer, zum Beispiel in Franken bis zur Donau hin. Südlich der Donau wird die Landschaft wieder flach. Die Gletscher der Eiszeiten schufen eine zunächst sehr flache, nach Süden hin kuppige Landschaft. Ganz im Süden Deutschlands ragen die hohen Berge der Alpen auf.

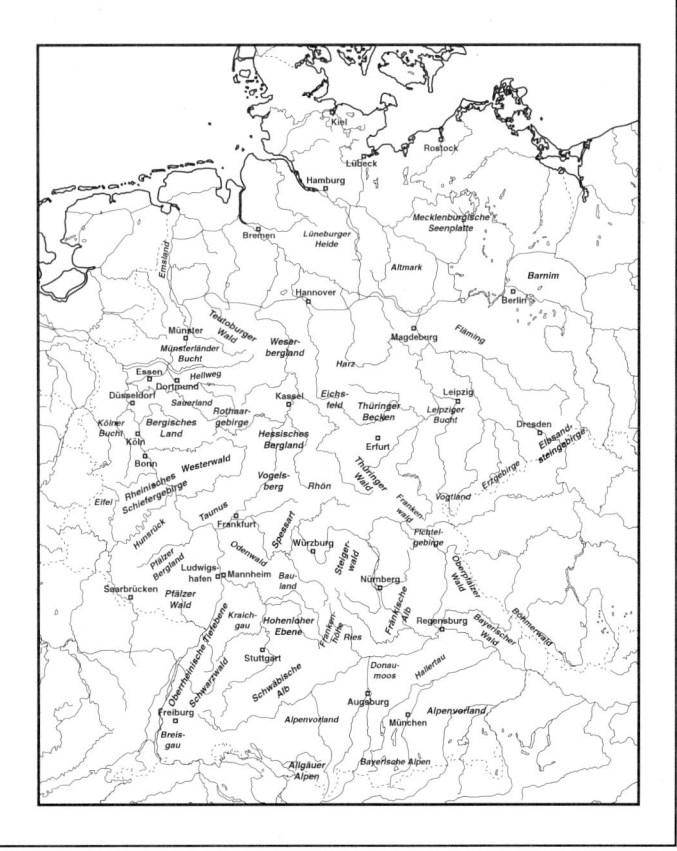

| Name: | Klasse: 7 | Datum: | Geschichte Sozialkunde **Erdkunde** | Nr.: |

Wir kennen die wichtigsten Städte und Flüsse in Deutschland

Beschrifte in der Karte folgende Flüsse:

- Donau
- Elbe
- Ems
- Main
- Oder
- Rhein
- Weser

Trage ferner folgende Städte ein:

- Berlin
- Erfurt
- Magdeburg
- Rostock
- Bonn
- Frankfurt
- Mainz
- Saarbrücken
- Bremen
- Hamburg
- München
- Stuttgart
- Dresden
- Hannover
- Potsdam
- Wiesbaden
- Düsseldorf
- Kiel

Unsere Städte und Flüsse

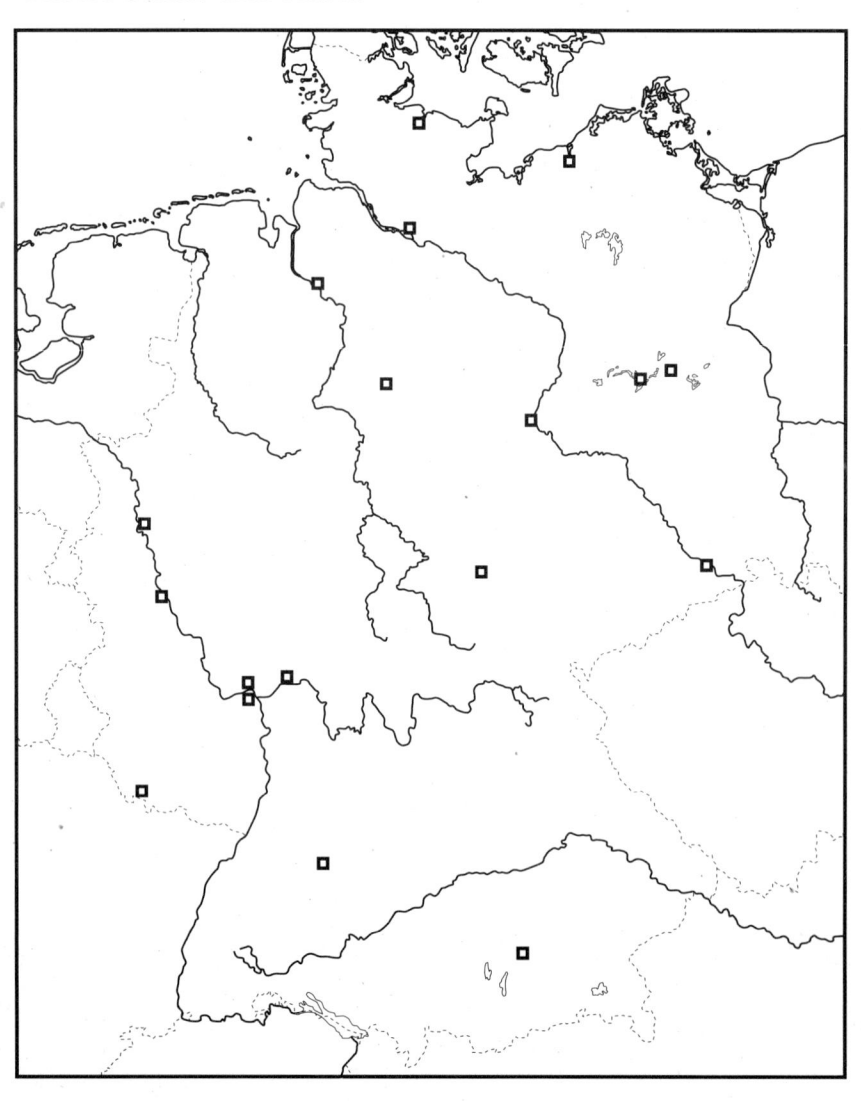

| Name: | Klasse: 7 | Datum: | Geschichte Sozialkunde **Erdkunde** | Nr.: |

Deutschlands Naturräume

Male mit Hilfe eines Atlasses und des Informationsblatts folgende Naturräume vorsichtig mit Farbstift aus:

- Norddeutsche Tiefebene →   grün
- Mittelgebirge →   rosa
- Alpenvorland →   gelb
- Alpen →   braun

Beschrifte jetzt folgende Landschaften:

- Mecklenburger Seenplatte
- Lüneburger Heide
- Münsterländer Bucht
- Alpenvorland

Zeichne mit Schwarz die Grenzen der folgenden Gebirge ein und trage ihre Namen in der Karte ein:

- Rheinisches Schiefergebirge
- Erzgebirge
- Fränkische Alb
- Bayerischer Wald
- Harz
- Schwarzwald
- Schwäbische Alb
- Alpen

Unsere Naturräume

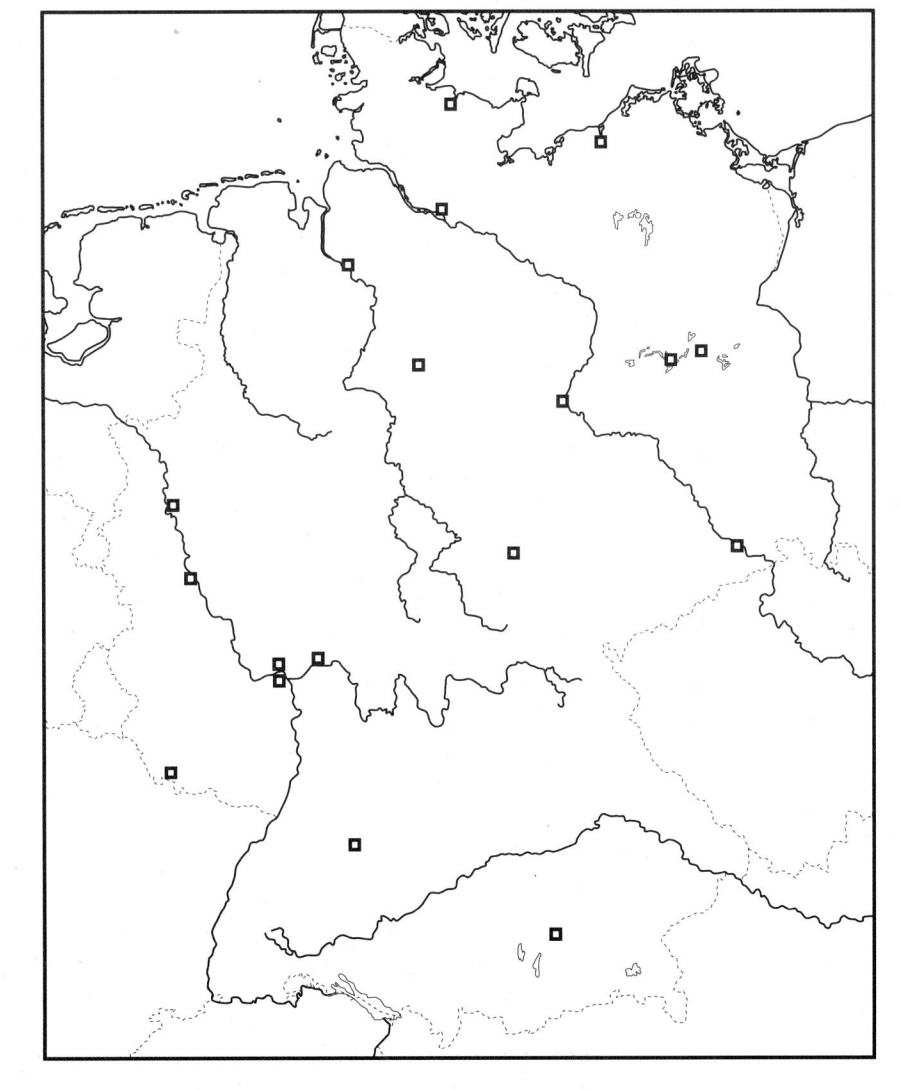

Name:	Klasse: 7	Datum:	Geschichte Sozialkunde **Erdkunde**	Nr.:

Unsere Bundesländer

Hier ist eine Karte in Stücke zerbrochen. Setze das Puzzle wieder zusammen und benenne die Bundesländer und ihre Hauptstädte!

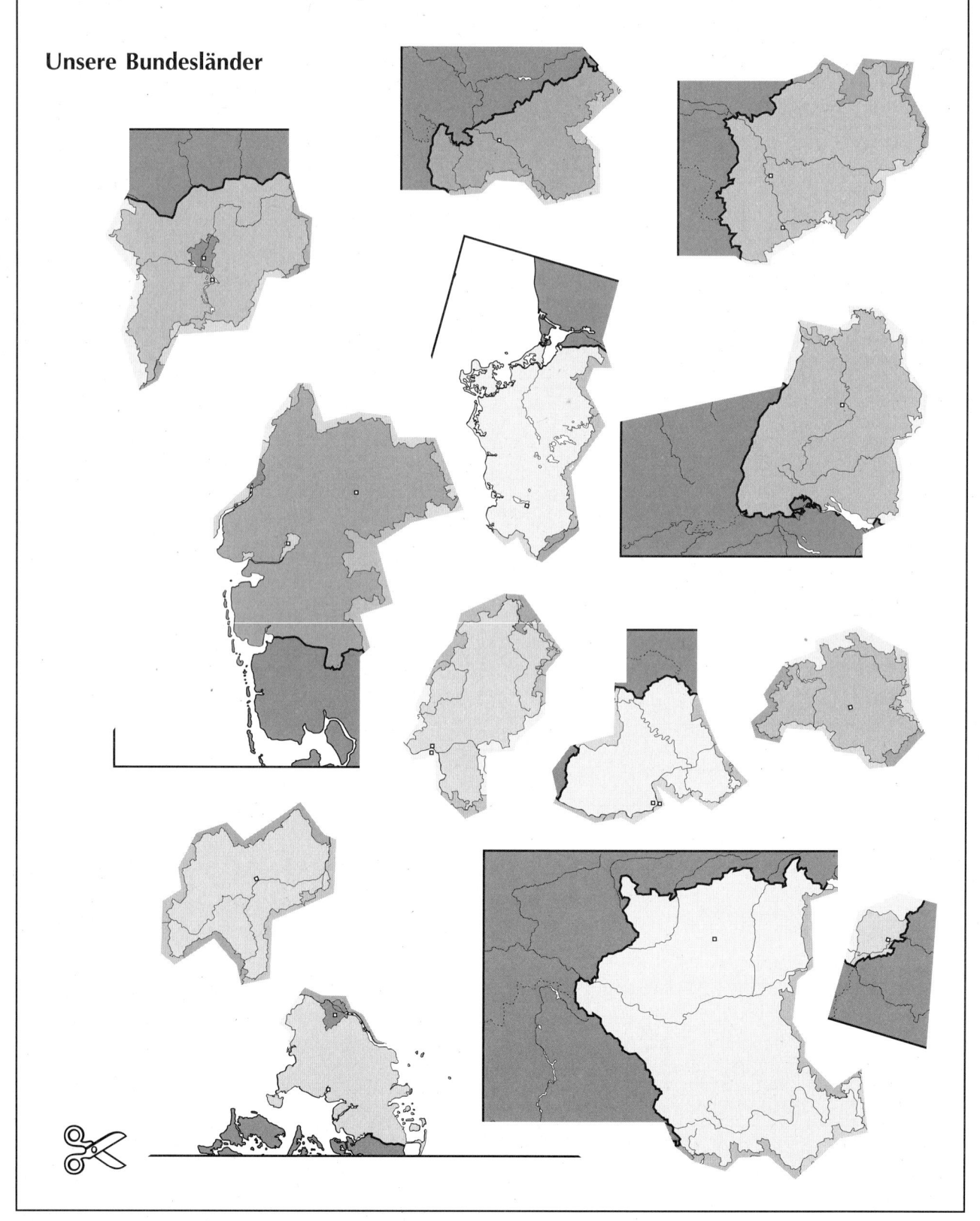

Unsere Bundesländer

Hauptstadt Berlin

Berlin ist eine Stadt mit einer Geschichte voller Veränderungen. 1871 wurde Berlin die Hauptstadt des Deutschen Kaiserreiches. Zu diesem Zeitpunkt war sie bereits eine große Industriestadt: Dort hatten Weltfirmen der Elektroindustrie ihren Sitz. Aber auch Lokomotiven und Eisenbahnwagen wurden dort gebaut. Berlin war das Zentrum eines riesigen Straßen- und Eisenbahnnetzes. Deshalb konnten die Rohstoffe gut nach Berlin, die fertigen Waren gut von Berlin weg transportiert werden.

Dies änderte sich nicht, als das Kaiserreich nach dem 1. Weltkrieg zu Ende war. In den zwanziger Jahren war Berlin das Zentrum von Kunst und Kultur. Doch der 2. Weltkrieg unterbrach die Geschichte Berlins als Hauptstadt. Die Stadt wurde zunächst in vier Sektoren geteilt, dem amerikanischen, dem englischen, dem französischen und dem sowjetischen Sektor. Aus den amerikanischen, englischen und französischen Sektoren entstand Westberlin, aus dem sowjetischen Ostberlin. Der Ostteil wurde schließlich zur Hauptstadt der DDR erklärt.

Nachdem immer mehr Menschen von Ost nach West geflohen waren, wurde von der Regierung der DDR am 13. 8. 1961 in Berlin eine Mauer gebaut, die die Menschen an der Flucht hindern sollte.

Diese Lage änderte sich erst 1989. Am 9. November wurde die Grenze wieder geöffnet. Tausende von Ostberliner strömten nach Westberlin. Dann kam die Wiedervereinigung von DDR und Bundesrepublik. Damit stellte sich aber die Frage, wo der Regierungssitz sein sollte:
– Die DDR hatte als Hauptstadt Ostberlin,
– die Bundesrepublik hatte Bonn.
Am 20. Juni 1991 entschied der Bundestag: Das vereinigte Berlin soll wieder Hauptstadt und Regierungssitz sein.

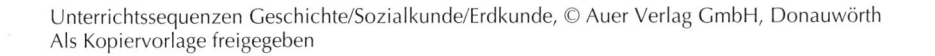

Industriestandort Deutschland

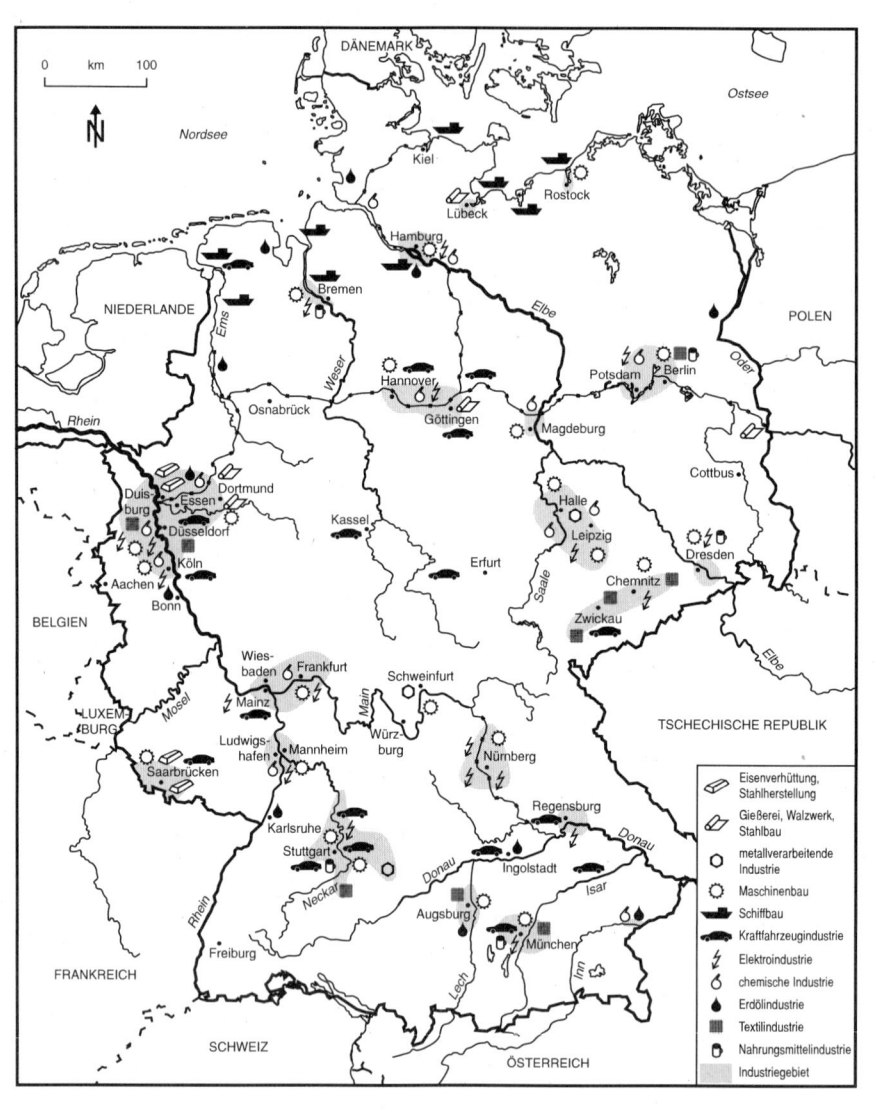

Deutschland als Industrieland zu beschreiben ist gar nicht leicht. Sicher weißt du, dass viele Produkte in Deutschland hergestellt werden. Ab was kommt woher?

Eine wichtige Industrie in Deutschland ist die **Autoindustrie.** Wichtige Werke befinden sich zum Beispiel in Rüsselsheim bei Frankfurt, Wolfsburg, Köln, München und in Sindelfingen bei Stuttgart.

Bedeutend ist auch die **Chemische Industrie,** die Farben und Arzneimittel herstellt. Hier gibt es wichtige Werke in Ludwigshafen, Frankfurt und Leverkusen.

Wichtig für Bayern sind unter anderem auch die **Spielzeugindustrie** im Raum Nürnberg, die **Porzellanindustrie** im Raum Selb und Weiden und die **Glasindustrie** im Bayerischen Wald. Alte Industrieräume in Deutschland sind das Ruhrgebiet und das Industriegebiet um Halle und Leipzig.

Das Ruhrgebiet war früher ein Raum, in dem vorwiegend **Kohle** abgebaut und **Stahl** erzeugt wurde. Nachdem man heute Strom vor allem aus Erdöl gewinnt und Stahl aus anderen Ländern einführt, ist das Ruhrgebiet in eine Krise geraten. Man hat versucht diese Krise dadurch zu überwinden, dass man sehr viele kleine und mittlere Betriebe im Ruhrgebiet angesiedelt hat. Auch hat man sehr viel für Kunst und Wissenschaft getan: Das Ruhrgebiet hat sechs Universitäten, viele Theater und ist in den letzten Jahren auch als Spielstätte vieler erfolgreicher Musicals berühmt geworden.

Das Gebiet um Leipzig und Halle ist ebenfalls ein altes Industriegebiet. Hier wird **Braunkohle** abgebaut, die zur Stromgewinnung und für die Chemische Industrie verwendet wird. Seit der Wiedervereinigung Deutschlands ist die Förderung der Braunkohle jedoch reduziert worden. Auch wurden die zum Teil veralteten Fabriken geschlossen oder modernisiert. Dadurch konnte aber die hohe Luftverschmutzung in diesem Industriegebiet deutlich verringert werden.

| Name: | | Klasse: 7 | Datum: | Geschichte Sozialkunde **Erdkunde** | Nr.: |

Wir besuchen unsere europäischen Nachbarn

Nimm dir ein Lexikon und ergänze folgende Tabelle, die dir wichtige Informationen über unsere Nachbarn gibt!

Land	Größe	Einwohner	Hauptstadt	Landwirtsch.	Industrie
Dänemark					
Polen					
Tschechische Republik					
Österreich					
Schweiz					
Frankreich					
Luxemburg					
Belgien					
Niederlande					

| Name: | Klasse: 7 | Datum: | Geschichte Sozialkunde **Erdkunde** | Nr.: |

Unsere Nachbarn

Trage in folgende Karte die Namen der Länder und die Hauptstädte unserer Nachbarstaaten ein!

Unsere Nachbarländer

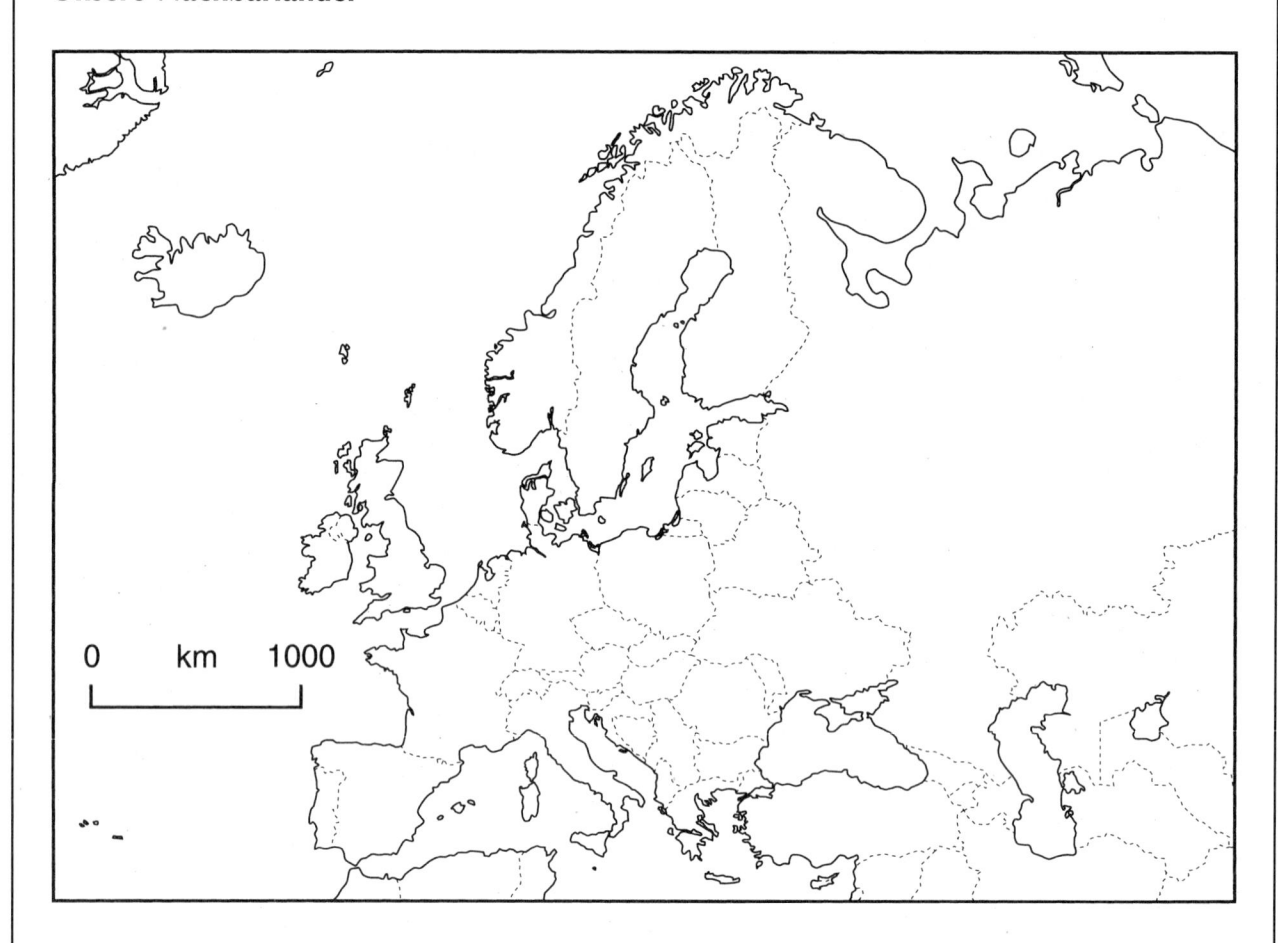

Name:	Klasse: 7	Datum:	Geschichte Sozialkunde **Erdkunde**	Nr.:

Der Tourismus verändert sich

Wir fliegen nicht nur immer weiter weg, wir wollen auch immer neue Vergnügen. Erkläre die folgenden Ausdrücke:

Snowboarden: _____

Surfen: _____

Rafting: _____

Paragliding: _____

Klebe ein Bild einer dieser neuen Sportarten ein oder male sie!

Aber:

Alte und neue Sportarten im Sommer und im Winter brauchen immer mehr Platz. Snowboarden und Schilaufen soll auch im Sommer möglich sein. Der Paraglider muss auf den Gipfel eines Berges mit Seilbahn oder Auto gebracht werden. Auch müssen immer mehr neue Hotels gebaut werden.
Andererseits leben viele Menschen vom Tourismus. Mache zu folgenden Stichworten Vorschläge, wie man trotz Tourismus die Umwelt schonen kann!

Hotels _____
Pflanzen _____
Müll _____
Snowboarden _____
Paragliding _____
Verkehrsmittel _____
Wanderwege _____
Lärm _____

Ohne Zusammenarbeit geht es nicht

Auch Völker brauchen ein Zusammenleben. Das hat man vor allem im 20. Jahrhundert erkannt. Deshalb hat man nach dem Ersten Weltkrieg den Völkerbund gegründet. Doch leider konnte dieser Zusammenschluss, dem heute etwa die Vereinten Nationen (UNO) entsprechen, nicht den Zweiten Weltkrieg verhindern. Nach diesem schrecklichen Krieg wurde wiederum eine internationale Organisation gegründet, die „Vereinten Nationen".

Doch es gab und gibt in Europa noch eine Reihe weiterer Organisationen:

Westeuropa

In Westeuropa wird 1949 der Europarat als politischer Zusammenschluss gegründet.
Die Mitglieder: Großbritannien, Irland, Norwegen, Schweden, Griechenland und die Türkei. Die Bundesrepublik tritt dem Europarat 1951 bei.

Im militärischen Bereich wird 1949 die NATO durch die USA, Island, Norwegen, die Benelux-Länder, Frankreich, Italien und Kanada gegründet. Die Bundesrepublik tritt der NATO 1955 bei.

Wirtschaftlich schließen sich Frankreich, Italien, die Beneluxstaaten und die Bundesrepublik 1957 zur Europäischen Wirtschaftsgemeinschaft zusammen. Heute gehören der Europäischen Union
– Großbritannien
– Irland
– Schweden
– Finnland
– Niederlande
– Dänemark
– Belgien
– Deutschland
– Luxemburg
– Österreich
– Frankreich
– Spanien
– Portugal
– Italien

und Griechenland an.

Ziel ist eine gemeinsame Außenpolitik sowie eine gemeisame Währung.

Osteuropa

In Osteuropa wird 1949 unter der Führung der Sowjetunion der Rat für gegenseitige Wirtschaftshilfe (RGW oder COMECON) gegründet. Ihm gehören die Sowjetunion, die Tschechoslowakei, Ungarn, Rumänien, Bulgarien, Albanien sowie die Mongolei an. Dieser Pakt ist sowohl ein wirtschaftlicher wie auch ein politischer Bund.

Im militärischen Bereich wird 1949 der Warschauer Pakt gegründet. Mitglieder sind die Gründungsstaaten des COMECON. Die DDR tritt dem Warschauer Pakt 1956 bei.

Damit ist Europa praktisch geteilt. Richtig neutral geblieben sind nur
– Finnland, das sich allerdings mit Großbritannien, Norwegen, Schweden, Österreich, der Schweiz und Spanien zur Freihandelszone EFTA zusammengeschlossen hat, und
– Jugoslawien, das sich wirtschaftlich an den COMECON anlehnt.

Mit dem Ende der kommunistischen Vorherrschaft in Osteuropa und dem Ende der Sowjetunion (1991) brechen auch der COMECON und der Warschauer Pakt zusammen.

Heute versuchen die Länder Osteuropas und Westeuropas zusammen zu arbeiten. Deutsche Firmen haben längst Niederlassungen in Tschechien und Polen gegründet. Aber ohne Probleme ist auch das zukünftige Europa nicht. Immer wieder treten Konflikte zwischen den Angehörigen verschiedener Völker auf. Die Tschechoslowakei teilte sich friedlich in die Staaten Tschechien und Slowakei. Jugoslawien hingegen zerfiel in einem furchtbaren Bürgerkrieg.

10. Bedrohung des Menschen durch Naturkräfte

7.10 Bedrohung des Menschen durch Naturkräfte (bayerischer Hauptschullehrplan)

Lerninhalte:

- Kennenlernen der Ursachen und Auswirkungen von Naturkatastrophen
- Kennenlernen der tektonischen, klimatischen und anthropogenen Faktoren
- Übersicht gewinnen über die Katastrophengebiete
- Nennen können der Schutzmaßnahmen gegen Naturkatastrophen
- Bewusstmachen, dass für Naturkatastrophen auch der Mensch verantwortlich sein kann
- Kennenlernen von Möglichkeiten des Katastrophenschutzes und der Katastrophenhilfe

Arbeitsmittel:

Folienvorlagen (Naturkatastrophen), Informationsblätter, Arbeitsblätter

Folienvorlage:

„Auge" eines Hurrikans

Innerhalb von fünf Minuten riss im Jahre 1964 eines der heftigsten Erdbeben in der Geschichte das Geschäftsviertel von Anchorage, Alaska, auseinander. Einige Häuserblocks sanken bis zu 10 Meter ab.

Schneelawine

10. Bedrohung des Menschen durch Naturkräfte

Einstieg ins Thema: Folienvorlage (Naturkatastrophen; S. 203)

10.1 Ursachen und Auswirkungen von Naturkatastrophen
10.2 Auseinandersetzung mit Naturkräften
10.3 Naturkatastrophen in der Vergangenheit
(Die Inhalte des Lehrplans werden anhand einzelner Naturkatastrophen im Zusammenhang dargestellt. Deshalb erfolgt keine Trennung der einzelnen Lerninhalte.)

Vulkane – Feuer aus dem Innern der Erde (S. 205)
Vulkane: Weltkarte, Schnitt durch einen Schichtvulkan (S. 206)
Pompeji – eine Stadt versinkt in der Asche (S. 207)
Feuer aus dem Innern der Erde (Arbeitsblatt S. 208; Lösungsblatt S. 265)

Wie entstehen Erdbeben? (S. 209/210)
Wenn die Erde bebt (Arbeitsblatt S. 211; Lösungsblatt S. 265)

Wirbelstürme bringen Tod und Verderben (S. 212/213)
Wirbelstürme – tödlicher Wind (Arbeitsblatt S. 214; Lösungsblatt S. 266)

Dürre – ein vielschichtiges Problem (S. 215/216)
Dürre – und kein Ende? (Arbeitsblatt S. 217; Lösungsblatt S. 265)

Lawinen – der weiße Tod (S. 218)
Lawinen – der weiße Tod (Arbeitsblatt S. 219; Lösungsblatt S. 265)

Weltkarte der Naturkatastrophen (S. 220)
Naturkatastrophen 1996 (S. 221)
Katastrophenhilfe – Katastrophenschutz S. 222)
Probleme bei der Katastrophenhilfe und beim Katastrophenschutz (S. 223)

Vulkane – Feuer aus dem Innern der Erde

Auf der Erde gibt es ca. 2000 Vulkane, wovon etwa 450 tätig sind und seit dem Altertum beobachtet werden. Weitere Vulkane befinden sich auf dem Meeresgrund.
Der gesamte Pazifik ist umstellt mit einem „Ring aus Feuer". Hunderte von feuerspuckenden Bergen säumen seine Küsten. Fast alle gewaltigen Vulkanausbrüche der jüngeren Geschichte ereigneten sich hier: 1815 explodierte der Tambora in Indonesien; das Jahr nach dieser größten Vulkankatastrophe der Neuzeit ging als Jahr ohne Sommer in die Geschichte ein.
1883 sprengte der Vulkan Krakatau fast eine ganze Insel in der Sundastraße von Sumatra in die Luft. Eine 40 Meter hohe Flutwelle raste Tausende von Kilometern durch den Pazifik, überspülte benachbarte Küsten, vernichtete über 300 Dörfer, ertränkte ca. 42 000 Menschen. Felsbrocken flogen 80 km weit. 1980 walzte eine heiße Dampfwolke aus dem Mount St. Helen an der amerikanischen Westküste kilometerweit alle Bäume nieder. Zwei Jahre später explodierte der mexikanische El Chichón.
Die Feuerfontänen am Pazifik rufen in Erinnerung, dass die Kontinente nur wie große steinerne Flöße auf einem Meer glühender Magma (= geschmolzenes Gestein, ca. 1000° heiß) treiben. Unterhalb der Erdkruste in etwa 40 bis 50 km Tiefe sammelt sich das Magma. Es bildet sogenannte „Magmaherde". An den Schwachstellen der Erdkruste (Plattengrenzen wie z. B. Tiefseegräben, Faltengebirge) steigt es in Vulkanschloten nach oben, weil hier die Erdkruste noch nicht gefestigt ist. Die Gase im Magma stehen unter sehr hohem Druck, sodass sie die Erdkruste durchbrechen können. Das geschieht im Zusammenhang mit einer starken Explosion. Die Gase reißen das zähflüssige Material durch einen Vulkanschlot mit nach oben. Dort wird es aus dem Vulkankrater geschleudert. Dabei „regnet" es Steine und Asche. Die Lava (= gasloses, rotglühendes, zähflüssiges Magma) fließt an den Hängen des Vulkans herab und erkaltet langsam.
Trotz der großen Gefahr, die beim Ausbruch eines Vulkans besteht, leben viele Menschen in der Nähe dieser feuerspeiende Berge. Der wesentlichste Grund: Lava verwittert im Lauf der Zeit zu einem außerordentlich fruchtbaren und ertragreichen Boden. Es eröffnen sich ausgezeichnete landwirtschaftliche Anbaumöglichkeiten; deshalb sind die Menschen immer wieder bereit, aufs Neue hier Anbauflächen zu schaffen, um reiche Ernte erzielen zu können.
Schutzmaßnahmen gegen Vulkanausbrüche gibt es kaum. Die Möglichkeiten, einen Vulkanausbruch vorherzusagen, sind nur in einem sehr geringem Umfang gegeben. Wissenschaftler messen die Wärmeabstrahlung der Vulkane. Darüber hinaus können die Menschen nur aus Beobachtungen der Natur (Geräusche aus dem Erdinnern, kleine Explosionen) auf einen Ausbruch schließen.

Vulkanausbruch

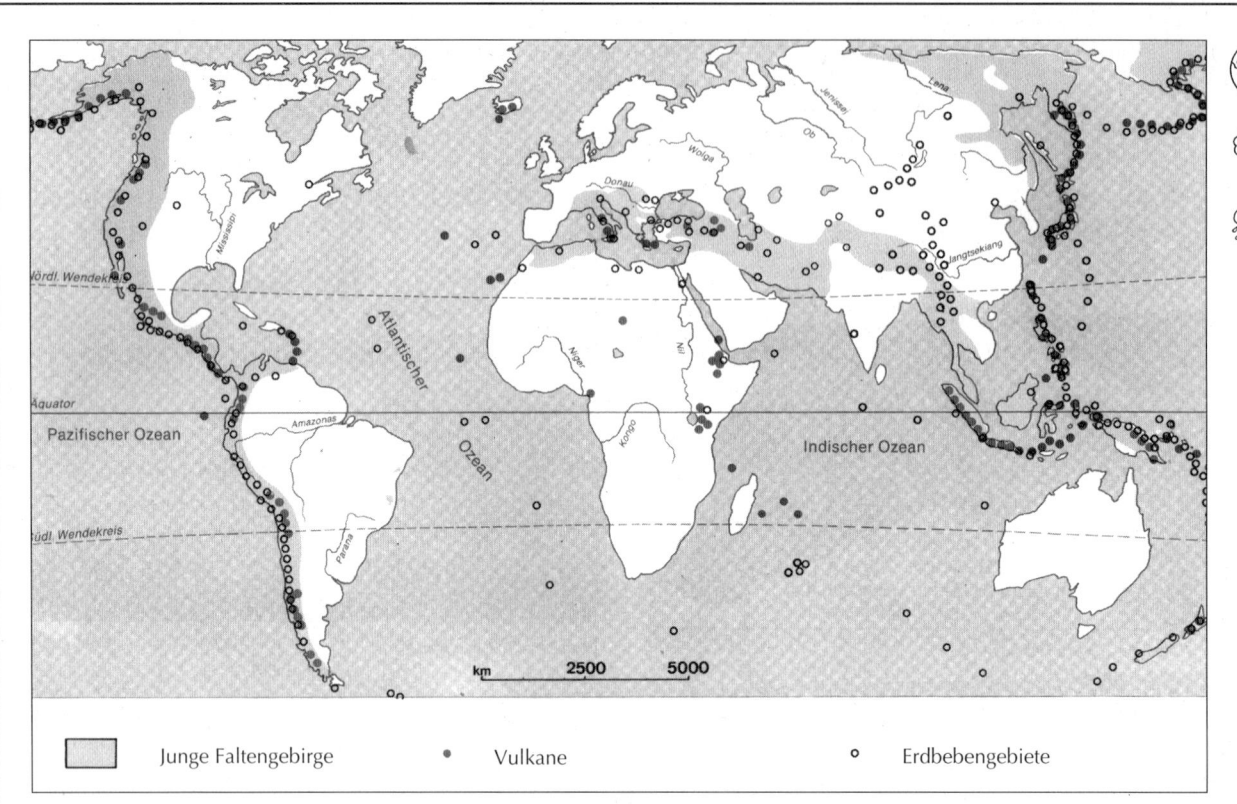

Junge Faltengebirge, Vulkan- und Erdbebengebiete der Erde

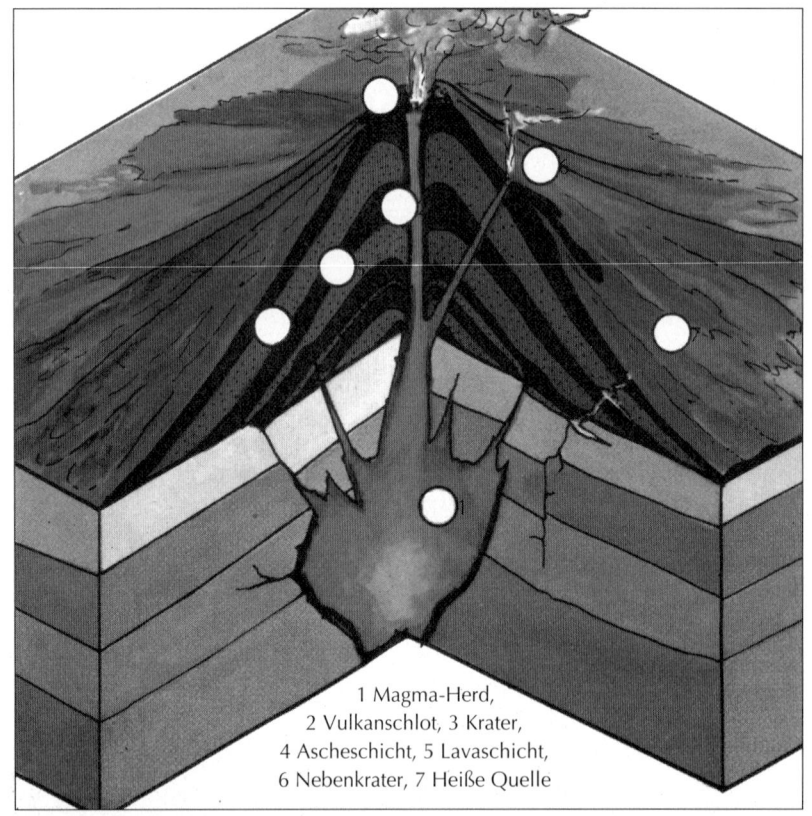

1 Magma-Herd,
2 Vulkanschlot, 3 Krater,
4 Ascheschicht, 5 Lavaschicht,
6 Nebenkrater, 7 Heiße Quelle

Schnitt durch einen Schichtvulkan

Vulkanausbruch des Kilauea auf der Pazifikinsel Hawaii

Pompeji – eine Stadt versinkt in der Asche

Man schreibt den 24. August des Jahres 79 n. Chr. Pompeji, am Fuß des Vesuv bei Neapel gelegen, hat sich in den letzten Jahren zu einem wichtigen Handelszentrum entwickelt. An den Hängen des Vesuv, den man für einen erloschenen Vulkan hält, findet man ausgedehnte Weinberge, Landhäuser und Villen. Kein Anzeichen deutet auf die bevorstehende Katastrophe hin.

Ganz plötzlich fliegt mit ungeheuerer Gewalt der Lavapfropfen, der seit vielen Jahrtausenden den Krater des Vesuv wie ein Korken verschlossen hatte, in den heiteren Himmel. Kilometerweit schießen Gesteinsbrocken in die Luft. Unter ohrenbetäubendem Getöse zerplatzt die Bergspitze. Der Himmel verschwindet hinter einer dunklen Wolke aus Asche. Ein dichter Regen von glühendem Lavagestein setzt ein und regnet auf Pompeji nieder. Mauern und Häuser stürzen ein. Der Lavastrom, der aus dem Berg fließt, deckt Pompeji zu. Drei Tage lang dauert dieses Inferno – dann sind Pompeji und seine Bewohner unter einer sieben bis acht Meter dicken Lava- und Ascheschicht verschwunden.

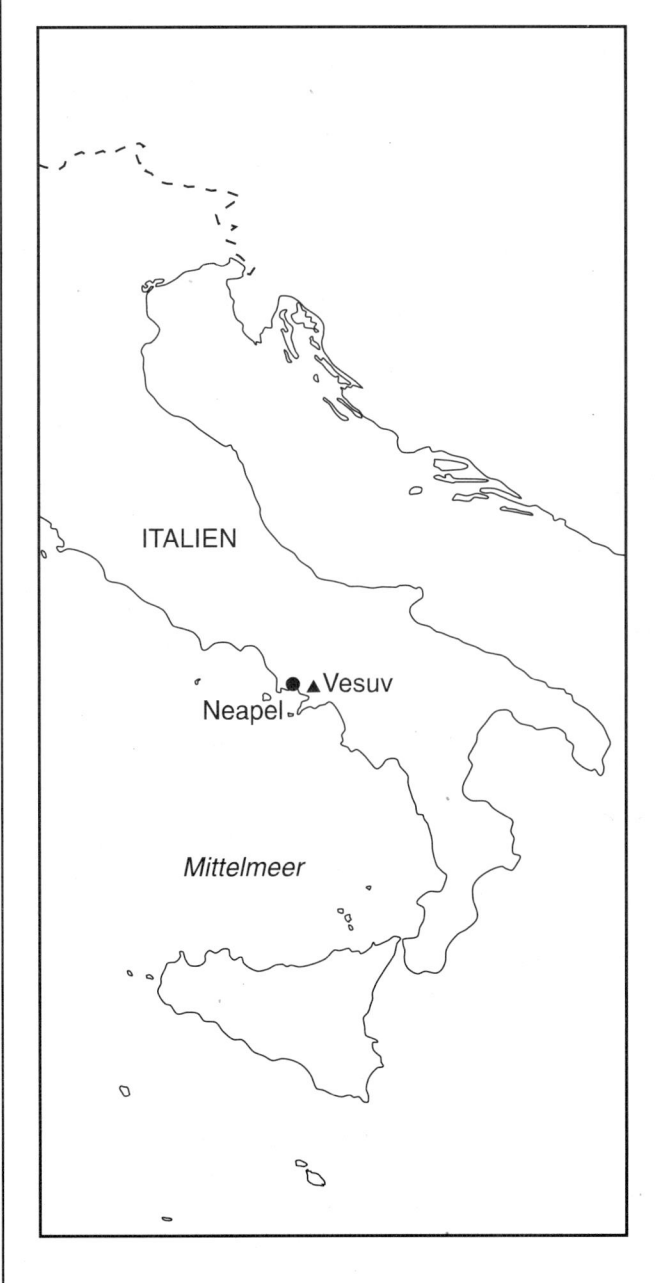

Der Vesuv

Pompeji vor dem Vulkanausbruch – Die Via Mercurio und der Caligula-Bogen

| Name: | Klasse: 7 | Datum: | Geschichte Sozialkunde **Erdkunde** | Nr.: |

Feuer aus dem Innern der Erde

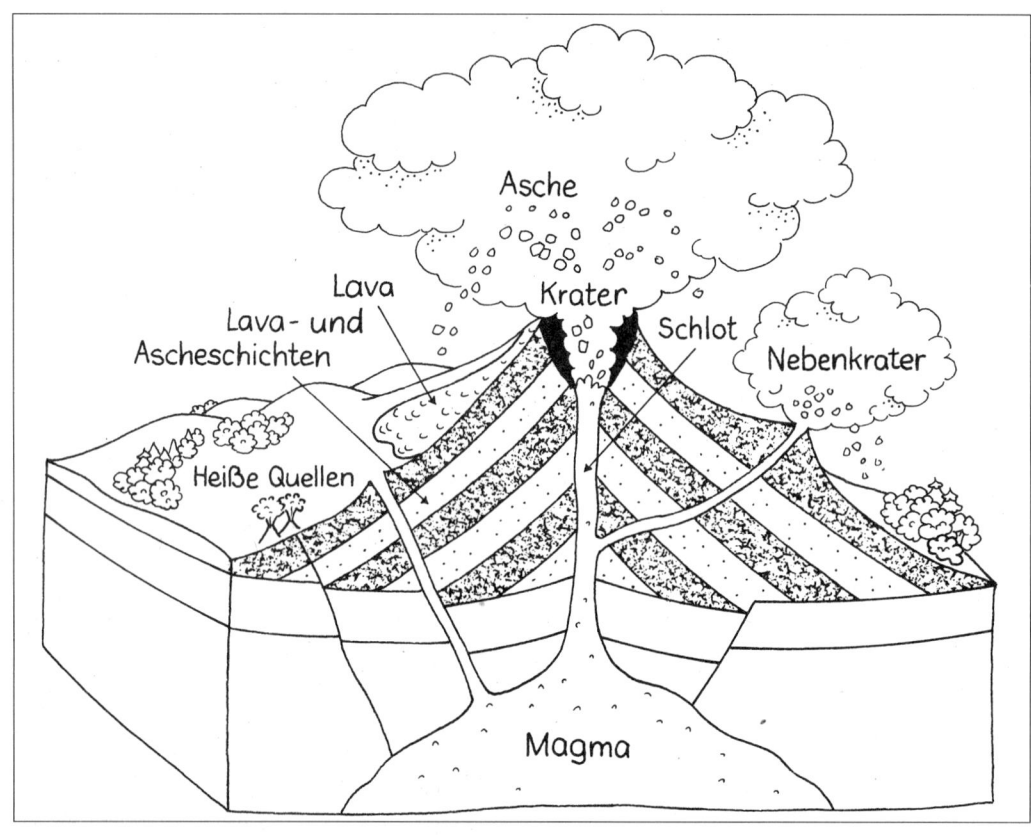

Schnitt durch ein Vulkangebiet

Entstehung: Schwache, dünne Stellen in der ———— brechen auf. Glühende ———— aus dem Erdinnern tritt als Lava durch Spalten und ———— an die Erdoberfläche. Asche und Steine werden hochgeschleudert.

Auswirkungen: Vulkanausbrüche vernichten das umliegende Gebiet durch Lavaströme, Asche- und Gesteinsregen. Erstarrte Lava verwittert und bildet einen sehr ———— Boden.

Vorsorge-/ Schutzmaßnahmen: Vorhersage: Messungen der ———— von Vulkanen, Beobachtungen der Natur (————
————
————

Wie entstehen Erdbeben?

Tagtäglich wird die Erde von Stößen erschüttert, die durch Vorgänge in der Erdkruste ausgelöst werden. Während die meisten dieser Bewegungen nicht zu spüren sind, nehmen manche von ihnen solche Ausmaße an, dass Tausende von Menschen getötet werden. Kilometerlange Spalten reißen auf, riesige Gesteinsmassen werden in die Höhe gepresst, während an anderen Stellen Erdmassen absacken. Wie ist dies zu erklären?

Vor Millionen von Jahren waren die Kontinente der Erde eine zusammenhängende Platte. Diese Platte zerbrach und seine Bruchstücke treiben jetzt u. a. als einzelne Erdteile auf der zähflüssigen Feuermasse (= Magma). Die Erdkruste besteht aus etwa 20 Teilen, die ihre Lage fortwährend ändern. Diese tektonischen Platten, 60 bis 100 Kilometer dick, treiben wie Eisschollen auf dem zähflüssigen Erdinnern. Sie bewegen sich in unterschiedlichen Richtungen mit einer Geschwindigkeit von nur wenigen cm im Jahr – sie treiben auseinander, stoßen zusammen oder schrammen in entgegengesetzter Richtung aneinander vorbei. Solange sie gleiten können, kommt es allenfalls zu leichten Erschütterungen. Erst wenn die Platten sich verhaken, treten im Gestein Spannungen auf. Plötzlich und ruckartig lösen sich diese. Das Gestein bricht, die Spannungen entladen sich. Gewaltige Erdstöße sind die Folge.

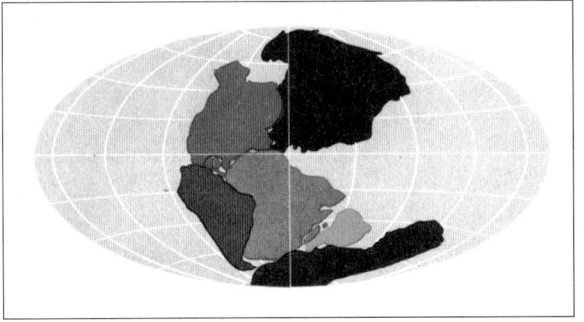

1. Vor Millionen von Jahren waren die Kontinente eine zusammenhängende Platte.

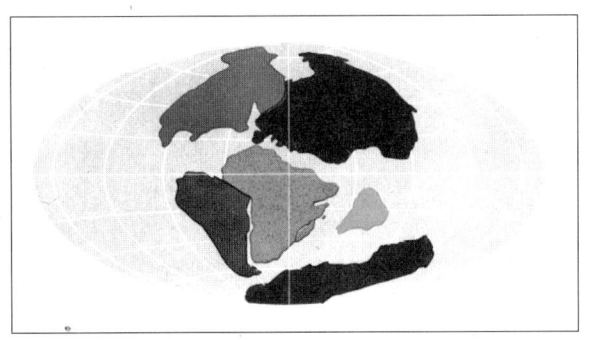

2. Die Platte zerbrach und die Bruchstücke sind auseinandergetrieben.

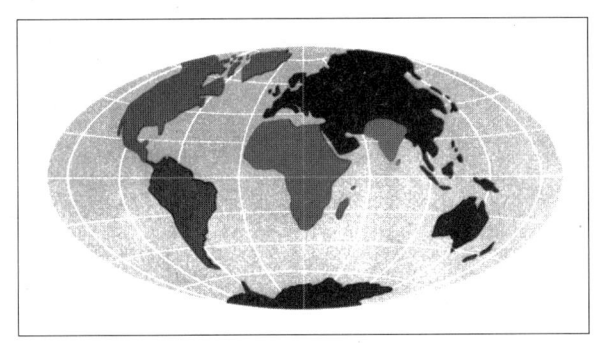

3. Nachdem die beiden Amerika westwärts drifteten, trennt sie das Atlantikbecken von der Alten Welt. Während sich Afrika nach Norden verschob, stieß Indien an die Unterseite Asiens. Australien brach von der Antarktis los, trat in seine heutige Lage und schob Neuguinea vor sich her.

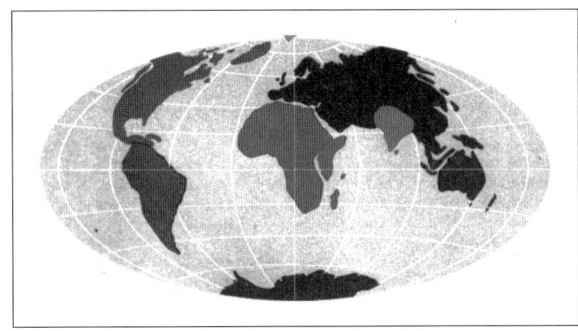

4. In 50 Millionen Jahren wird es so aussehen: Der Atlantik wird größer sein, der Pazifik kleiner. Indien wird weiter nach Osten wandern, Australien fast den Südosten Asiens berühren. Afrika wird nach Norden und ein Teil Kaliforniens ins Meer wandern und im Karibischen Meer wird Neuland entstehen.

Die Plattengrenzen verlaufen meist am Meeresboden. An der Erdoberfläche ist das markanteste Beispiel für die Plattenverschiebung die San-Andreas-Spalte, die Kalifornien auf einer Länge von 1100 km in zwei Teile zerreißt. Die nordamerikanische und die pazifische Platte reiben sich hier aneinander.

So sind also die Bewegungen der tektonischen Platten die Hauptursache für die Entstehung von Erdbeben. 90% der Erdbeben entstehen durch Plattenverschiebungen. Daneben gibt es auch vulkanische Beben, die dann auftreten, wenn ein Vulkan ausbricht und sogenannte Einsturzbeben, die auf das Einbrechen eines großen unterirdischen Raumes folgen.

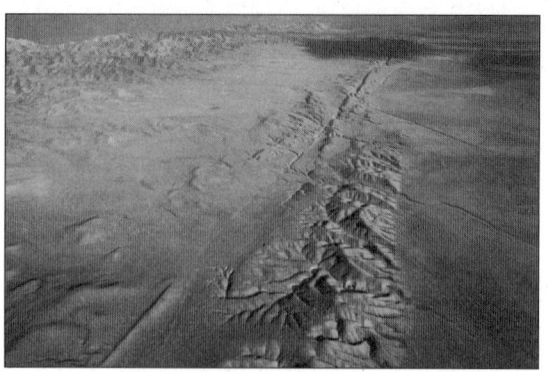

Östlich von San Diego tritt die San-Andreas-Verwerfung als gerader Bruch der Erdoberfläche in Erscheinung, der sich in nordwestlicher Richtung fast bis zum Horizont erstreckt

Keine andere Naturgewalt hat den Menschen von jeher so in Angst und Schrecken versetzt wie das Erdbeben. Andere Naturgewalten kündigen sich meist an und geben damit eine Chance, dem betroffenen Gebiet zu entkommen. Nicht so Erdbeben. Sie überraschen, verursachen Geländeverschiebungen, Schäden an Bauwerken, Flutwellen und Überschwemmungen und fordern häufig viele Menschenleben.

Erdbebenvorhersage

Heutzutage kann der Mensch mit hoch empfindlichen Messgeräten auch noch die schwächsten Erdstöße aufzeichnen und ihre Stärke bestimmen. Die bekannteste Messmethode ist die nach der sogenannten Richter-Skala:

1. Grad: unmerklich, nur durch Instrumente festzustellen
2.–5. Grad: leichte Erschütterungen ohne Schaden
6.–8. Grad: mittelschweres Beben, Häuser werden beschädigt, einzelne Todesopfer
9.–12. Grad: vernichtendes Erdbeben, Gebäude stürzen ein, Risse im Erdreich, Bergstürze

Durch regelmäßige Aufzeichnungen konnten die am meisten bedrohten Gebiete – die Schwächezonen der Erde – festgestellt werden. Doch die Instrumente zeichnen nur auf, was bereits geschehen ist. Eine Vorhersage ist sehr ungenau.

Um das Ausmaß der Schäden zu mindern, versucht man in Gefahrenzonen eine erdbebengerechte Bauweise für Häuser anzuwenden. Holz- und Stahlbetonbauten überstehen Erschütterungen besser als Stein- und Ziegelgebäude – dementsprechend kümmern sich die Menschen um eine angemessene Bauweise ihrer Häuser.

Ansonsten bleibt nur die Möglichkeit, auf ausgearbeitete Katastrophenpläne zurückzugreifen.

Neben den modernen wissenschaftlichen Methoden gibt es aber auch noch Methoden, die man in China – einem erdbebenreichen Land – gesammelt und niedergeschrieben hat. Demnach kündigt sich ein Erdbeben an, wenn
- Mäuse aus ihren Löchern kommen
- Schlangen in großer Anzahl aus ihren Höhlen kriechen und den Winterschlaf unterbrechen
- sich Haustiere ungewöhnlich verhalten
- sich im Brunnen der Wasserstand ändert und sich an der Oberfläche Blasen zeigen
- Brunnen und Quellen zu verschlammen beginnen
- Hühner nicht mehr auf der Stange schlafen wollen.

Wenn die Erde bebt

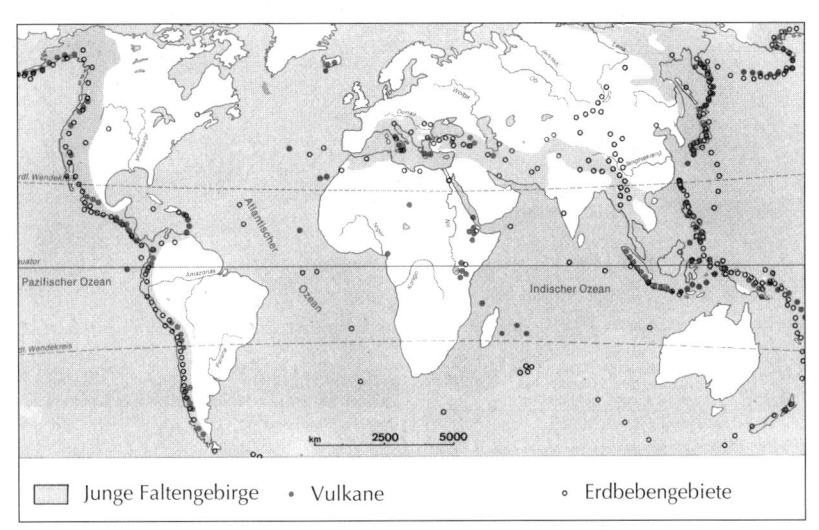

Junge Faltengebirge, Vulkan- und Erdbebengebiete der Erde

Entstehung: Erdplatten treiben auf der Magmamasse, die im Inneren unseres Erdballs vorhanden ist. Diese ———— Platten bewegen sich in unterschiedlichen Richtungen, sie ———————— oder reiben sich aneinander.

Auf diese Weise entstehen ————————. Wenn sich diese Spannungen ruckartig lösen, bricht das Gestein. Die Folge sind gewaltige ———————— (= ———————————).

Daneben gibt es auch Erdbeben, die dann auftreten, wenn ein Vulkan ausbricht (————————) oder wenn ein großer unterirdischer Raum einbricht (————————).

Auswirkungen: Erdbeben verursachen ————————
————————
————————

Vorsorge-/Schutzmaßnahmen: ————————
————————

Vorhersage: ————————

Wirbelstürme bringen Tod und Verderben

„Es war ein Juni-Nachmittag, so zwischen 16 und 17 Uhr. Es herrschte eine drückende Schwüle. Im Südwesten stand eine pilzförmige Wolke am Himmel. Auf einmal sah ich, dass aus der dunklen Unterseite dieser Wolke eine Art Schlauch herunterhing. Wolke und Schlauch kamen rasch auf mein Haus zu. Alles um mich herum war totenstill. Direkt über meinem Grundstück hing das Schlauchende; es war ein runder Schlund von etwa 15 bis 30 Meter Durchmesser. Seine Wände bestanden aus unruhigen Wolkenfetzen, die außerhalb des kreisförmigen Schlundes in Gestalt kleiner Windhosen davonstoben. Dieses Wegstrundeln machte ein fauchendes und kreischendes Geräusch, zwischen das sich Blitze mischten. Ich war so überwältigt von diesem Naturschauspiel, dass ich gar nicht daran dachte, in den Sturmkeller zu fliehen. Und tatsächlich, in wenigen Sekunden war der Spuk vorbei; das Schlauchende des Tornados war weitergezogen zum Gehöft meines Nachbarn und dort noch tiefer heruntergestoßen. Heulend und tosend saugte er Haus und Scheune einfach in die Luft, ließ es zertrümmert wieder zu Boden stürzen und zog weiter."

Die Windhose berührt den Boden und schlägt eine 13 km lange und 300 m breite Schneise ins Farmland

So beschreibt ein Amerikaner die Begegnung mit einem **Tornado**. In den USA treten Tornados sehr häufig auf. Tornados entstehen dann, wenn Luftmassen von sehr unterschiedlicher Temperatur und sehr unterschiedlichem Luftdruck aufeinandertreffen. Die Luft bewegt sich von der Warm- zur Kaltfront, wobei die entstehenden Winde um ein Zentrum zwischen den Luftmassen zirkulieren. Es bildet sich ein Trichter aus feuchter Luft, der wie ein Elefantenrüssel aus dunklen Wolken zur Erde hängt. Die Drehgeschwindigkeit der Winde des Trichter beträgt bis zu 400 km/h. Das untere Ende des Trichters kann einen Durchmesser von mehreren hundert Metern erreichen.

In Nordamerika tritt noch eine andere Art eines Wirbelsturms auf: der **Blizzard**. Dabei handelt es sich um eisige Schneestürme, die im Winter und Frühjahr kalte Luftmassen aus den polaren Gebieten über Kanada und die USA hinwegjagen.

Während Tornados über dem Festland entstehen, gibt es auch Wirbelstürme, die sich über den Meeren bilden wie z. B. die gefürchteten **Hurrikans**.

In Äquatornähe ist es so warm, dass riesige Mengen von Ozeanwasser verdunsten. Dieser Wasserdampf steigt sehr schnell auf – kilometerhohe Gewitterwolken entstehen. Die rasch aufsteigende Luft hinterlässt knapp über der Wasseroberfläche einen Unterdruck (= Tiefdruck). Dort hinein werden nun Luftmassen aus der weiteren Umgebung gesaugt. Diese steigen wiederum als Wasserdampf rasend schnell auf – bis zu 20 Kilometer hoch. Durch die Erddrehung wird das Zuströmen und Aufsteigen der feuchten Luft in eine spiralförmige Kreiselbewegung versetzt. Um das Zentrum, das „Auge", rotieren die Luftmassen. Beim Aufsteigen kühlt die Luft ab, der Wasserdampf ebenfalls – sintflutartige Wolkenbrüche sind die Folge. Viele dieser Wirbelstürme (im Bereich des Westpazifik nennt man sie

Taifune, im Bereich des Indischen Ozeans **Zyklone**, in Australien **Willy-Willies**) haben einen Durchmesser von 200 Kilometern. Würden sich diese Stürme nur über dem Meer austoben, wäre die Bedrohung nicht sehr groß. Die Wirbelstürme ziehen jedoch auf Küsten zu und bringen Tod und Verwüstung. Mit Geschwindigkeiten bis zu 300 km/h wirbeln sie Autos durch die Luft, knicken Bäume wie Strohhalme und machen Häuser dem Erdboden gleich.

Die Sturmflut, vom Hurrikan verursacht, spült Hafenanlagen weg, überschwemmt ganze Ortschaften und niedrig gelegene Gebiete. Die gewaltigen Wolkenbrüche richten die größten Schäden an: Bäche und Flüsse werden zu tosenden Strömen, die Brücken wegreißen und Erdrutsche auslösen. Schlammberge begraben unter sich, was sich ihnen in den Weg stellt.

Rechtzeitige Warnung?

Einen Schutz gegen diese Naturgewalt gibt es nicht. Es bleibt nur die Möglichkeit, die Bevölkerung rechtzeitig vor der drohenden Gefahr zu warnen. Wettersatelliten und Wetterstationen dienen diesem Zweck. Bereits von der Entstehung an wird jeder Wirbelsturm genau beobachtet. Satellitenfotos zeigen die typische Wolkenspirale noch weit über dem Meer, ständige Aufnahmen verfolgen die Zugbahn. Wetterflugzeuge fliegen in das Innere des Wirbelsturms und zeichnen mit ihren Messgeräten an Bord alle wichtigen Daten wie Windgeschwindigkeit und Niederschlagsmenge auf. Die Gefährlichkeit des Sturms kann so abgeschätzt werden, Warnungen über Rundfunk, Fernsehen und Zeitungen können rechtzeitig erfolgen.

1. Welche verschiedenen Arten von Wirbelstürmen gibt es?
2. Wie entstehen tropische Wirbelstürme?
3. Nenne drei wesentliche Zerstörungskräfte dieser Stürme und beschreibe die Schäden, die sie anrichten!
4. Warum verliert ein tropischer Wirbelsturm über dem Festland seine Kraft?
5. Gibt es einen Schutz gegen Wirbelstürme?
6. Gebiete mit häufiger Tätigkeit tropischer Wirbelstürme; sie bilden sich nicht über kalten Meeresströmungen. – Beschreibe den Weg der karibisch-amerikanischen Hurrikane: a) Welche Entfernungen legen sie zurück? – b) Welche Staaten oder Inseln bedrohen sie? – c) Sind einige dieser bedrohten Gebiete noch tornadogefährdet? – d) Welche Gefahr kommt zur Sturmgefahr hinzu?

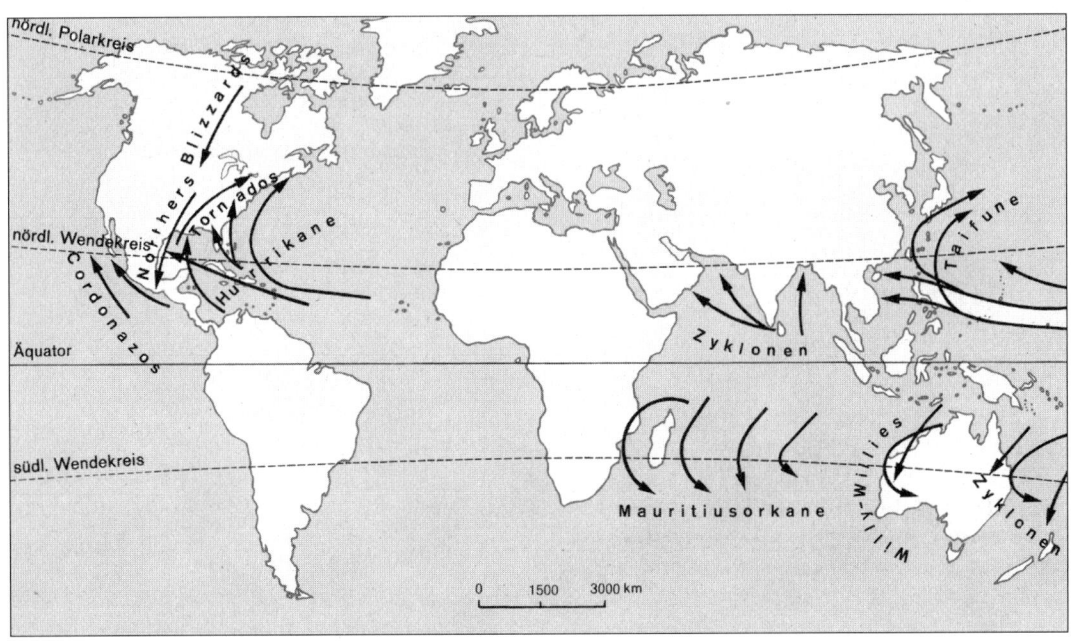

© Blutenburg-Verlag, München/Verlag Schöningh, Paderborn

Name:	Klasse: 7	Datum:	Geschichte Sozialkunde **Erdkunde**	Nr.:

Wirbelstürme – tödlicher Wind

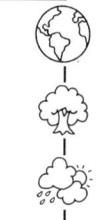

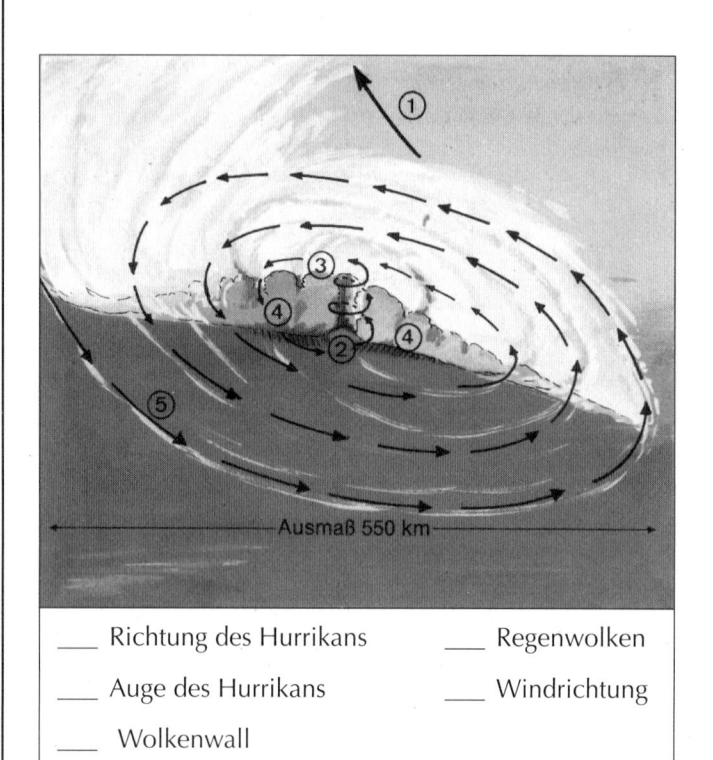

___ Richtung des Hurrikans   ___ Regenwolken
___ Auge des Hurrikans   ___ Windrichtung
___ Wolkenwall

Ordne den Begriffen die Zahlen der Grafik zu!

Entstehung: Tropische Wirbelstürme entstehen über dem ——————. Riesige Mengen Wasser ——————. Knapp über der Wasseroberfläche entsteht ein ——————, Luft wird angesaugt und steigt als —————— hoch. Durch die —————— entsteht eine Kreiselbewegung. Um das —————— rotieren die Luftmassen.

Auswirkungen: _____

Vorsorge-/Schutzmaßnahmen: _____

Vorhersage: _____

Dürre – ein vielschichtiges Problem

Immer größere Gebiete der Erde sind von Dürrekatastrophen bedroht. In diesen Gebieten ist es sehr heiß und es fallen wenig Niederschläge. In manchen Jahren regnet es gar nicht. Wenn mehrere solcher Jahre aufeinanderfolgen, ist es äußerst trocken, die Erde bekommt Risse und dörrt aus. Nichts wächst mehr – es herrscht Dürre. Derzeit leben 600 bis 700 Millionen Menschen in Gebieten, die von den Folgen einer solchen Katastrophe bedroht sind bzw. bereits darunter leiden.

Dürregebiete gibt es auf der ganzen Erde, ganz besonders leidet allerdings Afrika unter dieser Naturkatastrophe. Und innerhalb Afrikas ist vor allem die Sahel-Zone zu nennen, die unter den Auswirkungen der Dürre zu leiden hat.

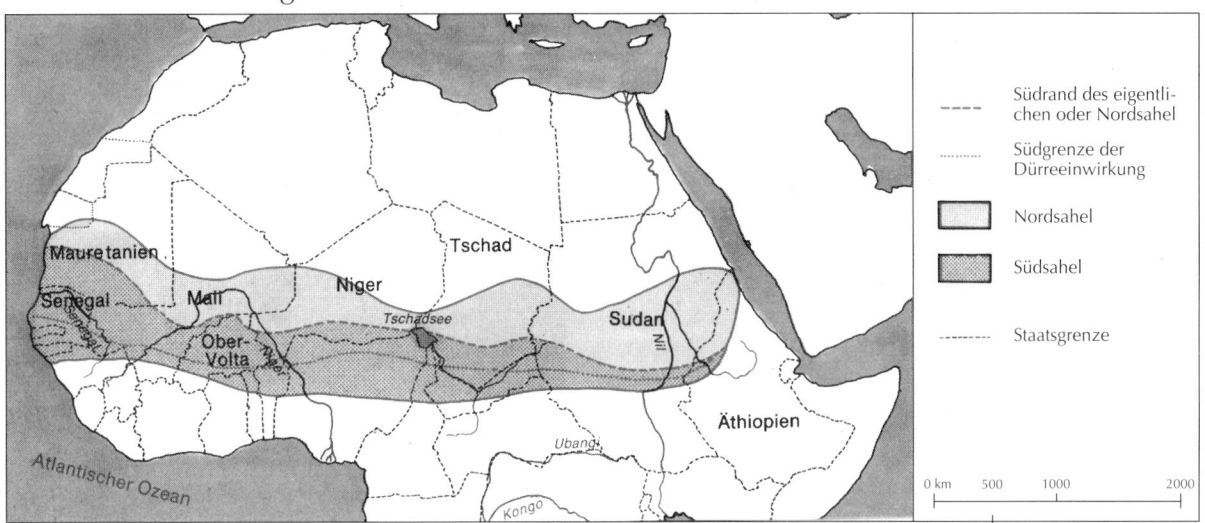

Gründe für die Katastrophe im Sahel

Wenn man den Gründen von einzelnen Dürrekatastrophen fragt, so trifft man auf ein weitaus vielschichtigeres Problem als bei anderen Naturkatastrophen. Während man z. B. das Zustandekommen eines Vulkanausbruchs ziemlich genau erklären kann, sind die Gründe für eine Dürrekatastrophe vielfältig. Hier sind nicht nur die klimatischen, sondern vor allem viele soziale und politische Gründe zu nennen.

Dürre durch extreme Bodennutzung

Um die wachsende Zahl von Menschen ernähren zu können, nutzen die Bauern das Ackerland intensiver. Brachzeiten, in denen sich früher der Boden erholen konnte, entfallen. Das Land wird so lange genutzt, bis es ausgelaugt ist; es wird dann aufgegeben.

Dürre durch Brandrodung

Durch das Abbrennen von Gras und Bäumen gewinnen die Bauern kurzfristig neue Anbauflächen. Die Asche bildet einen fruchtbaren Dünger. Langfristig dörrt jedoch der Boden aus und muss aufgegeben werden.

Die Wüstengebiete der Erde breiten sich – wie hier in der Sahelzone – immer weiter aus.

Dürre durch falsche Entwicklungshilfe – Überweidung

Mit Geldern der Entwicklungshilfe entstanden in der Sahel-Zone vielfach neue Brunnen, die Wasser für Menschen und Tiere bereitstellten. Die „Experten" hatten jedoch eine negative Auswirkung übersehen. Für die Bauern war dies der Anreiz, ihre Herden zu vergrößern. Diese Herden brauchten natürlich wesentlich mehr Futter, als das Land zu bieten hatte. Die Folge: Es kam zu einer Überweidung, das Land trocknete vollkommen aus. Die neuen Brunnen hatten das Gegenteil von dem bewirkt, was sie bewirken sollten.

Nach kurzem Regen trocknet der Wüstenboden rasch in der Sonne aus und zerspringt zu einem wirren Mosaik

Dürre durch Holzschlag

Die Sahelbewohner müssen Bäume und Sträucher schlagen, um ihren Bedarf an Brennholz zu decken. Eine Familie verbrennt für das Kochen wöchentlich einen mittelgroßen Baum. Für den Bau einer Wohnhütte sowie für die Einzäunung der Weideflächen werden ca. 150 Bäume benötigt. Nach dieser Rechnung schlagen die zwei Millionen Familien im Sahel jedes Jahr etwa zwei Milliarden Bäume und Sträucher.

Mit jedem Baum und Strauch verschwindet sein Schatten. Auf den kahlen Flächen steigen die Windgeschwindigkeiten, der fruchtbare Boden wird vom Wind weggetragen.

Weil mehr Holz verbraucht wird als nachwächst, wird selbst Kuhdung als Brennmaterial verwendet. Der steht dann nicht mehr als Dünger für die Felder zur Verfügung. Die Ackerböden laugen aus, die überweideten Felder veröden und die für die Tropen typischen heftigen Regenfälle schwemmen den letzten fruchtbaren Boden hinweg. Die Pflanzendecke kann sich nicht selbst neu bilden und das Land wird zur Wüste.

Folgen von Dürrekatastrophen

Die Folgen von Dürrekatastrophen: Hunderttausende Menschen, die Not leiden, Tausende, die den Hungertod sterben müssen – häufig Kinder.

Von immer größerer Bedeutung wird die Abwanderung der Menschen aus den von Dürre bedrohten Gegenden in Länder, die nicht von dieser Naturkatastrophe heimgesucht werden (Migration).

Vorsorgemaßnahmen

An Dürrekatastrophen ist häufig der Mensch schuld und nicht die Natur. Heißes Klima und fehlende Regenfälle sind weniger häufig die Auslöser, in der überwiegenden Zahl der Fälle ist der unsachgemäße Umgang des Menschen mit der Natur die Ursache. Wo sich Dürrekatastrophen ereignen werden, ist mittlerweile oft vorauszusehen. Vorsorgemaßnahmen müssen deshalb dort stattfinden, wo die Möglichkeiten gegeben sind zu helfen – bei den Industriestaaten in Form von vernünftiger Entwicklungshilfe.

Gleichzeitig muss auch die Anreicherung der Erdatmosphäre mit Treibgasen verringert werden, da infolge des Treibhauseffekts größere Dürren auftreten können. Dies ist aber nur zu schaffen, wenn alle Staaten der Welt helfen.

| Name: | Klasse: 7 | Datum: | Geschichte Sozialkunde **Erdkunde** | Nr.: |

Dürre – und kein Ende?

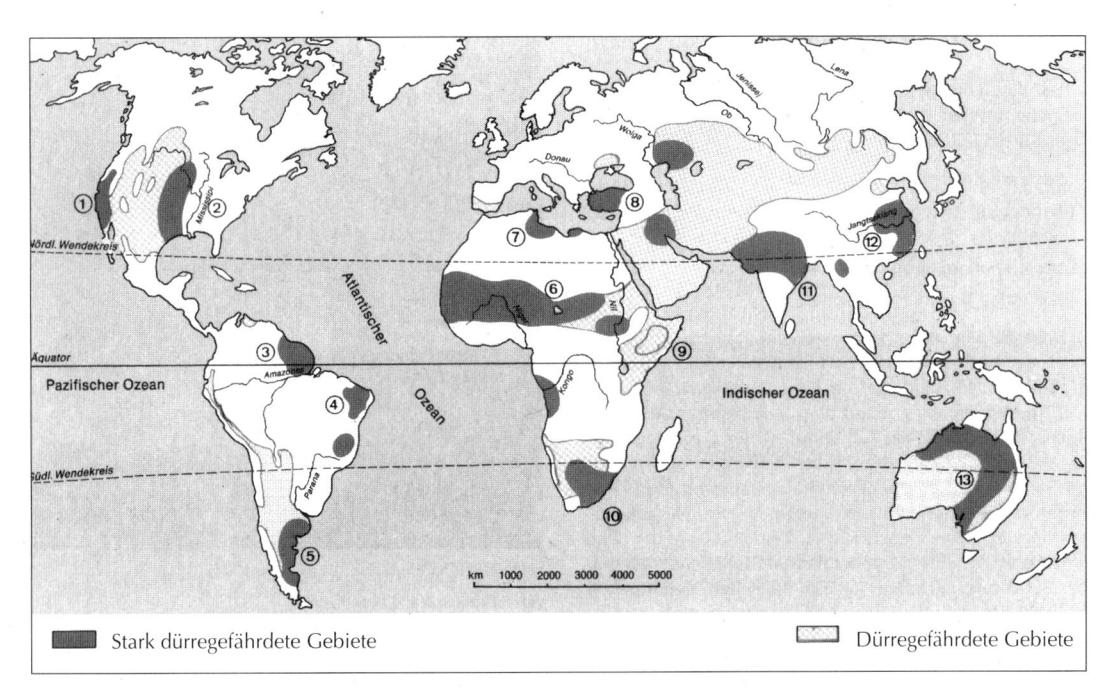

Dürregebiete der Erde

Entstehung: _____

Auswirkungen: _____

Vorsorge-/ Schutzmaßnahmen: _____

Vorhersage: _____

Lawinen – der weiße Tod

Lawinen sind die Ursache für annähernd 50 Prozent aller tödlichen Unfälle in den Alpen. 70% der von Lawinen getöteten Menschen sind Skifahrer.

Man unterscheidet zwischen zwei Arten von Lawinen: **Staublawinen** und **Feuchtschneelawinen**.

Staublawinen bestehen aus lockerem, pulverförmigen Schnee, der unter gewaltiger Staubentwicklung mit rasender Geschwindigkeit zu Tal stürzt, wobei die Druck- und Sogwirkung verheerende Schäden anrichtet. **Feuchtschneelawinen** bestehen aus nassem Schnee, die meist bei Tauwetter abgleiten. Tonnenschwerer feuchter Schnee begräbt alles unter sich, was sich ihm in den Weg stellt. Eine geringe Erschütterung, z. B. durch einen Skifahrer, genügt, um Lawinen in Bewegung zu setzen.

Es gibt verschiedene natürliche **Faktoren, die zum Abgang einer Lawine führen**. Starker Schneefall, Bildung von Schneewächten durch den Wind, eine starke Hangneigung sind mögliche Verursacher. Grundsätzlich bildet sich eine Lawine dann, wenn sich neu fallender Schnee mit der alten Schneedecke nicht verbinden kann und ins Rutschen kommt. Bei einer Staublawine ist der Abriss punktförmig, bei einer Feuchtschneelawine breit.

Um das **Entstehen von Lawinen** zu verhindern, werden Lawinenrechen und Lawinenzäune aufgestellt. Der beste Schutz ist jedoch ein vorhandener Bannwald.

Um gegen die **Folgen einer Lawine** geschützt zu sein, bedient man sich Tunnels, Galerien und Lawinenkeile. Mitunter wird auch ganz bewusst eine Lawine ausgelöst (z. B. durch Beschuss mit einem Minenwerfer), um einen kontrollierten Abgang auszulösen.

Schneebrettlawine

Gegen die Unvernunft von Skifahrern ist oftmals jedoch kein Kraut gewachsen. Sehr oft ist der „weiße Tod" der Preis für falschen Ehrgeiz, übertriebene Abenteuerlust oder Missachtung der Schilder, die davor warnen, die abgesteckte Skipiste zu verlassen. Jeder Skifahrer kann sich so gut wie möglich schützen, indem er die Informationen der Lawinenwarndienste beachtet (Meldungen in Zeitung, Radio, Rundfunk, Video-Text).

Die beiden Skizzen ermöglichen es dir zu erklären, wie eine vom Wind verursachte Lawine entsteht.

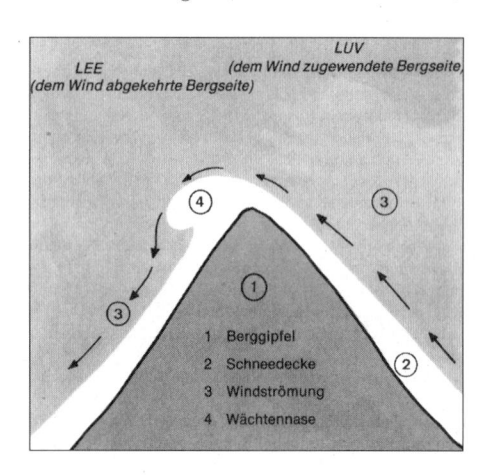

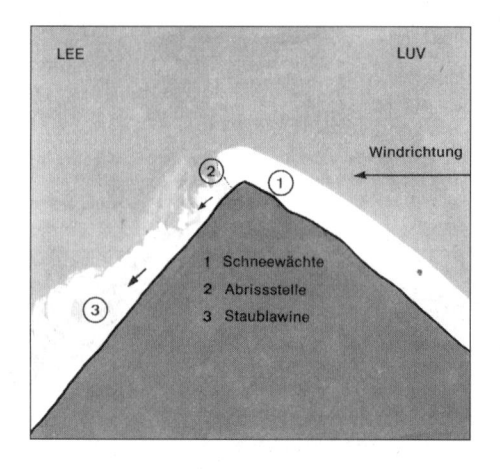

| Name: | Klasse: 7 | Datum: | Geschichte Sozialkunde **Erdkunde** | Nr.: |

Lawinen – der weiße Tod

Entstehung von Lawinen   *Schutz vor Lawinen*

Entstehung: Lawinen entstehen zumeist dann, wenn sich harter Altschnee und lockerer Neuschnee _____. Auslöser gibt es viele: _____.

Man unterscheidet zwischen _____ und _____.

Auswirkungen: Die Staublawinen entstehen aus einem _____ Abriss. Sie stürzen mit rasender Geschwindigkeit zu Tal; verheerend wirkt sich die _____ aus.

Feuchtschneelawinen entstehen aus einem _____ Abriss. Tonnenschwerer, _____ Schnee rutscht ab.

Vorsorge-/ Schutzmaßnahmen: _____

Vorhersage: _____

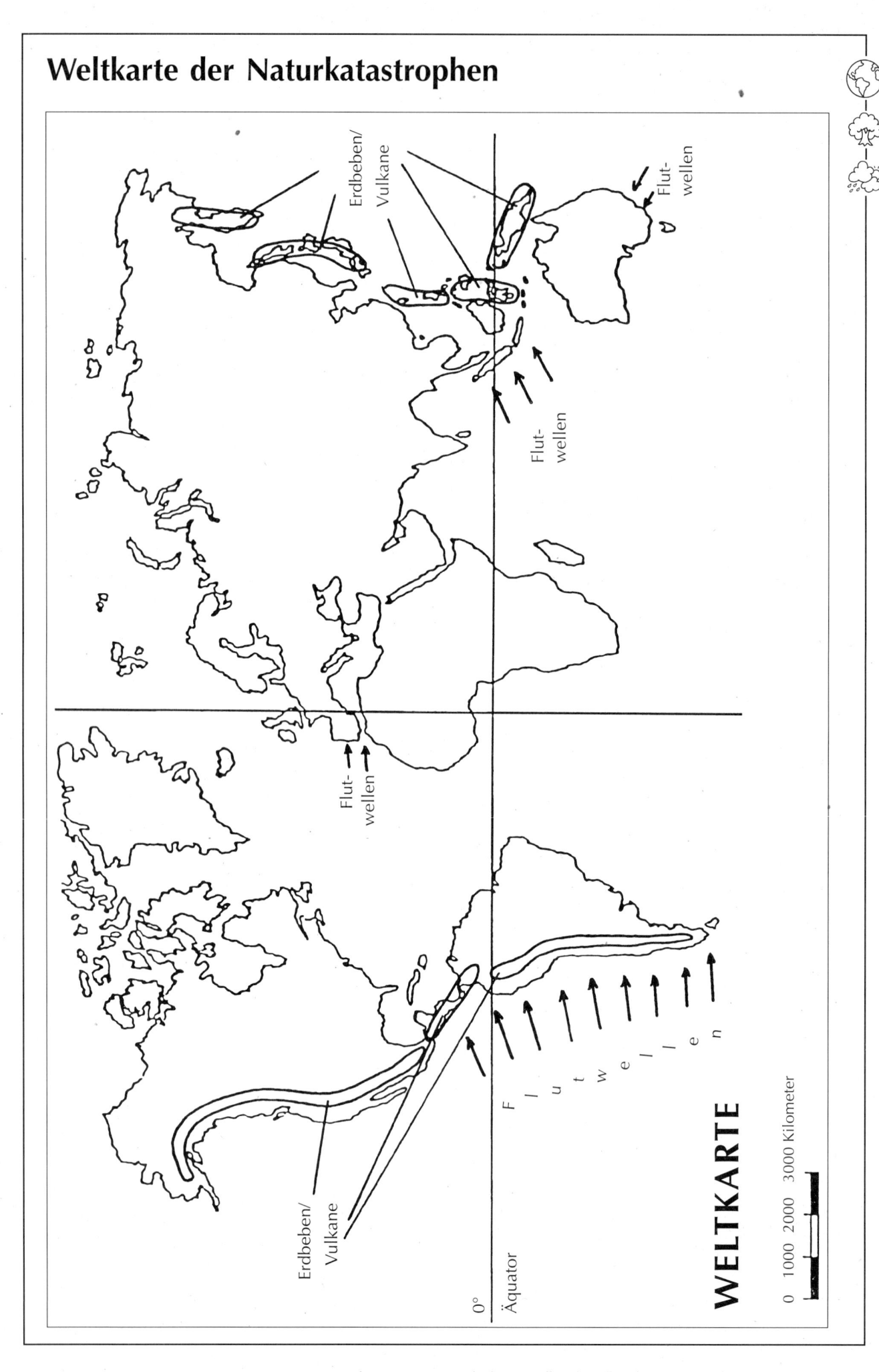

Weltkarte der Naturkatastrophen

WELTKARTE

0 1000 2000 3000 Kilometer

Erdbeben/Vulkane

Flutwellen

Äquator 0°

Naturkatastrophen 1996

Teurer Sturm: Der Hurrikan Fran richtete im Nordosten der USA Schäden in Höhe von umgerechnet 4,7 Mrd. DM an.   Bild: ap

Naturkatastrophen immer teurer

Münchener Rückversicherung: 1996 über 11 000 Tote und 90 Milliarden DM Schaden

München (dpa).
Weltweit sind in diesem Jahr bei Naturkatastrophen über 11 000 Menschen ums Leben gekommen und Schäden von rund 60 Mrd. Dollar (rund 93 Mrd. DM) entstanden. Glück für die Versicherer: Nur für etwa ein Siebtel müssen sie Entschädigungen zahlen.

Wie die Münchener Rückversicherungs-Gesellschaft AG berichtet, kletterte die Zahl der von dem Konzern registrierten größeren Schadenereignisse in diesem Jahr von 577 (1995) auf 600. Es wurden 200 schwere Stürme, 170 Überschwemmungen, 50 Erdbeben, 30 Vulkanausbrüche sowie 150 andere Ereignisse wie Waldbrände, Dürren, Hitze- und Kältewellen, Erdrutsche und Lawinen registriert. Bei Unternehmen wie der Münchener Rück versichern sich Versicherungen gegen derart große Schadensfälle.

Nur ein Bruchteil der Naturkatastrophen war allerdings versichert. Die weltweit zu zahlenden Entschädigungen beliefen sich auf neun Mrd. Dollar (knapp 14 Mrd. DM). Damit lagen die versicherten Schäden 1996 wie bereits in den Vorjahren deutlich unter dem bisherigen Spitzenwert von 1992 mit 24 Mrd. Dollar (rund 37,2 Mrd. DM).

Überschwemmung sucht China heim

Während 1994 und 1995 die Erdbebenkatastrophen von Kalifornien und Kobe in Japan für Aufsehen sorgten, stand 1996 eine Überschwemmung im Mittelpunkt der schweren Naturkatastrophen. Von Ende Juni bis Mitte August wurden in China große Gebiete entlang des Flusses Jangtse von der schwersten Überflutung seit 150 Jahren erfasst. Rund 2700 Menschen kamen in den Fluten oder bei den Erdrutschen ums Leben. Die sogenannten volkswirtschaftlichen Schäden dieser Überschwemmung werden auf über 20 Mrd. Dollar (rund 31 Mrd. DM) beziffert. Nur knapp 400 Mill. Dollar (rund 620 Mill. DM) waren durch Versicherungen gedeckt.

Schwerstes Sturmereignis war 1996 der Hurrikan „Fran", der den Nordosten der USA zwar nur abgeschwächt erfasste, aber noch Schäden von rund drei Mrd. Dollar (rund 4,7 Mrd. DM) anrichtete, von denen die Hälfte versichert waren. Die Schäden aus Erdbeben und Vulkanausbrüchen blieben zufallsbedingt deutlich hinter den langfristigen Durchschnittswerten zurück.

Im Vergleich zu den 60er Jahren werden derzeit fünfmal mehr Naturkatastrophen gezählt. Für die Volkswirtschaften entstehen inflationsbereinigt achtmal und für die Versicherungen 15-mal höhere Schäden. Ein Hauptgrund ist laut Münchener Rück die zunehmende Konzentration von Bevölkerung in immer mehr und größeren Städten, die häufig in Hochrisikozonen liegen. Zudem wirkten sich immer deutlicher die Veränderungen in Umwelt und Klima in vielen Regionen der Erde aus. Die Münchener Rück ist allerdings für einen „Jahrhundert-Orkan über Westeuropa" oder Erdbeben-Größtrisiken gewappnet.

Geringere Schäden als sonst verursachten 1996 Vulkanausbrüche (unser Bild zeigt den Mount Ruapehu auf Neuseeland).   Bild: ap

Schwer getroffen wurde China von verheerenden Überschwemmungen. Volkswirtschaftlicher Schaden: 31 Mrd. DM.   Bild: dpa

Katastrophenhilfe – Katastrophenschutz

Es war der schlimmste Wirbelsturm dieses Jahrhunderts, der sieben Stunden lang wütete und Bangladesch mit einer sieben Meter hohen Flutwelle heimsuchte. Die Windböen rasten mit 230 km/h über Städte, Menschen und Tiere. Eine Wüste der Zerstörung und des Wassers blieben zurück. In den Fluten trieben zertrümmerte Häuser, Hütten und Bäume, Leichen und Kadaver. Verzweifelt hatten viele Eltern versucht, ihre kleinen Kinder und Babys vor den herannahenden Wassermassen zu retten, indem sie die Kleinen an Stämmen und Ästen von Palmen und Mangroven festbanden. Doch die Sturmflut riss die Bäume mit den Kindern fort. Sie trieben auf der schier unendlichen braunen Brühe. Nur wo der Boden höher lag, gab es noch Überlebende.
Wahrscheinlich mehr als 140 000 Menschen wurden nach offiziellen Angaben Opfer der Flutwelle Ende April 1991 in Bangladesch.

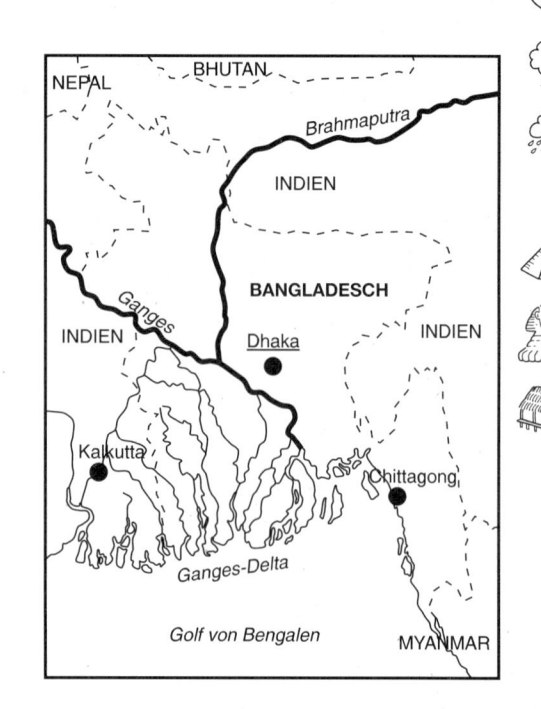

Wie sehen die **Hilfsmaßnahmen** aus, mit denen die Bundesrepublik Deutschland auf solche Katastrophen reagiert?

Zunächst werden Sofortmaßnahmen ergriffen. Dabei unterscheidet man die humanitäre Hilfe, die Flüchtlingshilfe und die Nahrungsmittelhilfe.

Welche **humanitäre Hilfe** leistet die Bundesrepublik?

Sie wird jeweils nach den dringendsten Bedürfnissen der betroffenen Bevölkerung ausgerichtet. Neben Nahrungsmitteln werden z. B. Decken, Zelte und Medikamente geliefert. Zuständig für diese Hilfeleistungen ist das Außenministerium.

Wie sieht die **Flüchtlingshilfe** aus?

Hier soll das Leid der Flüchtlinge gelindert werden. Die Bundesrepublik leistet ihren Beitrag dazu weitgehend im Rahmen der Aktivitäten des Hohen Flüchtlingskommissars (UNHCR) – einer Gruppierung innerhalb der Vereinten Nationen (UN). Konkret bedeutet dies: Die BRD zahlt – wie andere Länder auch – Millionenbeiträge in eine Kasse, aus der dann Gelder für Nothilfemaßnahmen zur Verfügung gestellt werden.

Und die **Nahrungsmittelhilfe**?

Ihr Ziel ist die Bekämpfung von Hungerkatastrophen. Sie wird teilweise vom Bundesministerium für wirtschaftliche Zusammenarbeit direkt über Privatorganisationen (wie z. B. das Rote Kreuz) gewährt. Der größte Teil der Hilfskosten erfolgt aber innerhalb der EG-Nahrungsmittelhilfe.

Sofortmaßnahmen		
hum. Hilfe	Flüchtlingshilfe	Nahrungshilfe

Probleme bei der Katastrophenhilfe und beim Katastrophenschutz

„Wie viele Tote gibt es, wie viele Verletzte? Was wurde zerstört? Wie sieht es mit dem Trinkwasser aus? Kann ein Flugzeug dort landen? Welche Medikamente sollen mitgeschickt werden? Wie viele Lebensmittel werden gebraucht?"

Das sind die ersten Fragen, die nach einer Katastrophe durch Hilfsorganisationen geklärt werden müssen. Dabei sind die modernen Kommunikationsmittel äußerst wichtig.

Die Möglichkeit, Informationen auszutauschen, oft über weite Strecken und Grenzen hinweg, ist meist ausschlaggebend für den Erfolg oder Misserfolg einer Hilfsaktion. Als die große Überschwemmung im April 1991 über Bangladesch hereinbrach, funktionierte tagelang gar nichts mehr. Die Regierung brauchte mehrere Tage, um die Organisation der Hilfsaktionen den Militärs zu übertragen. Zu den über zehn Millionen Menschen, die seit der Katastrophe kein Dach mehr über dem Kopf und weder zu trinken noch zu essen hatten, wurden in der ersten Woche 730 000 Brotfladen, 940 Zelte, 1000 Decken, 144 Tonnen Reis und ca. 1500 Tonnen Weizen gebracht. Für zehn Millionen Betroffene viel zu wenig. Den Verantwortlichen in der Politik von Bangladesch warf man vor, trotz vielfacher Versprechungen wiederum kaum Vorsorgemaßnahmen getroffen zu haben.

Nach Flutkatastrophen hatte die Regierung in Bangladesch jedesmal umfangreiche Hilfsversprechungen abgegeben. Flüsse sollten eingedämmt und die Küste mit einem System von Deichen gesichert werden. Aber immer kam das ehrgeizige Projekt nicht über Anfänge hinaus. Waren die Schrecken einer Sturmflutkatastrophe verblasst, schliefen auch die Sicherungsmaßnahmen ein.

Unter dem Eindruck der schrecklichen Flut von 1970 hatten internationale Experten ein gigantisches Wasserschutzprogramm entworfen. Gegen Zyklone wurden geräumige Betonbunker auf massiven Pfeilern gebaut, in denen sich die Bewohner rechtzeitig vor den Wassermassen zurückziehen sollten. Die Gebäude stehen auf drei bis vier Meter hohen Säulen. Das Wasser kann unter dem Gebäude ungehindert fließen und zerstört es somit nicht.

Betonbunker gegen die Fluten in Bangladesch

Für das Vieh waren sogenannte „Killas" vorgesehen, vier bis sieben Meter hohe Erdaufschüttungen. Von den vorgesehenen je 1479 Betonbunker und ebenso vielen Killas wurden mit ausländischer Hilfe und durch das Internationale Rote Kreuz 238 Bunker und 157 Killas gebaut. Dort, wo die Frühwarnsysteme funktionierten und die Menschen in die Bunker gehen konnten, bewährten sich die Vorsorgemaßnahmen. 300 000 Menschen überlebten dank dieser Notunterkünfte die schwere Sturmflut im April 1991. Aber zu oft versagte das aufgebaute Alarmsystem aus 25 000 Freiwilligen mit Funkgeräten und Transistorradios, die die Bevölkerung vor der Gefahr warnen sollten.

Flutabwehrsysteme kosten allerdings auch sehr viel Geld und nur wenige Länder können sich solche Investitionen leisten.

1. Welche Hilfsmaßnahmen müssen deiner Meinung nach in den ersten beiden Tagen (Soforthilfe), welche in der ersten Woche (kurzfristige Hilfe), welche in den nächsten Jahren (langfristige Hilfe) erfolgen?
2. Welche Probleme treten auf?

Literaturhinweise/Medien/zusätzliche Materialien/Projektvorschläge

Zu 1: „Europäisierung der Welt"

Literaturhinweise

Bayerische Landeszentrale f. polit. Bildungsarbeit, München (Hrsg.): Weltprobleme. Globale Herausforderungen an der Schwelle zum 21. Jahrhundert.

Bayerische Landeszentrale für politische Bildungsarbeit, München (Hrsg.): Hilfe für die Dritte Welt. Elementar E 9

Bildatlas special zu den einzelnen Ländern. Hamburg (= HB Verlag).

Bundeszentrale für politische Bildung, Bonn (Hrsg.): Informationen zur politischen Bildung. Heft 246: Internationale Beziehungen II – Frieden und Sicherheit in den 90er Jahren

Bundeszentrale für politische Bildung, Bonn (Hrsg.): Informationen zur politischen Bildung. Heft 226: Lateinamerika – Geschichte – Wirtschaft – Gesellschaft

Bundeszentrale für politische Bildung, Bonn (Hrsg.): Informationen zur politischen Bildung. Heft 244: Lateinamerika II – Politische Entwicklung seit 1945

Engelhard, Karl: Dritte Welt und Entwicklungspolitik im Wandel. Stuttgart (= OMNJA Verlag)

Fischer Weltalmanach. Frankfurt

GEO-Hefte zu den einzelnen Ländern

Harenberg Lexikon der Gegenwart. Dortmund

MERIAN Reiseführer der einzelnen Länder

Medien der Filmbildstelle in Bayern

Altperuanische Kulturen (Film-Nr. 10 00553)

An der Küste des Humboldtstromes (Film-Nr. 32 00592)

Auf den Spuren der Inkas (Film-Nr. 32 00496)

Bauern und Bischöfe (Film-Nr. 32 40363; 15 min.; Dokumentarfilm: Kirche in Lateinamerika)

Bauern von Fermathe (Film-Nr. 32 00614)

Bilder zur Kolonialgeschichte (Film-Nr. 10 02584)

Blickwechsel – Touristen in Mexiko (Film-Nr. 42 00311)

Chile (Film-Nr. 10 00626)

Der Tag der Kinder (Film-Nr. 42 00726; 30 min., Dokumentarfilm: Kinder in Lateinamerika)

Der Mensch erschließt den tropischen Regenwald (Kolumbien; Film-Nr. 10 02000)

Die Basisgemeinde von Tutoya (Film-Nr. 32 40362; 30 min., Dokumentarfilm: Basisgemeinde in Brasilien)

Die Echsen von Galapagos (Film-Nr. 32 00594)

Die Entdeckung Amerikas (Film-Nr. 10 00356)

Die Entdeckung Amerikas I (Film-Nr. 32 41203)

Die Entdeckung Amerikas II (Film-Nr. 32 41204)

Die Iten-Indianer in Ostbolivien (Film-Nr. 10 00654)

Die Spanier erobern Mexiko (Film-Nr. 32 02631)

Dom Helder Camara (Film-Nr. 32 40396; 30 min.; Dokumentarfilm: Lateinamerika, Soziale Gerechtigkeit)

Ecuador (Film-Nr. 10 00623)

Eine Brücke nach Peru (Nr. 20 03652; 20 Dias, 30 min.; Lebensbedingungen im peruanischen Hochland)

Entdeckungsreisen europäischer Seefahrer (Film-Nr. 32 00901)

Frauen am Rande von Sao Paulo (Film-Nr. 32 40730; 29 min.; Dokumentarfilm; Situation von Frauen und Kindern in den Armenviertel von Sao Paulo)

Hurrican (Film-Nr. 32 02495)

Im Hochland von Bolivien u. Peru (Film-Nr. 10 00625)

Im Land der Inka (Film-Nr. 32 03870)

Kaffeegewinnung in Mittelamerika (Film-Nr. 10 00500)

Kolonialzeit in Nigeria (Film-Nr. 10 02429)

Kolumbien – Beispiele eines südamerikanischen Entwicklungslandes (Film-Nr. 10 052)

Kolumbus entdeckt Amerika I (Film-Nr. 42 01433)

Kolumbus entdeckt Amerika II (Film-Nr. 42 01434)

Kuba (Film-Nr. 10 02826)

Mexiko I (Film-Nr. 10 40701)

Mexiko II (Film-Nr. 10 40702)

Panamakanal (Film-Nr. 10 07496)

Peruanisches Küstenland (Film-Nr. 10 00624)

Schüsse auf Santo Dias (Film-Nr. 32 40669); 30 min.; Dokumentarfilm: Brasilianischer Arbeiterführer wird von Polizist erschossen)

Spuren der Inka (Film-Nr. 10 04246)

Über die Anden (Ecuador; Film-Nr. 32 00759)

Zuckerrohr (Film-Nr. 10 00239)

Zu 2: „Klima"

Medien der Filmbildstelle in Bayern

In 80 Tagen um die Welt (u. a. Klima; Software: Auer Verlag GmbH)

Jagd auf Richard (Wetterkarte; Software für Geographie, Nürnberg)

Wetter für Windows (Software für Geographie, Nürnberg)

Projektvorschlag: Wetterbeobachtung (S. 225)

→ Beobachtungsaufträge (S. 226)

→ Beobachtungsblatt (S. 227)

→ Auswertung der Daten (S. 228)

→ Vergleich mit einer Wetterkarte (S. 229)

→ Vergleich mit einem Satellitenbild (S. 230)

→ Typische Wettersituation – Tiefdruckgebiet im Winter (S. 231)

→ Typische Wettersituation – Hochdruckgebiet im Sommer (S. 232)

→ Typische Wettersituation – Hochdruckgebiet im Winter (S. 233)

Projektvorschlag: Wetterbeobachtung

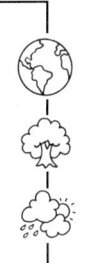

Beobachtungsaufträge

„Was soll das? Beobachtung des Wetters! Wo wir doch jeden Abend die Wetterkarte im Fernsehen haben!" So wird vielleicht mancher denken. Doch all die Leute, die uns jeden Tag den Wetterbericht liefern, saugen sich ihre Vorhersage nicht aus den Fingern. Der Wetterbericht basiert auf den Beobachtungen vieler Wetterwarten. Eine kleine Wetterwarte wollen wir uns einrichten.
Um das Wettergeschehen beobachten zu können, brauchen wir eine Reihe von Geräten:

– Thermometer
Mit ihm messen wir die Temperatur. Sie wird bei uns immer in Celsiusgraden angegeben (° C).

– Barometer
Mit ihm messen wir den Luftdruck. Der Druck wird in Hektopascal (hp) angegeben. Der durchschnittliche Druck beträgt etwa 1000 hp.

– Hygrometer
Mit ihm messen wir die Luftfeuchtigkeit. Bei 100% Luftfeuchtigkeit haben wir dichten Nebel; die Luft ist mit Wasserdampf gesättigt.

Diese Geräte sind oft in einer kleinen Heimwetterstation zusammengefasst. Wenn wir eine solche auftreiben können, hängen wir sie an die Nordseite unseres Schulhauses.

– Regenmesser
Dafür genügt z. B. ein Becherglas, wie es die Schule sicher in der Physiksammlung hat. Dieses Becherglas sollte möglichst frei, aber vor Umfallen oder Umstoßen gesichert, aufgestellt werden. Ferner brauchen wir noch ein kleines Lineal, mit dem wir die Höhe des Wasserstands im Becherglas ablesen können. Wenn ein Regenmesser nicht aufgestellt werden kann, sollte wenigstens die Art des Niederschlages (Regen, Schnee, Hagel, Schauer, Gewitter) aufgeschrieben werden.
Natürlich kann die Beobachtung noch erweitert werden. Wir können z. B. die Form der Wolken beobachten, ferner die Windrichtung und die Windstärke. Für die Feststellung der Windrichtung genügt eine einfache **Wetterfahne.**
Folglich ist auch der Beobachtungsbogen nur als Vorschlag gedacht, der beliebig erweitert werden kann.
Noch ein Wort zu den Beobachtungszeiten: Für eine Wetterstation des Wetterdienstes sind feste Ablesezeiten (z. B. 7 Uhr am Morgen) vorgesehen. Da wir unsere Messwerte nicht an ein Wetteramt weitergeben wollen, sondern selber das Wettergeschehen verfolgen, genügt es, wenn man am Morgen bei Schulbeginn (ca. 8 Uhr) und am Mittag, wenn die Tagestemperatur am höchsten ist (ca. 13 Uhr), abliest.

Beobachtungsaufträge

Trage in das Beobachtungsblatt folgende Daten ein:
1. Schreibe am Beginn der Beobachtung rechts unten in die entsprechenden Felder die Zahl des Monats (1 für Januar, 2 für Februar …) und das Jahr (z. B. 97)!
2. Streiche alle Felder durch, die du nicht brauchst! Wenn du z. B. am 13. anfängst zu beobachten, streiche alle Felder 1–12 durch!
3. Trage um 8 Uhr morgens ein:
   – Temperatur in °C
   – Niederschlag des Vortags in die Spalte des Vortags (wenn du am 13. misst, trage den Wert für den 12. ein). Leere das Gefäß aus!
   – Trage ein, wie viele Viertel des Himmels von Wolken bedeckt sind (z. B. ◯ für ¼ bedeckt)!
   – Trage den Luftdruck in hp ein (Wert in der Regel zwischen 980 und 1030)!
   – Lies die Luftfeuchtigkeit in % ab und trage sie ein!
4. Trage um 13 Uhr noch einmal die Temperatur in °C ein!
5. Ermittle am Monatsende
   – den Mittelwert der Temperatur um 8 Uhr
   – den Mittelwert der Temperatur um 13 Uhr
   – die Summe der Niederschläge (dafür steht das Zeichen Σ)!
6. Organisiert einen Dienst, der auch am Wochenende abliest.

| Name: | | | | | Klasse: 7 | Datum: | Geschichte Sozialkunde **Erdkunde** | Nr.: |

Beobachtungsblatt

Datum	1	2	3	4	5	6	7	8
Temperatur 8 Uhr								
Temperatur 13 Uhr								
Niederschlag								
Bewölkung	○	○	○	○	○	○	○	○
Luftdruck								
Luftfeuchtigkeit								
Datum	9	10	11	12	13	14	15	16
Temperatur 8 Uhr								
Temperatur 13 Uhr								
Niederschlag								
Bewölkung	○	○	○	○	○	○	○	○
Luftdruck								
Luftfeuchtigkeit								
Datum	17	18	19	20	21	22	23	24
Temperatur 8 Uhr								
Temperatur 13 Uhr								
Niederschlag								
Bewölkung	○	○	○	○	○	○	○	○
Luftdruck								
Luftfeuchtigkeit								
Datum	25	26	27	28	29	30	31	Mittel/ Σ
Temperatur 8 Uhr								
Temperatur 13 Uhr								
Niederschlag								
Bewölkung	○	○	○	○	○	○	○	*Monat:*
Luftdruck								*Jahr:*
Luftfeuchtigkeit								

Unterrichtssequenzen Geschichte/Sozialkunde/Erdkunde, © Auer Verlag GmbH, Donauwörth
Als Kopiervorlage freigegeben

| Name: | Klasse: 7 | Datum: | Geschichte Sozialkunde **Erdkunde** | Nr.: |

Auswertung der Daten

Wenn wir uns das Beobachtungsblatt ansehen, so haben wir nun eine Fülle von gemessenen Werten. Um uns einen Überblick zu verschaffen, übertragen wir die Werte in Kurven. Nimm Millimeterpapier und trage die Werte jeweils 2 mm voneinander entfernt ein. Ein Streifen für einen Monat ist dann 6,2 cm lang:

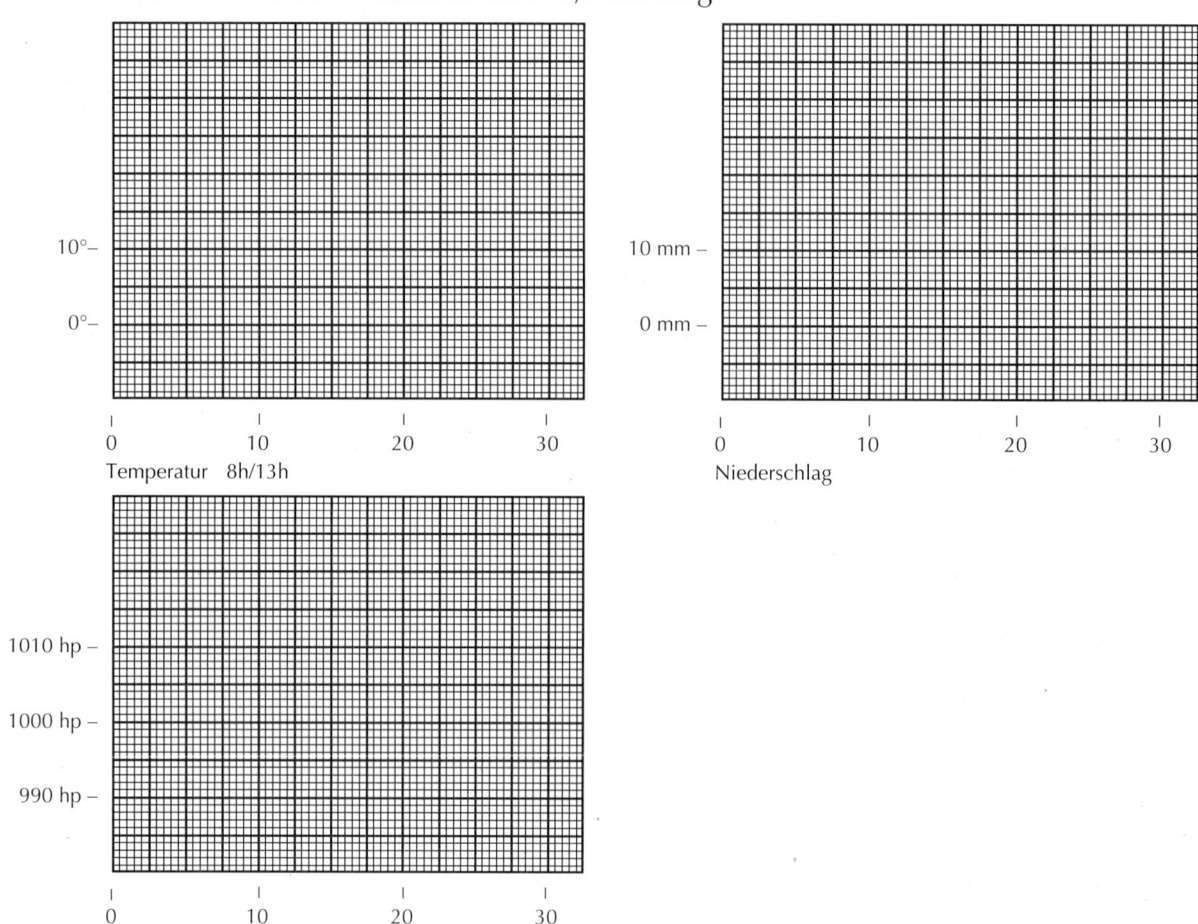

Temperatur 8h/13h

Niederschlag

Luftdruck + Luftfeuchtigkeit

Versuche folgende Fragen zu beantworten!

1. Wann regnet es? Wie verhält sich der Luftdruck bevor es regnet?

2. Wann haben wir keine oder nur wenig Wolken am Himmel? Wie hängt das vom Luftdruck ab?

3. Wie verändert sich die Luftfeuchtigkeit? Wovon hängt sie ab?

Name:	Klasse: 7	Datum:	Geschichte Sozialkunde **Erdkunde**	Nr.:

Vergleich mit einer Wetterkarte

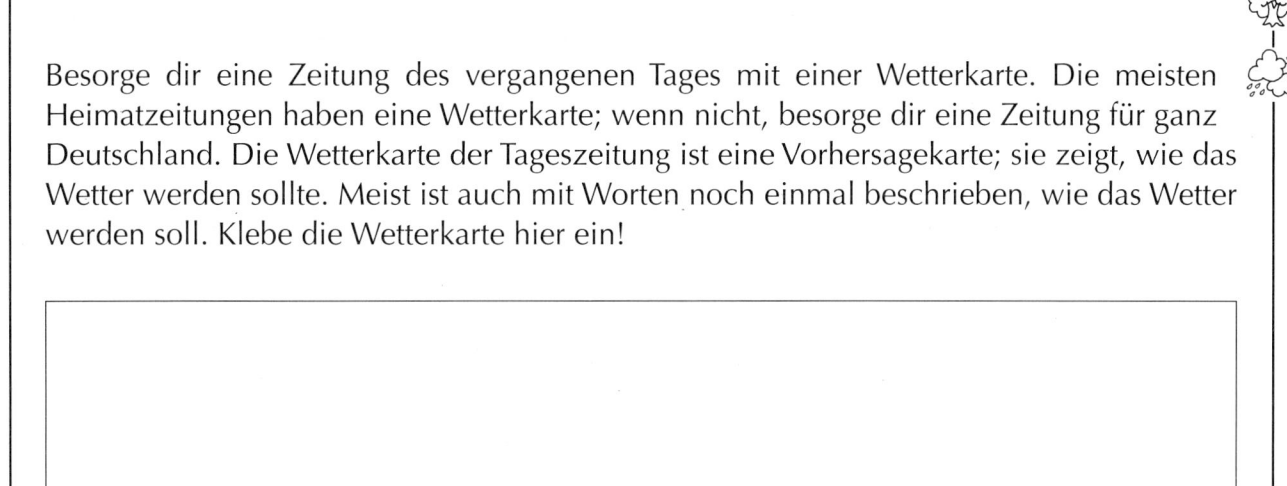

Besorge dir eine Zeitung des vergangenen Tages mit einer Wetterkarte. Die meisten Heimatzeitungen haben eine Wetterkarte; wenn nicht, besorge dir eine Zeitung für ganz Deutschland. Die Wetterkarte der Tageszeitung ist eine Vorhersagekarte; sie zeigt, wie das Wetter werden sollte. Meist ist auch mit Worten noch einmal beschrieben, wie das Wetter werden soll. Klebe die Wetterkarte hier ein!

Vergleiche nun:

	Wetterkarte	eigene Beobachtung
Temperatur für Mittag		
Niederschlag		
Luftdruck		
Bewölkung		

Was fällt dir auf?

Stimmen Vorhersage und das, was du beobachtet hast, überein?

Wenn Vorhersage und deine Beobtungen nicht übereinstimmen, kann auch die Vorhersage falsch gewesen sein.

Besorge dir auch vom Beobachtungstag eine Zeitung. Wie haben sich die Druckgebiete verändert? Ist ein Tiefdruckgebiet vielleicht anders gezogen, als es die Wettervorhersage gedacht hatte?
Sprecht in der Klasse und mit eurem Lehrer darüber!

| Name: | Klasse: 7 | Datum: | Geschichte Sozialkunde **Erdkunde** | Nr.: |

Vergleich mit einem Satellitenbild

In manchen Zeitungen findest du ein Satellitenbild des vergangenen Tages, das dir das Wetter zeigt. Schneide es aus und klebe es hier ein!

Vergleiche das Satellitenbild mit einer Vorhersagewetterkarte und mit deinen Beobachtungen!

Benütze die Fragen auf deinem Auswertungsbogen!

1. Wann regnet es? Welche Wolken kannst du auf dem Satellitenbild erkennen?

   _____
   _____
   _____

2. Wann haben wir keine oder nur wenig Wolken am Himmel? In welcher Weise hängt das vom Luftdruck ab?

   _____
   _____
   _____

3. Kannst du nun beschreiben, wie das Wetter am vergangenen Tag war? Versuche zu erklären, warum das Wetter so war!

   _____
   _____
   _____
   _____

Typische Wettersituation – Tiefdruckgebiet im Winter

Die Wetterkarte zeigt eine typische Situation, wie wir sie fast in jedem Jahr zu Weihnachten erleben: Alles freut sich auf „Weiße Weihnachten", doch wenige Tage vor Weihnachten beginnt es zu tauen. Die Temperaturen werden als sehr mild empfunden und gar nicht als zu Weihnachten passend.

Schuld daran ist das „Weihnachtstauwetter", das die Meteorologen als „Singularität" bezeichnen. Damit meinen sie ein Wettergeschehen, das zwar ungewöhnlich ist, aber dennoch regelmäßig wiederkehrt.

Schuld an dem Weihnachtstauwetter ist ein Tiefdruckgebiet, das genau vom Atlantik kommt und aus Südwesten warme Luft bringt.

Man sieht das Tauwetter schon an den Temperaturen: München meldet 1°, Regen und Wind aus Südwesten.

Paris hat Warmluftzufuhr. Dort ist das Thermometer bereits auf 6° geklettert.

An der Südspitze Irlands herrschen schon 8°.

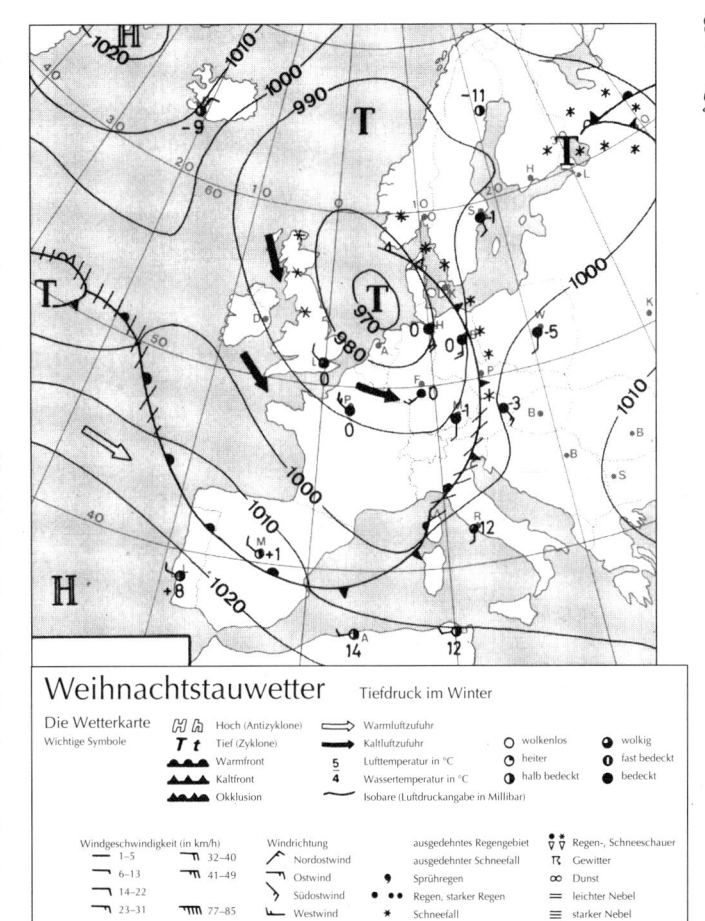

Wie wird das Wetter in den nächsten Tagen?
In Europa ziehen Tiefdruckgebiete in der Regel von West nach Ost. Das bedeutet für München, dass zunächst die Warmfront des Tiefdruckgebietes kommt. Zunächst regnet es ausgiebig, dabei steigt die Temperatur. Es sind 6° wie in Paris zu erwarten. Anschließend zieht die Kaltfront über München hinweg. Wenn der Kern des Tiefdruckgebiets über Moskau liegt, dann kommt kalte Luft aus Skandinavien zu uns. Dies bedeutet sinkende Temperaturen und Schnee. Während es während des Tauwetters oft auch nachts nicht gefriert, kommt mit der Kaltluft auch der Frost; das heißt meist auch glatte Straßen.

Typische Wettersituation – Hochdruckgebiet im Sommer

Am meisten freut uns eine Hochdrucksituation im Sommer. Dann lockt Badewetter. Unsere Wetterkarte zeigt diese Situation. Über Dänemark und Süddeutschland haben sich zwei Hochdruckgebiete gebildet. Achte auf die Isobaren, das sind die Linien gleichen Luftdrucks: Über Dänemark und Deutschland beträgt der Druck rund 1025 hp.

Die Temperaturen sind noch nicht sehr sommerlich. Immerhin sehen wir noch am rechten Rand der Wetterkarte ein Tiefdruckgebiet, das eben abzieht. Jetzt muss sich die Luft erst wieder richtig erwärmen.

Achte auf die Bewölkung! Im gesamten Einflussgebiet der Hochdruckgebiete ist es wolkenlos. Der hohe Luftdruck hat die vorhandene Luftfeuchtigkeit aufgenommen und damit die Wolken aufgelöst.

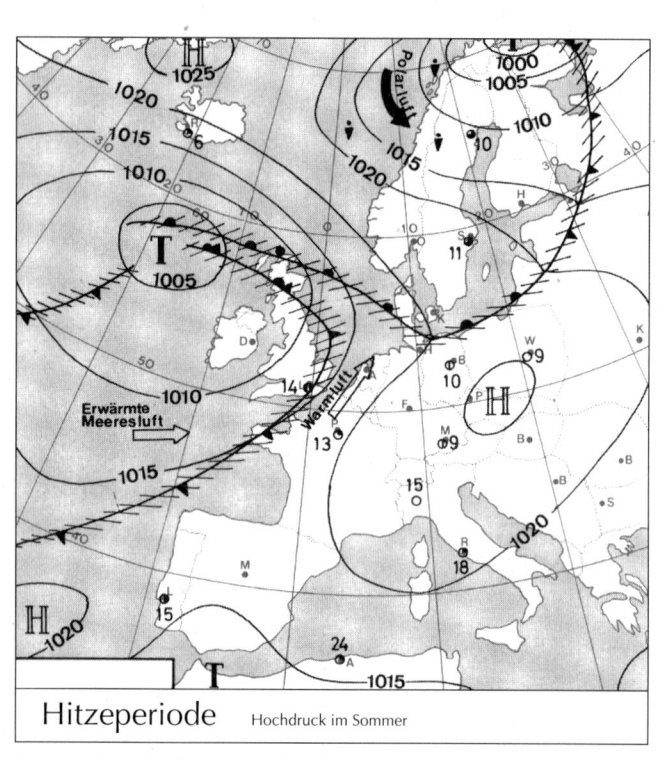

Legende → s. bei „Tiefdruckgebiet im Winter"

Achte auf die Windrichtungen! Man kann sehr schön sehen, wie der Wind von beiden Tiefdrucksystemen wegweht.

Wie wird das Wetter in den nächsten Tagen?
Auch bei so einer Wetterlage ist die Wettervorhersage schwierig. Im Westen liegt auf dem Atlantik zwar ein Tiefdruckgebiet, aber dieses Tiefdruckgebiet ist relativ schwach. In seinem Zentrum hat es noch 995 hp. Das ist nicht viel für ein Tief. Umgekehrt ist das Hoch mit 1025 hp recht gut entwickelt. Es ist also zu vermuten, dass das Tiefdruckgebiet auf dem Atlantik nicht vorankommt. Wenn es vorankommt, dann ist es allerdings mit dem Badewetter aus. Dann kommt der Regen, der jetzt die Westküste Irlands und Großbritanniens überzieht, nach Mitteleuropa.

Diese Wetterkarte zeigt, wie unterschiedlich der Sommer bei uns sein kann, und warum das so ist. Wenn sich von Spanien bis Deutschland eine stabile Hochdruck-Wetterlage ausbildet, dann ziehen die Tiefdruckgebiete oft im Norden an Deutschland vorbei. Uns erwartet ein Bilderbuchsommer. Bilden sich die Hochs jedoch nicht, zieht ein Tief nach dem anderen über uns hinweg. Dann kann man nur noch Koffer packen und in den Süden fahren!

Typische Wettersituation – Hochdruckgebiet im Winter

Der Winter in Mitteleuropa kann sehr kalt sein. Im Januar stellt sich oft eine Wetterlage ein, die man am besten mit dem Begriff „Sibirische Kälte" beschreibt. In der Tat kommt die Luft dazu aus Sibirien. Dort bildet sich fern des Atlantischen Ozeans ein Hochdruckgebiet aus, das im Lauf der Zeit immer kräftiger wird. Es bläht sich förmlich auf.

Wie man auf der Wetterkarte sehen kann, wehen die Winde vom Hoch zum Tief. Liegt das Hoch über Russland, das Tief aber über dem Atlantik, so weht ein eisiger Wind aus Osten.

Die Temperaturen zeigen es: München meldet –7°, in Berlin sind es –6°. Je weiter man nach Osten kommt, desto kälter wird es. In Moskau sind es schon 12° unter Null!

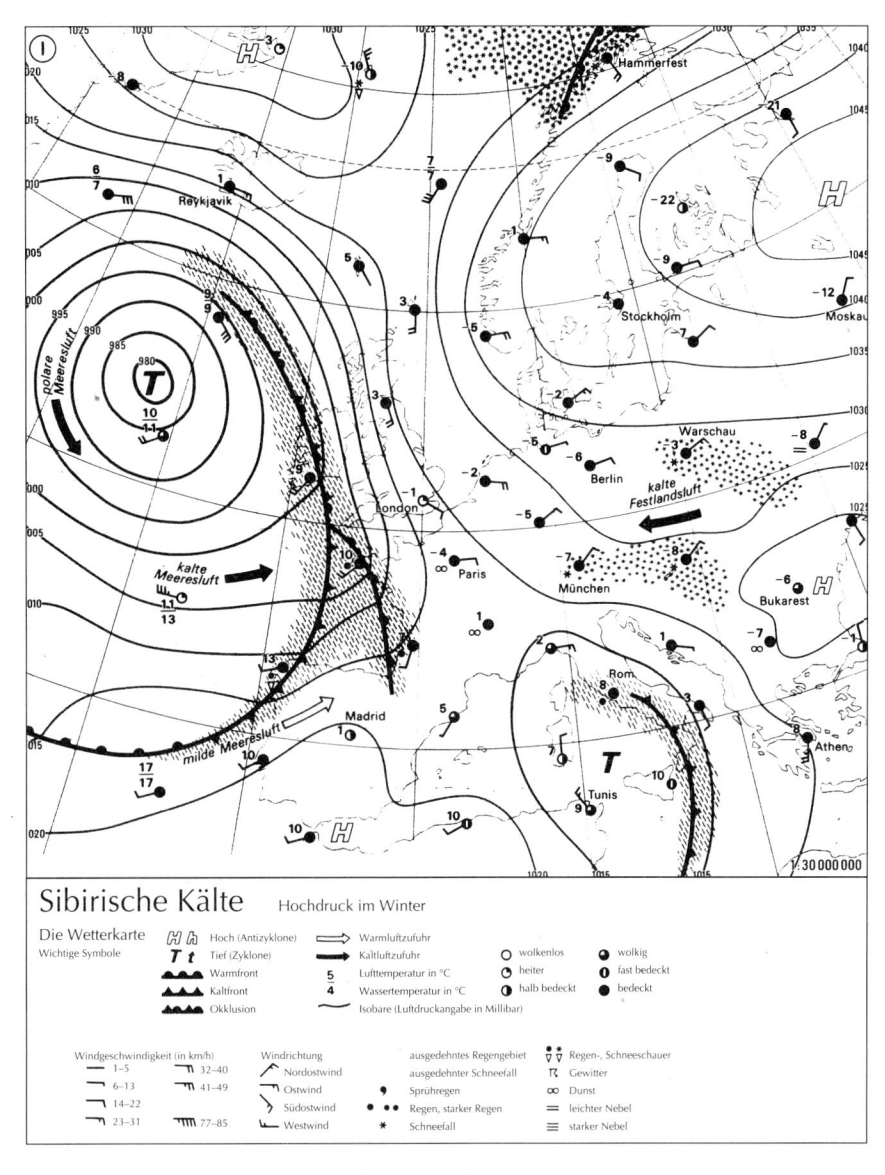

Achte auf Finnland! Dort herrschen –22°. Aber auch bei uns werden bei dieser Wetterlage so tiefe Temperaturen erreicht. Die Wetterkarte zeigt die Tagestemperaturen an. Nachts sinken die Temperaturen dann auch bei uns oft auf 20° bis 30° unter Null.

Wie wird das Wetter in den nächsten Tagen?
Bei dieser Wetterlage ist die Wettervorhersage schwierig. Im Westen liegt über dem Atlantik zwar ein mächtiges Tiefdruckgebiet. Aber sibirische Kältehochs haben oft ein zähes Leben. Dann kommt das Tiefdruckgebiet auf dem Atlantik nicht voran. Wenn es vorankommt, ist die Zugrichtung des Tiefdruckgebiets wichtig. Zieht es mehr nach Südosten, kommt kalte Luft aus Island und Skandinavien zu uns. Zieht es eher nach Nordosten, kann es wieder durch einen Südwestwind zu Tauwetter kommen. Achte auf die warme Luft über Madrid! Sie würde uns Tauwetter bringen.

Zu 3: „Alte Menschen"

Literaturhinweise

Beauvoir, Simone de: Das Alter. Hamburg (= Rohwolt), 1972

Dobrick, Barbara: Immer Probleme mit den Eltern. Stuttgart (= Kreuz Verlag), 1991

Hüttenbrink, Jost: Fragen zur Sozialhilfe. München (= DTV), 1995

Hug, Heiner: Die Alten kommen. Zürich (= Orell Füssli Verlag), 1992

Kübler-Ross, Elisabeth: Reif werden zum Tode. Stuttgart (= Kreuz Verlag), 1990

Vilar, Esther: alt. München (= Herbig Verlag), 1982

Medien der Filmbildstelle in Bayern
(Aus: Welt im Film, Landesfilmdienst Bayern 97/98):

Altenpflege – mehr als ein Job
   (Film-Nr. 70 18498; 15 min.; VHS)
Alter geht uns alle an!
   (Film-Nr. 70 16504; 36 min.; VHS)
Alt sein ist eine herrliche Sache
   (Film-Nr. 60 01829; 16 min.; 16 mm)
Alt und jung gemeinsam
   (Film-Nr. 70 16503; 33 min.; VHS)
Das Altern – Alterserscheinungen
   (Film-Nr. 70 96562; 29 min.; VHS)
Das Altern – Alterserscheinungen
   (Film-Nr. 60 96080; 29 min.; 16 mm)
Das dritte Alter (Film-Nr. 60 01568; 16 min.; 16 mm)
Der Besuch des Sohnes
   (Film-Nr. 60 18328; 15 min.; 16 mm)
Ein müdes Lächeln
   (Film-Nr. 61 15256; 47 min.; 16 mm)
Rentenreform '92 (Film-Nr. 70 13408; 25 min.; VHS)
Sechzig Jahre ist kein Alter
   (Film-Nr. 60 01606; 15 min.; 16 mm)
Seniorenbüro – ein Modellprogramm
   (Film-Nr. 70 16008; 28 min.; VHS)
Sicheres Alterseinkommen?
   (Film-Nr. 81 52210; Diskette)
Soziale Sicherung – Thema: Altersvorsorge
   (Film-Nr. 70 52211; 15 min.; VHS)
Wir helfen uns selbst! (Film-Nr. 70 16501; 31 min.)

Projektvorschlag: Erinnerungen alter Menschen
→ Bildmaterial (S. 235–239)

Erinnerungen alter Menschen (1)

(Dieses Lernziel sollte bevorzugt innerhalb eines Projekts erarbeitet werden. Der Besuch älterer Menschen in einem Seniorenheim oder das Einladen mit Bewirten von alten Menschen in die Schule könnte dafür den Rahmen bilden, der unter Zugrundelegen von Bildern oder geschichtlicher Ereignisse der Heimatgemeinde Gesprächsanlass sein könnte.)

Fragen an ältere Menschen

1. Familie, Freunde:
   – Wie haben sich die Eltern um ihre Kinder gekümmert?
   – Wie viele Geschwister hatten Sie?
   – Waren beide Eltern berufstätig?
   – Wohnten auch die Großeltern innerhalb der Familie?
   – Hatten alle ihr eigenes Zimmer? Wie groß war die Wohnung? Welche durchschnittliche Wohngröße hatte eine Familie zur Verfügung?
   – Mussten Sie in der Familie mitarbeiten?
   – Wie war die Stellung der Geschwister innerhalb der Familie? Gab es Unterschiede?
   – Gab es Familienfeiern (Geburtstage, andere Feste)? Wie wurden sie begangen?
   – Wie wurden die Bräuche bzw. religiösen Feste begangen (Weihnachten, Ostern)?
   – Welchen Stellenwert hatte der Kirchgang? Wurde auf religiöse Erziehung geachtet?
   – Gab es Urlaubsfahrten?
   – Welche Freizeitmöglichkeiten gab es?

2. Schule, Beruf:
   – Wie viele Pflichtschuljahre gab es?
   – Gab es auch Nachmittagsunterricht? An wie vielen Wochentagen war Unterricht?
   – Wie lange dauerte eine Schulstunde? Welche Schulfächer wurden unterrichtet?
   – Gab es besonders wichtige Fächer?
   – Wie viele Schüler besuchten eine Klasse?
   – Wurden alle Schüler (Schülerinnen) eines Jahrgangs von der gleichen Lehrkraft unterrichtet?
   – Gab es Unterschiede zwischen katholischen und evangelischen Schülern in Hinblick auf den Unterricht?
   – Welche Bedeutung hatten die Ferien?
   – Gab es Strafmaßnahmen bei Verfehlungen innerhalb der Schule? Welche?
   – Wie lang war der Schulweg? Welche Beförderungsmöglichkeiten gab es?
   – Gingen viele Schüler auf weiterführende Schulen?
   – Welche Möglichkeiten einer weiterführenden Schulbildung gab es?
   – Wie war die Berufsausbildung? Wie lange dauerte die Lehrzeit?
   – Gab es eine Berufsschulpflicht?
   – Wie hoch war die Ausbildungsvergütung?
   – Bekam jeder eine Lehrstelle? Wie sah es mit der Beschäftigung nach der Lehre aus?

3. Fragen zur geschichtlichen Entwicklung (z. B. ab 1930–1960): siehe Bilder (S. 235–239)!

Erinnerungen alter Menschen (2)

Die Großfamilie

Der Alltag

Arbeitslosigkeit 1930

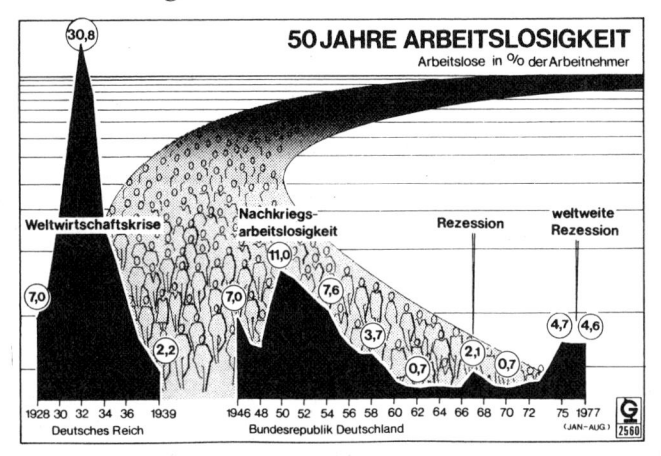

50 JAHRE ARBEITSLOSIGKEIT
Arbeitslose in % der Arbeitnehmer

30,8 — Weltwirtschaftskrise
7,0
2,2
7,0 — Nachkriegsarbeitslosigkeit
11,0
7,6
0,7
3,7
2,1 — Rezession
0,7
4,7
4,6 — weltweite Rezession

1928 30 32 34 36 1939 | 1946 48 50 52 54 56 58 60 62 64 66 68 70 72 75 1977
Deutsches Reich | Bundesrepublik Deutschland (JAN-AUG)

Die Situation der Arbeitslosen von heute unterscheidet sich, so bedrückend das Schicksal der Erwerbslosigkeit für den einzelnen ist, ganz entscheidend von dem Massenelend der Weltwirtschaftskrise in den dreißiger Jahren.

Erinnerungen alter Menschen (3)

Der Zweite Weltkrieg

Heimat – Front – Rassismus

Vom Heilig-Kreuz-Turm sah man auf das zerstörte Donauwörth …

Tote an der Front

Gewalt gegen jüdische Gettobewohner in Warschau 1943

Besetzung und Wiederaufbau

Die Alliierten besetzen Deutschland. Hier Einmarsch britischer Truppen in Bremen.

Der Wiederaufbau beginnt mit der Beseitigung der Trümmer. Diese Arbeit musste vor allem von Frauen geleistet werden, den Trümmerfrauen. Allein in Berlin waren es 50 000.

Die ersten Heimkehrer

Erinnerungen alter Menschen (4)

Hamsterfahrten, Schwarzmarkt, „Markenzeit", Berlinblockade, Carepakete

Schwarzmarkt in Berlin

„Hamsterfahrt"

Tagesration eines „Normalverbrauchers" im Sommer 1947

CARE ist die Abkürzung für Cooperative for American Remittances to Europe (etwa = Vereinigung für amerikanische Hilfssendungen nach Europa), zugleich bedeutet das Wort „für jemanden sorgen"

Erinnerungen alter Menschen (5)

Die Währungsreform

Währungsreform

Die Währungsreform, angekündigt am 18. Juni und am Sonntag, den 20. Juni 1948 in Kraft gesetzt, entpuppte sich, neben der Beendigung der Inflation im Jahre 1923, als die tiefgreifendste und umfassendste Finanzoperation in der deutschen Geschichte. Lange zuvor geplant, hatte ihre letzte Phase am 20. April 1948 begonnen:

An diesem Tag fuhr frühmorgens von Frankfurt aus ein Omnibus mit etwa 25 Personen besetzt nach Norden ab. Niemand der Insassen konnte nach außen sehen. Die Fenster waren mit Milchglasscheiben und Vorhängen versehen. Keiner wusste den Weg. Der Omnibus durchfuhr Kassel, bog dann in einen Flughafen ein, der von den Amerikanern belegt war. Etwas abseits dieses Flughafens stand ein Gebäude, doppelt mit Stacheldraht umgeben und von den amerikanischen Soldaten bewacht. Dort wurden die Insassen des Omnibusses ausgeladen. Es waren deutsche Sachverständige, die das von den Alliierten fertig gestellte Währungsgesetz in die endgültige Form bringen sollten. Unter ihnen sollte man sich einige Namen merken, sie behielten auch für die folgende Zeit ihre Bedeutung: Pferdmenges, Blücher, Alex Möller, Pfleiderer.

Die Arbeiten geschahen unter strenger Geheimhaltung. Die Insassen des „Käfigs" durften nicht einmal mit den Arbeitern des Flughafens in Berührung kommen. Allein in den Abendstunden war ihnen erlaubt, einen Spaziergang in alliierter Begleitung zu unternehmen.

Sieben Wochen arbeiteten sie so dahin. Dann wurden sie entlassen, nachdem sie sich schriftlich dazu verpflichtet hatten, niemandem etwas von ihrer Arbeit zu sagen. Auch sie wussten nicht, auf wann der Zeitpunkt der von ihnen soeben mitgeplanten Reform festgesetzt werden würde.

Mitte Juni 1948 tauchte in Frankfurt ein Kommando britischer und französischer Soldaten auf. Wenig später fuhren zwei schwer bewachte Güterzüge mit den neuen Banknoten in die britische Zone. Die Verteilung in der amerikanischen und französischen Zone geschah durch Lastkraftwagen. Am 19. Juni 1948 wurde der Währungsschnitt bekannt gegeben. Jedermann bekam vorerst 40 Mark des neuen Geldes, die Banknoten behielten nur 6,5 Prozent ihres Wertes.

aus: Paul Noack, Die deutsche Nachkriegszeit, Günter Olzog Verlag, München 1973.

Erinnerungen alter Menschen (6)

Das Wirtschaftswunder

Das Gesicht der D-Mark

Flucht und Mauerbau

Seit 1953 wurden Jahr für Jahr zwischen 500 000 und 600 000 Wohnungen fertig gestellt, insgesamt waren es von 1949 bis 1966 über 9 Millionen Wohnungen. Damit waren nicht nur die im Krieg zerstörten 3 Millionen Wohnungen ersetzt, sondern auch Wohnraum für die vielen Millionen Vertriebenen und Flüchtlinge sowie für den Bedarf einer durch natürlichen Zuwachs steigenden Bevölkerung geschaffen worden. Schon 1963 gab es 30 Wohnungen pro 100 Einwohner gegenüber 27 im Jahre 1939.

Die Flucht aus der DDR erreicht im Juli 1961 ihren Höhepunkt; 30 000 Flüchtlinge werden in diesem Monat im Notaufnahmelager Berlin-Marienfelde registriert.

Am 13. August 1961 ergreift die DDR rigorose Absperrungsmaßnahmen, um die Flucht nach West-Berlin zu verhindern.

Zu 4: „Das konfessionelle Zeitalter"

Medien der Filmbildstelle in Bayern

Bauern und Grundherr (Film-Nr. 32 04025; 13 min.)
Bauernkrieg 1525: Die Bauern werden geschlagen
  (Film-Nr. 32 04185; 15 min.)
Bauernkrieg 1525: Episoden aus dem Bauernkrieg
  (Film-Nr. 32 04184; 15 min.)
Der Bauer stund auf im Lande
  (Film-Nr. 32 04043; 17 min.)
Der Beginn der Reformation in Wittenberg
  (Film-Nr. 42 01382; 15 min.)
Der Dreißigjährige Krieg – I. Religion als Frage der
  Politik (Film-Nr. 32 04620; 16 min.)
Der Dreißigjährige Krieg – II. Der Krieg weitet sich aus
  (Film-Nr. 32 04621; 16 min.)
Der Dreißigjährige Krieg – III. Sieger und Besiegte
  (Film-Nr. 32 04622; 16 min.)
Der Reformator – Luther wandelt seine Zeit
  (Film-Nr. 32 04241; 19 min.)
Die Wartburg (Film-Nr. 10 00871)
Kampf um den Glauben 1521–1555
  (Film-Nr. 42 04965; 30 min.)
Martin Luther (Film-Nr. 10 00567)
Martin Luther – Wendepunkte seines Lebens
  (Film-Nr. 32 04240; 17 min.)
Martin Luther auf der Wartburg (Film-Nr. 42 01383)

Zu 5: „Absolutismus"

Literaturhinweise

Ashley: Das Zeitalter des Absolutismus. Heyne Verlag
Baer: Votivtafelgeschichten. Rosenheimer Verlag
dtv-Atlas zur Baukunst, Band 2
Haus der bayerischen Geschichte: Hefte zur bayerischen Geschichte: Die Dientzenhofer
Ebd.: Dörfliche Gesellschaft
Hubensteiner: Vom Geist des Barock. Süddeutscher Verlag
Hütte: Max Emanuel der Blaue Kurfürst. Süddeutscher Verlag
Landesamt für Denkmalpflege: Monumente bayerischer Geschichte
Leoprechting: Bayernbrauch und Volksglaube in Oberbayern. Süddeutscher Verlag
Spindler: Handbuch der Bayerischen Geschichte. C. H. Beck-Verlag

Medien der Filmbildstelle in Bayern

Barock 1 (Film-Nr. 10 01318)
Barock 2 (Film-Nr. 10 01319)
Barock 3 (Film-Nr. 10 01320)
Barock 1 (Architektur; Film-Nr. 10 65143)
Barock 2 (Plastik und Malerei; Film-Nr. 10 65144)
Barockbaumeister (Dientzenhofer; Film-Nr. 10 03071)
Der Staat bin Ich (Film-Nr. 32 04383)
Ein Fachwerkhaus (Film-Nr. 32 03185)

Ex Voto (Film-Nr. 10 65193)
Nymphenburg (Film-Nr. 10 65290)
Wieskirche (Film-Nr. 10 03157)
Würzburger Residenz (Film-Nr. 10 06107)

Zu 6: „Die Französische Revolution und ihre Folgen"

Literaturhinweise

AG zur Förderung der wirtschaftlichen und sozialen Bildung e. V.: Frauen und Männer sind gleichberechtigt; Bonn, 1996
Bayrische Staatskanzlei: Hefte zur Bayrischen Geschichte und Kultur, Bd. 9, München, 1990
Bayrischer Landtag: Die historische Entwicklung des Bayrischen Parlaments, München, 1986
Bundeszentrale für politische Bildung, Bonn (Hrsg.): Informationen zur politischen Bildung Heft 163, 1975
Bundeszentrale für politische Bildung, Bonn (Hrsg.): Informationen zur politischen Bildung Heft 210, 1986
Bundeszentrale für politische Bildung, Bonn (Hrsg.): Informationen zur politischen Bildung Heft 252, 1996
Bundeszentrale für politische Bildung, Bonn (Hrsg.): Informationen zur politischen Bildung Heft 239, 1993
Bundeszentrale für politische Bildung, Bonn: Zeitlupe Heft 32, 1995
Höfer, Frank, BLZ: Lebendige Bayerische Verfassung. A 89, München, 1990

Organisationen und Stiftungen

Anne-Frank-Stiftung, Amsterdam 1993 und 1989; Broschüren
Comboni-Missionare, Obere Karolinenstr. 7; 96049 Bamberg
Gesellschaft für bedrohte Völker; 37010 Göttingen
Internationale Gesellschaft für Menschenrechte; 60011 Frankfurt/Main
UNHCR, Der Hohe Flüchtlingskommissar der Vereinten Nationen; Bonn
Unicef, Kinderhilfswerk der Vereinten Nationen; 50969 Köln
terre des hommes, Hilfe für Kinder in Not; 49031 Osnabrück

Projektvorschlag: Kinderrechte

→ Kinder haben Rechte – überall! (S. 241)
→ Wie kann ich mich für die Menschenrechte einsetzen? (S. 242)

Projektvorschlag: Menschenrechte während des Nationalsozialismus in Deutschland

→ Menschenrechte werden außer Kraft gesetzt (1933; S. 243)
→ Verfolgung unschuldiger Menschen – Beispiel: Anne Frank (S. 244)
→ 27. Januar: Gedenktag für die Opfer des NS-Regimes (mit möglichen Projektergebnissen; S. 245/246)
→ Menschenrechte – auch für Ausländer! (S. 247)

Kinder haben Rechte – überall!

Jedes Kind der Welt hat danach zum Beispiel:

Denn die Kinderrechte der UN-Kinderrechtskonvention gibt es nicht nur in Deutschland und in Kolumbien, sondern in fast allen Ländern dieser Erde! Sie gelten für alle Menschen unter 18 Jahren – also von den kleinen Babies bis zu den Jugendlichen. Und ganz egal, wie das einzelne Kind aussieht, ob es ein Junge ist oder ein Mädchen, welche Sprache es spricht, welchem Volk und welcher Religion es angehört, wer seine Eltern sind und ob diese reich sind oder arm sind: diese Rechte gelten für alle Kinder gleichermaßen!

In der UN-Kinderrechtskonvention stehen insgesamt 54 wichtige Artikel, die die Rechte des Kindes genau festlegen.

das Recht auf Leben – denn jedes Kind muss vor Krieg und Hungersnöten und Armut geschützt werden,

das Recht auf den Schutz seiner Familie – denn die Familie ist für jedes Kind sehr wichtig, und kein Kind darf einfach so von ihr getrennt werden,

das Recht auf Versorgung mit Essen und Trinken, Wohnung und Kleidung – denn kein Kind soll hungern oder frieren müssen,

das Recht auf Schutz vor Misshandlung, Drogen, ausbeuterischer Kinderarbeit und sexueller Gewalt – denn kein Kind darf körperlich oder seelisch verletzt werden,

das Recht auf Hilfe bei körperlichen und seelischen Verletzungen – denn wenn ihm doch Unrecht geschehen ist, dann soll jedes Kind Unterstützung bekommen,

das Recht auf Schule und Ausbildung – denn jedes Kind soll etwas lernen können,

das Recht auf Spiel und Freizeit – denn jedes Kind soll auch machen können, wozu es Lust hat,

das Recht informiert zu sein, eine eigene Meinung zu haben und diese auch sagen zu dürfen – denn die Ansichten eines jeden Kindes müssen ernst genommen werden; erst recht, wenn etwas die Meinung vieler Kinder ist. Und deshalb gibt es nicht zuletzt auch:

das Recht, sich zusammenzuschließen.

Dazu ist es zunächst wichtig, dass alle Menschen wissen, welche Rechte ihr eigentlich habt. Denn nur so kann man feststellen, welches Unrecht einem Kind widerfahren ist. Und wenn ein Unrecht erst erkannt ist, dann kann und muss man gemeinsam etwas dagegen unternehmen!

Auch ihr dürft also Vereine und Clubs gründen und dann zum Beispiel gemeinsam für eure Rechte eintreten. Das wäre ganz schön wichtig! Denn obwohl Kinder auf der ganzen Welt Rechte haben, gibt es noch viel zu viel Unrecht an Kindern. Und du kannst helfen, das zu ändern!

Unterstreiche im Text die Rechte, die jedem Kind zustehen!

Wie kann ich mich für die Menschenrechte einsetzen?

Aktion: Schülersolidarität

Schülerinnen und Schüler übernehmen Projektpartnerschaften

„Wir finden es schlimm, wie die Kinder in der Dritten Welt leben. Drum wollen wir helfen. Aber wie?" So schreibt die kleine Julie aus der 3. Klasse einer Alfelder Grundschule. „Es tut uns sehr Leid, dass es den Kinder so schlecht geht und dass sie sogar stehlen müssen. Wir möchten ihnen gerne helfen. Sagen Sie uns bitte, wie wir das machen können." So schreibt eine 3. Klasse aus Unna.
Solche Fragen von Schülerinnen und Schülern erreichen **terre des hommes** immer wieder. Sie brachten die Kinderhilfsorganisation schließlich auf die Idee, eine „Aktion: Schülersolidarität" durchzuführen. Einige Schülerinnen und Schüler, Klassen oder ganze Schulen können eine Projektpartnerschaft übernehmen. Sie spenden regelmäßig (oder auch einmalig) für einen bestimmten Projektbereich in einem bestimmten Land ihrer Wahl. Sie erhalten dann Informationen darüber, wie sich Menschen dort gegen ihre Armut, Ausbeutung und Unterdrückung zur Wehr setzen und aktiv werden.
Um Schülerinnen und Schülern die Entscheidung für einen der zahlreichen Projektbereiche zu erleichtern, hat terre des hommes einige ausgewählt, die auf einem Handzettel „Aktion: Schülersolidarität" besonders vorgeschlagen werden. Dabei handelt es sich um arbeitende Kinder in Peru, um drogenabhängige Kinder in Chile, um arbeitende Mädchen in El Salvador, um Bildung zur Erhaltung der Umwelt und um Hilfe für Kinder im Krieg auf den Philippinen, um Straßenkinder in Mosambik, um eine Kinderzeitung gegen die Apartheid in Südafrika, um arbeitende Kinder und ein Kinderschutzzentrum in Indien.
Manche Klassen haben bereits Ideen, wie sie Geld für diese Projekte zusammenbekommen können. Nachdem zum Beispiel Schülerinnen und Schüler einer 4. Klasse aus Meschede im Unterricht vom Leben ihrer Altersgenossen in der Dritten Welt erfahren hatten, begannen sie gleich zu überlegen, was sie tun könnten:
„Wir wollten beim nächsten Elternsprechtag den Eltern Kaffee und Kuchen anbieten und selbst gebackene Plätzchen, kleine Hexenhäuschen und gebastelte Sterne verkaufen. Alle Kinder halfen eifrig mit. Die Sache wurde ein großer Erfolg."
Auf eine andere Idee kamen Schülerinnen und Schüler einer 5. Klasse aus Bietenhausen:
„Unsere Klasse druckte Weihnachtskarten und verkaufte sie auf unserer Weihnachtsfeier auf einem kleinen Stand, wo wir auch mit Bildern und Plakaten über die Dritte Welt informierten … Es war ein toller Erfolg. Wir brachten insgesamt viel mehr Geld zusammen, als wir erwartet hatten."
Wer bei der Aktion mitmachen möchte, kann von terre des hommes, Postfach 4126, 49031 Osnabrück, den Handzettel „Aktion: Schülersolidarität" anfordern.

Liebe „Connie",

wir haben im Januar in „Ayudame! Teresa" von dem Projekt „Cresciendos Unidos" erfahren und gedacht, dass wir da etwas helfen könnten. So sind wir in Gruppen losgezogen, haben an den Türen geklingelt und die Leute um Unterstützung gebeten: viele haben es toll gefunden, dass wir etwas tun wollten – andere aber leider auch wieder nicht. Nachdem wir uns andere Möglichkeiten überlegt hatten, um zu Geld zu kommen, verkauften wir in unserer Schule, dem Imanuel Kant Gymnasium, in der großen Pause Kuchen, Bücher und Comics. Jetzt haben wir unsere Aktionen für dieses Schuljahr beendet und senden dir/euch einen Verrechnungsscheck über 2200,– DM. Bitte könnt ihr uns mitteilen, wie ihr das Geld verwenden werdet, da wir denken, dass es auch noch andere Gruppen und Projekte gibt, die dringend unterstützt werden müssen!

Tschüss, deine/eure 5b

Eine sechste Klasse schreibt an den Kanzler

Obwohl die Bundesrepublik schon vor geraumer Zeit die UN-Kinderrechtskonvention unterzeichnet hat, erfüllt sie nicht alle Bedingungen. So werden sie beispielsweise für unbegleitete minderjährige Flüchtlingskinder nicht angewandt, obwohl man sie laut Konvention schützen und ihnen Hilfe geben soll. Gegen diesen Missstand ruft jetzt terre des hommes mit einer Postkartenaktion auf. Die Schülerinnen und Schüler der sechsten Klasse der Theodor-Heuß-Schule beteiligten sich daran und mahnten den Bundeskanzler: „Bitte setzen Sie sich dafür ein, dass sich das ändert". Auszug aus Rothenburger Rundschau vom 26. 5. 96

Wie könntet ihr euch für Menschenrechte einsetzen? Schreibt eure Vorschläge in Stichpunkten auf. – Auch kleine Projekte sind wichtig: „Lieber eine Kerze entzünden, als über die Dunkelheit klagen."

_____
_____
_____

Menschenrechte werden außer Kraft gesetzt (1933)

Die Aufgabe der Gestapo (Geheime Staatspolizei) bestand in der Unterdrückung jeglichen Widerstands gegen das nationalsozialistische Regime. Sie setzte sich sehr bald über alle rechtsstaatlichen Normen hinweg und überging ungestraft dabei sogar Gerichtsbeschlüsse.
Wer sich der totalen Vereinnahmung durch den Staat in irgendeiner Weise entzog oder gar Widerstand leistete, galt als staatsgefährdender „Volksschädling" und war damit rechtlos. Die Gestapo konnte zu jeder Tages- und Nachtzeit auftauchen und jeden Bürger ohne Angabe von Gründen auf unbestimmte Zeit mitnehmen. Solche willkürlichen Verhaftungen hießen „Schutzhaft". Die Menschen verschwanden in Sondergefängnissen und Kellern der Gestapo. Dort wurden sie misshandelt, denn die Gestapo schreckte bei ihren Verhören weder vor Folter noch vor Mord zurück.
Das weit verzweigte Spitzelsystem der Gestapo sorgte einerseits dafür, dass die Polizei immer gut informiert war, andererseits wurde ein Zusammenschluss von Gegnern des Dritten Reiches damit erschwert.

Frühjahr 1933: Politische Gegner werden verhaftet und in Konzentrationslager gebracht.

Welche Menschenrechte wurden mit der willkürlichen Verhaftung (1933–1945) von Männern, Frauen und Kindern missachtet?

_____

_____

_____

_____

_____

Konzentrationslager

Durch die Verhaftungswellen nach der Machtübernahme waren die staatlichen Gefängnisse bald überfüllt. Die SA errichtete deshalb ab 1933 überall in Deutschland sogenannte „Konzentrationslager (KZ)" für Schutzhäftlinge. 1936 übernahm die SS die Lager. Die Nazis begründeten die Einweisungen ins KZ damit, dass diese der „öffentlichen Sicherheit" dienen würden. Die Existenz der KZ wurde vor der Öffentlichkeit nicht verheimlicht; im Gegenteil, die KZ dienten zur Abschreckung. Nur das Ausmaß der Grausamkeiten, die in den Lagern herrschte, sollte verborgen bleiben. So wurden u. a. 6 Millionen Juden ermordet.
Zu Beginn wurden vor allem die politischen Gegner des Nationalsozialismus in die KZ gesperrt. Bald aber weitete sich der Kreis der Verhafteten aus:
– Menschen, die aus religiösen Gründen den Nationalsozialismus ablehnten, bzw. Anhänger einer anderen Religion (Juden)
– Künstler und Schriftsteller, deren Arbeit als „das Volksempfinden zersetzend" beurteilt wurde
– sogenannte „Asoziale" (Menschen, die nicht in das Bild des „ordentlichen Deutschen" passten)
– nach Kriegsbeginn auch viele Kriegsgefangene.
Vom Augenblick ihrer Einweisung an waren die Häftlinge einem systematischen Terror ausgesetzt, der sie körperlich und seelisch zermürben sollte. Statt ihres Namens trugen die Häftlinge Nummern. Jeder noch so kleine Verstoß gegen die Lagervorschriften wurde mit schwersten körperlichen Strafen bis hin zur Todesstrafe geahndet.
Am 22. März 1933 wurde in Dachau das erste Konzentrationslager auf deutschem Boden errichtet. Im Laufe des Zweiten Weltkrieges wurden in Polen die größten Vernichtungslager in Betrieb genommen: Auschwitz, Treblinka, Majdanek, in denen die KZ-Insassen systematisch ermordet wurden.

Verfolgung unschuldiger Menschen – Beispiel: Anne Frank

1933, als Hitler an die Macht kam, war Anne gerade vier Jahre alt. Sie wohnte mit ihren Eltern Otto und Edith Frank und ihrer drei Jahre älteren Schwester Margot in Frankfurt a. M. Bevor Hitler an die Macht kam, hatte er angekündigt, dass für Juden in Deutschland kein Platz mehr sein werde. Viele Menschen schätzten die Lage nicht ernst genug ein; denn wie sollte man auch damit rechnen, dass ganze Bevölkerungsgruppen ermordet werden würden. Otto Frank flüchtete schon 1933 nach Amsterdam. Die Familie Frank fand im Süden Amsterdams, am Merwedeplein, eine Wohnung. An der Prinsengracht 263 eröffnete Herr Frank einen Betrieb. Während die Judenverfolgung in Deutschland schlimmer wurde, gingen Margot und Anne in Amsterdam zur Schule. Es war für sie eine schöne Zeit. Das veränderte sich nach dem Einfall deutscher Truppen in die Niederlande am 10. Mai 1940. Viele Flüchtlinge hatten gehofft in den Niederlanden sicher zu sein. Nun befanden sie sich wieder in Gefahr. Hunderte brachten sich aus Angst um. Zwar sagten die Besatzer, dass die niederländischen Juden keine Angst zu haben bräuchten, aber wer konnte darauf vertrauen? Wie sich bald herausstellte, wurden auch die niederländischen Juden verfolgt und ermordet. Herr Frank versuchte noch, nach England zu fliehen, jedoch ohne Erfolg.

Das Leben Anne Franks

- 12. Juni 1929: Anne wird in Frankfurt am Main als Tochter jüdischer Eltern geboren.
- 1933: Flucht der Franks vor den Nationalsozialisten nach Amsterdam, Holland.
- 1941: Die Nazis besetzen Holland.
- Juli 1942: Flucht der Franks ins Hinterhaus. 25 Monate lang leben sie im Versteck.
- 4. August 1944: Staatssicherheit und Grüne Polizei entdecken die „Untergetauchten", die offensichtlich verraten wurden.
- März 1945: Anne Frank stirbt im Konzentrationslager Bergen-Belsen an Typhus.

Untertauchen

Annes Vater, Otto Frank, glaubt, dass es nur noch schlimmer kommen wird. Darum plant er, mit der ganzen Familie unterzutauchen. Anne schreibt am 5. Juli 1942: „Als wir vor ein paar Tagen um unseren Platz spazierten, fing Vater an, über das Untertauchen zu sprechen. Er meinte, dass es sehr schwer für uns sein wird, ganz und gar abgeschnitten von der Welt zu leben." Noch am selben Tag ist es soweit. Margot (Annes Schwester) erhält einen Aufruf, sich zur Arbeit in einem Lager in Deutschland zu melden. Die Familie beschließt, dass Margot nicht geht. Am nächsten Morgen taucht die Familie Frank unter und versteckt sich in dem Hinterhaus an der Prinsengracht 263. Das Hinterhaus gehört zu dem Gebäude, in dem sich Otto Franks Firma befindet.

Befreiung?

Je länger sie in ihrem Versteck sind, desto schwerer fällt es ihnen, den Mut nicht zu verlieren. „An einem Tag lachen wir über das Komische an unserer Untertauchsituation, aber am nächsten Tag, an viel mehr Tagen, haben wir Angst, und man kann die Spannung und die Verzweiflung auf unseren Gesichtern lesen." (26. Mai 1944) Nachdem sie sich schon fast zwei Jahre im Hinterhaus versteckt haben, kommen gute Nachrichten. Die Alliierten sind in Frankreich gelandet, um die Deutschen zu vertreiben. Anne Frank schreibt: „Das Hinterhaus ist in Aufruhr. Sollte denn nun wirklich die lang ersehnte Befreiung nahen, die Befreiung, über die so viel gesprochen wurde, die aber zu schön, zu märchenhaft ist, um je wirklich werden zu können?" (6. Juni 1944) Alle rechnen damit, dass der Krieg in einigen Monaten zu Ende ist. Aber es geht nicht so schnell wie gehofft. Für die Untergetauchten im Hinterhaus kommt die Befreiung zu spät. Am 4. August 1944 dringt die deutsche Polizei in das Hinterhaus ein. Die Untergetauchten sind verraten worden.

Annes Tagebuch

Am Nachmittag nach der Verhaftung geht Miep, eine der Helferinnen, nach oben ins Hinterhaus. In dem Chaos dort findet sie Annes Aufzeichnungen, darunter das Tagebuch. „Ich bewahre alles bis Anne zurückkommt", sagt sie zu Elli, der anderen Helferin, und schließt die Dinge in ihrem Schreibtisch ein.
Aber Anne kommt nicht zurück. Nach dem Krieg gibt Miep alle Aufzeichnungen Otto Frank, dem einzigen Überlebenden aus dem Hinterhaus.
1947 wird das Tagebuch unter dem Titel „Das Hinterhaus" veröffentlicht. Mittlerweile ist es in mehr als 56 Sprachen übersetzt worden, Menschen auf der ganzen Welt lesen es.
1986 erscheint eine komplette Ausgabe des Tagebuchs. Da steht wortwörtlich alles drin, was Anne in ihrem Versteck geschrieben hat. Anne hatte nämlich im Mai 1944 im englischen Radio gehört, dass Tagebücher aus der Besatzungszeit nach dem Krieg veröffentlicht werden sollten. Daraufhin begann sie alles, was sie bis dahin verfasst hatte, zu überarbeiten, um es später einmal selber herausgeben zu können. Annes Traum, dass ihr Tagebuch veröffentlicht wird, wurde Wirklichkeit.

---

1. Dieses Blatt informiert dich über das Leben der Anne Frank.
2. Lies Ausschnitte aus dem Tagebuch der Anne Frank!
3. Der Videofilm „Liebe Kitty" (A. Frank Stiftung) informiert dich weiter!

27. Januar: Gedenktag für die Opfer des NS-Regimes

Der 27. Januar wird als Gedenktag für die NS-Opfer begangen. Es ist der Tag, an dem 1945 das Konzentrationslager Auschwitz befreit wurde. Erst der Einsatz von Computern ermöglicht es jetzt, einer Biographie der Opfer näher zu kommen.

Fanatische Bürokraten des Grauens
Die massenhaften SS-Akten über Auschwitz-Opfer sollen zu einer Datenbank werden

1. Gegen wen richtete sich der Naziterror?

   _____
   _____
   _____

2. Erstelle ein Plakat, mit dem der 27. Januar als Gedenktag an die Naziopfer bewusst gemacht wird!

Im Zweiten Weltkrieg sind Millionen Menschen umgekommen. In den Konzentrationslagern, durch Kriegsgewalt, durch Hunger und Krankheiten. „So etwas darf nie wieder geschehen", sagen die Menschen nach dem Krieg. Damit es sich nicht wiederholen kann, müssen die einzelnen Länder zusammenarbeiten und Vereinbarungen treffen. Zu diesem Zweck wird 1945 eine Organisation gegründet: die Vereinten Nationen. Fast alle Länder der Erde werden Mitglied. Drei Jahre später unterzeichnen sie „Die Allgemeine Erklärung der Menschenrechte". In diese Deklaration werden dreißig wichtige Rechte aufgenommen, die für jeden Menschen gelten. Für jeden, ob er nun schwarz oder weiß ist, Christ oder Moslem, Mann oder Frau und und und. Denn der eine Mensch ist nicht mehr wert als der andere. Diese Rechte sollen jedem ein „menschenwürdiges" Dasein ermöglichen. Wenn alle Rechte eingehalten werden, können die Menschen in Freiheit leben. Fast alle Länder

Ein gewöhnlicher Platz in einer gewöhnlichen Stadt. Die Menschen dort haben die Freiheit… zu denken, zu sagen, zu glauben, was sie wollen. Sie gehen, wohin sie wollen… Zu ihrer Arbeit, zur Schule, und manchmal fahren sie in Urlaub. Wenn die Menschenrechte respektiert werden, hat jeder die Möglichkeit, ein Leben in Freiheit zu genießen. Aber in vielen Ländern sind diese Rechte nicht so selbstverständlich. Die Menschen dürfen nicht sagen, was sie denken. Sie fühlen sich bedroht. Sie werden verfolgt und manchmal sogar ermordet. Darum ist es wichtig, sich für die Menschenrechte einzusetzen.

versprachen, die Menschenrechte zu schützen. Aber gute Vorsätze auf dem Papier reichen nicht aus. Du siehst es jeden Tag im Fernsehen: Länder, in denen gegen die Menschenrechte verstoßen wird. Darum ist es wichtig, zu überwachen, ob die Menschenrechte eingehalten werden; und wenn das nicht der Fall ist, dagegen zu protestieren. Eine Organisation, die das weltweit macht, ist Amnesty International.

Projektergebnis: Gestaltung von Plakaten für Gedenken an Naziopfer

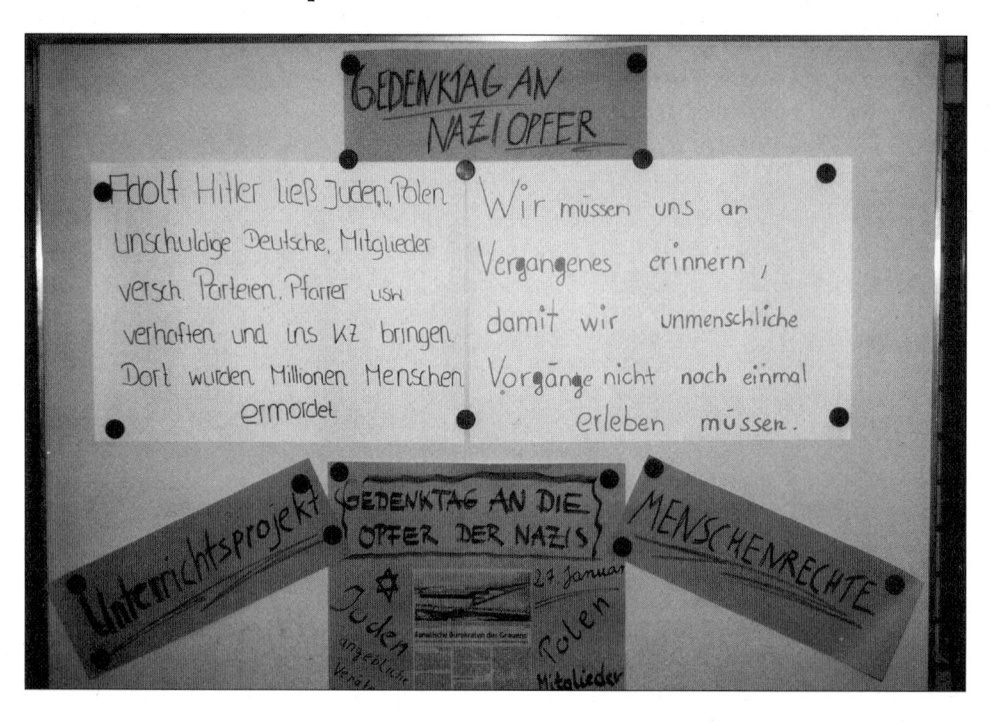

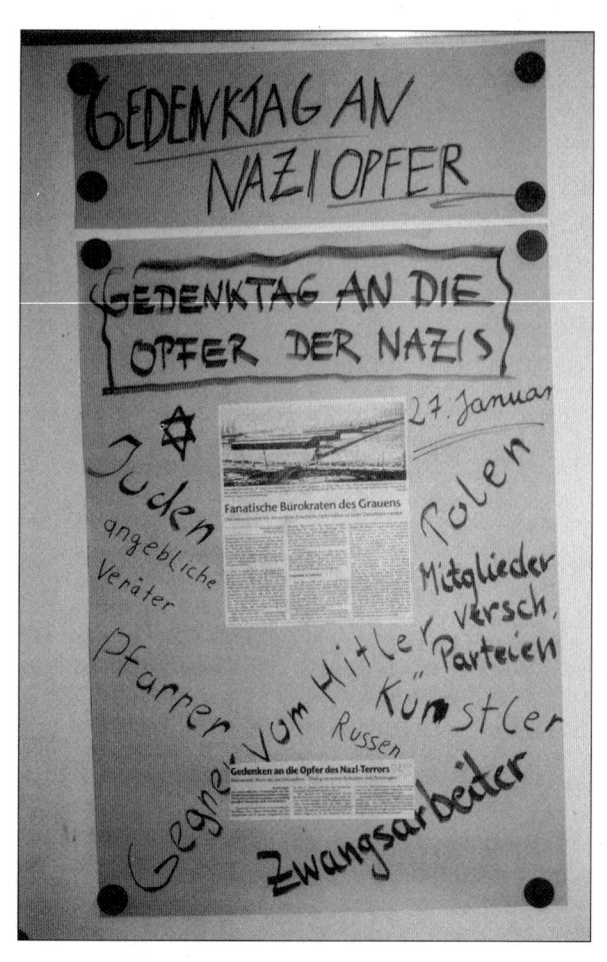

| | | 7 | | Geschichte **Sozialkunde** Erdkunde | |

Menschenrechte – auch für Ausländer!

ZUSAMMENFASSUNG DER ALLGEMEINEN ERKLÄRUNG DER MENSCHENRECHTE

1. Alle Menschen haben dieselben Rechte.
2. Alle Menschen sind frei geboren und haben das Recht auf Leben und Freiheit.
3. Sklaverei ist verboten.
4. Niemand darf der Folter oder grausamen Strafen unterworfen werden.
5. Niemand darf willkürlich festgenommen oder des Landes verwiesen werden.
6. Jeder Mensch hat das Recht zu reisen, wohin er möchte.
7. Frauen und Männer haben das Recht, eine Ehe zu schließen und Kinder zu bekommen. Niemand darf zu einer Ehe gezwungen werden.
8. Jeder Mensch hat allein oder in Gemeinschaft mit anderen Recht auf Eigentum. Niemand darf willkürlich seines Eigentums beraubt werden.
9. Jeder Mensch hat das Recht auf Gedanken- und Religionsfreiheit. Jeder hat auch das Recht, seine Religion oder seine Überzeugung zu wechseln. Jeder hat das Recht, seiner Religion gemäß zu leben.
10. Jeder Mensch hat das Recht auf eine eigene Meinung und auf freie Meinungsäußerung.
11. Jeder Mensch hat das Recht auf Versammlungs- und Vereinigungsfreiheit zu friedlichen Zwecken. Niemand darf gezwungen werden, einer Vereinigung anzugehören.
12. Jeder Mensch hat das Recht, an der Leitung der öffentlichen Angelegenheiten seines Landes unmittelbar oder durch frei gewählte Vertreter teilzunehmen.
13. Jeder Mensch hat das Recht auf ein Leben in Würde und sozialer Sicherheit.
14. Jeder Mensch hat das Recht auf Arbeit und auf Schutz gegen Arbeitslosigkeit.
15. Jeder Mensch hat das Recht auf Erholung und Freizeit.
16. Jeder Mensch hat das Recht auf Nahrung, Wohnung, Kleidung und ärztliche Betreuung.
17. Jeder Mensch hat das Recht auf Bildung.
18. Jeder Mensch hat die Pflicht, auch anderen Menschen größtmögliche Freiheiten und Rechte zu gewähren und die diesbezüglichen Gesetze einzuhalten.
19. Keine Person, keine Gruppe und kein Staat darf Handlungen ausüben, die darauf gerichtet sind, die in der Erklärung der Menschenrechte angeführten Rechte und Freiheiten zu vernichten.
20. Jeder Mensch hat das Recht, in anderen Ländern vor Verfolgung Asyl zu suchen und zu genießen.

1. „Menschenrechte" ist ein Wort, das man täglich hört oder liest. Aber was sind Menschenrechte nun genau? Warum sind sie schriftlich niedergelegt worden? Von wem? Für wen? (Zusammenfassung)

   _____
   _____
   _____
   _____
   _____

2. Was können wir im Alltag tun, wenn auch wir einen Beitrag zur Einhaltung der Menschenrechte leisten wollen?

   _____
   _____
   _____
   _____

3. Erstellt in der Gruppe ein Plakat, auf dem eure Ideen wiedergegeben werden!

STOPPT MENSCHENRECHTSVERLETZUNGEN!

Zu 7: „Jugendliche und das Recht"

Literaturhinweise

Arbeitsmappe „Jugendkriminalität" – Informationen und Bausteine für Unterricht und außerschulische Jugendarbeit, herausgegeben vom Ministerium für Arbeit, Gesundheit und Soziales des Landes NW **(sehr empfehlenswert)**

Alltag im Nationalsozialismus: Tempora Lesehefte. Klett-Verlag

Becker, Horst: „Stundenblätter Recht" für die Sekundarstufe 1. Klett-Verlag

„Im Fall der Fälle" – elf Beispiele zur Rechtserziehung. Klett-Verlag

„Informationen zur politischen Bildung: Kriminalität und Strafrecht", Nr. 248

Kinder und Jugendliche im Nationalsozialismus: Tempora Lesehefte. Klett-Verlag

Lehmann, Jürgen: „Zur Politik: Recht". Verlag Ferdinand Schöningh

„Politik betrifft uns – Jugendstrafvollzug Reform notwendig". Verlag Bergmoser und Höller

Postbank: Schaubild „Daten, Zahlen und Fakten zum Rechtswesen in der BRD"

Postbank: Schaubild „Daten, Zahlen und Fakten zur Demokratie in der BRD"

Schaefer/Lange: Gesetze und Gerichte: Leseheft. Hirschgraben-Verlag

Schmieder/Fleischmann: Schülerlexikon für Arbeitslehre und Sozialkunde. Auer Verlag GmbH

Staff, Ilse: „Rechtskunde für junge Menschen". Diesterweg-Verlag

Zur Unterrichtlichen Weiterarbeit und Vertiefung empfehlen sich:

Fuchs, Gerd: Die Amis kommen (Ein Hitlerjunge erlebt das Kriegsende). rororo rotfuchs

Rhue, Morton: Die Welle. Ravensburger

Planspiele:

Thiemann, Klaus: Planspiele für die Schule, Sachbereich: Rechtsfragen. Hirschgraben-Verlag

Medien der Filmbildstelle in Bayern

Ein Jugendstrafverfahren (Film-Nr. 32 10111)
Freiheit hinter Gittern – Jugendstrafvollzug am Beispiel einer Reformanstalt (Film-Nr. 32 03797)
Jugend und Kriminalität (Film-Nr. 32 10053)

Projektvorschlag: Jugendliche und das Recht (S. 248)

→ Schnippelrätsel (Arbeitsblatt S. 249; Lösungsblatt S. 266)

Jugendliche und das Recht

Ist es geplant, die Unterrichtssequenz „Jugendliche und das Recht" als Unterrichtsprojekt durchzuführen, empfiehlt es sich, rechtzeitig mit Polizei, Jugendamt, Jugendrichter oder Staatsanwalt sowie mit dem Gericht Kontakt aufzunehmen, um passende Termine für Unterrichtsbesuche, Besuch eines Polizeireviers oder -station bzw. einer Gerichtsverhandlung (Strafprozess) zu vereinbaren. In Einzelfällen dürfte es sogar möglich sein, eine Justizvollzugsanstalt zu erkunden. Letzteres erscheint freilich nicht unbedingt nötig, gibt es hierzu doch in den Filmbildstellen geeignetes Material, worauf gesondert bei den Medienvorschlägen hingewiesen wird.

Das Projekt könnte wie folgt ablaufen:

1. Thema 7.1 Regelungen des sozialen Lebens
   - Sammeln und dokumentieren von Sitten und Bräuchen der engeren Heimat sowie der Herkunftsländer der ausländischen Schüler der jeweiligen Klasse
   - gemeinsames Ausarbeiten einer Klassenordnung sowie eines Klassenfestkalenders

2. Thema 7.2 Jugendliche und das Recht
   - Sammeln und dokumentieren von Zeitungsausschnitten über Rechtsverfehlungen von Kindern und Jugendlichen
   - Sammeln und Dokumentieren von Zeitungsausschnitten über Aufgaben der Polizei
   - Diskussion mit einem Polizeibeamten, einem Vertreter des Jugendamts in der Klasse über ihre Aufgaben, mögliche Folgen von Straftaten usw.
   - Besuch einer Polizeistation

3. Thema 7.3 Rechtsstaatlichkeit in Deutschland
   - Diskussion mit einem Jugendrichter oder -staatsanwalt
   - Besuch eines Strafprozesses
   - Durchführung eines Planspiels (Vor dem Jugendrichter – Durchspielen einer Gerichtsverhandlung – Strafprozess – zu einem der gesammelten Fälle; siehe hierzu auch Literaturliste!)
   - Planspiel „Zivilprozess"

4. Thema 7.4 Gesellschaft und Jugend (z. Z. des Nationalsozialismus)
   - Durchführen von Interviews (Großeltern usw.)
   - Sammeln von Fotos
   - Arbeit an Quellentexten usw.
   - Erstellen einer Dokumentation

5. Durchführung eines Projekttags
   - Ausstellung der Dokumentationen (unter Einbeziehung des Faches Hauswirtschaft mit Kostproben landes- und festtypischer Speisen) usw.

6. begleitende und vertiefende Lektüre: siehe Medienliste zum Thema!

Schnippelrätsel

Lege Text- u. Bildabschnitte in die passende Reihenfolge! Bei richtiger Lösung erhältst du zum einen den genauen Ablauf eines Strafverfahrens (nummeriere von 1 bis 13!) sowie einen Ausschnitt aus einer Karikatur von Fritz Wolf mit dem Titel „Strafe muss sein! Muss Strafe sein?" (aus: „Bundeszentrale für politische Bildung, Bonn 1970, S. 30). Das Bild zeigt Justitia, die Gerechtigkeit, dargestellt mit Schwert, Waage und Augenbinde. Was könnten diese Zeichen bedeuten? Lass dir von deinem Lehrer die gesamte Karikatur zeigen und sprich darüber!

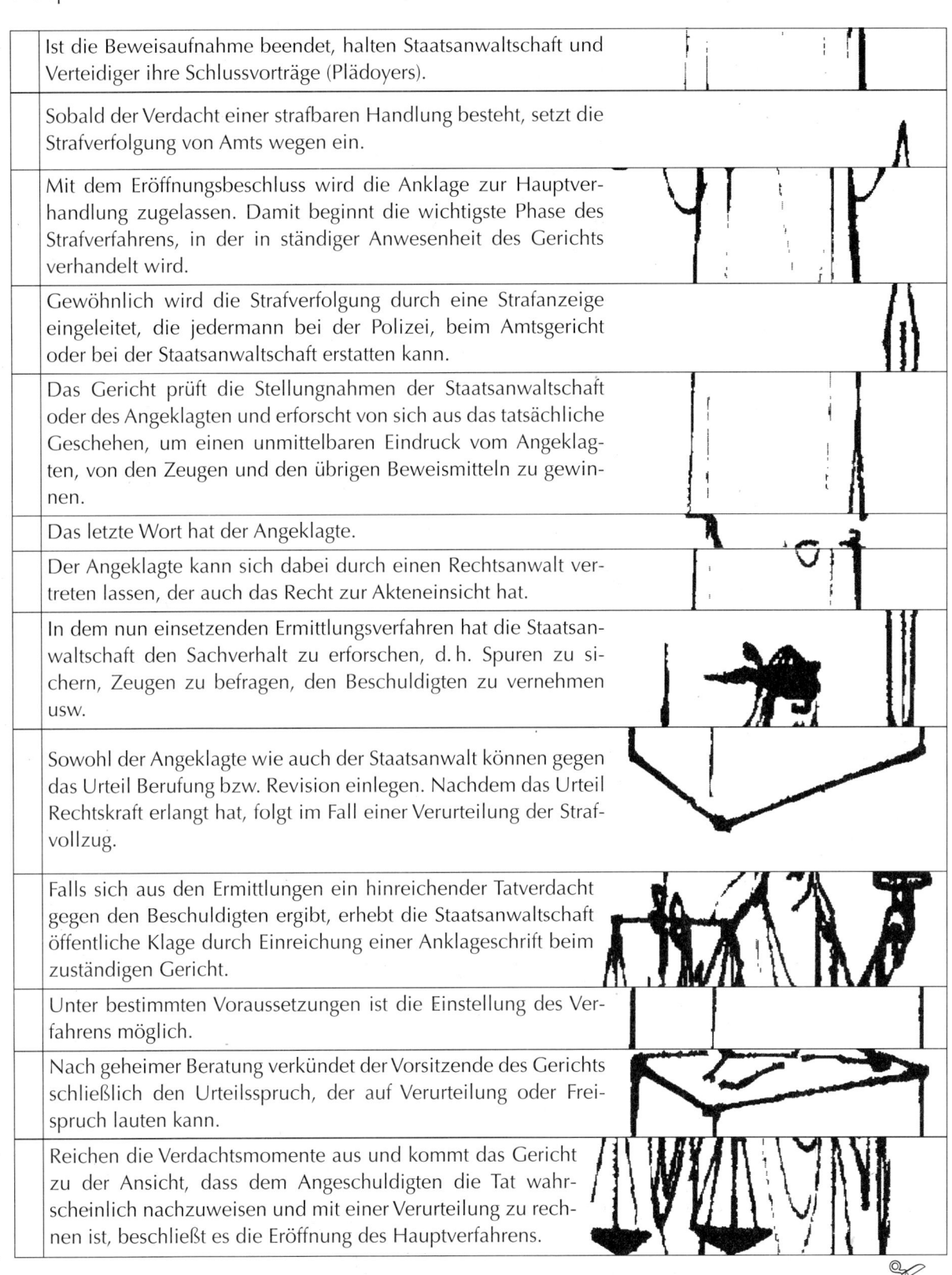

	Ist die Beweisaufnahme beendet, halten Staatsanwaltschaft und Verteidiger ihre Schlussvorträge (Plädoyers).
	Sobald der Verdacht einer strafbaren Handlung besteht, setzt die Strafverfolgung von Amts wegen ein.
	Mit dem Eröffnungsbeschluss wird die Anklage zur Hauptverhandlung zugelassen. Damit beginnt die wichtigste Phase des Strafverfahrens, in der in ständiger Anwesenheit des Gerichts verhandelt wird.
	Gewöhnlich wird die Strafverfolgung durch eine Strafanzeige eingeleitet, die jedermann bei der Polizei, beim Amtsgericht oder bei der Staatsanwaltschaft erstatten kann.
	Das Gericht prüft die Stellungnahmen der Staatsanwaltschaft oder des Angeklagten und erforscht von sich aus das tatsächliche Geschehen, um einen unmittelbaren Eindruck vom Angeklagten, von den Zeugen und den übrigen Beweismitteln zu gewinnen.
	Das letzte Wort hat der Angeklagte.
	Der Angeklagte kann sich dabei durch einen Rechtsanwalt vertreten lassen, der auch das Recht zur Akteneinsicht hat.
	In dem nun einsetzenden Ermittlungsverfahren hat die Staatsanwaltschaft den Sachverhalt zu erforschen, d.h. Spuren zu sichern, Zeugen zu befragen, den Beschuldigten zu vernehmen usw.
	Sowohl der Angeklagte wie auch der Staatsanwalt können gegen das Urteil Berufung bzw. Revision einlegen. Nachdem das Urteil Rechtskraft erlangt hat, folgt im Fall einer Verurteilung der Strafvollzug.
	Falls sich aus den Ermittlungen ein hinreichender Tatverdacht gegen den Beschuldigten ergibt, erhebt die Staatsanwaltschaft öffentliche Klage durch Einreichung einer Anklageschrift beim zuständigen Gericht.
	Unter bestimmten Voraussetzungen ist die Einstellung des Verfahrens möglich.
	Nach geheimer Beratung verkündet der Vorsitzende des Gerichts schließlich den Urteilsspruch, der auf Verurteilung oder Freispruch lauten kann.
	Reichen die Verdachtsmomente aus und kommt das Gericht zu der Ansicht, dass dem Angeschuldigten die Tat wahrscheinlich nachzuweisen und mit einer Verurteilung zu rechnen ist, beschließt es die Eröffnung des Hauptverfahrens.

Zu 8: „Deutschland im 19. Jahrhundert"

Medien der Filmbildstelle in Bayern

Arbeiterleben im Kaiserreich (Film-Nr. 32 04219)
Barrikaden für die Republik: Septemberaufstand 1848 (Film-Nr. 42 00892)
Bismarck in der Karikatur 1870/71 (Film-Nr. 42 01356)
Bismarck in der Karikatur – „Reichsfeinde" (Film-Nr. 42 01357)
Der Aufstieg von Unternehmen in der Zeit der Industrialisierung (Film-Nr. 32 03875)
Der Wiener Kongress und die Gründung des Deutschen Bundes (Film-Nr. 32 10205)
Die Gründung des Deutschen Reiches 1. Teil (Film-Nr. 32 04888)
Die Gründung des Deutschen Reiches 2. Teil (Film-Nr. 32 04889)
Die Gründung des Deutschen Reiches 3. Teil (Film-Nr. 32 04890)
Die Industrialisierung Bayerns im 19. Jahrhundert (Film-Nr. 50 06086)
Die Industrialisierung in Deutschland im 19. Jahrhundert (Film-Nr. 32 10204)
Die Paulskirche – Ort der Hoffnung, Symbol der Demokratie (Film-Nr. 42 00849)
Gesellschaft im Kaiserreich (Film-Nr. 32 04220)
Sozialversicherung im Kaiserreich (Film-Nr. 32 03957)
Vom Leben der Bauern im 19. Jahrhundert (Film-Nr. 32 10206)
Wende in Europa 1789–1848 (Film-Nr. 32 05511)

Zu 9: „Deutschland"

Medien der Filmbildstelle in Bayern

Wege über Deutschland (Software für Geographie, Nürnberg)

Zu 10: „Bedrohung des Menschen durch Naturkräfte"

Literaturhinweise

Umweltbundesamt: Schaubild „Naturkatastrophen als Folge des Treibhauseffekts"
Vulkane, Reihe: Was ist was?, Bd. 57. Tessloff-Verlag, Hamburg

Medien der Filmbildstelle in Bayern

Entstehung und Ausbruch eines Vulkans (Film-Nr. 10 00151; 15 min.)
Naturgewalten bedrohen den Menschen (Film-Nr. 32 10073; 16 min.)
Hurrikan (Film-Nr. 32 02495; 14 min.)
Lawinen – Bedrohung für Menschen (Film-Nr. 32 02918; 24 min.)
Vulkane: Schicht- und Schildvulkane (Film-Nr. 32 00567; 12 min.)
Entstehung einer Vulkaninsel (Film-Nr. 10 00884)
Vulkane in Süditalien (Film-Nr. 10 04270)
Italienische Vulkane (Film-Nr. 32 02461; 20 min.)
Italienische Vulkane (Film-Nr. 42 00255; 20 min.)
Hawaii-Vulkane (Film-Nr. 32 03731; 12 min.)
Hawaii-Vulkane (Film-Nr. 42 01643; 13 min.)
Vesuv heute (Film-Nr. 10 06684)
Naturkatastrophen (Film-Nr. 10 08454)
Gezeiten und Sturmflut (Film-Nr. 32 00860; 18 min.)
Island und die Plattentektonik (Film-Nr. 42 42973; 19 min.)
Dürre und Hunger im Sahel am Beispiel Mali (Film-Nr. 32 03848; 19 min.)
Wie Hunger gemacht wird (1) (Film-Nr. 42 00531; 44 min.)
Wie Hunger gemacht wird (2) (Film-Nr. 42 00532; 44 min.)
Wirbelstürme und Gewitter (Film-Nr. 32 03888; 14 min.)
Das Ozonloch (Film-Nr. 42 01126; 17 min.)
Umwelt und Klima – Treibhaus Erde (Film-Nr. 32 03992; 18 min.)
Erdbeben (Film-Nr. 42 41571; 27 min.)
Erdbebenrisiko in Kalifornien (Film-Nr. 32 03377; 19 min.)
Island und die Plattentektonik (Film-Nr. 32 93856; 19 min.)
Kontinentalverschiebung (Film-Nr. 32 02422; 10 min.)
Kraterseen (Film-Nr. 32 10074; 16 min.)
Die große Sturmflut in Hamburg (Film-Nr. 10 05365)
Lawinen (Film-Nr. 10 06024)
Hochwasser am Rhein (Film-Nr. 32 10049; 16 min.)
Spielfilm: Twister; Thematik: Wirbelsturm; 1996

Lösungen zu den Arbeitsblättern

S. 46

Die Vegetationszonen der Erde

Trage in folgende Karte mit Farbe die Vegetationszonen der Erde ein!
Male die Zonen mit folgenden Farben aus: dunkelgrün → tropischer Regenwald, hellbraun → Steppen, orange → Hartlaubgehölze, blaugrün → Nadelwaldzone (Taiga), violett → Kältewüste, gelb → Savanne, dunkelbraun → Wüsten, rot → Laubwaldzone, grau → Tundra, hellgrün → subtropischer Feuchtwald, Gebirge → weiß lassen!

Die Vegetationszonen der Erde

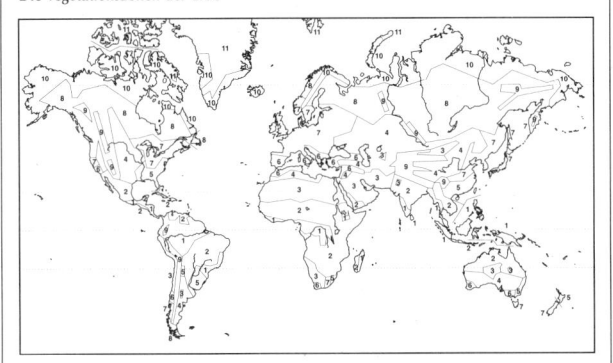

1 = dunkelgrün
2 = gelb
3 = dunkelbraun
4 = hellbraun
5 = hellgrün
6 = orange
7 = rot
8 = blaugrün
9 = weiß
10 = grau
11 = violett

S. 66

Sozialpolitische Maßnahmen

1. Die Altersrente

Die Höhe der Rente ist von verschiedenen Voraussetzungen abhängig:
- persönliche Bemessungsgrundlage
- allgemeine Bemessungsgrundlage
- Versicherungsjahre
- Steigerungssatz

Die Witwenrente beträgt 60% der Versichertenrente.

Rentenanpassung:
Bundestag beschließt Anpassung an allgemeine Wirtschaftsentwicklung
(Ziel: Sicherung des Lebensstandards)

Spannweite der Renten (grafische Darstellung):
Die Darstellung zeigt, dass die Rentenhöhe vom Geschlecht des Versorgungsempfängers abhängt:
Männer haben im Durchschnitt höhere Renten als Frauen. Männliche Rentner erhalten zwischen
1200 DM und 2400 DM, bei weiblichen Rentnern liegt der Wert zwischen 300 bis 1800 DM.

Zeitraum	Männer	Frauen
1870-80	35,6	38,5
1900-10	44,8	48,3
1932-34	59,9	62,8
1949-51	65,6	68,5
1960-62	66,9	72,4
1970-72	67,4	73,8
1977-79	69,4	76,1
1980-82	70,2	76,9
1983-89	71,8	78,4

Lebenserwartung früher und heute

Stelle einen Zusammenhang zwischen der steigenden Lebenserwartung, der steigenden Renten und dem allgemeinen Geburtenrückgang und der Sicherung der Renten her! Gibt es Lösungsmöglichkeiten?
Es gibt immer mehr Rentner, die immer älter werden und deshalb immer länger Rente bekommen. Da aber die Zahl der Beitragszahler zurückgeht (geburtenschwache Jahrgänge), kann es zu Schwierigkeiten bei der Rentenzahlung kommen. Lösungsmöglichkeiten: Erhöhen der Lebensarbeitszeit, Erhöhung der Rentenbeitragszahlungen, Absenken der Renten ...

2. Die Pflegeversicherung

Um die gestiegenen Kosten bei der Pflege vor allem alter Menschen aufzufangen, wurde die Pflegeversicherung eingeführt.

Die Beitragszahler:
Krankenversicherungspflichtige sind auch pflegeversicherungspflichtig

Wer ist pflegebedürftig?
Menschen, die Hilfe brauchen bei Körperpflege, Nahrungsaufnahme, beim Aufstehen und Zu-Bett-Gehen, An- und Auskleiden ...

Die Leistungen:
Leistungen richten sich nach den einzelnen Pflegestufen (I-III), die durch ein ärztliches Gutachten festgelegt werden.

S. 71

Martin Luther – ein Mönch kritisiert die Kirche

Der Ablasshandel: Rechts ein Kardinal zu Pferde, neben ihm ein Kreuz, das den Verkauf von Ablassbriefen bekannt macht; in der Mitte ein Mann, der die Siegel für die Ablassbriefe fertigt; links der Verkäufer, der das Geld entgegennimmt. Die anderen Personen sind Käufer der Ablassbriefe.

Im späten Mittelalter steckt die Kirche in einer schweren Krise. Die Päpste leben nicht mehr nach dem Vorbild Jesu. Sie pflegen eine aufwendige __Hofhaltung__ mit großen Festen. Sie unterscheiden sich in ihrer __Machtausübung__ und in ihrem __Lebensstil__ kaum von weltlichen Fürsten.
Der Aufwand, den die Päpste treiben, __kostet sehr viel Geld__. Durch den __Ablasshandel__ soll dieses Geld beschafft werden. Der Dominikanermönch Tetzel reist durch das Land und verkauft Ablassbriefe. Er predigt:
__Wenn das Geld im Kasten klingt, die Seele aus dem Feuer springt__.
Luther wendet sich gegen diesen Ablasshandel. In einem Brief an den Erzbischof im Jahr __1517__ macht er deutlich, dass mit den Ablassbriefen Missbrauch getrieben wird.

Schreibe die These Luthers heraus, die dir besonders wichtig erscheint und begründe deine Meinung!

S. 73

Luthers Lehre verbreitet sich

Martin Luther kritisiert mit seinen __95 Thesen__ die Kirche. In diesen Lehrsätzen machte er deutlich, dass mit den __Ablässen__ Missbrauch getrieben wurde. Diese Thesen machten Luther bald im ganzen Reich bekannt. Viele von der Kirche enttäuschte Gläubige stimmten den Thesen zu.

Die Lehre Martin Luthers verbreitet sich sehr rasch.	
Reaktion von Kirche und Staat	**Reaktion von Martin Luther**
1518: Luther wird auf dem Augsburger Reichstag von Kardinal Kajetan verhört.	
	Er verweigert den geforderten Widerruf und flieht.
1519: Streitgespräch mit Johann Eck in Leipzig.	
1520: Papst droht mit Kirchenbann, wenn Luther seine Lehre nicht widerruft.	
	Luther verbrennt die Bannbulle öffentlich in Wittenberg.
Papst verhängt Kirchenbann.	
	1521: Luther vor dem Reichstag zu Worms. Er widerruft nicht.
Kaiser verhängt Reichsacht.	
Luther ist auf der Wartburg in Eisenach in Sicherheit.	

Unterrichtssequenzen Geschichte/Sozialkunde/Erdkunde, © Auer Verlag GmbH, Donauwörth
Als Kopiervorlage freigegeben

Der Bauernkrieg 1525

Die Situation der Bauern in den Jahren vor 1525

Rechtlosigkeit — Unfreiheit — längere Frondienste — größere Steuerlast

Zwölf Artikel der Bauernschaft in Schwaben

Ein Beispiel:

Aufstände

Plünderungen und Zerstörungen von Klöstern, Schlössern und Burgen
Greueltaten

Die Bauernaufstände werden niedergeschlagen.

Aufstandsgebiete im Bauernkrieg

Die Adeligen schlossen sich zusammen und finanzierten große __Landsknechtheere__. Ihnen waren die Bauern nicht gewachsen. Sie wurden besiegt, über __100 000__ Bauern wurden im Kampf getötet oder als Gefangene hingerichtet.
Luther hatte sich zunächst den Beschwerden der Bauern angenommen, sich aufgrund der __Greueltaten__ dann jedoch von ihnen abgewandt.

Jesuiten und Kapuziner in Bayern

Das Konzil von __Trient__ (1545–1563) hatte grundlegende Reformen beschlossen, um eine Erneuerung der katholischen Kirche zu ermöglichen. Zwei Ordensgemeinschaften taten sich bei dieser Aufgabe besonders hervor: __Jesuiten und Kapuziner__.

Die Jesuiten wandten sich vor allem an den __Adel__ und an das __Bürgertum__. Im Lauf der Zeit breiteten sich über das ganze bayerische Gebiet Jesuitenniederlassungen aus. Diese waren in der Regel mit einem Gymnasium verbunden.

Trage die Jesuitenniederlassungen in die Karte ein!

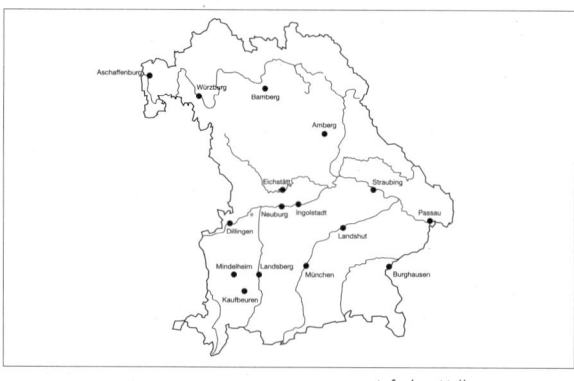

Die Kapuziner wurden zu Seelsorgern des __einfachen Volkes__.
Als __Volksmissionare__ kamen sie in Dörfer und Städte, um die einfachen Leute für ein erneuertes kirchliches Leben zu gewinnen.
Die Kapuziner sind ein Zweig des Franziskanerordens. Man erkennt die Kapuziner an ihrem __kastanienbraunen Mönchsgewand mit langer spitzer Kapuze und der weißen Kordel um den Leib__.

Die Ausbreitung der Reformation

Während der langen Zeit der Abwesenheit von Kaiser Karl V. __konnte sich die Lehre Martin Luthers fast ungestört ausbreiten__.
Viele Landesherren, die die Lehre Luthers unterstützten, __führten in ihren Ländern die Reformation durch__.

Glaubensspaltung in Deutschland

Augsburger Religionsfriede — Schmalkaldischer Bund
Schmalkaldischer Krieg
Deutsche Fürsten verbinden sich mit dem König von Frankreich
Neue Kämpfe: Karl V. muss aus Deutschland fliehen

Der Augsburger Religionsfriede (1555)

Der Augsburger Religionsfriede beendete den Kampf zwischen __Protestanten__ und __Katholiken__. Die wichtigsten Beschlüsse:

1. Beide Bekenntnisse sind von nun an gleichberechtigt.
2. Wer regiert, bestimmt den Glauben.
3. In den Reichsstädten darf jeder sein Bekenntnis frei wählen.
4. Die eingezogenen Kirchengüter bleiben im Besitz der Protestanten.
5. Geistliche Fürsten, die evangelisch werden, verlieren Amt und Herrschaft.

Ausbreitung der Reformation in Europa

Die Lehre Luthers verbreitete sich in vielen Ländern Europas: __Schweiz, Frankreich, Niederlande, Schottland, England, Dänemark, Schweden, Norwegen__.

Der Dreißigjährige Krieg

Der Prager Fenstersturz

Mit diesem Ereignis begann im Jahr __1618__ der Dreißigjährige Krieg. Vertreter der evangelischen Stände hatten zwei Statthalter und ihren Schreiber – Vertreter des __katholischen__ Königs Ferdinand – aus dem Fenster geworfen. In der Folgezeit standen sich die Verbündeten des katholischen Lagers (__Liga__) und des protestantischen Lagers (__Union__) gegenüber. Dabei entwickelten sich die Auseinandersetzungen vom deutschen Glaubenskrieg zu einem __europäischen Machtkampf__.

Der Prager Fenstersturz

Liga	Länder	Union
Bayern, Spanien		Böhmen, Dänemark, Schweden, Frankreich

In diesem Krieg ging es nicht in erster Linie um religiöse Fragen, sondern um Herrschaftsansprüche. Beendet wurde der Krieg nicht durch den Sieg einer Partei, sondern durch __die völlige Erschöpfung und Zerstörung Deutschlands__.

Der Westfälische Friede (1648)

Folgen:
- Deuschland erleidet große Gebietsverluste
- Das Deutsche Reich ist nur noch ein loser Bund selbständiger Einzelstaaten.

Ludwig XIV. (Der Sonnenkönig 1661–1715)

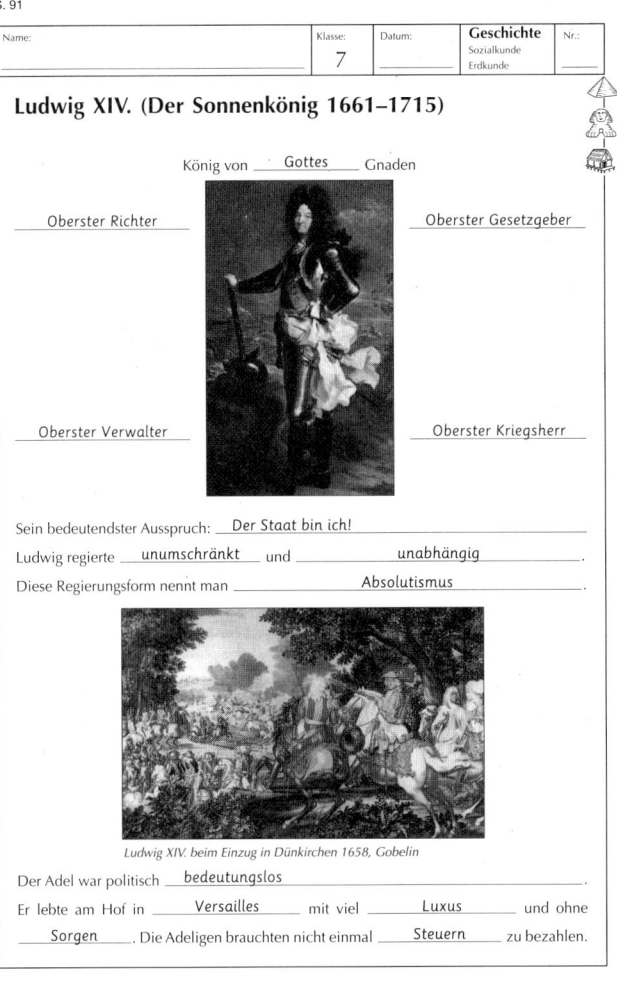

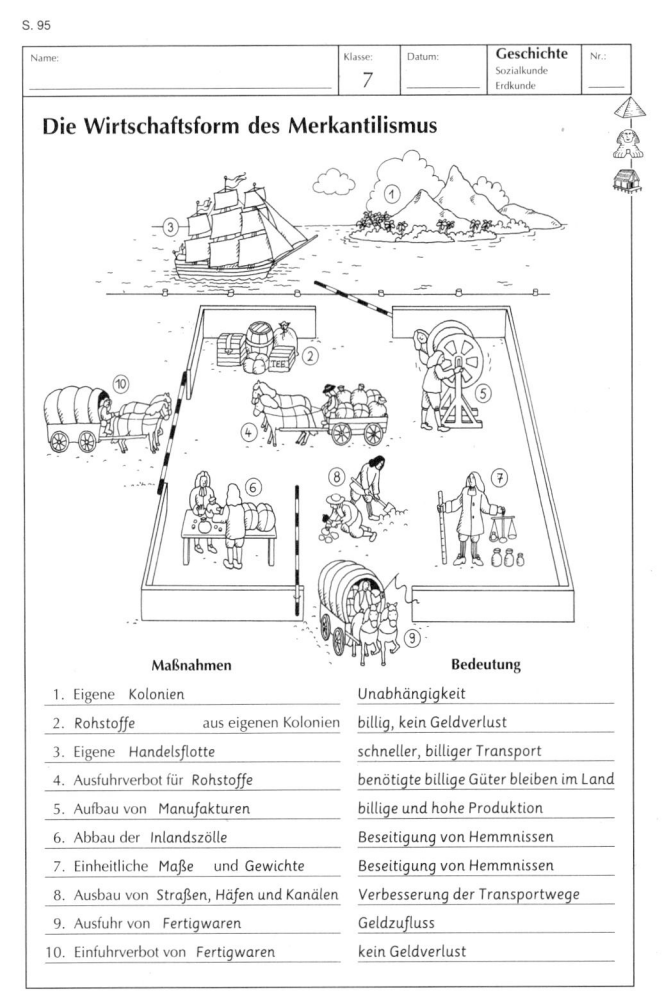

König von __Gottes__ Gnaden

Oberster Richter   Oberster Gesetzgeber

Oberster Verwalter   Oberster Kriegsherr

Sein bedeutendster Ausspruch: __Der Staat bin ich!__
Ludwig regierte __unumschränkt__ und __unabhängig__.
Diese Regierungsform nennt man __Absolutismus__.

Ludwig XIV. beim Einzug in Dünkirchen 1658, Gobelin

Der Adel war politisch __bedeutungslos__.
Er lebte am Hof in __Versailles__ mit viel __Luxus__ und ohne __Sorgen__. Die Adeligen brauchten nicht einmal __Steuern__ zu bezahlen.

Die Stützen der Macht

L'état c'est moi (Der Staat bin ich)

Stehendes Heer:
– Verteidigung der Macht im Land und außerhalb
– größtes Heer Europas
– König ernennt Offiziere
– modernste Waffen
– gut trainiert

Beamtentum:
– Kontrolle
– Verwaltung
– Ausführung und Weitergabe von königlichen Befehlen
– Ernennung durch den König
– Entlassung durch den König

Merkantilismus:
– Sicherung der Finanzen
– ausgeklügeltes System von Warenproduktion, Handel und Zöllen

Die Wirtschaftsform des Merkantilismus

Maßnahmen	Bedeutung
1. Eigene __Kolonien__	Unabhängigkeit
2. __Rohstoffe__ aus eigenen Kolonien	billig, kein Geldverlust
3. Eigene __Handelsflotte__	schneller, billiger Transport
4. Ausfuhrverbot für Rohstoffe	benötigte billige Güter bleiben im Land
5. Aufbau von __Manufakturen__	billige und hohe Produktion
6. Abbau der __Inlandszölle__	Beseitigung von Hemmnissen
7. Einheitliche __Maße__ und __Gewichte__	Beseitigung von Hemmnissen
8. Ausbau von __Straßen, Häfen und Kanälen__	Verbesserung der Transportwege
9. Ausfuhr von __Fertigwaren__	Geldzufluss
10. Einfuhrverbot von Fertigwaren	kein Geldverlust

Das Gebiet des heutigen Landes Bayern um 1700

Gerichts- und verwaltungsmäßig war das Kurfürstentum in vier Rentämter unterteilt: München, Landshut, Straubing, Burghausen, dazu seit 1648 das Fürstentum Oberpfalz.

Suche auf der Karte die unterschiedlichen Besitzungen um 1700 in den Grenzen des heutigen Bayerns heraus!

Die größten Ländereien gehörten dem Kurfürstentum __Bayern__, das unterteilt war in die vier Rentämter __München, Landshut, Straubing, Burghausen__. Besitzungen hatten aber auch Erzstift __Salzburg__, Hochstifte __Augsburg, Eichstätt, Würzburg, Bamberg, Passau__, Markgrafschaften __Bayreuth, Ansbach__, Grafschaften __Werdenfels, Oettingen__, Herzogtümer __Sachsen-Coburg, Pfalz-Neuburg__, Fürstprobstei __Berchtesgaden__, Kurfürstentum __Mainz__, Reichsstädte __Kempten, Kaufbeuren, Augsburg, Nürnberg, Regensburg, Würzburg, Schweinfurt, Rothenburg, Memmingen, Lindau__.

Kurfürst Max Emanuel von Bayern

Beinamen: der Blaue Kurfürst
Grund: trug bei Schlachten einen blauen Harnisch
Zeit: 1679–1726
Ziel: Ruhm und Einfluss Bayerns mehren; europäische Großmacht werden

Mittel:
- Prunkvolle Hofhaltung
Hofstaat: 1028 Personen und 200 Personen Verwaltung, z. B. 7 Leibärzte, 37 Köche …
Feste: Hoffeste, Theater, Ballett, Feuerwerk …

Prunkbauten: Münchner Residenz, Schloss Nymphenburg, Schloss Schleißheim …

- Militärische Aktionen
Kampf gegen die Türken, Mithilfe bei der Befreiung von Wien (1683), Eroberung von Belgrad (1688);
Fehleinschätzung: kämpfte im Spanischen Erbfolgekrieg auf der Seite Frankreichs, verlor 1704 die Schlacht von Höchstädt und musste sein Land für 10 Jahre verlassen;

Auswirkungen auf Bayern:
kein Gewinn an Einfluss, tausende gefallene Soldaten,
Leid unter der österreichischen Besatzung,
großer Schuldenberg

Ständische Gliederung und Abhängigkeit vom Landesherrn

- 1% Adlige
- 1% Geistliche
- 23% Bürger
- 75% Landvolk

Ständische Gliederung in Bayern um 1700

Landesherr: Max II. Emanuel von Bayern, besaß 25% des Bodens, absoluter Herrscher

1. Stand (Adel):
1% der Bevölkerung
Zutritt zum Hof, Staats- und Hofämter, Siegel, niedere Gerichtsbarkeit

2. Stand (Geistlichkeit):
1% der Bevölkerung, besaß 45% des Bodens, großer politischer Einfluss, prachtvolle Kirchen und Klöster, Schulen

3. Stand (Bürger):
23% der Bevölkerung, hatte Besitz, lebte in Städten, zahlte Steuern

4. Stand (Landvolk):
75% der Bevölkerung, besaß 5% des Bodens, zahlte Steuern und musste Teile der Ernte abgeben; Bauern, Häusler, Knechte, Mägde …;
Hand- und Spanndienste, Kriegsdienst

Wie lebten die Untertanen Max Emanuels?

Lebenserwartung: 35–40 Jahre
Wie lebte die durchschnittliche Bevölkerung?
- schlechte hygienische Verhältnisse:
  einseitige, mangelhafte Ernährung,
  hohe Kindersterblichkeit,
  sehr krankheitsanfällig
- keine Bildung oder Ausbildung

Wie lebte die arme Bevölkerung?
- arbeitslos oder billige Arbeitskraft:
  Bettler oder Krimineller,
  keine Bildung oder Ausbildung,
  Kinderarbeit

Wie lebten die Kleinbauern?
- Sklaven der Grundherren:
  Frondienste, Schanzarbeiten,
  besitzen kaum das Nötigste zum Überleben

Wie lebten die freien Bauern?
- fast wie Adelige:
  schöne Wohnungen, kostbare Gewänder …

Wie lebten die wohlhabenden Bürger?
- Nachahmung des Hoflebens:
  Kleidung nach der Mode des Adels,
  höfische Umgangsformen

Barocke Bauwerke in Bayern

Baumeister: Dientzenhofer, Asam, Zimmermann, Neumann, Fischer, Effner

Merkmale des Barock: Ovale, gekrümmte, sich überschneidende Linien, üppige Verzierungen, Zwiebeltürme, geometrische Parks, strahlenförmige Anlagen, riesige Treppenhäuser, Säulen, Deckengemälde, Stuck, viel Gold …

Trage die Barockbauwerke in die Karte ein!

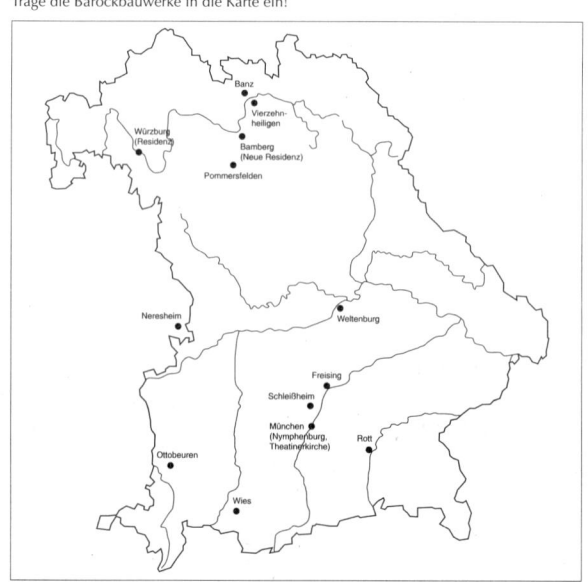

S. 108

Arbeiten und Wirtschaften in Manufakturen

Manufakturen in Bayern (1790)

Anzahl: ca. 70

Arbeiter: ca. 1400 und 2000 bis 3000 abhängige Handwerker

Branchen: Glas, Keramik, Draht- und Metall, Textilien, Nahrungs- und Genussmittel, Holz, Leder, Papier, Instrumente, Waffen

Kennzeichen einer Manufaktur:
Arbeitsteilung, verschiedene Berufe,
Zusammenarbeit, Herstellung an einem Ort,
Arbeiter sind abhängig,
Wohn- und Arbeitsstätte getrennt,
Maschineneinsatz (z. B. mit Menschen-, Tier-, Wasserkraft),
ungelernte Arbeiter (Frauen und Kinder);

Arbeitsbedingungen: lange Arbeitszeit (14 Stunden),
niederer Lohn, Arbeitstempo von Maschinen bestimmt, Kinderarbeit,
leicht zu erlernende Arbeit

Der Papierer

S. 112

Denkmalschutz

Gesetzliche Grundlagen des Denkmalschutzes:
– Verfassung des Freistaates Bayern, Artikel 141(1)
– Gesetz zum Schutz und zur Pflege von Denkmälern

Was sind Denkmäler?
Denkmäler sind von Menschen geschaffen, aus vergangener Zeit, haben geschichtliche Bedeutung

Regensburg, Blick auf die Steinerne Brücke und den Dom. Die Altstadt von Regensburg verdankt ihre Berühmtheit ihrer Lage an Strom und Brücke. Römerstadt, Pfalzbereich, Dombezirk belegen die zweitausendjährige Geschichte der Stadt. Herzog und Bischof, Mönche und Bürger haben hier gebaut und gelebt. Haustürme und Patrizierburgen des Stadtadels prägen neben Klöstern, Kirchen, Bürgerhäusern und öffentlichen Gebäuden das Bild einer gewachsenen Stadt, die ihre Vergangenheit bewahrt.

Welche Arten von Denkmälern gibt es?
Baudenkmäler, historische Gartenanlagen, technische Denkmäler, Ensembles, historische Ausstattungsstücke, bewegliche Denkmäler, Bodendenkmäler

Schwierigkeiten der Denkmalpflege:
autogerechte Städte, Bequemlichkeit und Komfort, hohe Kosten für den Eigentümer

Was spricht für Denkmäler?
Fördern das Geschichtsbewusstsein, Erhaltung der Arbeitsplätze bei Handwerkern, wichtige Attraktion im Fremdenverkehr, unverzichtbares Stück Heimat

Denkmäler der näheren Umgebung:

S. 118

Drei Stände – eine Ursache der Französischen Revolution

Um 1780 gliedert sich das französische Volk in drei Stände:

1. Stand	2. Stand	3. Stand
Der Adel lebte von den Abgaben seiner Bauern, zahlte fast keine Steuern.	Die Geistlichkeit verfügte zumeist über hohe Einkünfte, zahlte fast keine Steuern.	Die Bürger und Bauern besaßen wenig, hatten aber fast die ganze Steuerlast zu tragen.

Zusammensetzung der Bevölkerung Frankreichs:
Die Bevölkerung war in drei Stände aufgeteilt.

Verteilung des Grundbesitzes:
Der Grundbesitz lag ganz in den Händen des Adels und der Kirche.

Steuerlast:
Die Bürger und Bauern trugen fast die ganze Steuerlast.

Schreibe Forderungen auf, die der dritte Stand in dieser Situation an das französische Herrscherpaar richten könnte!

1. Wir wollen nicht die ganze Steuerlast alleine tragen!
2. Die Verschwendung am Hof muss aufhören!
3. Wir wollen Gerechtigkeit!
4. Wir wollen auch Eigentum!

Zum dritten Stand gehörten auch die vielen Tagelöhner und Hausangestellten. Sie hatten keinerlei Besitz und waren hilflos Krankheiten und Unfällen ausgesetzt. Noch schlimmer ging es den Landarbeitern und Bettlern. Sie waren nicht nur ohne jegliches Recht, sondern sie litten in normalen Zeiten ständig unter Hunger.

Was zeigt diese Karikatur?

S. 119

Soziale und wirtschaftliche Ungleichheit

Bevölkerung Frankreichs:
98% Bürger u. Bauern
2% Adel und Geistlichkeit

Grundbesitz Frankreichs:
25% Bürger und Bauern
75% Adel und Geistlichkeit

Veranschauliche die Bevölkerungsverteilung und den Grundbesitz in den Prozentkreisen!

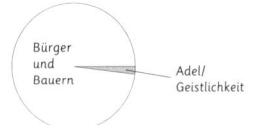

Einnahmen:
65% Indirekte Steuern
30% Direkte Steuern
5% Schulden

Ausgaben
33% Verteidigung/Heer
30% Zinsen
10% Ausgaben bei Hof
21% Verwaltung
6% Pensionen

Woher stammten die Einnahmen des französischen Haushalts? Wohin flossen die Gelder? Trage in die Prozentkreise ein!

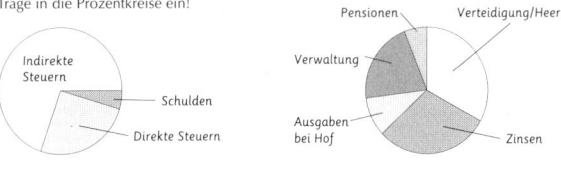

Beschreibe die Lage der Bauern und Bürger!
– Sie hatten hohe Steuern zu zahlen.
– Die Preise stiegen.
– Sie hungerten.
– Sie waren vom Adel abhängig.
– Sie hatten nichts zu sagen.
– Das Wild des Adels vernichtete Ernten.

Beschreibe die Situation der oberen Schichten!
– Adel und Geistlichkeit geht es gut.
– Sie haben großen Grundbesitz.
– Sie zahlen kaum Steuern.

S. 120

Name: _____ Klasse: 7 Datum: _____ Geschichte/Sozialkunde/Erdkunde Nr.: _____

Die Generalstände und die Forderungen des 3. Standes

Die Einberufung der Generalstände

Die neuen Ideen von Freiheit und Gleichheit aller Menschen breiteten sich rasch aus. Ludwig XVI. wollte Reformen einleiten, konnte die Schwierigkeiten aber nicht mehr bewältigen. Im Jahr 1786 begann eine wirtschaftliche Krise. 1788 verschärfte eine Missernte die Lage. Ein überaus strenger Winter steigerte die Unzufriedenheit im Volk. Viele Bauern waren vom Land in die Stadt gekommen, weil sie hier Nahrung und Verdienst erhofften. Sie sahen sich getäuscht.

In dieser verzweifelten Lage berief der König die Generalstände ein. Sie sollten neue Steuern bewilligen. Generalstände nannte man die Vertreter der drei Stände in Frankreich. Seit über 150 Jahren waren sie nicht mehr einberufen worden. Die Könige hatten als absoluter Herrscher allein regiert. Früher hatten die drei Stände je 300 Vertreter gestellt. Um den Bürgern entgegenzukommen, ordnete der König an, dass der dritte Stand nunmehr 600 Vertreter stellen sollte.

Trage in den Halbkreis ein: Geistlichkeit: 300, Adel: 300, Bürger/Bauern: 600!

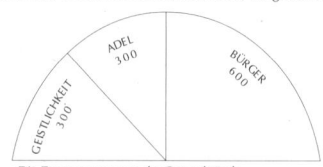

Die Zusammensetzung der Generalstände

Wie viele Personen jedes Standes entsenden jeweils einen Abgeordneten? Vervollständige die Übersicht!

	Geistlichkeit	Adel	Bürger/Bauern
Personen	200 000	300 000	25 000 000
~ Personen = 1 Abgeordneter	~666	~1000	~41 666

Was forderte der 3. Stand? _mehr Gerechtigkeit bei der Zahl der Abgeordneten, gemeinsame Beratungen, die Steuerlast gleichmäßig verteilen, Freiheitsrechte._

Was wollte der König? _mehr Steuern zum Abbau der Schulden, die Stände weiter beibehalten, Beratungen innerhalb der Stände, seine Macht erhalten._

S. 124

Name: _____ Klasse: 7 Datum: _____ Geschichte/Sozialkunde/Erdkunde Nr.: _____

Das Ende der Privilegien

Die Nationalversammlung tagt

In einer Sitzung der Nationalversammlung am Abend des 4. August 1789 wurde um Verständnis für die Bauern geworben. So könnte nur die Abschaffung jahrhundertealter Privilegien der beiden ersten Stände Frankreich zur Ruhe kommen lassen. Mit viel Beifall wurden diese Forderungen bedacht. Zahlreiche Anträge befassten sich mit der Abschaffung dieser Vorrechte. Am Morgen des 5. August konnte die Nationalversammlung das Ende der Adelsherrschaft verkünden.

Diese Zeichnung entstand in der Nachtsitzung vom 4. auf den 5. August 1789. Wie wird das Ergebnis dieser Sitzung dargestellt?

Adel und Geistlichkeit waren einverstanden mit der Aufhebung folgender Vorrechte:

- Aufhebung der __Leibeigenschaft__
- Aufhebung der __Gerichtsbarkeit__ durch den Gutsherrn
- Aufhebung des ausschließlichen __Jagdrechts__
- Aufhebung aller __Vorrechte__, auch der __Steuerfreiheiten__

Mit diesen Silben kannst du die Lücken schließen:

Vor-, Steuer-, Leib-, Gerichts-, Jagd-, -rechte-, -eigenschaft, -rechts, -freiheiten, -barkeit

Die Generalstände tagen!

S. 126

Name: _____ Klasse: 7 Datum: _____ Geschichte/Sozialkunde/Erdkunde Nr.: _____

Einführung der konstitutionellen Monarchie

Mit dem Kampfruf __Freiheit, Gleichheit, Brüderlichkeit__ hatten die französischen Revolutionäre die Forderung der Menschenrechtserklärung übernommen. Die im Jahre 1791 verkündete Verfassung legte die __Gewaltenteilung__ fest. Als Vorbild diente dabei die amerikanische Verfassung. Das Königtum wurde in dieser konstitutionellen Monarchie __nicht__ abgeschafft. Der König besaß jedoch nur begrenzte Aufgaben. Die Macht wurde in __drei__ Gewalten aufgeteilt.

Fülle die Lücken in der Grafik richtig aus! Richterliche Gewalt, Ausführende Gewalt, Gesetzgebende Gewalt, König, Minister, Nationalversammlung, Richter, Wahlmänner, Beamte!

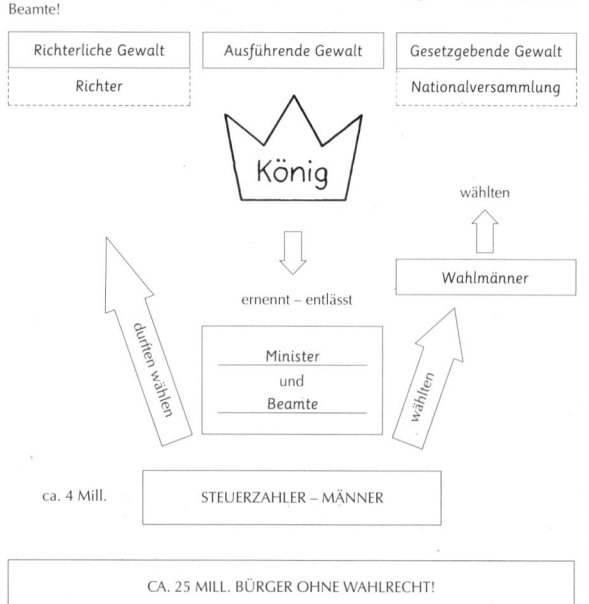

Richterliche Gewalt	Ausführende Gewalt	Gesetzgebende Gewalt
Richter		Nationalversammlung

König
ernennt – entlässt
Minister und Beamte
durften wählen
Wahlmänner
wählten

ca. 4 Mill. STEUERZAHLER – MÄNNER

CA. 25 MILL. BÜRGER OHNE WAHLRECHT!

S. 127

Name: _____ Klasse: 7 Datum: _____ Geschichte/Sozialkunde/Erdkunde Nr.: _____

Radikalisierung der Revolution und Bedrohung von außen

Radikalisierung

Nachdem die Verfassung beschlossen war, wurde die französische Nationalversammlung aufgelöst. Die Gesetzgebende Gewalt wurde neu gewählt. Eine Gruppe zeigte sich besonders radikal. Sie hielten ihre Versammlungen im verstaatlichten Kloster St. Jakob ab und erhielten daher den Namen __Jakobiner__. Als Kennzeichen trugen sie die rote Jakobinermütze mit einem __blau-weiß-roten__ Abzeichen. In der französischen Staatsflagge, der Trikolore, findet man noch heute diese Farben vor.

Jakobiner

Die Wortführer der radikalen Jakobiner waren:

__Georges Danton__ †1794 __Jean-Paul Marat__ †1793 __Maximilien de Robespierre__ †1794

Sie forderten:

__Abschaffung der Monarchie__   __Errichtung einer Republik__

Sie hetzten vor allem gegen __Adelige__, aber auch gegen den __König__. Angebliche Gegner der Revolution wurden gnadenlos verfolgt und hingerichtet. Viele Bürger flohen ins Ausland. Der Fluchtversuch des Königs scheiterte. Am 17. 1. 1793 wurde König Ludwig XVI. durch die Nationalversammlung zum Tode verurteilt.

Der Arzt Guillotin schlug als Hinrichtungsmaschine ein Fallbeil vor, die sogenannte __Guillotine__. Der König und tausende Bürger wurden damit hingerichtet.

Der grausame Terror führte so weit, dass sich die Wortführer der Revolution schließlich selbst beschuldigten, da keiner die Not der Bevölkerung lindern konnte. Sie wurden selbst Opfer der Revolution und kamen um.

Ein Ausspruch dieser Zeit ist besonders bekannt geworden:

__Die Revolution frisst ihre eigenen Kinder.__

Was ist damit gemeint?

Bedrohung von außen

Die Nachbarländer Frankreichs standen zunächst hinter den Wortführern der französischen Revolution. Warum war das so?

Später änderte sich dies. Alle fühlten sich von der Revolution bedroht. Vor allem __Österreich__ und __Russland__ bedrohten nun Frankreich.

Guillotin

S. 128

Napoleons Aufstieg zum Kaiser

Die Französische Revolution brachte viele junge Offiziere hervor. Einer der erfolgreichsten war *Napoleon Bonaparte*. Folgendes wurde über ihn berichtet:

> „Napoleon stand ursprünglich auf Seite der Jakobiner. Als eines Tages bekannt wurde, dass diese einen Angriff auf die Gesetzgebende Versammlung planten, wurde er beauftragt, mit seinen Soldaten den Angriff abzuwehren. Geschickt stellte er seine Geschütze auf und als tatsächlich die Angreifer aus verschiedenen Straßen hervorbrachen, befahl er kaltblütig „Feuer!" Rücksichtslos ließ er seine jakobinischen Freunde niederschießen. Dankbar feierte ihn die Versammlung als Retter der Revolution und übertrug ihm den Oberbefehl über ein französisches Heer, das in den Alpentälern lag. Dieses war arg angeschlagen, ausgehungert und mutlos. In begeisternder Rede richtete der ehrgeizige General die Soldaten wieder auf und besiegte die Österreicher in mehreren Schlachten, in denen er sich als Meister der Kriegskunst erwies. Den heimgekehrten Sieger feierten die Pariser als Retter des Vaterlandes."

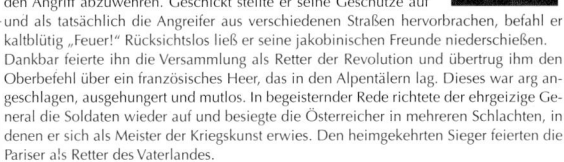

Aus dem Text kannst du entnehmen:

Eigenschaften Napoleons	Besondere Titel
geschickt, kaltblütig,	Retter der Revolution
rücksichtslos, redegewandt,	Meister der Kriegskunst
ehrgeizig, brutal	Retter des Vaterlandes

Napoleons Eigenschaften, sein Machtstreben und das hohe Ansehen, das er in der Bevölkerung genoss, halfen ihm, seine Machtposition immer mehr auszubauen.
Sein Aufstieg zum Kaiser vollzog sich in einzelnen Schritten:

Ordne richtig zu:

- Kaiserkrönung – Geburt/Korsika – Niederschlagung eines Aufstandes
- Kampf gegen England in Ägypten/1. Konsul
- Frieden mit Österreich und England
- Siege gegen Österreich

1769	1793	1796	1799	1801/02	1804
Geburt Korsika	Niederschlagung eines Aufstandes	Siege gegen Österreich	Kampf gegen England in Ägypten / 1. Konsul	Frieden mit Österreich und England	Kaiserkrönung

S. 129

Napoleons Herrschaft über Europa

Der Frieden zwischen Frankreich und England 1802 hatte auch Auswirkungen auf die deutschen Fürsten. Sie verloren ihre Besitztümer links des Rheins. Auf Veranlassung __Napoleons__ beschloss der deutsche Reichstag, die Besitztümer der Kirchen und Klöster zu verweltlichen. Die __Säkularisation__ veränderte die Landkarte des Deutschen Reiches.
Warum wollte Napoleon den kirchlichen Besitz säkularisieren?

Er wollte die deutschen Reichsfürsten für verlorenen Besitz entschädigen.

Was bedeutete dies für einige deutsche Länder, darunter auch Bayern?

Einige deutsche Länder, darunter Bayern, Preußen, Württemberg und Baden wurden vergrößert. Sie erhielten ehemaligen kirchlichen Besitz, auch Klöster, Fürstbistümer usw.

In den folgenden Jahren besiegte Napoleon Russland und Österreich:

> Dreikaiserschlacht in Austerlitz 1805

Ein Jahr später blieb er Sieger über Preußen:

> Schlacht bei Jena und Auerstedt 1806

Frankreich entwickelte sich zum mächtigsten Staat in Europa.

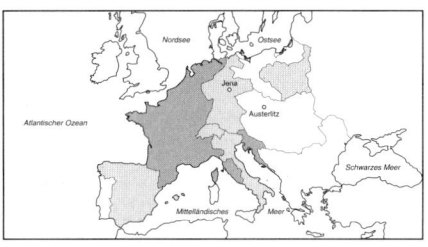

Kaiserreich Frankreich und davon abhängige Staaten

Markiere die Orte der beiden Schlachten 1805/1806 in der Karte! Napoleon versuchte auch die Vormacht Englands zu brechen. Gelang ihm das?
1812 scheiterte Napoleon mit seinem Feldzug nach Russland. Vergleiche diese Tatsache mit der deutschen Geschichte!

S. 135

Menschenrechtsverletzungen in aller Welt

Menschenrechtsverletzungen gibt es auf der ganzen Welt. Nicht nur in Entwicklungsländern oder in Ländern, in denen es zu kriegerischen Auseinandersetzungen kommt, werden die Rechte der Menschen missachtet. Auch in zivilisierten Staaten Europas oder Amerikas wird von den Menschenrechtsorganisationen immer wieder auf Verletzungen hingewiesen.

Besprich die folgenden Beispiele andauernder Menschenrechtsverletzungen mit deinen Mitschülern und deinem Lehrer. In welchen Ländern kommen sie vor? (Es gibt natürlich Überschneidungen!) Trage anschließend die Staaten in die Weltkarte ein! Ergänze dir bekannt gewordene Beispiele!

Unterdrückung Andersdenkender	Politische Verfolgung	Unterdrückung rassisch/kulturell Andersartiger
Nord-/Südkorea, Chile, Nicaragua usw.	China, Türkei, Rumänien (bis 1989), DDR (bis 1989), Armenien usw.	Südafrika (bis ca. 1993), Äthiopien, Guatemala, Sri Lanka usw.
Verfolgung aus religiösen Gründen	Verfolgung ethnischer Minderheiten	Ausbeutung von Kindern
Tibet, Ägypten, Iran usw.	Irak, Bosnien, Ruanda, Zaire usw.	Ecuador, Pakistan, Indien usw.
Missachtung der Rechte von Frauen	Flüchtlingsprobleme	Kriegerische Auseinandersetzungen
Indien, Sudan usw.	Kurden usw.	Tschetschenien usw.

S. 136

Menschen auf der Flucht

Ca. 50 Millionen Menschen befinden sich laut Schätzungen derzeit auf der Flucht. Während wir diese Zeilen lesen, verlässt gerade irgendwo in der Welt eine Mutter mit ihren Kindern das heimatliche Dorf, um den Schrecken eines Bürgerkrieges zu entgehen. Ein Mann flieht aus seinem Land, weil er nicht in einer Diktatur leben will und ihm als politischem Gegner Verhaftung, Folter, vielleicht sogar der Tod drohen. Eine andere Familie hofft, durch Flucht aus der Heimat einer Hungersnot zu entkommen. In einem Flüchtlingslager wartet ein Kind, dessen Eltern verschollen sind, auf eine neue Zukunft.

Nenne Gründe, warum so viele Menschen ihre Heimat verlassen!

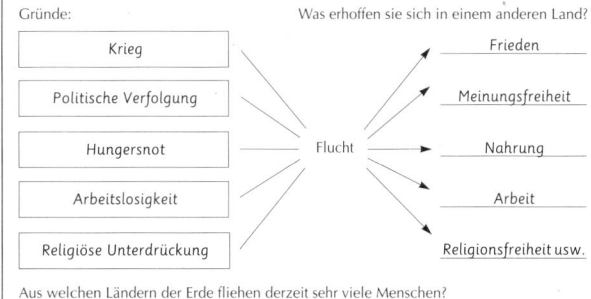

Gründe:		Was erhoffen sie sich in einem anderen Land?
Krieg		Frieden
Politische Verfolgung		Meinungsfreiheit
Hungersnot	Flucht	Nahrung
Arbeitslosigkeit		Arbeit
Religiöse Unterdrückung		Religionsfreiheit usw.

Aus welchen Ländern der Erde fliehen derzeit sehr viele Menschen?

S. 138

Internationale Menschenrechtsorganisationen

UNHCR – Der Hohe Flüchtlingskommissar der Vereinten Nationen

terre des hommes – Hilfe für Kinder in Not
Das französische »terre des hommes« bedeutet »Erde der Menschlichkeit«. Wie menschlich eine Gesellschaft ist, zeigt sich am Umgang mit ihren Kindern.

gesellschaft für bedrohte völker

unicef – Kinderhilfswerk der Vereinten Nationen

amnesty international

Internationale Liga für Menschenrechte
in Geiste von Carl von Ossietzky

IGFM

Alle Organisationen, die humanitäre Hilfe leisten, stehen im Dienst des Menschenrechtsschutzes. Gerade die erschreckenden Bilder aus den Dürregebieten Afrikas machen uns deutlich, dass auch die dort lebenden Menschen ein Recht auf Leben haben müssen. Hunger und Armut verhindern oft, dass diese Menschen selbst den Kampf um ihre Rechte aufnehmen können.
Die UNO hat verschiedene Hilfsorganisationen ins Leben gerufen:

UNICEF → Schutz der Kinder und ihrer Rechte
UNHCR → Schutz der Flüchtlinge
UNESCO → Kampf gegen Analphabetentum

Auch viele private Organisationen nehmen sich der Menschenrechte an:
Internationale Gesellschaft für Menschenrechte (IGFM), terre des hommes,
amnesty international, Gesellschaft für bedrohte Völker usw.

Das Wirken aller privaten Menschenrechtsorganisationen ist deshalb so wichtig, weil sie Menschenrechtsverletzungen aus einer Dunkelzone des Schweigens an das Licht der Weltöffentlichkeit befördern. Sie treten für Personen ein, die in aller Regel keine Gewalt ausgeübt haben, aber eindeutig als Opfer angesehen werden. Es gibt diese Organisationen in so großer Zahl, dass es inzwischen jedem möglich ist, sich in irgendeiner Form für die Menschenrechte einzusetzen.
Der Schutz der Menschenrechte ist eine Herausforderung für uns alle!
In welcher Weise könnten wir für die Menschenrechte eintreten?
Plakataktionen durchführen, Aufklärungsarbeit betreiben, Spenden sammeln,
durch Briefe einsetzen für verfolgte Menschen

S. 144

Feste, Sitten und Bräuche in unserem Leben

„Hallo – hier bin ich!"

Die Geburt eines Kindes – Anlass zum Feiern

Erzähle, wie bei dir zu Hause ein neuer Erdenbürger gefeiert wird!

1. Finde weitere Feste und Bräuche, erkläre deren Sinn und trage sie in unten stehende Tabelle ein! Überlege dir aber vorher, in welche Bereiche du sie gliedern könntest!

religiöse	weltliche	persönliche
Advent	Fasching	Geburtstag
Weihnachten	Volksfest, Dult	Namenstag
Ostern	Schulfest	Hochzeit
Pfingsten	Maifeier	Taufe
Kirchweih	Silvester	Schulabschluss
Allerheiligen	Sonnwendfeier	
Nikolaus		
Erntedankfest		

2. Bastle dir aus Pappe eine große Jahresuhr, in die du alle Feste und Bräuche einträgst, die für dich und deine Familie wichtig sind!
3. Was wäre, wenn es alle diese Feste, Sitten und Bräuche nicht gäbe? Worin liegt also ihre wichtige Bedeutung für dich, deine Familie und für uns alle?
– Feste sind kleine und große Höhepunkte im Jahreslauf.
– Feste und Feiern dienen der Gefühlsentwicklung.
– Feste und Feiern lassen die Verbundenheit zueinander spürbar werden.
4. „Kein Edelmann soll mit einem anderen zusammen von einem Löffel essen. Beim Essen rülpst man nicht und schneuzt nicht in das Tischtuch. ..."
Wie damals zur Ritterzeit würdest du auch heute noch für unanständig gelten und gegen die guten Sitten verstoßen, wenn du ins Tischtuch schneuztest.
Finde weitere Beispiele für unanständiges, sittenwidriges Verhalten und stelle ihnen anständiges Verhalten gegenüber!

S. 145

unanständiges Verhalten	anständiges Verhalten
– vordrängen	– höflich grüßen
– nicht grüßen	– Tür aufhalten
usw.	– Sitzplätze anbieten
	usw.

5. Mit welchen Folgen muss jemand rechnen, der gegen Anstand und gute Sitten verstößt?
Er wird verlacht. Er wird bestraft. Er wird ausgeschlossen. ...

6. Vergleiche!

„Die Eltern können, vor allem bei kleineren Kindern, wesentlich zum Gelingen der Geburtstagsfeier beitragen. ... Zu bedenken sind: Anzahl und das Alter der Gäste, die Dauer der Feier ..."	Art. 6 (1) Die Staatsangehörigkeit wird erworben 1. durch Geburt; ... (aus: Verfassung des Freistaates Bayern)
– freiwillig	– gilt für alle Staatsbürger
– keine Vorschrift	– Gesetz
– Sitte, Brauch	...
...	

7. Ergänze!
Gesetze sind ___Gebote___ und ___Verbote___, die das ___Zusammenleben___ der Menschen regeln. Sie sind für ___alle___ gleichermaßen gültig.
Für die Einhaltung der Gesetze sind vor allem ___Polizei___ und ___Gerichte___ zuständig.

S. 156

Mögliche Maßnahmen bei einem Straftäter unter 14 Jahren

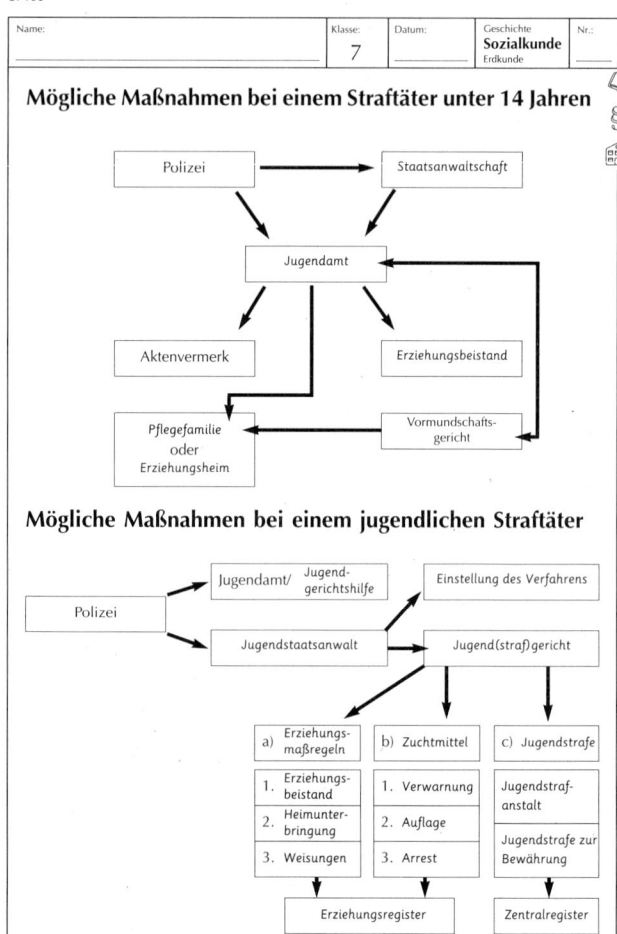

Polizei → Staatsanwaltschaft
↓ ↓
Jugendamt
↓ ↓ ↓
Aktenvermerk | Pflegefamilie oder Erziehungsheim | Erziehungsbeistand | Vormundschaftsgericht

Mögliche Maßnahmen bei einem jugendlichen Straftäter

Polizei → Jugendamt/Jugendgerichtshilfe → Einstellung des Verfahrens
Polizei → Jugendstaatsanwalt → Jugend(straf)gericht

a) Erziehungsmaßregeln
1. Erziehungsbeistand
2. Heimunterbringung
3. Weisungen

b) Zuchtmittel
1. Verwarnung
2. Auflage
3. Arrest

c) Jugendstrafe
Jugendstrafanstalt
Jugendstrafe zur Bewährung

↓ ↓
Erziehungsregister | Zentralregister

Rechtsstaat und Polizei

1. Drei wichtige Kennzeichen eines Rechtsstaates lauten:

a) Bindung der Staatsgewalt an geltendes Recht
b) Teilung der Staatsgewalten
c) Grundrechtlicher Schutz des Bürgers vor rechtswidriger Staatsgewalt

2. Überprüfe, welche der Fallbeispiele folgenden rechtsstaatlichen Grundsätzen widersprechen (Lies hierzu auch nach: Art. 3 (1), 97 (1) und 103 GG!):

– Gleichheit vor dem Gesetz – Recht auf freie Verteidigung – keine Strafe ohne Gesetz – Bindung des Gerichts an die Gesetze – Unabhängigkeit der Richter – Anfechtbarkeit des Urteils – im Zweifel für den Angeklagten – Schuldfähigkeit als Voraussetzung – Anspruch auf rechtliches Gehör –

a) Herr A. verdächtigt den Nachbarn seinen Dackel Lumpi vergiftet zu haben. Seine Anzeige wird mit der Begründung abgewiesen, Polizei und Gerichte hätten schließlich Wichtigeres zu tun. → Anspruch auf rechtliches Gehör
b) Herr Strunz hält die gegen ihn ausgesprochene Strafe für ungerechtfertigt. Zu spät, das Urteil ist gesprochen. → Anfechtbarkeit des Urteils
c) Die Geschwindigkeit innerhalb geschlossener Ortschaften wird auf 30 km/h begrenzt. Nun können alle, die in den letzten Jahren schneller gefahren sind, endlich bestraft werden. → keine Strafe ohne Gesetz
d) Stadtrat F., der wegen Trunkenheit am Steuer vor Gericht steht, verlangt vom Richter aufgrund seiner Stellung ein mildes Urteil. → Gleichheit vor dem Gesetz

3. Was darf, kann und muss die Polizei – kreuze an, was du für richtig hältst!

– Nach einer Polizeikontrolle in einer Diskothek gegen 22.30 Uhr wird Gisela mit dem Polizeifahrzeug nach Hause gebracht, weil sie erst 15 ist. ☒
– Polizist K. dringt heimlich in die Wohnung eines Verdächtigen ein und kann schließlich das Geständnis des Täters durch Gewaltanwendung erpressen. ☐
– Die Polizei verbietet eine jugendgefährdende Veranstaltung. ☐
– In einem Lebensmittelmarkt unterbindet die Polizei den Verkauf verdorbener Säuglingsnahrung, beschlagnahmt die noch vorhandene Ware und benachrichtigt das Ordnungsamt. ☒
– Die Polizei lehnt es mit dem Hinweis ab, dies sei eine private Angelegenheit, für Herrn Knicker die Miete einzutreiben, die ihm Familie Penner seit einem Vierteljahr schuldig geblieben ist. ☒
– Polizeibeamtin R., die aufgrund von Ermittlungen an der Haustür läutet, weigert sich, der Bitte nachzukommen, sich auszuweisen. ☐
– Als der einer Straftat dringend verdächtigte M. sich wehrt, zu erkennungsdienstlichen Maßnahmen mit auf die Wache zu kommen, wird er mittels Polizeigriff zum Besteigen des Dienstwagens veranlasst. ☒
– Im Feuergefecht mit der Polizei wurde ein Geiselnehmer erschossen. ☒

Strafen früher und heute – Sinn, Zweck, Absicht

1. So sahen die harten Strafen im Mittelalter aus. Beschreibe!

hängen, verbrennen, rädern, vierteilen, Gliedmaßen abhacken, teeren, federn usw.

2. Welchen Zweck verfolgten diese harten Strafmaßnahmen?

Vergeltung, Abschreckung

Video-Killer „Jason" als brutales Vorbild
Zwei Jahre Haft auf Bewährung für 15-jährigen – Gericht ordnet Heimunterbringung an

P a s s a u. (gp) Im Prozess gegen einen 15-jährigen Jungen aus dem Raum Wegscheid hat das Passauer Landgericht sein Urteil gefällt. Christian E., der als Zombie verkleidet mit einem Buschmesser und einem Beil seine zehnjährige Cousine lebensgefährlich und eine Nachbarin schwer verletzte, wurde wegen gefährlicher Körperverletzung zu einer zweijährigen Haftstrafe verurteilt. Die Strafe wurde zur Bewährung ausgesetzt, der Junge muss allerdings in psychiatrische Behandlung. Der Verteidiger des jugendlichen Täters hatte einen Freispruch gefordert. Er hatte schon zu Beginn des Prozesses dem erheblichen Konsum von Gewalt-Videos durch Christian einen Großteil der Schuld an der Tat gegeben.

3. Fast bis in die Mitte des 19. Jahrhunderts wurden Kinder und jugendliche Straftäter meistens genauso bestraft wie Erwachsene.

a) Wie wäre Christian vermutlich im Mittelalter für seine Tat bestraft worden?
b) Wie beurteilst du das Strafmaß, das das Passauer Landgericht über Christian verhängt hat?
c) Welchen Zweck verfolgen diese Strafen? (Lies hierüber auch den gesamten Zeitungsbericht mit Urteilsbegründung nach!)

Brutale Rowdys stecken Metallstange ins Fahrrad

Folgen für Täter
- Festnahme und Vernehmung durch die Polizei
- Anklageerhebung durch den Staatsanwalt

Folgen für Opfer
- Schäden an Leib u. Seele
- materielle Schäden (Fahrrad)
usw.

Strafprozess (Protokollführung, Staatsanwalt (Kläger), Verteidiger, Angeklagter, Richter)

Zivilprozess (Beklagter (Täter), Kläger (Opfer), Richter)

Bestrafung, z. B.
– Erziehungsmaßregeln
– Zuchtmittel
– Jugendstrafe
– Verurteilung zu Schadensersatz

Wiedergutmachung der erlittenen Schäden, z. B.
– Kosten für Reparatur am Fahrrad
– Schmerzensgeld
– evtl. Lebensunterhalt usw.

Die deutschen Einzelstaaten im Deutschen Bund

Grund der Entstehung: Niederlage Napoleons; neue Friedensordnung in Europa
Jahr der Entstehung: 1815 in Wien beim Wiener Kongress
Anzahl der Staaten: 39
Organisationsform: lockerer Zusammenschluss selbständiger Staaten
Rechte jedes Staates: eigenes Heer, eigenes Geld, eigene Grenzen
Pflichten jedes Staates: gemeinsames Handeln im Kriegsfall, Entsendung von Vertretern in den Frankfurter Bundestag, Einführung von Verfassungen und Volksvertretungen
Auswirkungen auf das Volk: Ansehen des Frankfurter Bundestages nicht sehr groß, Volksvertretungen und Verfassungen werden nur in einigen Staaten eingeführt, Preußen und Österreich werden weiterhin absolutistisch regiert

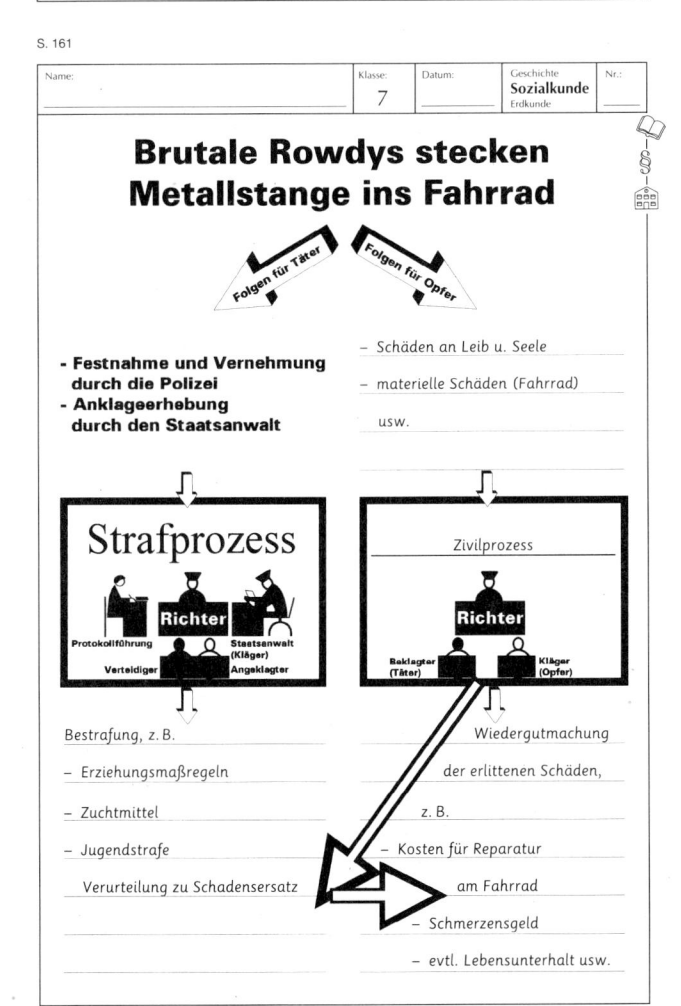

S. 169

Der Wunsch nach Einheit und Freiheit

Fürsten

Ziel:
Wiedereinführung der alten Herrschaftsverhältnisse (Absolutismus)

Reaktionen:
- Karlsbader Beschlüsse 1819
- Zensur
- Auflösung der Burschenschaften
- Verbot der Fahnen (Schwarz-Rot-Gold)
- Verhaftungen
- Überwachung von Universitäten

→ Wiedereinführung des Absolutismus

Volk

Ziel:
Einheit (gemeinsamer Staat), Freiheit, gleiche Rechte für alle

Versuche der Verwirklichung:
- Gründung von Burschenschaften 1815 (Flagge Schwarz-Rot-Gold)
- 1817 Wartburgfest
- 1832 Hambacher Fest
- 1841 „Lied der Deutschen"

→ Enttäuschung wegen unerfüllten Forderungen

Revolution 1848

S. 173

Die Revolution von 1848

Ursachen: Arbeitslosigkeit; Not in ganz Europa, Enttäuschung über unerfüllte Forderungen

Vorbild: Februarrevolution in Frankreich 1848

Forderungen:
- frei gewähltes Parlament
- allgemeines Wahlrecht
- Volksbewaffnung
- Presse- und Redefreiheit
- Religions-, Gewissens- und Lehrfreiheit
- gerechte Besteuerung
- Gleichheit vor dem Gesetz
- Recht auf Arbeit
- Bildung für alle

Nationalversammlung in der Frankfurter Paulskirche

Aktionen: blutige Barrikadenkämpfe

Folgen: Versprechen der Fürsten – Verfassung für alle deutschen Staaten gültig

Wahlen zu einer deutschen Nationalversammlung

Die Nationalversammlung in der Frankfurter Paulskirche

586 Mitglieder, davon 106 Professoren

Sitzordnung: Konservative, Liberale, Republikaner

Aufgabe: Erstellung einer Reichsverfassung

Beschlüsse: Grundrechte; kleindeutscher Bundesstaat ohne Österreich; konstitutionelle Monarchie; preußischer König als Deutscher Kaiser

⇨ Ablehnung der Kaiserkrone durch Friedrich Wilhelm IV.
⇨ Auflösung der Nationalversammlung
⇨ Scheitern der Revolution

Folgen:
- Niederschlagung vereinzelter Aufstände
- Verfolgung liberal und national eingestellter Personen
- Wiederherstellung des Deutschen Bundes
- Fürsten haben wieder die Macht im Staat

S. 176

Die Reichsgründung 1871

Ein eigens aus Berlin bestellter Maler hält den feierlichen Augenblick der Reichsgründung fest

1862: Otto von Bismark wird preußischer Ministerpräsident

Sein Ziel: Verdrängung Österreichs aus dem Deutschen Bund

1866: Krieg Preußen gegen Österreich und Verbündete; Frankreich bleibt neutral und hofft auf Landgewinn

- Sieg Preußens
- Vormachtstellung Preußens in Deutschland
- Großmacht in Europa
- Frankreich ist verärgert, weil es das versprochene Land nicht erhält

1868: Prinz Leopold von Hohenzollern bewirbt sich um den spanischen Thron.

- Frankreich fühlt sich bedroht, verlangt Verzicht für alle Zeit
- „Emser Depesche"
- 1870: Kriegserklärung Frankreichs
- süddeutsche Staaten kämpfen an der Seite Preußens; Österreich bleibt neutral
- Sieg der deutschen Armeen

1871: Bismark nutzt den gemeinsam errungenen Sieg
- Zusammenschluss aller deutschen Länder zum Deutschen Reich
- König Wilhelm I. von Preußen wird deutscher Kaiser

S. 178

Bayern im Kaiserreich

König: Ludwig II.

Interessen des Königs:
- Schlösser bauen
- Musik

Bayerns Wichtigkeit:
- einer der ältesten Staaten Europas
- eigenes Nationalgefühl
- ohne Bayern kein Deutsches Reich denkbar

Bismarck räumt Bayern eine Sonderstellung ein!

Sonderrechte Bayerns:
- diplomatische Vertretungen im Ausland
- bayerische Armee untersteht im Frieden dem König
- eigene Post
- eigene Eisenbahn ...
- eigene Bier- und Branntweinsteuer
- eigenes Eherecht

⇨ Bayern tritt dem Deutschen Reich bei

Ludwig II. wird überzeugt:
- Bismark gibt Zuschüsse für seine Schlossbauten
⇨ Ludwig trägt Wilhelm die Deutsche Kaiserkrone an
⇨ Ludwig tut das nur ungern
⇨ Ludwig fürchtet nur noch „Schattenkönig" ohne Macht zu sein

Bayern wächst ins Reich:
- wenig Interesse Ludwigs an Politik
- preußenfreundliche Minister
- Schaffung von Gesetzen, die für ganz Deutschland gelten

Nachfolger Ludwig II.
- Prinzregent Luitpold (seit 1886–1912, wegen angeblicher Geisteskrankheit des Königs)
- Ludwig III. (1912–1918)

Seit 1918 ist Bayern ein Freistaat.

Soziale und wirtschaftliche Verhältnisse in der vorindustriellen Zeit

Ständegesellschaft Absolutismus

Die Lage auf dem Land:
- 80% der Bevölkerung lebte auf dem Land
- Landbevölkerung war rechtlos
- Frondienste
- Teile der Ernte mussten abgegeben werden
- Böden waren ausgelaugt
- Hungersnöte

Die Lage in der Stadt:
- mittelalterliche Zunftordnung der Handwerker
- kleine Werkstätten
- Familie half mit
- Konkurrenz durch Manufakturen
- in großen Städten Wohlstand und Mitspracherecht (Magistrat)

Energiequellen:
- menschliche Arbeitskraft
- Tiere
- Wind
- Wasser

Wohnverhältnisse der Unterschicht:
- Wohnungen ohne Küche und Wasseranschluss
- oft nicht heizbar
- Ungeziefer
- schlechte hygienische Verhältnisse

Technisierung und Industrialisierung

Voraussetzungen:
- politische Stabilität
- Vergrößerung durch Kolonien
- starkes Bevölkerungswachstum
- arbeitslose Kleinbauern, die in die Städte zogen
- ⇒ Nachfrage nach Konsumgütern
- ⇒ hohe Gewinne
- ⇒ viel verfügbares Kapital

Der Schaufelraddampfer, erbaut von Robert Fulton, beförderte ab 1807 zahlende Passagiere auf dem Hudson River

Die bahnbrechende Erfindung war die **Dampfmaschine von James Watt**

Vorteile:
- Unabhängigkeit von Wind, Wasser oder Muskelkraft
- überall konnten Fabriken gebaut werden

Folgen:
- billige Waren konnten produziert werden
- leichte Bedienbarkeit der Maschinen
- hohe Produktion

Wichtige Erfindungen die direkt mit der Dampfmaschine zusammenhängen:
- Dampfschiffe (Fulton 1807)
- Eisenbahn (Stevenson 1825)

Weitere Erfindungen in dieser Zeit: (5 Beispiele)

Wandel der Lebens- und Arbeitswelt

vorher	nachher
Handwerker, Bauer, Knecht	ungelernter Arbeiter
Arbeit in Wohnung oder Feld	in der Fabrik
Einzelfertigung	Massenproduktion
alte Berufe sterben aus	neue Berufe entstehen
Handwerker verkauft direkt an Kunden	Fabrikbesitzer verkauft Waren

Die Landbewohner ziehen in die Städte.
Hoffnung auf Arbeit in den Fabriken
⇩
Überangebot an Arbeitern
- ⇒ Arbeitslosigkeit
- ⇒ niedere Löhne
- ⇒ lange Arbeitszeiten
- ⇒ Frauen- und Kinderarbeit
- ⇒ Wohnungsnot

Neue Gesellschaftsschichten entstehen:
Die Lohnarbeiter (Proletariat) und
die Unternehmer (Kapitalisten)

Folgen der Arbeit:
- Übermüdung
- körperliche Schäden
- Krankheit
- früher Tod
- kein Familienleben
- keine Bildung
- Verwahrlosung

Teufelskreis aus Armut, Arbeitslosigkeit und Verwahrlosung entsteht.

Dies wird als **Soziale Frage** bezeichnet.

Elendsviertel

Lösung der Sozialen Frage

Vorbildliche Unternehmer setzten sich für ihre Arbeiter ein:
Robert Owen, Alfred Krupp, Ernst Abbe, Werner von Siemens.
Sie schufen z. B.:
Krankenkassen, Wohnungen, Kantinen, Schulen, Kindergärten, Altersfürsorge, Mitbestimmung, kürzere Arbeitszeiten, Urlaub …

Auch die Kirche bleibt nicht untätig.
Johann Heinrich Wichern: „Innere Mission", „Rauhes Haus" (versorgt, erzieht und bildet Waisenkinder aus).
Theodor Fliedner: Diakonissenhaus zur Ausbildung von Pflegekräften.
Friedrich von Bodelschwingh: Pflegehäuser in Bethel zur Betreuung von körperlich und geistig Behinderten.
Wilhelm Emanuel Ketteler: Waisenhäuser und Anstalten für arbeitsunfähige Arbeiter – später Caritasverband
Papst Leo XII.: Enzyklika (Rundschreiben) kritisiert Gegensatz zwischen besitzender und besitzloser Klasse. Kapital kann ohne Arbeit nicht auskommen und die Arbeit nicht ohne Kapital. Recht auf Arbeit und gerechten Lohn;

Arbeiter- und Gewerkschaftsbewegung:
Forderungen:
- höhere Löhne
- kürzere Arbeitszeit
- Absicherung bei Krankheit und Unfall
- Altersversorgung

1824	in England erste Zusammenschlüsse von Arbeitern
1863	Ferdinand Lassalle gründet den „Allgemeinen Deutschen Arbeiterverein" (ADAV)
1869	August Bebel und Wilhelm Liebknecht gründen die „Sozialdemokratische Arbeiterpartei" (SDAP) mit Forderungen aus der Lehre von Karl Marx und Friedrich Engels
1875	Vereinigung verschiedener Arbeitergruppen zur „Sozialistischen Arbeiterpartei" (Gothaer Programm) später SPD

Zuerst schritt der Staat ein (Sozialgesetze).
Ab 1916 wurden die Gewerkschaften als Vertretung der Arbeiter anerkannt.
Staatliche Aktivitäten:
- 1883 Krankenversicherung
- 1889 Alters- und Invalidenversicherung
- 1891 Arbeitsschutzgesetz
- 1884 Unfallversicherung

S. 194

Wir kennen die wichtigsten Städte und Flüsse in Deutschland

Beschrifte in der Karte folgende Flüsse:

- Donau
- Elbe
- Ems
- Main
- Oder
- Rhein
- Weser

Trage ferner folgende Städte ein:

- Berlin
- Erfurt
- Magdeburg
- Rostock
- Bonn
- Frankfurt
- Mainz
- Saarbrücken
- Bremen
- Hamburg
- München
- Stuttgart
- Dresden
- Hannover
- Potsdam
- Wiesbaden
- Düsseldorf
- Kiel

Unsere Städte und Flüsse

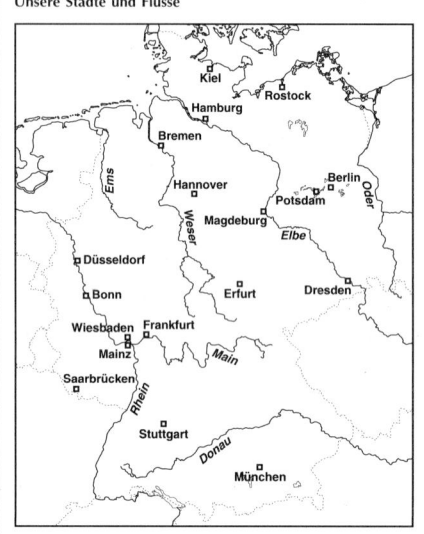

S. 195

Deutschlands Naturräume

Male mit Hilfe eines Atlasses und des Informationsblatts folgende Naturräume vorsichtig mit Farbstift aus:

- Norddeutsche Tiefebene → grün
- Mittelgebirge → rosa
- Alpenvorland → gelb
- Alpen → braun

Beschrifte jetzt folgende Landschaften:

- Mecklenburger Seenplatte
- Münsterländer Bucht
- Lüneburger Heide
- Alpenvorland

Zeichne mit Schwarz die Grenzen der folgenden Gebirge ein und trage ihre Namen in die Karte ein:

- Rheinisches Schiefergebirge
- Harz
- Erzgebirge
- Schwarzwald
- Fränkische Alb
- Schwäbische Alb
- Bayerischer Wald
- Alpen

Unsere Naturräume

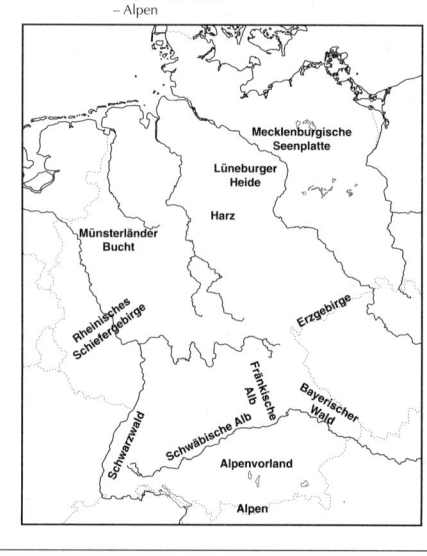

S. 196

Unsere Bundesländer

Hier ist eine Karte in Stücke zerbrochen. Setze das Puzzle wieder zusammen und benenne die Bundesländer und ihre Hauptstädte!

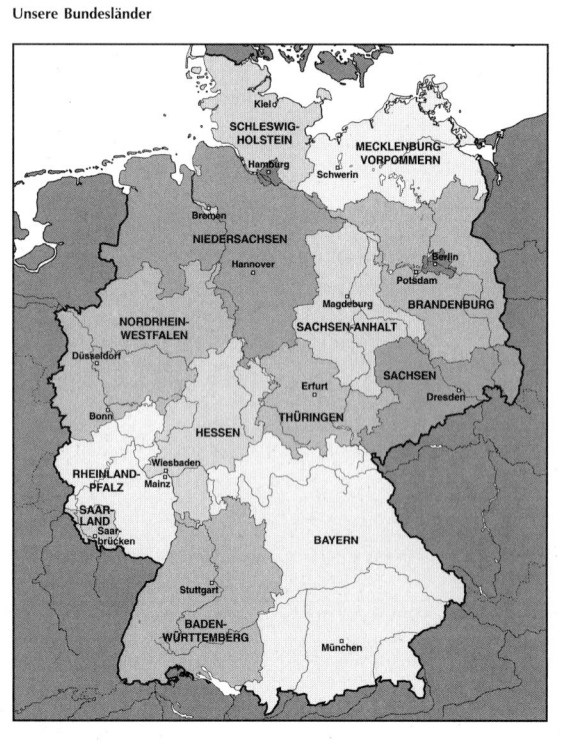

Unsere Bundesländer

S. 199

Wir besuchen unsere europäischen Nachbarn

Nimm dir ein Lexikon und ergänze folgende Tabelle, die dir wichtige Informationen über unsere Nachbarn gibt!

Land	Größe	Einwohner	Hauptstadt	Landwirtsch.	Industrie
Dänemark	43 069 km²	5,1 Mio.	Kopenhagen	Viehzucht	Textil-, Metall-, Maschinen- u. Lebensmittelindustrie
Polen	312 677 km²	38,6 Mio.	Warschau	Getreide, Kartoffeln u. Zuckerrüben	Eisen- u. Stahl- sowie die Textil-, Nahrungsmittel-, Maschinen-, chem. u. elektrotechn. Industrie
Tschechische Republik	78 864 km²	10,4 Mio.	Prag	Kartoffeln, Getreide, Zuckerrüben, Futterpflanzen	Hüttenwerke, Metall-, Textil-, Maschinen-, Papier-, Glas-, chem. u. Kosumgüterindustrie
Österreich	83 853 km²	7,9 Mio.	Wien	Hopfen-, Weizen-Hackfrucht- (Zuckerrüben) und Futterpflanzenanbau sowie Obst u. Wein und Viehzucht	Eisen u. Stahl, Maschinen, Apparate, Holz u. Papier sowie Textilien
Schweiz	41 293 km²	6,7 Mio.	Bern	Viehzucht, v. a. Milchwirtschaft	Apparatebau, die Textil-, Schuh-, Metall-, chem., Uhren-, Nahrungsmittel-, holzverarbeitende u. a. Industrie
Frankreich	551 500 km²	57,2	Paris	Weizen, Gerste, Hafer, Mais, Wein	
Luxemburg	2 586 km²	390 000	Luxemburg	Getreide, Kartoffeln, Futterpflanzen u. Obst; Weinbau	Eisen u. Stahlind., ferner die chem., keram., Metall- u. Nahrungsmittelindustrie (Großbrauereien, Molkereien);
Belgien	30 513 km²	9,9 Mio.	Brüssel	Weizen, Kartoffeln, Zuckerrüben, Flachs, Gemüse u. Obst	
Niederlande	41 863 km²	15,1 Mio.	Amsterdam/ Den Haag	Viehzucht u. Blumen-, Gemüse- u. Obstanbau	

Unterrichtssequenzen Geschichte/Sozialkunde/Erdkunde, © Auer Verlag GmbH, Donauwörth
Als Kopiervorlage freigegeben

S. 200

| Name: | | Klasse: 7 | Datum: | Geschichte Sozialkunde **Erdkunde** | Nr.: |

Unsere Nachbarn

Trage in folgende Karte die Namen der Länder und die Hauptstädte unserer Nachbarstaaten ein!

Unsere Nachbarländer

S. 201

| Name: | | Klasse: 7 | Datum: | Geschichte Sozialkunde **Erdkunde** | Nr.: |

Der Tourismus verändert sich

Wir fliegen nicht nur immer weiter weg, wir wollen auch immer neue Vergnügen. Erkläre die folgenden Ausdrücke:

Snowboarden: auf einem Brett den Hang hinunter gleiten

Surfen: auf den Wellen mit einem Brett reiten

Rafting: mit einem Gummiboot im Wildwasser fahren

Paragliding: an einem lenkbaren Fallschirm vom Berg ins Tal gleiten

Klebe ein Bild einer dieser neuen Sportarten ein oder male sie!

Aber:

Alte und neue Sportarten im Sommer und im Winter brauchen immer mehr Platz. Snowboarden und Schilaufen soll auch im Sommer möglich sein. Der Paraglider muss auf den Gipfel eines Berges mit Seilbahn oder Auto gebracht werden. Auch müssen immer mehr neue Hotels gebaut werden.
Andererseits leben viele Menschen vom Tourismus. Mache zu folgenden Stichworten Vorschläge, wie man trotz Tourismus die Umwelt schonen kann!

Hotels — am Bedarf ausrichten, im Stil typisch für die Landschaft bauen
Pflanzen — stehen lassen, nicht zertreten
Müll — wieder mitnehmen
Snowboarden — nur im Winter
Paragliding — Fallschirm im Rucksack mitnehmen
Verkehrsmittel — öffentliche Verkehrsmittel benutzen
Wanderwege — nicht verlassen
Lärm — vermeiden

S. 208

| Name: | | Klasse: 7 | Datum: | Geschichte Sozialkunde **Erdkunde** | Nr.: |

Feuer aus dem Innern der Erde

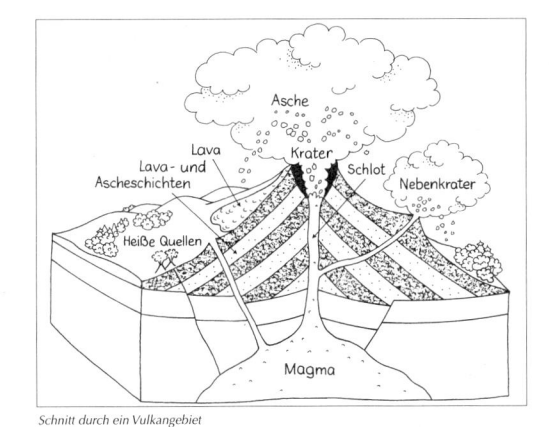

Schnitt durch ein Vulkangebiet

Entstehung: Schwache, dünne Stellen in der Erdkruste brechen auf. Glühende Magma aus dem Erdinnern tritt als Lava durch Spalten und Schlote an die Erdoberfläche. Asche und Steine werden hochgeschleudert.

Auswirkungen: Vulkanausbrüche vernichten das umliegende Gebiet durch Lavaströme, Asche- und Gesteinsregen. Erstarrte Lava verwittert und bildet einen sehr fruchtbaren Boden.

Vorsorge-/Schutzmaßnahmen: Messungen der Wärmeabstrahlung von Vulkanen, Beobachtungen der Natur (Geräusche aus dem Erdinnern, kleine Explosionen).

Vorhersage: Sehr ungenau

S. 211

| Name: | | Klasse: 7 | Datum: | Geschichte Sozialkunde **Erdkunde** | Nr.: |

Wenn die Erde bebt

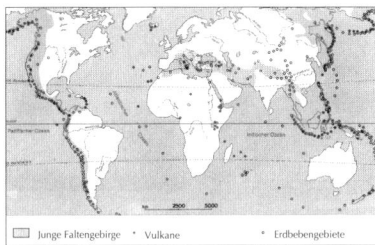

Junge Faltengebirge, Vulkan- und Erdbebengebiete der Erde

Entstehung: Erdplatten treiben auf der Magmamasse, die im Inneren unseres Erdballs vorhanden ist. Diese tektonische Platten bewegen sich in unterschiedlichen Richtungen, sie stoßen zusammen oder reiben sich aneinander.

Auf diese Weise entstehen Spannungen. Wenn sich diese Spannungen ruckartig lösen, bricht das Gestein. Die Folge sind gewaltige Erdstöße (= tektonisches Beben).

Daneben gibt es auch Erdbeben, die dann auftreten, wenn ein Vulkan ausbricht (vulkanisches Beben) oder wenn ein großer unterirdischer Raum einbricht (Einsturzbeben).

Auswirkungen: Erdbeben verursachen Geländeverschiebungen, Schäden an Bauwerken, Flutwellen, Überschwemmungen und fordern häufig viele Menschenleben

Vorsorge-/Schutzmaßnahmen: Erdbebengerechte Bauweise für Häuser (Holz- und Stahlbetonbauten)

Vorhersage: Sehr ungenau

S. 214

Wirbelstürme – tödlicher Wind

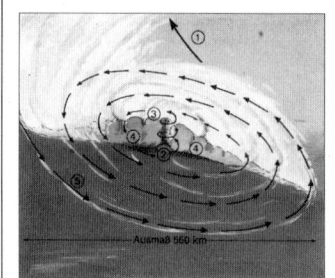

① Richtung des Hurrikans ④ Regenwolken
② Auge des Hurrikans ⑤ Windrichtung
③ Wolkenwall

Ordne den Begriffen die Zahlen der Grafik zu!

Entstehung: Tropische Wirbelstürme entstehen über dem _Ozean_. Riesige Mengen Wasser _verdunsten_. Knapp über der Wasseroberfläche entsteht ein _Unterdruck_, Luft wird angesaugt und steigt als _Wasserdampf_ hoch. Durch die _Erddrehung_ entsteht eine Kreiselbewegung. Um das _„Auge"_ rotieren die Luftmassen.

Auswirkungen: Zerstörungen auf dem Festland durch die Kraft des Sturms; Sturmflut und sintflutartige Wolkenbrüche

Vorsorge-/Schutzmaßnahmen: Wettersatelliten und Wetterstationen als Grundlage für rechtzeitige Warnungen

Vorhersage: Ziemlich genau

S. 217

Dürre – und kein Ende?

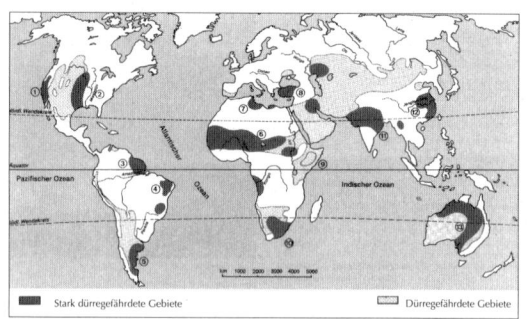

Dürregebiete der Erde

Entstehung: Extreme klimatische Bedingungen (Hitze, ausbleibende Niederschläge); Missbrauch der Natur (falsche Bodennutzung, Brandrodung, Überweidung, übermäßiger Holzschlag); Fehler bei der Entwicklungshilfe

Auswirkungen: Hungersnöte mit zahllosen Toten; Flucht aus den von Dürre und Hunger bedrohten Gebieten (Migration)

Vorsorge-/Schutzmaßnahmen: Nur in Form einer vernünftigen Entwicklungshilfearbeit möglich; weltweite Zusammenarbeit aller Staaten nötig.

Vorhersage: Ziemlich genau

S. 219

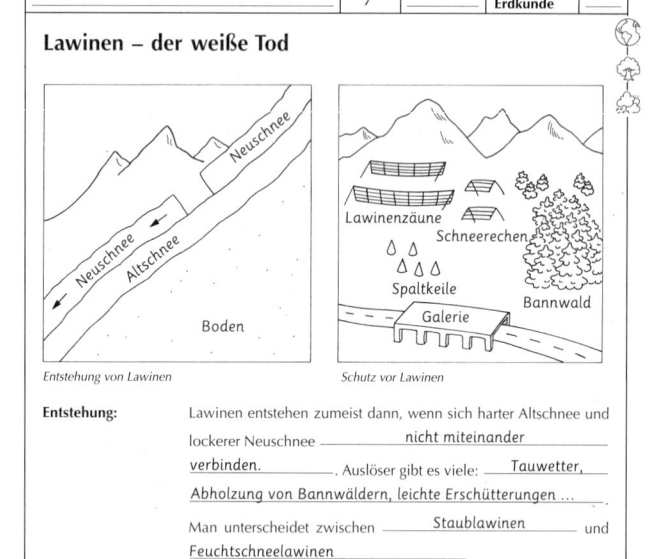

Lawinen – der weiße Tod

Entstehung von Lawinen *Schutz vor Lawinen*

Entstehung: Lawinen entstehen zumeist dann, wenn sich harter Altschnee und lockerer Neuschnee _nicht miteinander verbinden_. Auslöser gibt es viele: _Tauwetter, Abholzung von Bannwäldern, leichte Erschütterungen …_. Man unterscheidet zwischen _Staublawinen_ und _Feuchtschneelawinen_.

Auswirkungen: Die Staublawinen entstehen aus einem _punktförmigen_ Abriss. Sie stürzen mit rasender Geschwindigkeit zu Tal; verheerend wirkt sich die _Druck- und Sogwirkung_ aus.

Feuchtschneelawinen entstehen aus einem _breiten_ Abriss. Tonnenschwerer, _nasser_ Schnee rutscht ab.

Vorsorge-/Schutzmaßnahmen: Erhaltung des Bannwaldes im Gebirge, Lawinenrechen, Lawinenzäune, Bau von Tunnels und Galerien, Lawinenspaltkeile, Auslösen von Lawinen durch Sprengung, Lawinenwarndienst

Vorhersage: Lawinengefahr sehr genau zu bestimmen

S. 249

Schnippelrätsel (Lösung)

1	Sobald der Verdacht einer strafbaren Handlung besteht, setzt die Strafverfolgung von Amts wegen ein.
2	Gewöhnlich wird die Strafverfolgung durch eine Strafanzeige eingeleitet, die jedermann bei der Polizei, beim Amtsgericht oder bei der Staatsanwaltschaft erstatten kann.
3	In dem nun einsetzenden Ermittlungsverfahren hat die Staatsanwaltschaft den Sachverhalt zu erforschen, d.h. Spuren zu sichern, Zeugen zu befragen, den Beschuldigten zu vernehmen usw.
4	Falls sich aus den Ermittlungen ein hinreichender Tatverdacht gegen den Beschuldigten ergibt, erhebt die Staatsanwaltschaft öffentliche Klage durch Einreichung einer Anklageschrift beim zuständigen Gericht.
5	Reichen die Verdachtsmomente aus und kommt das Gericht zu der Ansicht, dass dem Angeschuldigten die Tat wahrscheinlich nachzuweisen ist, beschließt es die Eröffnung des Hauptverfahrens.
6	Mit dem Eröffnungsbeschluss wird die Anklage zur Hauptverhandlung zugelassen. Damit beginnt die wichtigste Phase des Strafverfahrens, in der in ständiger Anwesenheit des Gerichts verhandelt wird.
7	Der Angeklagte kann sich dabei durch einen Rechtsanwalt vertreten lassen, der auch das Recht zur Akteneinsicht hat.
8	Das Gericht prüft die Stellungnahmen der Staatsanwaltschaft oder des Angeklagten und erforscht von sich aus das tatsächliche Geschehen, um einen unmittelbaren Eindruck von den Angeklagten, von den Zeugen und den übrigen Beweismitteln zu gewinnen.
9	Ist die Beweisaufnahme beendet, halten Staatsanwaltschaft und Verteidiger ihre Schlussvorträge (Plädoyers).
10	Das letzte Wort hat der Angeklagte.
11	Nach geheimer Beratung verkündet der Vorsitzende des Gerichts schließlich den Urteilsspruch, der auf Verurteilung oder Freispruch lauten kann.
12	Unter bestimmten Voraussetzungen ist die Einstellung des Verfahrens möglich.
13	Sowohl der Angeklagte wie auch der Staatsanwalt können gegen das Urteil Berufung bzw. Revision einlegen. Nachdem das Urteil Rechtskraft erlangt hat, folgt im Fall einer Verurteilung der Strafvollzug.

Quellennachweis

Noack, Paul. Währungsreform. Aus: Noack, Paul. Die deutsche Nachkriegszeit. München (= Günter Olzog Verlag) 1973

Texte „Säkularisation" und „Bündniswechsel" von S. 130. Aus: Bayerische Staatskanzlei (Hrsg.). Hefte zur Bayerischen Geschichte und Kultur, Band 9, München 1990, S. 39 © Haus der Bayerischen Geschichte

Bildnachweis

Arbeitsgemeinschaft zur Förderung der wirtschaftlichen und sozialen Bildung e. V., Bonn/Königswinter S. 134 (2 ×). Aus: Arbeitsgemeinschaft zur Förderung der wirtschaftl. und sozialen Bildung e. V. (Hrsg.). Frauen und Männer sind gleichberechtigt! Ein Heft für die Schule (Sek. I). Gelsenkirchen-Buer (= Verlag Dr. Neufang KG) Ausgabe 1996, S. 5 u. 18

Bayer. Landtag, München S. 130. Aus: Bayerischer Landtag. Die historische Entwicklung des Bayer. Parlaments. München 1996, S. 23

Bildarchiv Foto Marburg S. 104 u.

Bildarchiv Preußischer Kulturbesitz, Berlin S. 185

Blutenburg-Verlag, München/Verlag Schöningh, Paderborn S. 213, S. 218 o. r. Aus: Himmelstoß, Horst/Jahn, Walter. Erdkunde, 7. Schuljahr Hauptschule. München (= Blutenburg-Verlag) u. Paderborn (= Verlag Ferdinand Schöningh GmbH)

C. Bertelsmann Verlag, München S. 97. Aus: Dollinger, Hans. Bayern. © Bertelsmann Verlag GmbH, München 1976, Umschlag-Innenseite

C. C. Buchners Verlag, Bamberg S. 11 o. l., o. r., u. l, u. M.

Deutscher Taschenbuch Verlag, München S. 106. Aus: Müller, Werner/Vogel, Günter. dtv-Atlas zur Baukunst, illustriert von Inge und Istvan Szasz © Deutscher Taschenbuch Verlag, München

dpa, München S. 115

Erich Schmidt Verlag S. 23 (4 ×), S. 61

© Falk Verlag, München–Stuttgart S. 106 r. M., u. l. Ausschnitt aus Autoatlas Deutschland

Fischer Taschenbuch Verlag GmbH, Frankfurt a. M. S. 220. Abbildung „Die reichsten und die ärmsten Länder – Wachstumsländer". Aus: Der Fischer Weltalmanach '95. © Fischer Taschenbuch Verlag GmbH, Frankfurt a. M. 1994

Globus-Kartendienst GmbH, Hamburg S. 30, S. 52, S. 59, S. 60, S. 63, S. 64, S. 66, S. 235

Historisches Archiv Krupp, Essen S. 187 o.

Kretz, Perry/© Stern, Hamburg S. 25

les éditions Albert René/Goscinny-Uderzo S. 193. Aus: Asterix und die Goten. Stuttgart (= Delta Verlag GmbH) 1969 (Nachdruck 1987) S. 28 o. r.

Rosenheimer Verlagshaus S. 109 (2 ×). Aus: Baer, Frank: Votivtafel-Geschichten. Rosenheim (= © Rosenheimer Verlagshaus)

Stadt Augsburg, Hauptamt-Pressestelle S. 110. Aus: Stadt Augsburg (Hrsg.). Mein Augsburg. Zeitgeschichte miterleben, Stadtentwicklung mitgestalten. Augsburg 1983, S. 5 u. S. 18

Westermann Schulbuchverlag GmbH, Braunschweig S. 220 u.

Für einige Abbildungen konnte der Urheber nicht ermittelt werden. Verlag und Herausgeber sind bestrebt, Ergänzungen in einer Nachauflage zu berücksichtigen.

Alle anderen Abbildungen: Verlagsarchiv oder Privatarchiv der Autoren.

Unterrichtssequenzen für einen integrativen Unterricht in der Hauptschule

Klar strukturiert – logisch aufgebaut – leicht verständlich – im Unterricht sofort einsetzbar

Mit diesen maßgeschneiderten Materialien sind HauptschullehrerInnen optimal gerüstet.
Es werden neue Wege in der Unterrichtsarbeit aufgezeigt, die LehrerInnen und SchülerInnen mehr Spaß am Unterricht in der Hauptschule vermitteln.
Ein großer Vorteil: Mit den Materialien minimiert sich die Vorbereitungszeit für eine Unterrichtsstunde beträchtlich.

Unterrichtssequenzen für FachlehrerInnen mit einer Fülle von Stundenvorschlägen, interessanten Arbeitsblättern, Kopiervorlagen für Spiele und Lernzirkel, die offene Unterrichtsformen ermöglichen.
Darüber hinaus werden Projektvorschläge und ein fachgebundener Lehrplan angeboten.

NEU

Schülernah – berufsorientiert – realitätsnah

Diese Unterrichtssequenzen sind vielseitig einsetzbar und enthalten den gesamten Jahresstoff verteilt auf 25 Unterrichtswochen. Sie vermitteln kompaktes Wissen mit klarem Konzept für einen projektorientierten, handlungsorientierten und materialgeleiteten Unterricht. Unentbehrlich für Unterricht und Unterrichtsvorbereitung in der Hauptschule.

Alle Titel werden bis zum Herbst '97 lieferbar sein.

Deutsch

Lesen, Sprechen und Schreiben im integrativen Deutschunterricht

5. Jahrgangsstufe
312 S., DIN A 4, kart.
02842-9   48,–

7. Jahrgangsstufe
236 S., DIN A 4, kart.
02844-5   48,–

Erfolgreich Deutsch unterrichten mit 25 auf die tägliche Unterrichtspraxis ausgerichtete Sequenzen.

Mathematik

Rechnen lernen im integrativen Mathematikunterricht

5. Jahrgangsstufe
236 S., DIN A 4, kart.
02964-9   48,–

7. Jahrgangsstufe
Ca. 230 S., DIN A 4, kart.
02966-2   48,–

25 Sequenzen mit kurzem Leitfaden, aus dem Materialbedarf, Arbeitsblätter, Folien und eine Grobstruktur der einzelnen Stunden ersichtlich sind.

Physik/Chemie/Biologie

Physik/Chemie/Biologie im integrativen Naturwissenschaftsunterricht

5. Jahrgangsstufe
232 S., DIN A 4, kart.
02952-2   58,–

7. Jahrgangsstufe
288 S., DIN A 4, kart.
02954-9   58,–

Arbeitsblätter in einfacher, schülergemäßer Sprache mit ansprechenden Bildern, genauen Versuchsanleitungen, Materiallisten, Gefahrenhinweisen u. v. m.

Geschichte/Sozialkunde/Erdkunde

Geschichte und Gegenwart des menschlichen Lebensraums im integrativen Unterricht der Hauptschule

5. Jahrgangsstufe
240 S., DIN A 4, kart.
02959-X   48,–

7. Jahrgangsstufe
268 S., DIN A 4, kart.
02961-1   54,–

Vermittlung von vernetztem Denken und interdisziplinären Betrachtungsweisen mit Informations-, Arbeits- bzw. Lösungsblättern, Bildmaterial, Grafiken etc.

Kunsterziehung

Kunsterziehung im integrativen Unterricht der Hauptschule

7.–9. Jahrgangsstufe
Ca. 200 S., DIN A 4, kart.
02958-1   39,80

Die Sequenzen zeigen die 5 Lernbereiche Bildnerische Praxis, Kunstbetrachtung, Gestaltete Umwelt, Visuelle Medien und Darstellendes Spiel und geben aktive, sofort in die Tat umsetzbare Hilfestellungen.

Hauswirtschaftlich-sozialer Bereich

Hauswirtschaft im integrativen Unterricht der Hauptschule

7. Jahrgangsstufe
160 S., DIN A 4, kart.
02938-7   39,80

Fachspezifisches Informationsmaterial mit einer Fülle von Stundenvorschlägen, neuen Rezepten, Arbeitsblättern u. v. m., die offene Unterrichtsformen ermöglichen.

Musik

Musik im integrativen Unterricht der Hauptschule

5.–10. Jahrgangsstufe
216 S., DIN A 4, kart.
02853-4   39,80

CD mit Hörbeispielen
05837-9   39,80

Auf den Leistungsstand der Klasse modifizierte Sequenzen mit Folien, Arbeitsblättern, Notenmaterial und Spielen für einen aktiven, handlungsorientierten, fachlich fundierten Musikunterricht.

Auer Verlag GmbH
Donauwörth · Leipzig · Dortmund